Ullstein Sachbuch

ÜBER DAS BUCH:

Unser modernes Leben wird weltweit bestimmt von Materialismus und Profitgier. Was uns nottut, ist ein weltweites Umdenken, was wir brauchen, ist eine neue Humanität, eine Renaissance der Ethik. Doch weder die Weltreligionen noch die Philosophie bieten sich mit globalen Lösungen an. Die neue Humanität müssen wir suchen – in uns selbst, vor allem aber in der Religion und dem Denken und Fühlen der Völker. Im Dialog zwischen Ikeda und Derbolav treffen sich das Christentum und der Buddhismus, zwei mächtige, prägende Komponenten der Menschheitskulturen.
Gemeinsamkeiten und Unterschiede in der jeweiligen historischen Entwicklung sind dabei ebenso von Bedeutung wie der Vergleich der tatsächlichen Lebensrealität, die in Deutschland und Japan erstaunlich viele Parallelen hat. Beide Völker sind von ähnlichen sozialen und menschlichen Problemen geplagt wie dem mit steigenden Scheidungsraten einhergehenden Verfall der Familien.
Kernpunkt ist jedoch der Vergleich der Geistes- und Glaubenswelt: Asiatische Vorstellungen von Ursache und Wirkung, von den Folgen irdischen Handelns für das Karma des Menschen und europäische Hoffnung auf Gnade und Erlösung trennt eine tiefe Kluft, die nur durch Toleranz, Verständnis und Liebe überwunden werden kann.

DIE AUTOREN:

Josef Derbolav, Dr. phil. (1912–1987), erhielt 1955 einen Ruf auf einen Lehrstuhl für Philosophie und Pädagogik an der Universität Bonn. Er ist durch seine philosophischen und pädagogischen Studien, die zum Teil auch in andere Sprachen übersetzt wurden, international bekannt geworden und war Mitglied der österreichischen Akademie der Wissenschaften und der Akademie der Wissenschaften Messina.

Daisaku Ikeda, 1928 in Tokio geboren, 1960 Präsident von Soka Gakkai, einer buddhistischen Laiengesellschaft (heute Ehrenpräsident). 1975 entstand Soka Gakkai International, deren Präsident Ikeda ist. Die Ziele dieser Vereinigung sind der internationale kulturelle Austausch, die Durchsetzung eines weltweiten Friedens und die Erziehung des Menschen zur Humanität. 1983 erhielt Ikeda den Friedenspreis der Vereinten Nationen. Zahlreiche Reisen in die USA, UdSSR und nach China. Über 60 Buchveröffentlichungen.

Weitere Veröffentlichungen in deutscher Sprache:
Der Buddha lebt (1985); *Buddhismus* (1986); *Der chinesische Buddhismus* (1988); *Aufbruch in die Humanität* (1989).

Daisaku Ikeda
Josef Derbolav

Auf der Suche nach einer neuen Humanität

Ullstein Sachbuch

Ullstein Sachbuch
Ullstein Buch Nr. 34704
im Verlag Ullstein GmbH,
Frankfurt/M – Berlin

Ungekürzte Ausgabe

Umschlagentwurf:
Volker Noth Grafik-Design
Unter Verwendung einer
Abbildung von Volker Noth

Printed in Germany 1991
Druck und Verarbeitung:
Clausen & Bosse, Leck
ISBN 3 548 34704 5

Februar 1991

Vom selben Autor
in der Reihe
der Ullstein Bücher:

Der Buddha lebt (34434)
Buddhismus (34600)
Der chinesische Buddhismus
(34673)

CIP-Titelaufnahme der Deutschen
Bibliothek
Ikeda, Daisaku:
Auf der Suche nach einer neuen
Humanität/Daisaku Ikeda; Josef
Derbolav. – Ungekürzte Ausg. –
Frankfurt/M;Berlin:
Ullstein 1991
(Ullstein Buch; Nr. 34704: Ullstein-
Sachbbuch
ISBN 3-548-34704-5
NE: Derbolav, Josef:; GT

Inhaltsverzeichnis

Vorwort

Begegnungen in Japan und Deutschland haben die beiden Autoren zusammengeführt. Dabei reifte der Entschluß zu einem gemeinsamen Gespräch, das nach Art der schon veröffentlichten Gespräche, des Dialogs zwischen Daisaku Ikeda und so bedeutenden Denkern wie Arnold J. Toynbee, Rene Huyghe, Aurelio Peccei und Brian Wilson durchgeführt werden und, wie diese, Brücken zwischen asiatischer und europäischer Kultur schlagen sollte. Im November 1982 wurden diese Überlegungen dann konkretisiert und die Themen unseres Dialogs vereinbart. Sie sollten von den historischen Beziehungen zwischen Deutschland und Japan ihren Ausgang nehmen und von da aus zu immer grundsätzlicheren Fragen weiterführen. Tradition und Modernisierung war das erste dieser grundsätzlichen Probleme, Humanismus in Ost und West das zweite, die Grundfragen der Ethik das dritte in der Reihe, die schließlich in der systematischen Konfrontation, von Buddhismus und Christentum ihren Höhepunkt erreichen sollte. Der Blick in eine mögliche Zukunft auf der Grundlage einer vieldimensionalen Analyse der gegenwärtigen Krisenlage bildete bei dieser Planung den Abschluß, dem ein der ›Erziehung‹ als der Voraussetzung für das Verstehen unserer Zukunft gewidmetes Kapitel vorangestellt wurde.
Der Dialog selbst wurde über die einführenden Verständigungsgespräche hinaus nicht mündlich, sondern schriftlich geführt, und zwar so, daß dem japanischen Gesprächspartner als Repräsentanten asiatischer Kultur jeweils die Exposition der in Unterabschnitte gegliederten Hauptthemen anvertraut war, während der sich hier als Vertreter der europäischen Gesamtkultur verstehende deutsche Partner jeweils die systematische Explikation der Themen übernahm. Die offengebliebenen Fragen wurden dann in einem zweiten Durchgang von beiden Dialogpartnern wieder aufgenommen und zu einem relativen Ende gebracht. Die Autoren waren dabei auf allgemeine Verständlichkeit ihrer Ausführungen bedacht – eine nicht ganz leichte

Aufgabe angesichts der Fülle, Reichweite und Komplexität der zu behandelnden Probleme. Sie wissen, daß sie in dieser »Tour d'horizon« durch die europäisch-asiatische Kulturlandschaft nicht durchwegs Fachleute sind und daß sie auch nicht in allen Punkten übereinstimmen, aber sie halten die gemeinsame geistige Basis für breit genug, um zu tragfähigen Ergebnissen zu gelangen. Und sie sind zugleich überzeugt, daß sie Gegenstände nicht nur höchsten Interesses, sondern dringlichster Brisanz erörtern, und hoffen, daß sie damit vielleicht etwas zur Klärung unserer gegenwärtigen Zeitlage beitragen können.

Der gewählte Titel »Auf der Suche nach einer neuen Humanität« mag vielleicht etwas unbescheiden klingen, aber er zeigt wenigstens die Tendenz an, von der die Fragestellung beider Autoren bestimmt wird. Er ist, wie leicht ersichtlich, im Anklang an den berühmten Romantitel Marcel Prousts »Auf der Suche nach der verlorenen Zeit« gewählt und unterscheidet sich von ihm nur in der Suchrichtung: Nicht, was hinter uns liegt und dessen wir uns erinnern sollen, sondern was auf uns zukommt und was wir zu bestehen haben, ist unser Thema.

Es mag deshalb vielleicht verwundern, daß mit Ausnahme einiger Schlußbemerkungen von der »neuen Humanität« im ganzen Dialog kaum die Rede ist. Die Erklärung hierfür ist einfach: Humanität als eine bloße »gesuchte« kann nur vorsichtig eingekreist, aber nicht direkt angesprochen werden. Auch das Humanismuskapitel handelt nicht von einer neuen, sondern von alten, zum Teil bereits abgelebten Formen von Humanität und läßt die Zukunft begreiflicherweise dunkel.

Angesichts des Evolutionsdrucks, unter dem unsere gesamte technisch-politische Entwicklung weltweit steht, und des rasant zunehmenden Tempos der Progression und des steten Komplexerwerdens unserer Lebensbedingungen, aber auch ihrer zunehmenden Infragestellung lassen sich die nächsten hundert, die nächsten fünfzig, ja nicht einmal die nächsten zehn Jahre einigermaßen verläßlich prognostizieren. Die Futurologie verliert sich weitgehend in abstrakten Gedankenspielen und bemäntelt damit nur ihre eigene Verlegenheit.

Ohne die zum Teil alarmierenden Ergebnisse der Situationsanalyse unseres Dialogs hier vorwegzunehmen, kann doch so viel gesagt werden: Wir stehen heute vor der erstmaligen Erfahrung, daß unser Fortschritt zu unserem Untergang weiterführen könnte. Die technische Übereffizienz der menschlichen Gattung könnte ihr den Boden unter den Füßen wegziehen. Für den Biologen ist das Aussterben natürlicher Gattungen nichts Neues, als fiktiven Beobachter außerhalb unseres Planetensystems würden ihn daher auch Untergang und Selbstvernichtung der Species »Homo sapiens« gar nicht weiter überraschen können. Daß wir eine Antwort auf die wachsenden Herausforderungen des ausgehenden 20. Jahrhunderts finden müssen, wenn wir vor der Zukunft noch bestehen wollen, ist klar. Diese Antwort kann nur, wie beide Autoren glauben, in einer »neuen Form von Humanität« liegen, die wir freilich noch nicht kennen. Deswegen haben wir auch nicht die Bezeichnung »Auf dem Weg zu einer neuen Humanität« oder »Unterwegs zu ihr« gewählt, sondern uns dabei auf die Dialektik des Wortes »Suchen« gestützt, die erstmals von Platon entdeckt und dann von Augustin auf die Gottsuche übertragen wurde. Ganz in diesem Sinn ist auch in der östlichen Tradition der Bodhisattva auf der Suche nach vollendeter Weisheit und Erleuchtung, die, einmal erreicht, ihm zur Buddhaschaft verhilft. Diese hier angesprochene Dialektik findet ihre Fortsetzung im Lotos-Sutra.
Wer sucht, vermißt das Gesuchte, aber er muß wissen, was er eigentlich sucht, und antizipiert es damit bereits irgendwie in der Vorstellung. So konnte Augustin über sein Verhältnis zu Gott schreiben: »Ich suchte Dich nicht, wenn ich Dich nicht schon gefunden hätte.«
In einer interessanten Parallele sagt Nichiren Daishōnin (1222 bis 1282), der große japanische religiöse Reformer und Begründer des Nichiren-Buddhismus, daß selbst die in der jüngsten Periode des buddhistischen Gesetzes geborenen Sterblichen an das Lotos-Sutra glauben können angesichts der Tatsache, daß die Buddhaschaft dem Wesen der Humanität inhärent ist.
Auch wir wissen bereits etwas von der Antwort, die uns abgefor-

dert wird oder können es zumindest formal umreißen: Nur mit gediegenster Sachvertrautheit und geschärftester Verantwortung, nur mit einem Höchstmaß von Selbstkontrolle können wir hoffen, mit dem fertig zu werden, was die Zukunft für uns bereithalten mag. Gewiß, wir machen unsere Zukunft weitgehend selbst, wobei wir mitunter sogar leichtfertig die Zügel schleifen lassen. Das Selbstgemachte kommt dann aber zumeist als ein erstarrtes Gefüge von Sachzwängen wieder auf uns zurück, was unserer Zukunft schicksalhaftes Gepräge zu verleihen scheint. Daß diese Form »neuer Humanität« auch eine innere Revolution, einen radikalen Mentalitätswandel voraussetzt, die uns freimachen müßten von unseren vordergründigen egoistischen, kommerzialistischen und ideologischen Motivationshorizonten, freimachen zugleich für die echten und tiefen Ansprüche beider Kulturtraditionen und ihrer Herzstücke: die Religionen des Buddhismus und des Christentums, muß dabei stets in die Auslegung unseres Buchtitels mit hineingedacht werden.

Der Dialog erscheint gleichzeitig in japanischer, englischer und deutscher Sprache. Für die Herstellung der jeweiligen Ausgaben zeichnen Daisaku Ikeda, Richard L. Gage und Josef Derbolav verantwortlich. Die beiden Autoren möchten am Schluß für die fruchtbare Mithilfe bei der Übersetzung des deutschen Textes ins Englische bzw. des englischen Textes ins Deutsche ihre Dankbarkeit aussprechen, die Herr Carlos Cooper, M. A. und Frau Dr. Elke Jarnut geleistet haben. Sie sind darüber hinaus Herrn Yukio Matsudo, M. A. für die Übersetzung des deutschen Textes ins Japanische sehr verpflichtet, der auch die Kontrolle für die inhaltliche Übereinstimmung des deutschen Gesamttextes mit der japanischen Fassung übernommen hat.

Josef Derbolav
Daisaku Ikeda

Deutschland und Japan

Kontakte und Beziehungen

Ikeda: Obgleich die Geschichte der Beziehungen zwischen unseren beiden Ländern relativ kurz ist, hat Deutschland doch einen gewaltigen Einfluß auf die Gestaltung des modernen Japans ausgeübt.
In der ferneren Vergangenheit waren es bekanntlich China und die Königreiche der Halbinsel Korea, die unsere Mentoren darstellten in vielen Dingen, einschließlich so elementarer kultureller Voraussetzungen wie Kleidung, Nahrung, Wohnung, Schriftsystem, Religion, Moralität bis hin zur Städteplanung und zum Ausbau eines nationalen Staates. Die Periode in seiner Bevormundung unserer Länder dauerte mehr als tausend Jahre. Die ersten Erfahrungen mit der europäischen Kultur machten wir im 16. Jahrhundert, als die Spanier und Portugiesen nach Japan kamen. Sie brachten mit dem Christentum auch praktische Dinge wie Glasgefäße, Feuerwaffen, Tabak, Süßigkeiten und den Kürbis. Aber das Tokugawa Shogunat setzte später eine Politik strikter nationaler Isolierung durch, und man erlaubte von den europäischen Völkern nur den Holländern, das Land zu betreten. Sie durften eine kleine Faktorei auf einer der Inseln in der Nagasaki-Bucht betreiben.
Mitte des 19. Jahrhunderts, noch in der Tokugawa-Periode, steuerte der amerikanische Admiral Matthew C. Perry die japanischen Gewässer an mit der dringenden Forderung, die Nation möge ihre Tore für internationale Beziehungen öffnen. Das Eingehen auf diese Forderung führte in Japan zu inneren Konflikten. Einige politische Gruppierungen ergriffen die Partei Englands, andere die Frankreichs, um die neuesten Waffen zu erhalten und dadurch Rivalen und Feinde im eigenen Land niederschlagen zu können. Das Resultat dieser Kämpfe war die Rückübertragung der politischen Autorität vom Shogunat auf den Kaiserhof.

So begann im Jahr 1868 die Reform an Haupt und Gliedern, die viel vom alten, traditionellen Leben wegfegte und ein neues Staatswesen zu errichten suchte. Die zu dieser Zeit herrschende Regierung – heute Meiji-Regierung postum nach dem damaligen Kaiser genannt – hielt Ausschau nach einer Nation, die Japan als Modell auf seinem Weg in die Moderne dienen konnte, um den westlichen Nationen Paroli bieten zu können. Nach vielfältigen Überlegungen fiel die Wahl auf das Kaiserreich Deutschland.

Einer der bedeutendsten Staatsmänner der Meiji-Regierung, Hirobumi Itō, bereiste Deutschland, wo er sich mit den allgemeinen Verhältnissen vertraut machte und die Verfassung des deutschen Kaiserreiches studierte, um nach ihrem Vorbild die Meiji-Verfassung auszuarbeiten. Die Einrichtungen von Parlament, Kabinetten, gesetzgebenden Organen, bürokratischen Organisationen bis zum Erziehungssystem wurden vom damaligen Deutschland übernommen. Auch im Rechtswesen, in der Medizin und in anderen Wissenschaftsbereichen war Deutschland Japans wichtigster Lehrmeister. Von der Mitte des 19. Jahrhunderts an bis wenige Jahre vor dem Ausbruch des Zweiten Weltkrieges gingen fast alle jungen Japaner, die mit Regierungsstipendien im Ausland studieren wollten, nach Deutschland.

Derbolav: Mit Recht haben Sie die Zeit nach der Öffnung Japans für den internationalen Verkehr als die einer intensiven Partnerschaft Ihres Landes mit Deutschland gekennzeichnet. Japan hat damals viel von Deutschland übernommen, so vor allem die Grundlagen der Verfassung, der neuen japanischen Heeresorganisation und des Polizeiwesens. Deutsche Universitätslehrer wurden an japanische Universitäten berufen, deutsche Architekten errichteten bedeutende Staatsbauten in Tokio. Deutlicher werden die Zusammenhänge, wenn man diese Partnerschaft im historischen Rückblick betrachtet und hierbei einige Perioden sich vertiefenden Japaninteresses im Westen herausarbeitet:

Im 15. und 16. Jahrhundert waren die Beziehungen zwischen Mitteleuropa und Japan vornehmlich durch dritte Nationen vermittelt. China und Japan galten vor allem in feudalen Kreisen Europas als eine Art von »Kuriositätenkabinette«, dazu bestimmt, die Schlösser des Adels mit exotischem Schmuck auszustatten.

Eine zweite Brücke stifteten bald darauf die Reiselust und das Interesse an fremden Ländern, unter denen der ferne Osten, China und Japan, eine besondere Rolle spielten. Aus den damaligen Reiseberichten sind eine Fülle von z. T. legendären, z. T. historisch ernstzunehmenden China- und Japan-Darstellungen erwachsen. Die legendären waren häufig mit kulturkritischen Tendenzen verbunden. An die »Lettres Persanes« Montesquieus erinnerten z. B. die »Chinesischen Briefe« des Marquis d'Argens und Oliver Goldsmiths, in denen diese die europäischen Mißstände von einem nach Europa reisenden Chinesen geißeln ließen und dabei den fernen Osten im Sinn des damals geltenden Vernunftideals der Aufklärung idealisierten.

Manchmal erschienen China und Japan dabei als der Ort, an dem die europäischen Nationen kläglich versagten, bisweilen wurden sie auch umgekehrt zu einem Pendant der europäischen Mißstände umstilisiert. So hat sich etwa Engelbert Kaempfer (1651–1716) in der Beschreibung seiner ersten Edo-Reise bei der Schilderung der Hofhaltung des Shogunats über die »Affenpossen« der Holländer lustig gemacht, die, wie Sie erwähnten, als Protestanten in Nagasaki zwar eine Faktorei aufrechterhalten durften, sich aber bei den Machthabern durch unwürdige Zugeständnisse ihre Duldung erkaufen mußten. (Die katholischen Christen Japans hatten in einem blutig niedergeschlagenen Aufstand 1637/38 Anerkennung und Zulassung verwirkt.)

Zu diesen ersten sporadischen Kontakten mit Japan hat auch der berüchtigte Baron Moritz Benjowsky beigetragen, der, zunächst offiziell im Dienste Maria Theresias stand, später sein polnisches Herz entdeckte und nach seiner Flucht aus Kamtschatka den Japanern mit seinen Münchhauseniaden manches Ungemach bereitete. – In Kotzebues Stück »Die Verschwörung von Kamt-

schatka« ist diese schillernde Gestalt festgehalten worden. Sein Brief an die Behörde von Nagasaki dürfte für Japan die erste Begegnung mit der deutschen Sprache gewesen sein.
Ernster zu nehmen sind die Japankontakte eines Philipp Franz von Siebold, des deutschen Kaufmanns August Lühdorf und Wilhelm Heines, des vielbewunderten Zeichners der Perryexpedition, die alle beachtliche Japandarstellungen geliefert haben. v. Siebold hat sich im Geiste Alexander von Humboldts und Karl Ritters, der großen deutschen Pioniere der Geo- und Topographie, um eine erste topographische Erfassung Japans bemüht und für seine teuren Japanwerke in Europa nach Subskribenten gesucht. Als ein Vorläufer dieser kulturorientierten Begeisterung für den fernen Osten ist auch Goethes »Westöstlicher Diwan« entstanden.

Ikeda: Zu der Zeit, von der Sie sprechen, bestand Deutschland noch aus vielen Kleinstaaten und war noch unberührt von den imperialistischen und kolonialen Ambitionen der späteren Bismarck-Ära. Das Interesse, das die Deutschen an fernen Kulturen – darunter auch den asiatischen – zeigten, war deshalb auch rein wissenschaftlich begründet. Es war die europäische Bewegung der Romantik, die, vom späteren 18. bis tief ins 19. Jahrhundert hineinreichend, diese intellektuelle Neugierde beflügelte.
Natürlich machten es die damaligen Zeitumstände den Deutschen schwer, in direkten Kontakt mit der chinesischen und japanischen Kulturüberlieferung zu treten.

Derbolav: Solange es keinen direkten Zugang nach Japan gab, war dessen Erforschung allerdings erheblich erschwert. So mußte etwa der Wiener Japanologe August Pfizmaier sich sein Informationsmaterial aus Holland über den Würzburger Johann Josef Hoffmann beschaffen, der dort eine Art japanologischen Lehrstuhl innehatte und eine außerordentlich wichtige japanische Grammatik verfaßt hat.
Neben dieser literarisch-wissenschaftlichen Interessenverknüpfung mit Japan gab es relativ früh bereits auch ökonomische

Verbindungen. Für Europa war der Ferne Osten zunächst Lieferant von Edelmetallen und Gewürzen gewesen. Mit der fortschreitenden Industrialisierung in der zweiten Hälfte des 19. Jahrhunderts begann man hier, die beiden großen Länder des Fernen Ostens als noch unausgeschöpfte Warenmärkte zu betrachten, ein Interesse, das sich bald in einer Reihe von Versuchen niederschlug, Japan aus seiner vom Tokugawa-Regime verordneten Isolierung herauszuholen und für den internationalen Wirtschaftsverkehr aufzuschließen.
Dem amerikanischen Commodore Matthew Perry war, wie Sie erwähnten, hier als erstem Erfolg beschieden. Er erzwang 1854 die Öffnung Japans und legalisierte diesen gewaltsamen Schritt dann durch einen Handelsvertrag. Weitere solche Verträge mit England, Rußland, Holland und Frankreich folgten. Preußen und Österreich hinkten hier etwas nach. So hatte der schon genannte Lühdorf das Shogunat vergeblich zu überreden versucht, der deutschen Nation dieselben Rechte wie den Amerikanern, Engländern und Russen zu gewähren. Daher setzte man zunächst auf Österreich die Hoffnung, daß es – »deutsches Interesse, deutschen Handel und deutsches Recht in den fernen Gewässern des Erdballs« schützen werde. Doch kam Preußen Österreich schließlich zuvor, da dieses durch Niederlagen auf italienischen und deutschen Schlachtfeldern in seinen außenpolitischen Planungen stark behindert war.
Preußen erwirkte seinen Handelsvertrag mit Japan 1861, die Schweiz 1864, Österreich kam dagegen erst 1869 zum Zuge, hatte aber jenen gegenüber den Vorteil, den Handelsvertrag bereits mit der Meiji-Rergierung abzuschließen.
Damit waren alle Voraussetzungen auch für jene fruchtbaren Kulturbeziehungen gegeben, die Sie soeben beschrieben haben. Während der gute Ruf der Medizin, aber auch technischer Fächer (wie Bierbrauerei) den Blick nach Deutschland lenkte, war es die musikalische Tradition Österreichs, die Japans Aufmerksamkeit auf sich zog. Es ist wenig bekannt, daß damals auf diplomatischem Wege bei Johann Strauß angefragt wurde, ob er nicht für Japan zu gewinnen sei. Er lehnte ab. Seine Stelle nahm

dann sein Assistent Joseph Helmesberger als erster Direktor der Musikhochschule in Tokio ein.

Ikeda: Während Japan dem folgte, was man den Weg der Meiji-Modernisierung nennen könnte, hatte es einen Krieg mit dem kaiserlichen Rußland zu bestehen und focht dann im ersten Weltkrieg auf der Seite der Alliierten gegen Deutschland. Anschließend genoß Japan die Früchte der Demokratie, und zwar der sogenannten Taisho-Demokratie, wie sie nach der damaligen Regierungsperiode genannt wurde. Zur selben Zeit bestand in Deutschland die Weimarer Republik. Als dann die Nazis ihr totalitäres System in Deutschland errichteten, fiel auch die Regierungskontrolle in Japan in die Hände der Militaristen. Japan und Deutschland zogen gemeinsam in den Zweiten Weltkrieg, in dem sie beide eine verheerende Niederlage erlitten. Nach dem Krieg stand Japan eine Zeitlang fast vollständig unter dem Einfluß der Vereinigten Staaten. In jüngerer Zeit freilich wandte es sich wieder England, Frankreich, Deutschland und Italien zu und öffnete sich ihren Einflüssen auf unterschiedlichen Gebieten.

Derbolav: Die politische Konstellation – das Bündnis mit England zur Abwehr der russischen Annexionsbestrebungen u. a. – führte dazu, daß Japan, wie Sie sagten, im ersten Weltkrieg auf Seiten der Alliierten kämpfte. Aber selbst in dieser Zeit der Distanz rissen die alten kulturellen Beziehungen zu Deutschland nicht ganz ab. So wird berichtet, daß die nach der Eroberung Tsingtaus – das Deutschland 1898 gepachtet hatte – auf Shikoko internierten fünftausend deutschen Kriegsgefangenen das Orchesterspiel in einer Weise pflegten, die bei den damit noch nicht vertrauten Japanern Bewunderung erregte und lebhafte Nachahmung fand.
Dagegen waren es wohl analoge politisch-ideologische und militaristische Interessen, die Japan 1940 veranlaßten, sich den Achsenmächten Deutschland und Italien anzuschließen und den zweiten Weltkrieg auf ihrer Seite durchzufechten. Mit ihnen

wurde Japan auch in deren vernichtende Niederlage hineingezogen.
Auf den Wandel der Präferenzen für unterschiedliche europäische Nationen in der Nachkriegszeit kann ich hier nicht näher eingehen. Er hat die prägenden Spuren des deutschen Einflusses nicht hinwegwischen können. Hier ein Beispiel aus meiner persönlichen Erfahrung, das der Rechtssphäre entstammt: Zunächst Vizepräsident des Dienststrafhofs im preußischen Rechtswesen, dann als Jude zur Emigration in die USA gezwungen, wurde Alfred Oppler – ein älterer Freund aus meiner Princetoner Studienzeit – zu Ende des Zweiten Weltkrieges in den Stab McArthurs nach Japan berufen, da man den Sachverstand eines deutschen Juristen benötigte, um bei der Revision der japanischen Verfassung keine peinlichen Fehler zu begehen. Oppler hat in diesem Rahmen fünfzehn Jahre lang McArthur bei seiner schwierigen Aufgabe wirksam unterstützt. Seine »Three Lives« betitelte Autobiographie – das Leben eines angesehenen deutschen Juristen, eines zunächst hoffnungslos isolierten Emigranten und schließlich eines einflußreichen Beraters McArthurs – spiegelt nicht nur ein typisch deutsches Schicksal der Nazizeit wieder, sondern wirft auch ein Schlaglicht auf die ungebrochene deutsch-japanische Kulturbeziehung.

Ikeda: In weiten Bereichen seines Modernisierungsprogramms hat sich Japan Deutschland zum Vorbild genommen. Und auch in der jüngsten historischen Entwicklung gibt es bei beiden Nationen viele Gemeinsamkeiten. Eine Überprüfung der Ähnlichkeiten und Unterschiede zwischen ihnen könnte erhellend sein für die Einschätzung der Ergebnisse jenes Prozesses, den man Modernisierung nennt.
Meinen Sie, daß die Gemeinsamkeiten im Schicksal beider Völker ihren Ursprung in weitgehenden Ähnlichkeiten ihres Nationalcharakters und ihrer Denkweise haben? Wenn ja, wo sehen Sie diese Ähnlichkeiten?
Meiner Meinung nach ist ein wichtiger gemeinsamer – wenn auch in gewissem Sinne der ganzen Menschheit eigentümlicher –

Zug die starke Neigung sowohl der Deutschen als auch der Japaner, Vertrauen in die Macht der Gruppe zu setzen. Stimmen Sie mir darin zu?

Derbolav: Sie können damit durchaus recht haben, zumal diese Eigenschaft bei uns – wenn sie in überspitztem Maß auftritt (was Eigenschaften ja nicht selten tun) als typisch deutsche »Vereinsmeierei« ironisiert wird. Doch gibt es sicherlich auch andere gemeinsame Züge wie Fleiß, Tüchtigkeit, Arbeitsfreude bis zur Arbeitsbesessenheit, Gründlichkeit bis zum Fanatismus, ausgeprägtes Traditionsbewußtsein, aber auch Anfälligkeit gegen politische Indoktrinierung.

Ikeda: Ich bin ganz Ihrer Meinung, was Fleiß, Tüchtigkeit, Arbeitsfreude betrifft, doch meine ich, daß die Japaner in bezug auf Gründlichkeit, Traditionsbewußtsein und Widerstandsfähigkeit gegen politische Indoktrination hinter anderen Nationen zurückstehen.
Dafür ein Beispiel: Während die Deutschen am Ende des zweiten Weltkriegs den Alliierten noch bis nach Berlin hinein Widerstand leisteten, haben sich die Japaner den Amerikanern bedingungslos unterworfen, bevor es noch zu entscheidenden Schlachten im Mutterland gekommen war. In Deutschland, und das ist das zweite Beispiel, geht die Suche nach Nazi-Verbrechern noch weiter. In Japan sind viele Leute, die während der alliierten Besetzung für ihre Kriegsverbrechen verantwortlich gemacht worden waren, nach der Besetzung ins aktive politische Leben zurückgekehrt. Wir Japaner haben dafür ein Sprichwort: »Gerede dauert nur 75 Tage«, das die Bereitschaft zum Vergessen und die Abneigung ausdrückt, ein Vergehen bis zum letzten zu verfolgen.
Was schließlich das Traditionsbewußtsein betrifft, so sind es auch hier die Deutschen, die das Alte aus der Vergangenheit gerne bewahren. Wenn man von besonders geschützten Denkmälern absieht, dann neigen die Japaner dazu, Altes zu zerstören und durch Neues zu ersetzen. Obwohl beide Haltungen ihre

guten und ihre schlechten Seiten haben, glaube ich doch, daß beide Völker sich in diesen Punkten deutlich voneinander unterscheiden.

Das Verhältnis zur Arbeit

Ikeda: Bei der Diskussion der Ähnlichkeiten und Unterschiede beider Völker darf man den Fleiß und die Pünktlichkeit nicht vergessen, Züge, in welchen Deutsche und Japaner einander ähnlich sind, wobei die Deutschen in der Frage der Pünktlichkeit wahrscheinlich noch den Vorrang haben. Die Folgen dieser Eigenschaften zeigen sich in der Produktion und daher auch in der ökonomischen Prosperität beider Völker.
Ich will hier nicht mißverstanden werden: Engländer und Franzosen und viele andere Völker sind durchaus fleißig, haben stolze Traditionen in bezug auf eine strenge Arbeitsethik und bringen gute Produkte hervor. Doch wenn man einmal die Maßstäbe gut und schlecht beiseite läßt, dann gibt es wahrscheinlich nur wenige Nationen, deren Bevölkerung man in ihrer Gänze als so fleißig bezeichnen kann wie die Deutschen und die Japaner. Können Sie mir sagen, woraus dieser deutsche Fleiß entspringt? Sicherlich hängt er in seinen Tiefen mit dem religiösen Glauben zusammen, doch vermute ich, daß sich hier die Situation seit einiger Zeit verändert hat. Wie wird sich wohl dieses Verhältnis zur Arbeit in Zukunft gestalten?

Derbolav: Mir ist die Pünktlichkeit als ein spezifischer japanischer Charakterzug immer wieder aufgefallen. Im allgemeinen kann man sich auch auf die Deutschen in dieser Hinsicht verlassen, doch würde ich meinen Landsleuten darin nicht unbedingt den Vorrang einräumen. In bezug auf den Arbeitsfleiß dürften sich beide Nationen wohl die Waage halten.
Will man die unterschiedliche Einstellung der europäischen Völker zur Arbeit und die vielberufene »Arbeitswut« der Deutschen einigermaßen verständlich machen, dann wird man auf

ihre geistigen Ursprünge in Antike und Christentum zurückgehen müssen.

Die bürgerlich-städtische Kultur der Antike beruhte bekanntlich auf der Tatsache, daß die Arbeit wesentlich von Sklaven verrichtet wurde, was nicht ausschließt, daß es auch schon Handwerk, Gewerbe und Unternehmertum gab. Es waren also die führenden Schichten, die der banausischen, weil dem bloßen Lebensunterhalt dienenden Arbeit die Muße – d. h. die Beschäftigung mit höheren Dingen wie Literatur, Philosophie und schließlich Politik – vorzogen und die darin zu den eigentlichen Schöpfern der europäischen Kulturtradition geworden sind.

Eine noch negativere Wertung der Arbeit – nämlich »Arbeit als Fluch« – gibt das Alte Testament den aus dem Paradies vertriebenen Menschen auf ihren Lebensweg mit. Die in die Welt entlassenen Menschen müssen sich hinkünftig ihr Brot »im Schweiß des Angesichtes« selbst verdienen. Lebenwollen und Arbeitenmüssen gehören nun unlösbar zusammen, was sich noch im Pauluswort spiegelt: »Wer nicht arbeiten will, soll auch nicht essen!«

Faktisch trat dieser Fluchcharakter der Arbeit im christlichen Alltag aber nur in Ausnahmesituationen in Erscheinung, nämlich dort, wo die Arbeit als Folge der Umstände oder durch die Schuld der Menschen wirklich zu einer Plage gemacht wurde. In der klimatisch relativ ausgeglichenen, aber sozial doch recht unterschiedlich strukturierten mitteleuropäischen Landschaft gab es zwar immer vereinzelt »harte Arbeit«, aber kein grundsätzliches »Arbeitselend«, keinen »Arbeitsnotstand«. Daher gewann der europäische Mensch sehr bald ein positives Verhältnis zur bedarfsdeckenden Arbeitsweise, wie sie für die vormoderne Welt charakteristisch war. Sie erhielt damit auch eine religiöse Tönung. Die mittelalterlichen Handwerks- und Gewerbeordnungen waren christlich durchsäuert, woran heute noch die Aufteilung in »Arbeitsalltag« und »Feierabend« erinnert (denn »Feiern« schloß ursprünglich stets auch die Erfüllung religiöser Bräuche mit ein).

Ikeda: Eine Reihe von Faktoren tragen grundsätzlich zu dieser Einstellung bei: religiöse Vorstellungen, Arbeitsmoral, soziale Verhältnisse und natürliche Umwelt. Seit Max Weber pflegt man die Bedeutung des Protestantismus für das Verhältnis der Deutschen zur Arbeit hervorzuheben. Nach protestantischer Auffassung ist Fleiß Gottesdienst. Deshalb ist Fleiß bei der Arbeit – gleichgültig, ob man beobachtet wird oder nicht – unerläßlich, um vor dem Auge des Herrn zu bestehen.
Beziehungen zwischen Religion und Arbeit kann man auch in der japanischen Tradition beobachten. Jede Berufsgruppe hatte ihre eigene Gottheit, und selbst heute noch errichten große Firmen oft Schreine zu deren Ehren auf ihren Grundstücken oder sogar auf den Dachfirsten der modernen Geschäftshäuser. Infolge der dauernden Herausforderung, sich anzustrengen und sich etwas einfallen zu lassen, stimuliert natürlich ein rauhes Klima den Fleiß und orientiert die Lebensführung in ganz anderer Weise als bei Menschen, die in klimatisch milden Gegenden leben, wo der Boden auch ohne mühsame Pflege und Bearbeitung seine Früchte darbietet.
Noch weitere Faktoren haben Einfluß auf den Fleiß. Menschen in einer Gesellschaft, in der die Arbeit als wesentliche Tugend betrachtet wird, haben natürlich eine andere Einstellung als solche in einer stärker hedonistisch orientierten Gesellschaft. Leute, die arbeiten müssen, um zu leben, gehen die Dinge anders an als solche, die sich auf soziale Wohlfahrtssysteme verlassen und daher keinen Zwang verspüren, sich selbst anzustrengen.

Derbolav: Wie in Japan die Gewerbe ihre eigenen Schutzgötter besaßen, so kannten auch die deutschen Handwerksberufe ihre eigenen Heiligen, denen je ein Festtag im Jahr gewidmet war. Die Säkularisierung dieses christlichen Arbeitsethos begann dann mit dem Aufzug des Industriezeitalters. Dieses entgrenzte die alte Bedarfsdeckungswirtschaft zu einer Wirtschaft der Produktion, Investition und Expansion und schuf damit eine Reihe neuer Möglichkeiten, aber auch Probleme und Spannungen. Säkularisiertes Christentum klingt noch in der »Unternehmer-

ideologie« des Kapitalimus nach, den Max Weber – wie von Ihnen erwähnt – auf das Prinzip der »innerweltlichen Askese« im Kalvinismus zurückführte. Richtig und produktiv angewandter Reichtum ist für den Kalvinisten nicht nur eine schöpferische Lebensaufgabe, sondern auch ein frommes Gotteswerk. Aus dieser Perspektive wurden freilich zunächst die Träger dieses Arbeitsprozesses ausgeschlossen und zu bloßen Ziffern in nüchternen ökonomischen Kalkulationen herabgesetzt.
Kein Wunder, daß solche Erfahrungen im Frühindustrialismus als Gegenentwurf gegen die Unternehmerideologie des Kalvinismus eine Arbeitnehmerideologie ins Leben riefen, die wesentlich von Karl Marx geprägt worden ist. Der große Vorzug der handwerklich-erwerblichen Tätigkeit der vormodernen Welt war der, daß die Werkherstellung überschaubar, die Arbeitskontakte persönlich blieben, das Arbeitsergebnis in seiner vollen Anschaulichkeit und Präsenz Befriedigung einbrachte.
Die neue industrielle Organisation zwang nun die Arbeiter gleichsam dazu, »uneinsichtigen Sachdienst« (Theodor Litt) zu leisten, da sie jeweils nur einen kleinen und immer den gleichen Arbeitsvorgang – zumeist am Fließband – zu vollziehen hatten und niemals zur Genugtuung der Anschauung des fertigen Ganzen oder zu menschlichen Kontakten mit den übrigen Werkschaffenden gelangten. Marx hat diese unerwünschten Auswirkungen der industriellen Arbeitsorganisation als eine dreifache Entfremdung charakterisiert: als eine Entfremdung des Menschen von seinem Werk, von seinem Mitwerkenden und schließlich von sich selbst. Dem »frommen« Kapitalismus des Kalvinismus stellt er daher das »überkapitalistische Zukunftsparadies« entgegen, in dem nicht nur alles wirtschaftliche Privateigentum, sondern auch jede klassenmäßige Differenzierung der Gesellschaft aufgehoben sein sollte.

Ikeda: In der Tat hat der Marxismus zum Teil die Wirkung, den Arbeitswillen einzuschränken und damit auch die Produktivität zu reduzieren. Auch ist die Einteilung der Gesellschaft in Besitzer und Habenichtse nicht erwünscht. Aber die Habenichtse würden wahrscheinlich härter arbeiten, wenn sie eine Möglichkeit sähen, zu den Besitzenden aufzurücken. Wo diese fehlt, fehlt auch der Wille zu Arbeit und Anstrengung.

Derbolav: Der von Marx vorgeschlagene Weg zur Kollektivierung der Produktionsmittel hat freilich, wo er in die politische Realität übertragen wurde, keine wirkliche Lösung des Entfremdungsproblems mit sich gebracht; der Wirtschaftsliberalismus des Westens war hier offensichtlich erfolgreicher. Er verstand es nicht nur, durch Einführung von Selbstschutzverbänden der Arbeiter (Gewerkschaften) die Ausbeutungspraktiken der kapitalistischen Wirtschaft einzuschränken und die Arbeitgeber- und nehmerbeziehungen menschlicher zu gestalten, sondern er bemühte sich auch um Humanisierung der sachlichen Arbeitsbedingungen, was beides indirekt wieder die Produktivität der Wirtschaft förderte. Nun konnte sich nämlich die leistungsfreudige Haltung der Unternehmer auch auf die Arbeiter übertragen, sobald sie merkten, daß ihnen ihr Fleiß, ihre Pünktlichkeit und Bereitschaft zur Mehrarbeit ein höheres soziales Niveau garantierten.
Arbeitsmoral und Arbeitsbereitschaft sind also keineswegs konstante Größen. Sie passen sich vielmehr den Verhältnissen an und formieren sich jeweils nach der Art der jeweiligen Herausforderung. In der freien und sozialen Marktwirtschaft der Völker des Westens ist sie daher positiv eingetönt und hat sich hier zu einer Art Leistungsideologie verdichtet. Das »dolce far niente«, wie es mitunter den Bewohnern der südlichen, von Haus aus fruchtbareren und nicht so arbeitsintensiven Gegenden nachgesagt wird, macht rasch einer strikten Arbeitsdisziplin Platz, wenn sie in den industriellen Produktionsprozeß miteinbezogen werden, wie das etwa bei unseren italienischen und spanischen Gastarbeitern deutlich zu erkennen ist.

Ikeda: Gewiß, weit davon entfernt, angeboren zu sein, scheint der Wille zu arbeiten und Einsatz zu zeigen, eher von der Umwelt her bestimmt zu werden. Beispiele von Anstrengungen, die sich bezahlt gemacht, ja vielleicht zu großem Erfolg geführt haben, fördern natürlich den Arbeitswillen insgesamt. Es ist daher ein Fehler, jemanden von Haus aus als faul oder als fleißig zu bezeichnen. So wird in der buddhistischen Schulung vorausgesetzt, daß alle Menschen die angeborene Fähigkeit haben, jede Art von Mühen auf sich zu nehmen.

Derbolav: Ein anderes Beispiel für die Situationsbedingtheit, jeder Form von Arbeitsmoral ist der Wandel von der Vollbeschäftigung zur konjunkturellen und strukturellen Krisenwirtschaft, wie er sich in den meisten Industriestaaten westlicher Prägung vollzogen hat. Solange noch die Errungenschaften des Sozial- und Daseinsfürsorgestaates der sechziger und siebziger Jahre uneingeschränkt wirksam waren, war die deutsche Arbeitsmoral relativ lax und galt das sogenannte »Krankfeiern« lediglich als ein Kavaliersdelikt.
Mit der wachsenden Arbeitslosigkeit schwand dieser Mangel an Arbeitsmoral rasch dahin. Niemand wollte seine Arbeit verlieren, nicht nur weil sein Lebensstandard von ihr abhing, sondern weil er mit seiner Berufsarbeit eine Art Lebenssinn verband. Für sie war er bereit, Opfer zu bringen und sich gegebenenfalls sogar unterhalb seines Ausbildungsniveaus beschäftigen zu lassen. Das soll nicht heißen, daß der deutsche Arbeiter nicht für Arbeitszeitverkürzung plädiert, da er meist über genügend Hobbies verfügt, um seine Freizeit auszufüllen. Doch hält er sie nur für sinnvoll und vertretbar, wenn sie zu einem Abbau der Arbeitslosigkeit führt (was mit guten Gründen bezweifelt werden muß). Mangel an Ausbildungs- und Arbeitsmöglichkeit, Arbeitsverlust, kürzere oder längere Arbeitslosigkeit sind daher ein hartes Schicksal: für die Jugendlichen, die damit der Chance beraubt werden, sich der Gesellschaft zu integrieren, für die Menschen mittleren Alters, deren Selbstwertgefühl ganz besonders von erfolgreicher Arbeit abhängt, und für ältere Arbeitnehmer, die noch durchaus rüstig sind und deshalb nicht zum alten Eisen geworfen werden wollen.
Alle Indizien scheinen darauf hinzuweisen, daß bei anhaltendem

Wachsen der Arbeitslosigkeit die Arbeit wieder zu einem Sozial- und Kulturgut ersten Ranges aufrücken wird, das alle voll bejahen, mit Einsatz erstreben und dem sie mit Hingabe zu dienen bereit sind.

Im Blick auf die fernere Zukunft mag die Sache freilich etwas anders aussehen. Angesichts der strukturbedingten Unmöglichkeit, zur Vollbeschäftigung zurückzukehren und der damit verbundenen Daueretablierung eines hohen, in seinem Anwachsen kaum einzudämmenden Arbeitslosenstandes könnte sich fast so etwas wie eine Nötigung ergeben, die Leistungsmaßstäbe der Gesellschaft zu korrigieren, d.h. sie durch hedonistische Maßstäbe arbeitsfreier Lebensgestaltung zu ergänzen, wie sie bekanntlich Daniel Bell propagiert hat. Doch wäre dies nur eine psychologische Korrektur, denn am Primat des Leistungsmaßstabes dürfte letztlich nicht gerüttelt werden, wenn die Produktivität der Wirtschaft erhalten, und die des Gutes der Arbeit nicht Teilhaftigen in ihrer Existenz abgesichert bleiben sollen. Mich würde interessieren, wie Sie von Ihren japanischen Verhältnissen aus über diese Probleme denken.

Ikeda: Obgleich nur eine Minderheit der gegenwärtig im Arbeitsprozeß integrierten Generationen in Japan die Fähigkeit, ohne Arbeit auszukommen, für einen Segen hält, wächst doch die Zahl junger Leute mit dieser Einstellung, und sie wird ohne Zweifel noch weiter wachsen. Sofern Roboter die Plätze der arbeitenden Menschen im Produktionssektor einnehmen, könnten Hedonismus und Vergnügungssucht zunehmen. Doch bin ich überzeugt, daß das Volk letztlich die Sinnlosigkeit eines Lebens, das nur dem Vergnügen gewidmet ist, durchschaut und zur Einsicht zurückkehrt, daß die Menschen der Arbeit bedürfen.

Ikeda: Ich habe bereits über den starken Einfluß Deutschlands auf die japanischen Wissenschaften gesprochen und hätte von Ihnen gerne gewußt, wie Sie den Bildungseinfluß Deutschlands auf die japanischen Studenten und seine hervorragenden Resultate erklären.
Als die Kaiserliche Tokio-Universität (heute einfach Tokio-Universität genannt) 1877 gegründet wurde, kamen vier deutsche Professoren nach Japan, um Medizin, Mineralogie, Geologie, Bergbau und Metallurgie zu lehren. Und der 1886 verkündete kaiserliche Erlaß über die Universitätsgründungen war der preußischen Universitätsverfassung nachgebildet und steckte zugleich den Rahmen des japanischen Bildungssystems ab.
Abgesehen von dieser Lehrtätigkeit deutscher Professoren in Japan, gingen zahlreiche junge Japaner nach Deutschland, um dort – oft mit brillantem Erfolg – ihre Studien durchzuführen. Der erste von ihnen, Nagayoshi Nagai, reiste 1870 nach Deutschland und blieb dreizehn Jahre. Während dieser Zeit studierte er bei Professor Theodor Hoffmann an der Universität Berlin. Nach Japan zurückgekehrt, widmete er den Rest seines Lebens der Forschung und Lehre im Fach Pharmakologie an der Tokio-Universtität. Er gilt als Vater der japanischen Pharmakologie.
Auf dem Gebiet der theoretischen Physik ist Yoshio Nishina zu nennen, der zusammen mit Werner Heisenberg am Kopenhagener Institut für theoretische Physik studierte. Er wurde der Vater der japanischen Physik, eines Forschungsfeldes also, das später den Nobelpreisträger Hideki Yukawa hervorgebracht hat. Andere so bedeutende Gelehrte wie der Botaniker Hitoshi Kihara und die Bakteriologen Shibasaburō Kitazato, Kiyoshi Shiga und Sahachirō Hata haben in Deutschland studiert und enorme Beiträge zur Entwicklung der japanischen Wissenschaft geleistet.
Haben wir nun die hervorragende Qualität dieser Forscher ihrem eigenen Format oder dem hohen Rang zuzuschreiben, welcher der deutschen Bildung und Wissenschaft in der Welt von damals zukam?

Derbolav: Die Intensivierung der deutsch-japanischen Kulturbeziehungen begann, wie erwähnt, Anfang der siebziger Jahre des 19. Jahrhunderts, und hier erwies sich die japanisch-deutsche Geistesverwandtschaft erstmalig als besonders fruchtbar.
Sie erwähnten die Berufung deutscher Professoren an japanische Universitäten und die zahlreichen Studentengenerationen, die sich in Deutschland ihr dann auf japanischen Lehrstühlen langjährig bewährtes Wissen geholt haben. Ich nenne ergänzend einen der ersten von ihnen: den japanischen Gesandten in Berlin und späteren Außenminister Shūzo Aoki, der zu Studienzwecken bereits 1869 nach Berlin gekommen war und sein persönliches Schicksal mit Deutschland verknüpfte, indem er eine Deutsche, die Gräfin Hatzfeld, zur Frau nahm. Erwähnt zu werden verdienen auch der Arzt und Dichter Ōgai Mori und der Philosoph Tetsujirō Inoue, der 1884–1890 Lektor für japanische Sprache am orientalischen Seminar in Berlin war. Ähnliches gilt für Wien, Prag und Zürich. Es war ferner ein Japaner, nämlich Kisaku Tamai, der 1898 die »Erste Monatsschrift eines Japaners in Europa« namens »Ostasien« herausbrachte.

Ikeda: Ōgai Mori erweckte bei jungen Japanern die Sehnsucht, Deutschland kennenzulernen, durch seine Übersetzung des Goetheschen Faust und durch Schriften, in denen er seine Erfahrungen in Deutschland verwertete. Ein anderer hervorragender japanischer Schriftsteller, Sōseki Natsume, spielte eine ähnliche Rolle bei der Erweckung des Interesses für England, indem er sein Leben als Student dort beschrieb. Ohne direkte Beiträge im Bereich der Wissenschaft zu leisten, halfen doch beide, Mori und Natsume, die europäische Kultur in Japan bekannt zu machen und steigerten damit indirekt zugleich die Lern- und Studienbereitschaft der japanischen Jugend.

Derbolav: Die Präferenz der japanischen Studenten für deutsche Universitäten in dieser Zeit läßt sich in meinen Augen wohl nur historisch erklären. Sie hängt mit der Reform der deutschen Universitäten Anfang des 19. Jahrhunderts zusammen, deren

wirkungsmächtigster Initiator der Diplomat und Gelehrte Wilhelm von Humboldt war. Die deutschen Universitäten waren bis ins 18. Jahrhundert mehr oder weniger akademische Berufsfachschulen gewesen; jetzt wurden sie einer neuen Bildungsidee unterstellt, die auf der Philosophie basiert hatte und von hier aus auch die Einzelforschung fruchtbar beeinflußte.
Humboldt selbst verband sein Interesse für einzelwissenschaftliche Sprachforschung mit einer noch heute gültigen Sprachphilosophie. Ranke und andere große Historiker seiner Zeit haben das Geschichtsstudium von seinen und Hegels Einsichten her neu begründet. August Wilhelm von Schlegel war einer der ersten großen Orientalisten, die diese vielgestaltige Materie in Berlin noch in einem Forschungszugriff zu vereinigen vermochten.
Die geographischen und naturwissenschaftlichen Disziplinen aber wurden von Alexander von Humboldt und seinen Schülern durch intensive empirische Erhebungen (Reisen) und Laborarbeit ausgebaut und auf wissenschaftliches Weltniveau gebracht. Selbst die klassische Philologie und die Altertumswissenschaften, deren traditionelle Pflegestätten Oxford und Cambridge waren, nahmen an diesem wissenschaftlichen Aufschwung der deutschen Universitätsbildung lebhaft Anteil, wofür eine Reihe berühmter Namen wie Christian Gottlob Heyne, Friedrich August Wolf, Friedrich Daniel Schleiermacher bis herauf zu Barthold Georg Niebuhr Zeugnis ablegen.

Ikeda: Wenn auch in der Blütezeit deutscher Wissenschaft im letzten Drittel des 19. Jahrhunderts der deutsche Nationalstaat erst relativ jung war, hatten doch seit den Humboldts bedeutende Gelehrte stets ihr besonderes Augenmerk auf das Bildungsleben gerichtet, das auf eine ehrwürdige, bis ins Mittelalter zurückreichende Tradition zurückblicken konnte. Sie hofften, damit wohl ältere und fortgeschrittenere Nationen wie England und Frankreich zu erreichen und vielleicht sogar zu überflügeln. Meinen Sie, daß dieses Verlangen allein den Enthusiasmus der Deutschen für Bildung und Wissenschaft und für das Auftreten so vieler hervorragender Forscher und Lehrer in dieser Periode erklärt? Könnten noch andere Faktoren dabei eine Rolle gespielt haben?

Derbolav: Wissenschaftliche Qualifikationen und Ränge werden nicht von heute auf morgen erreicht und geschaffen. Sie bedürfen langer Vorarbeit und entwickeln sich aus Gedankenarbeit von Generationen. Deshalb glaube ich nicht – um Ihre Frage zu beantworten –, daß das Deutschland der siebziger Jahre des vergangenen Jahrhunderts, kurz der junge preußisch-deutsche Nationalstaat, den Sie eben angesprochen haben, für die hohe Qualität deutscher Bildung und Wissenschaft allein verantwortlich war, obwohl auch das Bismarckreich viele bedeutende Forscher und Gelehrte hervorbrachte. Doch handelt es sich hier eher – wie ich meine – um eine Akkumulation wissenschaftlicher Leistungen über mehrere Generationen hinweg, deren Ausgang die bereits erwähnte schöpferische Erneuerung der Humboldtzeit bildete.
Als die Deutschen noch keinen geeinten Staat besaßen, auf den sie stolz sein konnten, waren sie in der Tat von dem Streben erfüllt, geistig und kulturell ihre Nachbarvölker zu überholen, was ihnen ja auch teilweise gelungen ist. So war z. B. das Weimar Goethes in den zwanziger Jahren des vergangenen Jahrhunderts so etwas wie ein Zentrum europäischer Geistigkeit. Mit der politischen Konsolidierung Deutschlands hat dieser Wetteifer zwar nicht aufgehört, aber beträchtlich an Gewicht verloren.

Ikeda: Mit der Vereinigung der Kleinstaaten zu einem gemeinsamen Deutschland wurde also der Politik Vorrang vor der Wissenschaft, Bildung und vor allen anderen kulturellen Aufgaben eingeräumt. Und die Japaner übernahmen diese Tendenz. In der Meiji-Periode (1868–1912) gewann das Ziel der Schaffung einer militärisch mächtigen Nation gegenüber allen anderen Überlegungen die Oberhand. Und Wissenschaft und Kultur wurden nur als Mittel zur Erreichung dieses Ziels angesehen. Nach dem Ende des Zweiten Weltkriegs wurde für eine Weile der

Akzent auf die Errungenschaften der Kultur und Zivilisation gelegt, aber nicht lange danach traten praktisch-ökonomische Erwägungen wieder an die erste Stelle. Bis heute stehen nationale Interessen ganz im Vordergrund. Wissenschaft und Bildung, wie auch die Künste, werden unterbewertet, und die Tendenz, sie nicht besonders ernst zu nehmen, wird immer stärker. Ich bin jedoch davon überzeugt, daß nur eine Haltung, die ihnen den Vorrang einräumt, die menschliche Würde zu schützen vermag.

Der Reichsgedanke

Ikeda: Eine interessante Ähnlichkeit zwischen Deutschen und Japanern besteht wohl nicht nur in ihrer Gruppenorientierung, sondern auch in dem Bewußtsein ihrer geopolitischen Randlage einem Zivilisationszentrum gegenüber; China im Falle Japans und das Römische Reich im Falle Deutschlands. Zwischen den historischen Erfahrungen beider Nationen lassen sich in dieser Beziehung eine Reihe von Parallelen ziehen. Beide Völker, das deutsche und das japanische, gerieten unter den Einfluß ihrer mächtigen Nachbarn etwa im 3. und 4. Jahrhundert christlicher Zeitrechnung. Als im 9. Jahrhundert der Hof Karls des Großen in Aachen das Zentrum der Kultur bildete, erlebte Japan die glanzvolle Zeit der Heian-Kultur (794–1192). Während der folgenden Jahrhunderte kannten beide Völker die eine oder andere Form von Feudalismus, und Modernisierungsprozesse fanden auf beiden Seiten in nicht allzu großem zeitlichen Abstand im 19. Jahrhundert statt.
Natürlich gibt es bezeichnende Unterschiede in unseren beiden historischen Erfahrungen. Während Japan eine Inselnation darstellt, ist Deutschland ein kontinentales Land, und diese geographische Lage hat fundamentalen Einfluß auf die Geschichte. Während der zweieinhalb Jahrhunderte des Tokugawa Shogunats (1615–1867) lebte Japan – und das kommt hier noch hinzu – in Frieden. Deutschland wurde hingegen in den Religionskriegen des 17. Jahrhunderts verwüstet.

Das ungeduldige Streben des Volkes im 19. Jahrhundert nach Modernisierung, um durch ausreichende Entwicklung des ökonomischen und militärischen Potentials die Überlegenheit über die Nachbarn zu erlangen, veranlaßte sowohl Deutschland als auch Japan dazu, die politische Autorität in Gestalt eines Kaiserreiches zu zentralisieren, das sie für die wirksamste und ihren Zielen gemäßeste Herrschaftsform hielten. In diesem vielleicht bedeutendsten gemeinsamen geschichtlichen Aspekt hatte Deutschland einen geringen zeitlichen Vorsprung. Vielleicht hat das Bewußtsein einer gemeinsamen Zielorientierung die japanischen Staatslenker des späten 19. und frühen 20. Jahrhunderts dazu geführt, Deutschland und deutsche Einrichtungen zu bewundern und sich mit ihnen vertraut zu fühlen. Doch scheint diese Bewunderung nicht immer erwidert worden zu sein. Die Deutschen haben manchmal Vorurteile gezeigt dem gegenüber, was sie die »gelbe Gefahr« nannten.
Obwohl mir klar ist, das Sie Wiener und auch zu spät geboren sind, um Erfahrungen mit dem Deutschen Reich gemacht zu haben, würde mich doch interessieren zu hören, wie Sie über die Einstellung der Deutschen anderen Nationen gegenüber denken, sei es ihren unmittelbaren Nachbarn, sei es entfernten Völkern wie den Japanern gegenüber. Was ich zufällig über den Grafen Coudenhove-Kalergi weiß, der während seiner diplomatischen Dienstzeit als Botschafter Österreich-Ungarns in Japan eine Japanerin heiratete, das läßt mich vermuten, daß die Österreicher weniger Vorurteile anderen Völkern gegenüber hatten, als dies offenbar bei den Deutschen der Fall ist.

Derbolav: Sie haben sehr überzeugend eine Reihe historisch-struktureller und geographischer Analogien bzw. Differenzen zwischen Deutschland und Japan aufgezeigt, haben aber vielleicht dem Deutschen Reich eine zu weite Interpretation gegeben. Um den tieferen Inhalt des Begriffs zu erfassen, muß man hier wohl die germanische und keltische Vorzeit mit berücksichtigen. Bekanntlich haben die Römer unter Caesar und seinen Nachfolgern Gallien, ja sogar England unterworfen und hier

zugleich eine intensive, wenn auch von Rückschlägen begleitete Romanisierungspolitik betrieben, die im keltischen Sprachraum die größten Erfolge zeitigte. Mit dem Beginn der germanischen Völkerwanderung im 4. Jahrhundert wurde diese Romanisierungswelle dann gestoppt und zumindest für Germanien rückgängig gemacht, wobei zeitweise sogar das römische Mutterland Italien selbst von germanischen Völkern erobert (Vandalen) oder beherrscht wurde (Ostgoten).
Eine einigermaßen tragfähige Staatsbildung, die mit der des (bereits zerfallenden) römischen Reiches Schritt halten konnte, gelang freilich erst den Franken unter Karl dem Großen, der den westlichen, später französischen Teil des römischen Reiches und den Osten, das spätere Deutschland, unter einer Krone zu vereinigen vermochte. Bald darauf fielen beide Reichshälften auseinander, so daß dann das von den Ottonen begründete Imperium – der Vorläufer des späteren »Heiligen Römischen Reichs Deutscher Nation« – schließlich nur mehr den mitteleuropäischen Teil der alten Einheit repräsentierte.
Hier beginnt nun die von Ihnen aufgezeigte Parallele. Wie das deutsche Reich von Anfang an lediglich eine lockere politische Einheit unter einer schwachen kaiserlichen Zentralgewalt darstellte, die in ihrem Schoß durchaus feudale Staatsbildungen, die sogenannten Landesfürstentümer, als eigentliche Machtträger zuließ, so ist auch das japanische Kaisertum über viele Jahrhunderte hinweg durch die Herrschaft feudaler Gewalten, der Shogunate, praktisch entmachtet worden und konnte erst wieder nach dem Ende der Tokugawazeit, d. h. nach Öffnung Japans, aufsteigen.
Im Westen dagegen kam es zu keiner Erneuerung des 1806 durch Napoleon aufgelösten Alten Reiches, sondern seit dem frühen 19. Jahrhundert lediglich zu vergeblichen Versuchen, die alte Einheit auf liberal-demokratischer Basis wiederherzustellen. Gegen den Widerstand der etablierten Machtgruppen halfen Verhandlungen jedoch nicht weiter. Die Waffen mußten entscheiden. So wurde das Bismarckreich in einem siegreichen Feldzug 1870/71 dem französischen Hegemonialstreben in Eu-

ropa abgerungen, und der gewaltige Sog militärischer Erfolge ließ durch die deutschen Einzelstaaten in dieser Staatsgründung zusammenfinden.
Doch war das Bismarckdeutschland als kleindeutsche Lösung nur ein schwacher Ersatz für das alte Reich, denn es schloß dessen früheres Herzstück Österreich nicht mehr ein, das sich in der Zwischenzeit, an den Rand des deutschen Raumes gedrängt, zu einem Vielvölkerstaat aus Deutschen, Tschechen, Ungarn und Südslawen entwickelt und Mitte des 19. Jahrhunderts die Gestalt einer Doppelmonarchie aus Deutschen und Ungarn als staatstragenden Nationen angenommen hatte. (Bereits der Handelsvertrag mit Japan wurde unter ihrer Flagge abgeschlossen).
Es war aber nicht nur nationaler Einigungswille, sondern auch der Geist des Imperialismus, der diese Machtkonzentration im Westen und Osten in Gestalt kraftvoller Kaiserreiche herbeiführte und emportrug. Mit seiner Tendenz, im harten Wettstreit noch die letzten weißen Flecke auf der Landkarte zu tilgen, d. h. in Kolonialbesitz zu verwandeln, ist er wohl auch verantwortlich für das böse und törichte Wort von der »gelben Gefahr«, das, soweit mir bekannt, Kaiser Wilhelm II. anläßlich des Boxeraufstandes auf China gemünzt hat. Es scheint mir der Ausdruck jener Machtideologie und Drohpolitik im Sinn des Kanonenbootaufzugs vor Marokko zu sein, die dieser Monarch um die Jahrhundertwende praktiziert hat und worin ihm leider manche Deutsche begeistert zugestimmt haben.
Die österreichisch-ungarische Monarchie hatte als Vielvölkerstaat mehr Erfahrung und Fingerspitzengefühl im Umgang mit anderen Völkern und, trotz ihres unglücklichen Endes, war ihre Außenpolitik im ganzen vernünftiger und ausgewogener. Nationale Vorurteile spielten hier daher wohl eine geringere Rolle. Dennoch muß ich gestehen, daß sie meinen Landsleuten ebensowenig fremd waren (oder sind) wie den Deutschen. Die unrühmlichen Erfahrungen mit dem Nationalsozialismus, der in Österreich begeisterte Aufnahme fand, haben es nur allzu deutlich bewiesen.
Folgen für die politisch-diplomatischen Beziehungen zwischen

Deutschland und Japan hat das Wort von der »gelben Gefahr« damals glücklicherweise nicht gehabt. Daß heute auch auf privater Ebene keinerlei Vorurteile zwischen unseren beiden Nationen bestehen, zeigen die Erfahrungen, die ich mit manchen meiner Schüler und Kollegen gemacht habe, welche über längere Zeit mit Lehraufträgen oder ähnlichen Verpflichtungen in Japan weilten. Einige von ihnen haben sich zum Beispiel mit Japanerinnen verheiratet und sich entweder ein japanisches Heim geschaffen oder ihre Frauen mit nach Deutschland gebracht.

Die Last der Freiheit

Ikeda: Ich hätte gerne Ihre Meinung über die Ursachen gehört, die zu einem so raschen Wechsel vom freiheitlichen Geist der Weimarer Republik zum Totalitarismus von Hitlers Naziregime geführt haben, der schlimmer war als alles, was man im deutschen Kaiserreich erlebt hatte. Ich kann mir gut vorstellen, daß unzählige Seiten über die politischen und soziologischen Perspektiven dieses Problems vollgeschrieben worden sind, doch ich frage Sie, was Sie für die entscheidende Ursache halten?

Derbolav: Dazu muß man wissen, daß Hitler bei der Durchsetzung seiner totalitären Ideen im Weimarer Deutschland keinen so spontanen Erfolg hatte wie später in Österreich oder im Sudetenland. Sein Aufstieg war von deutlichen Rückschlägen gekennzeichnet, und das Ermächtigungsgesetz, das ihm ganz legal 1933 alle Macht im Staat übertrug, ist nicht ganz ohne Druck und Erpressung zustande gekommen. Daß dieser Umschlag der demokratischen in eine totalitäre Staatsordnung nichts Einzigartiges, d. h. kein Ausnahmefall war, beweist das Schicksal Italiens, in dem 1922 Mussolini auf ähnliche Weise zur Macht gekommen war.
Nun gibt es, wie Sie selbst erwähnen, genug Historiker und Politologen, die diesen Wandel aus der besonderen Situation der Deutschen um 1933 erklären und im wesentlichen vier frustrie-

rende Erfahrungen als Anstöße hierfür aufzählen: 1. die bitteren Opfer und Demütigungen, die Deutschland im Versailler Vertrag 1919 auferlegt worden waren; 2. das Fortbestehen der alten monarchischen Herrschaftstradition über den Zusammenbruch der beiden Kaiserreiche, Deutschland und Österreich, hinaus, deren politische Grundeinstellung durchaus antidemokratisch war; 3. ferner die unbestreitbaren Strukturdefekte der deutschen und der österreichischen Demokratie, des Weimarer und des Wiener Systems; 4. schließlich die strukturelle Wirtschaftskrise der späten zwanziger Jahre, die der Weimarer Republik in der schlimmsten Zeit so viele Arbeitslose einbrachte, wie Österreich Staatsbürger besaß, nämlich nahezu sechs Millionen.
Im Weimarer System waren es vor allem die häufigen Blockaden bei den beiden vom Volk gewählten Instanzen, beim Parlament und beim Reichspräsidenten, und die wiederholt erfahrene Unfähigkeit, aus der Vielzahl der Parteien tragfähige Mehrheiten zu machen, welche der verbreiteten Abneigung gegen die Demokratie noch Zündstoff liehen. In Österreich wieder zwangen der militante Sozialismus und der noch militantere Nationalsozialismus die demokratische Regierung zu autoritären Gegenmaßnahmen, ja es kam sogar zu einer autoritären Verfassungsänderung unter Schuschnigg, dem damaligen Bundeskanzler. Der Sozialismus und der Nationalsozialismus zogen dabei ihre Kräfte aus der Machtausstrahlung der Sowjetunion auf der einen und des Hitlerreiches auf der anderen Seite. Doch wurde die sozialistische Revolte vom Februar 1934 so rasch und gründlich von der nationalsozialistischen Julirevolte desselben Jahres und von der deutschen Okkupation Österreichs vier Jahre später überholt, daß die sowjetische Einflußnahme auf Österreich erst nach dem Zusammenbruch der großdeutschen Hitlerdiktatur 1945 zum Zuge kam.

Ikeda: In seiner »Flucht vor der Freiheit«, das heute als klassisches Werk angesehen wird, sagt der Sozialpsychologe Erich Fromm, daß das Volk in einer Massengesellschaft die Einsamkeit der Freiheit nicht zu ertragen vermag und eine totalitäre

Ordnung herbeizuführen sucht. Natürlich dachte Fromm dabei an den nationalen Volkscharakter der Deutschen und die politischen, ökonomischen und sozialen Bedingungen seiner Zeit, aber seine These reicht über Deutschland weit hinaus und weist auf eine Krise im Bewußtsein aller Völker hin. Sein Werk enthält also eine zugespitzte Warnung an die Gesellschaft überhaupt.
In späteren Werken wie »Die gesunde Gesellschaft« und »Die Revolution der Hoffnung« analysiert Fromm die geistige Dürftigkeit hinter dem materiellen Reichtum unserer modernen Gesellschaft, die seelischen Störungen, die dadurch entstehen, daß die Menschheit sich gänzlich von instinktiven Impulsen mitreißen läßt. Indem er den Fortgang der Geschichte immer in Richtung auf Erweiterung des Freiheitsbereiches deute, weigere sich der moderne Mensch strikt, an die Möglichkeit eines Rückschrittes zu einem Status zu glauben, in dem er die Freiheit zugunsten eines totalitären Systems abwerfen könnte. Diese Weigerung macht ihn blind für die Gefahr einer solchen Wendung der Dinge und hindert ihn zu sehen, daß sie schon in der Gegenwart Platz greift, dann nämlich, wenn direkt vor seinen Augen immer mächtiger werdende Autoritäten die Menschenrechte in tyrannischer Weise unterdrücken. Das ist eine höchst bedenkliche Situation, und Fromms Einsicht, daß diese Krise alle Menschen an jedem Ort bedroht, ist hochbedeutsam. Stimmen Sie mir zu?

Derbolav: Lassen Sie mich hier die von Ihnen angeführte interessante These Erich Fromms aufnehmen, die politischen Umbrüche zum Totalitalismus seinen Ausdruck einer Art »Flucht vor der Freiheit« als dem Signum menschlicher Unreife. Fromm, selbst ein deutscher Emigrant und bedeutender (freilich nicht unkritischer) Jünger der Psychoanalyse Freuds und der Individualpsychologie Adlers, hat deren bleibende Idee dann auf das Feld der Sozialphilosophie übertragen und hier mit anthropologischen-, ethnologischen, sozial, wirtschafts- und religionshistorischen Einsichten verknüpft. Seine Bücher sind ins Deutsche und ins Japanische übersetzt worden, letzteres wohl auch deshalb, weil Fromm in einer interessanten Untersuchung den Beziehungen zwischen Psychoanalyse und Zen-Buddhismus nachgegangen ist.

Der Mensch, so sagt er, sei ohne seinen Willen geboren und sterbe gegen seinen Willen und leide unter dem Abgetrenntsein von den andern, unter der Angst vor der Isolierung, die er auf verschiedenen Wegen, falschen und richtigen, zu überwinden suche. Er habe die Chance einer produktiven Selbstverwirklichung, die freilich nur gelinge, wenn er sich über die »negative Freiheit von« zur »positiven Freiheit zu« vorzuarbeiten vermöge. Für diesen entscheidenden Schritt bedürfe es freilich der Anspannung aller Kräfte, d. h. des vollen Einsatzes des eigenen schöpferischen Selbst, um die Welt dann in »Liebe« und »Arbeit« zu meistern. Denn auch »Lieben« ist für Fromm eine »Kunst«, die gelernt werden will.

Ich sehe Fromms große Leistung darin – und in diesem Punkte stimme ich mit Ihnen völlig überein – daß er die Abwege und Gefährdungen des Individuums auf seiner schwierigen Bahn der Selbstverwirklichung mit großer Akribie und Überzeugungskraft analysiert hat, so etwa die Pseudoliebe symbiotischer Beziehungen zu anderen Menschen, die von masochistischen bzw. sadistischen Mechanismen gesteuert wird und daher Liebe nur entweder als Beherrschung des oder als Unterwerfung unter den anderen praktiziert. Wo die Selbstverwirklichung in Liebe und Arbeit nicht gelingt, dort kommt es zur Flucht ins Autoritäre, Destruktive bzw. in den Konformismus, der Sicherheit im Kollektivdasein verspricht und dabei die eigene erst halb verwirklichte Freiheit einfach aufgibt.

Den Sprung in den deutschen Totalitarismus deutet Fromm nun als einen solchen kollektiven Akt der Flucht vor der Freiheit, und er meint damit zugleich eine Gefahr identifiziert zu haben, die auch anderen, stabileren demokratischen Systemen drohen könnte. Er vergißt dabei nicht – und das unterscheidet ihn von den eingefleischten Psychoanalytikern und gibt seiner These zugleich mehr Gewicht – die von mir eingangs genannten soziologischen Ursachenketten mit in die Deutung dieser Umbruchsituation einzubeziehen.

An anderer Stelle unterstreicht er das Peinlichüberraschende, ja Unglaubliche, daß in unserem Kulturzeitalter, das seit Hegel gewohnt war, sich im Lichte eines »Fortschritts im Bewußtsein der Freiheit« zu sehen, diese Freiheit zugleich in mehreren mitteleuropäischen Ländern einfach über Bord geworfen werden konnte. Diesen Grundthesen gegenüber verschlägt es nichts, wenn man die psychoanalytischen Voraussetzungen Fromms in einigen Punkten mit einem Fragezeichen versieht, so etwa die masochistische Komponente der Deutung der Freiheitsentledigung. Eine gewisse Distanz zur Frommschen Problemsicht scheint sich mir in der Tat auch darin anzudeuten, daß der deutsche Verleger das 1941 geschriebene Buch »Escape from freedom« in deutscher Übersetzung unter dem unzutreffenden Titel: »Furcht vor der Freiheit« herausbrachte, wohl weil er meinte, dem Verständnis des deutschen Lesers damit entgegenzukommen.

Ikeda: Obgleich Freiheit gewiß ein bedeutsamer Wert ist, den jedermann erstreben sollte, bedarf es für seinen richtigen Gebrauch der Selbstkontrolle, der seelischen Erfüllung und eines Geistes wechselseitigen Respekts. Menschen, die die Kontrolle ihrer Impulse und Gefühle vermissen lassen, können allen anderen schaden, und zwar im Namen der Freiheit selbst, und können vielen Unglück bringen und damit zum Anlaß werden, die Freiheit selbst fallen zu lassen. Ohne seelische Erfüllung muß Freiheit zu einer sinnlosen Bürde werden. Wenn dies geschieht, dann kann es dazu kommen, daß die Menschen die Freiheit gerne für die Sklaverei und für den Vorteil eintauschen, jemanden zu haben, der ihnen sagt, was sie tun müssen. Lange kulturelle und erzieherische Tradition fördern diese innere Erfüllung und Selbstkontrolle, die einem nicht von außen her geschenkt werden kann. Die Menschen müssen selbst dazu erweckt werden, als Ertrag ihrer eigenen Bemühungen.
Natürlich spielte bei dem Übergang der Weimarer Republik zum Nazi-System über diese Preisgabe der Freiheit hinaus noch ein Bündel miteinander verbundener sozio-ökonomischer Elemente

eine Rolle. Im Falle Japans ist es anders. Da es in der Vergangenheit nur wenig Freiheit genoß, ist die Ursache der Ablösung des demokratischen Systems der ersten beiden Jahrzehnte dieses Jahrhunderts durch die folgende militaristische Phase nicht die Preisgabe der Freiheit gewesen, sondern sie war ökonomisch bedingt. Der japanische Kapitalismus, der sich gerade zu entfalten begann, sah in einer militärisch orientierten Industrie und der Machtausdehnung auf überseeische Gebiete Wege, die Krise der großen Depression, die damals die gesamte Welt heimgesucht hat, zu überwinden. Die japanische Erfahrung macht auf schmerzliche Weise deutlich, wie wichtig beides ist: die individuelle Selbsterfüllung und eine stabile weltwirtschaftliche Prosperität, um einen dauerhaften Frieden zu erreichen.

Teilung und Einheit

Ikeda: Nach dem Zweiten Weltkrieg hat General McArthur die sowjetischen Ansprüche an Japan zurückgewiesen und damit unsere Nation gerettet, die auf eine alte Tradition geschlossener und auf gleicher Rasse beruhender Einheit zurückblicken kann, und sie vor jener Teilung bewahrt, die ich heute als Deutschlands größte Nachkriegstragödie zutiefst bedauere. Bei meinen Besuchen Europas haben mich die Berliner Mauer und die Blumen, die dort zum Gedenken an die Menschen niedergelegt sind, die bei dem Versuch, von Ost- nach West-Berlin zu fliehen, ihr Leben lassen mußten, schmerzlich berührt.

Trotz dieser tragischen Last der Teilung aber konnte Deutschland im Gegensatz zu Vietnam und Korea kriegerische Verwicklungen vermeiden und hat sich relativ rasch ökonomisch und kulturell erholt. Auch Japan, das seine früheren überseeischen Besitzungen verlor, hat einen wirtschaftlichen Wiederaufbau vollzogen, und zwar in einer Weise, die die ganze Welt in Erstaunen gesetzt hat. Freilich war ihm das erwähnte Problem der Landesteilung erspart geblieben.

Wie erklären Sie sich die Fähigkeit Deutschlands zum Wiederaufbau und zum Wiederaufstieg zu einer, wenn man so sagen darf, Großmacht trotz der Spaltung und ohne daß es zu einem Krieg an der Heimatfront kam – unbeschadet des zweifellos starken Wunsches nach Wiedervereinigung des Vaterlandes, um Wachstum und Entwicklung noch stärker voranzutreiben?

Derbolav: Sie weisen mit Recht darauf hin, daß die Folgen des Zweiten Weltkrieges und der – durch den Auseinanderfall der Siegermächte und die Militarisierung der kommunistischen Idee möglich gewordenen – Kriege in Korea und Vietnam die leidend Beteiligten in unterschiedlicher Weise getroffen haben. Deutschland, Korea und Vietnam wurden geteilt. In Korea und Vietnam kam es darüber hinaus noch zu schweren und verlustreichen Kämpfen zwischen den beiden feindlichen Hälften.
Deutschland ist zwar nicht die Spaltung, wohl aber ein militärischer Konflikt erspart geblieben. Das durch zwei Atombombenabwürfe schwer getroffene Japan fand in McArthur glücklicherweise einen Gegner, der in seinen Friedensverhandlungen Vernunft walten ließ und die Kriegsfolgen möglichst gering zu halten suchte. Typisch dafür ist sein Wort, er wolle Japan zur »Schweiz des Ostens« machen.

Ikeda: Ein Schauder ergreift mich bei dem Gedanken an die Möglichkeit, daß sich die Sowjets mit ihrem Plan, Japan zu teilen, durchgesetzt hätten. Glücklicherweise entgingen wir diesem Schicksal, weil General McArthur den sowjetischen Vorschlag zurückgewiesen hat. Angesichts der Bedeutung, die die Japaner seit uralten Zeiten den Familienbanden und der ethnischen Homogenität beimessen, wäre eine Teilung der Nation die Quelle unvorstellbarer Sorge und Leiden geworden.

Derbolav: Die Ausgangspositionen für den wirtschaftlichen Wiederaufbau waren in Deutschland und Japan also nicht ganz die gleichen. Gleich war indessen die Herausforderung an beide Völker, die Niederlage und deren Nachwirkungen mit allen Kräften zu überwinden und das Zerstörte in produktiver Weise schöpferisch nicht nur zu ersetzen, sondern sogar zu übertreffen. Vielleicht war dieses rasante Bedürfnis nach Aufbau und Wiedererneuerung bei uns Deutschen einfach Überkompensation unserer negativen Erfahrungen der Niederlage und Landesteilung. Vielleicht war es auch nur das vom Schöpfer des deutschen Wirtschaftswunders, Ludwig Erhard, angestachelte Konsumverlangen, das die deutsche Wirtschaft in einem kaum erwarteten Maße wachsen und gedeihen ließ.

Und für das ungeteilt gebliebene Japan dürfte sich eine analoge Alternativfrage stellen lassen. Jedenfalls haben die ökonomischen Erfolge das bei den Völkern arg strapazierte Selbstbewußtsein wieder zu neuem Leben erweckt, was es beiden sehr erleichterte, über ihre so trübe und beschämende Vergangenheit hinwegzukommen.

Tradition und Modernisierung

Folgen und Reaktionen

Ikeda: Die Welle der Modernisierung, die bis heute die Welt überspült – oder vielleicht müßte man besser sagen: der »Verwestlichung«, da die intellektuellen und naturwissenschaftlichen Umbrüche, auf denen sie beruht, ihren Ursprung in Europa haben – führt in vielen Handlungsbereichen zu Konflikten mit den traditionsbestimmten Denk- und Verhaltensweisen. Und diese Modernisierung findet nicht immer die rechten Antworten auf die Probleme, die sich an solchen Konflikten entzünden.
Nietzsche hat viele von den Widersprüchen und Gefahren aufgezeigt, die dem modernen Rationalismus eigen sind. Nach dem Ersten Weltkrieg rief Oswald Spenglers Vision vom »Untergang des Abendlandes« eine internationale Sensation hervor, und Arnold Toynbee schließlich unternahm aus der umfassenden Sicht seines universal-historischen Wissens den Versuch, den modernen Westen in seinen Bezügen zu den traditionellen Kulturen der restlichen Welt darzustellen. Meiner Einschätzung nach beweist eine solche kritische Selbstbetrachtung, wie tief die Völker des Westens in der Vergangenheit verwurzelt sind, von der die Modernisierung ihren Ausgang nahm.
Darüber hinaus zeigen objektiv kritische Analysen der Gegenwart, daß Antike und Mittelalter nicht Zeiten der Unwissenheit und der geistigen Finsternis waren, wie sie von manchen beschrieben wurden, sondern daß auch sie ihre eigenen glanzvollen Höhepunkte hatten. Eine solche Betrachtung verrät zugleich, daß das Zeitalter der Moderne, obgleich durchaus eigenständig, nichtsdestoweniger einen integrierenden Bestandteil des allgemeinen Stroms europäischer Geschichte darstellt.
Wie denken Sie über die Kritik, die Männer wie Nietzsche, Spengler und Toynbee gegenüber der Verwestlichung und Modernisierung angemeldet haben?

Derbolav: Wenn wir Oswald Spengler folgen, dessen bahnbrechendes Werk »Untergang des Abendlandes« Sie erwähnt haben, dann wachsen die Kulturen wie Pflanzen aus jeweils unterschiedlichem Boden und bringen in dieses Wachstum zugleich das genetische Erbe ihres Volkstums mit ein. Kulturpflanzen – oder wie Spengler auch sagt: »Kulturseelen« – sind daher einander mehr oder weniger verwandt oder fremd, und zwar dadurch, daß sie ihre nationale Eigenart isolierter bzw. in lockeren oder intensiveren Kontakten miteinander ausbilden.
Nun läßt sich nicht bestreiten, daß die europäischen und die östlichen Völker räumlich weit auseinander liegen und daß die Kontakte besonders mit Japan angesichts seiner zeitweisen Selbstisolierung erst relativ spät begannen – sporadisch allerdings schon in den Zeiten des Mittelalters, das Sie mit Recht gegen den Vorwurf der Unwissenheit oder geistigen Finsternis verteidigt haben. So unterschiedlich die mittelalterliche Entwicklung aber im Osten und im Westen verlief, gab es doch gewisse Analogien in bezug auf Siedlungsweise, Bevölkerungsstruktur und Kulturpflege.
Der erste Schritt westlicher Einflußnahme auf Japan im 15. und 16. Jahrhundert war der Versuch, dieses Land christlich zu missionieren, ein Unternehmen, das viele Rückschläge und im ganzen nur einen sehr begrenzten Erfolg zu verzeichnen hatte. Ich erwähne dies nur, um deutlich zu machen, daß sich Verwestlichung nicht ganz mit Modernisierung deckt. Die Modernisierung ist zwar auf europäischem Boden erwachsen, wie Sie zu Recht festgestellt haben, hat aber die tradierte europäische Kultur ebenso strukturell verändert, wie das bei der vom Westen her importierten Modernisierung der östlichen Kulturen der Fall war.

Ikeda: Ich bin ganz Ihrer Meinung; die industrielle Revolution, die von England ihren Ausgang nahm, hat alles in Europa verändert. Als jedoch Japan im 15. und 16. Jahrhundert unter den Einfluß des Westens geriet, waren Spanien und Portugal die führenden europäischen Nationen. Es ist bekannt, daß die

begehrteste Importware aus Spanien für die Japaner das Pulvergewehr war, das dem damaligen militärischen Führer der Nation, Nobunaga Oda, deshalb so gelegen kam, weil er hoffte, es würde seinen Streitkräften im Kampf um die Macht zur Überlegenheit über die seiner Gegner verhelfen.
Als dann Japan in der Mitte des 19. Jahrhunderts in engeren Kontakt mit dem Westen kam, hatte dieser infolge der industriellen Revolution schon ein ungeheures Produktionspotential entfaltet, und die europäischen Nationalstaaten waren bereits feste militärische, politische und ökonomische Gebilde geworden, die ihre rationale Struktur aus der Tradition übernahmen.

Derbolav: Sie führen die Modernisierung ganz richtig auf das positive Verhältnis zur Rationalität zurück, das den europäischen Menschen besonders kennzeichnet, und ich möchte hier die weiterführende These wagen, daß diese Rationalität in gebundener Form bereits in der europäischen Antike und im Mittelalter lebendig war, ehe sie, in ihrer Eigenart hervortretend, auf dem Boden von Zahl, Maß und Konstruktion ins Technische umschlug und mit ihrer besonderen Organisationsweise die tradierte Kultur- und Lebenspraxis überformte.
Ein bekannter Philologe hat den Aufstieg der antiken Welt den Weg »vom Mythos zum Logos« genannt und damit den Wandel vom dichterisch-anschaulichen zum abstrakt konstruktiven Denken beschrieben, wie er besonders eindrucksvoll in der griechischen Philosophie zutage tritt: hier sind die anthropomorphen Bilder und Begriffe schrittweise durch rationale Denkfiguren ersetzt worden: Liebe und Haß als Elemente der Weltkonstitution durch »Idea« und »Phänomenon« bei Plato, durch »Eidos« und »Hyle« bei Aristoteles. Beide leiteten jene teleologische Interpretation des Weltganzen ein, die dann auch mit Einschluß ihres kritischen Methodenbewußtseins in die christliche Theologie und die dogmatische Explikation ihres Glaubensgutes übernommen worden ist.
Was verhinderte, daß diese rationale Grundhaltung des antikmittelalterlichen Menschen in blanken Rationalismus um-

schlug, war der kosmisch-christliche Ordnungszusammenhang, der allen Dingen, Tieren und Menschen ihren bestimmten Ort anwies, sie also aus dem großen Zweckverband an keiner Stelle herausfallen ließ. Trotzdem blieb die gebundene Rationalität auch hier stets spürbar. Sie trat in der Exklusivität der christlichen Lehre hervor, was ein Vergleich erhellen mag.: Im Christentum wird der Mensch zum Eingottglauben verpflichtet. Neben diesem einzigen darf er keine anderen Götter haben. Auf der hinduistischen Pagoda dagegen werden alle bodenständigen Götter mit Christus vereinigt gezeigt, als ob sie alle ein Stückchen der Heilswahrheit repräsentierten.

Der Sprung in die Modernität – und das wird in den folgenden Kapiteln noch deutlicher werden – setzt also letzten Endes die grundsätzliche Ablösung vom antikchristlichen Ordnungszusammenhang voraus und läßt den Menschen selbst als weltschöpferisches Organ in den Mittelpunkt aller Überlegungen treten. Erst von diesem Positionswandel her lassen sich die Errungenschaften der Moderne verstehen: die Substitution der Idee durch die Zahl, der Teleologie durch die Mechanik, des über die Anschauung vermittelten Ordnungszusammenhanges durch einen Zusammenhang von Kausalgesetzen, die nicht mehr die Welt in ihrer Wesensstruktur durchschaubar, sondern ihren Ablauf und Wandel berechenbar machen wollen: Unter Zugrundelegung des Kausalitätsprinzips lassen sich Prozesse jetzt nämlich nicht nur bis auf ihre Entstehung zurückverfolgen, sondern auch vorausentwerfen, kurz: Wissenschaft läßt sich auch anwenden.

Damit aber entsteht die Technik als mechanisch konstruktives Ordnungsprinzip. Aber die Konstruktion von Maschinen bzw. mechanischer Automaten allein hätte kaum zur Entstehung einer solchen Erneuerungswelle geführt, wie sie die Modernisierung darstellt. In der vormodernen Zeit gab es bereits im Osten wie im Westen erstaunliche Zeugnisse technischer Perfektion wie die Pyramiden in Ägypten, ballistisch ausgeklügelte Verteidigungswerkzeuge in Griechenland und komplizierte Wasserleitungssysteme im alten Rom.

Erst die Verbindung von Technik und industrieller Produktion, erst die Freisetzung des ökonomischen Grundmotives, d. h. der Übergang von der bloßen Bedarfsdeckung zur Güterproduktion und -verteilung über den Markt für den Konsum hat die Welt der überlieferten Tradition verändert, weil sich das technische und ökonomische Denken in seiner Fortschrittlichkeit eben nicht an Tradition und Brauchtum zurückbinden ließen. Was bisher in mühsamer Handarbeit hervorgebracht werden mußte, ließ sich jetzt maschinell rascher und besser erzeugen und zugleich dank einer technifizierten Vermittlungsorganisation auch leichter absetzen. Von dieser Seite her betrachtet, hat der Strukturwandel von der Bedarfsdeckungswirtschaft zur investiven, expansiven Industriewirtschaft der Massenproduktion daher auch eine große Entlastung gebracht. Sie wurde geradezu als eine Befreiung des Menschen vom Druck der Materie verstanden.

Ikeda: Man könnte den modernen Nationalstaat mit einem ungeheueren und komplexen Mechanismus vergleichen, der aus höchst ausgeklügelten Teilen besteht und von der Antriebskraft menschlicher Bedürfnisse motiviert wird, und zwar besonders vom Potential materieller Ansprüche. Seine Schöpfung hat uns in der Tat den Segen einer Befreiung von materieller Armut gebracht.

Derbolav: Doch hatte diese Befreiung auch ihre Nebenwirkungen: Die Notwendigkeit, die arbeitende Bevölkerung in unmittelbarer Nähe ihrer Produktionsstätten anzusiedeln, führte zur Urbanisierung bzw. zur Landflucht in die wachsenden Städte. Die immer komplexer werdende Organisationsstruktur des gesamten Lebens zwang damit auch die Verwaltung, sich zu rationalisieren, und ließ bürokratische Apparate entstehen, die vielfach nach dem Parkinsonschen Prinzip wirkten: Je mehr Bedienstete eingestellt wurden, um so mehr schwoll die zu bewältigende Arbeit an. Andererseits hatte auch die Arbeitsteilung bei gleichzeitiger Differenzierung der Arbeitsprozesse längst zur Professionalisierung vieler bisher im Umgang leicht erlernbarer Berufe,

d. h. zur Herausbildung einer fachtechnischen Aristokratie geführt, deren Denkstrukturen für den normalen Verstand nicht mehr durchschaubar waren.
Dazu trat kraft dieser Produktionsmethode die Kommerzialisierung aller Lebensbereiche, den Freizeitraum mit eingeschlossen, was sich dadurch um so leichter erreichen ließ, daß man zugleich die natürlichen Bedürfnisse durch ein mit entsprechenden Werbetechniken angeregtes und künstlich verfeinertes Verlangen nach Immermehr-und-immer-Besserem ersetzte.
Diese Strukturen der Modernität fügen sich nun, abgelöst von ihrer historischen Genese, zu einer Art gesellschaftlichem Überbau zusammen, der sich mehr oder weniger auf alle Kulturen übertragen läßt. Denn er spricht im Grunde nur Seiten an, die potentiell bei den meisten Völkern vorhanden sind: das Bedürfnis nach Aufklärung und Verstandesgebrauch auf der einen, das Immer-mehr-haben-Wollen, die Pleonexie, auf der anderen Seite.
Betrachten wir von dieser Perspektive her unser Ausgangsproblem, dann ist klar, daß Vertreter aller Nationen, der westlichen wie der östlichen Welt, sich im Bereich des technisch-wirtschaftlich-kulturellen Überbaus mit der Modernität relativ leicht verständigen können und daß die eigentliche Schwierigkeit erst dort beginnt, wo die Basis der Kultur in ihren bodenständigen Lebensformen angesprochen ist und zur Begegnung einlädt.

Ikeda: Wenn Verwestlichung oder Modernisierung aber in einer Region versucht werden, deren überlieferte Kultur gänzlich verschieden ist von der Europas und des Westens – in China und Japan z. B. – dann treten Probleme auf, die aus dem Horizont, in dem die westlichen Denker ihre Tradition analysieren, herausfallen.
Dem europäischen Intellektuellen stehen – so sagte C. G. Jung –, wenn er mit einer völlig fremden Kultur konfrontiert wird, nur zwei Wege offen: Er kann seine eigene Tradition abwerfen und sich der fremden Kultur zu assimilieren suchen, oder er kann die fremde Kultur zurückweisen und sich selbst ganz in die Traditio-

nen des Westens einschließen, in die er hineingeboren und -erzogen ist.
Jung ging noch weiter und vertrat die Meinung, daß europäische Intellektuelle nur schwerlich der Mühe gewachsen sind, einen Pfad zwischen zwei Kulturen zu beschreiten. Denn dies zwinge dazu, mit außerordentlich komplexen Spannungsverhältnissen fertig zu werden, die kulturelle Unterschiede nun einmal unweigerlich mit sich bringen. Zugleich mit dieser Feststellung aber hat Jung auch betont, daß gerade der Versuch, einen Mittelweg zwischen diesen Komplexitäten zu finden, eine der Hauptaufgaben sei, die sich dem westlichen Intellektuellen von heute stellten.
Ich teile diese Auffassung. Meine Meinung ist folgende: Ließen sich die Kontakte zwischen der modernen westlichen Welt und den nicht-westlichen, speziell den asiatischen Kulturen auf solche Weise gestalten, daß jede Kultur von der anderen die Dinge übernimmt, die sich als wertvoll erweisen, und diejenigen beiseite läßt, die für sie nutzlos sind, dann würde dies zur Entwicklung eines Verständnisses für die Universalität der Menschheit beitragen, das breitere Anerkennung fände. Stimmen sie mir darin zu, daß dies die Richtung ist, der wir in Zukunft zu folgen uns bemühen sollten?

Derbolav: Ich denke schon: Jede Nation sollte das von der anderen übernehmen, was ihr wesentlich erscheint, sie fördert und ihr weiterhilft und das Übrige beiseite lassen. Im Grunde sind auch alle historisch-kulturellen Begegnungen auf solche Weise vollzogen worden, doch hat die Verständigung oft recht lange gedauert und könnte sicherlich durch ein Vorgehen nach Plan und Einsicht beschleunigt werden.

Ikeda: Die Abneigung der naturwissenschaftlichen und technologischen Errungenschaften, welche die von Europa ausgehende Modernisierung begleiten, bringt zwangsläufig schwere Probleme für nichteuropäische Nationen mit sich, wie ich vorhin angedeutet habe.
Gegenwärtig sehen sich China, Indien, der Iran, die Völker Südostasiens und die Nationen Mittel- und Südamerikas zu dem Versuch gezwungen, Konflikte zu harmonisieren, die zwischen ihren nichteuropäischen Überlieferungen und ihrem Modernisierungsbedürfnis aufbrechen. Dieselbe Art von Schwierigkeiten im politischen, im ökonomischen und in anderen Bereichen haben auch andere Entwicklungsländer zu erwarten. Japans Erfahrungen mit der Modernisierung könnten als eine Art Informationshilfe für Völker nützlich sein, die einen Weg betreten, den wir schon vor hundert Jahren eingeschlagen haben.

Derbolav: Daß die Modernisierung in Japan nicht aus einer bodenständigen Entwicklung erwuchs wie hier im Westen, und damit eine Reihe ernsthafter Traditionskonflikte heraufbeschwören mußte, leuchtet ein. So verschieden die ursprünglichen Kulturtraditionen sein mögen – und Sie haben neben Japan, China, Indien, den Iran, Südostasien, Mittel- und Südamerika genannt – die Anpassungschwierigkeiten sind überall die gleichen und lassen sich nicht einfach durch billige Harmonisierungsmethoden aus der Welt schaffen. Japan hat in dieser Sicht die Rolle einer Pioniernation übernommen, die anderen – vor allem den Entwicklungsländern – mancherlei Erfahrung weitergeben könnte.

Ikeda: Vielleicht ist keine andere nichtwestliche Nation – zumindest in einigen Aspekten – so vollständig modernisiert worden wie Japan. Gleichwohl bewahrt das japanische Volk Teile seiner alten Traditionen.
In der Tat beschreibt man uns manchmal so, als ob wir in einem

zweistöckigen Haus wohnten, dessen erstes Stockwerk im rein japanischen, dessen zweites Stockwerk im rein westlichen Stil gestaltet ist, und zwar geschickt genug, um kein Empfinden von Ablehnung und Widerspruch aufkommen zu lassen. Ich betone dies nicht, um die Geschicklichkeit des japanischen Volkes herauszustellen, sondern um anzudeuten, daß unsere nationale Erfahrung ein sinnfälliges Zeugnis dafür bilden könnte, wie ein Volk sich von Grund auf zu modernisieren und doch seine eigene ethnische Tradition bis in die Tiefen hinein lebendig zu bewahren vermag. Obwohl Japan, wie viele andere Länder auch, viele Beispiele dafür liefert, wie Übermodernisierung zu Irrtümern und Widersprüchen geführt hat, stellt doch die japanische Erfahrung der Modernisierung und Traditionsbewahrung ein in seinen Möglichkeiten bedeutendes Experiment dar.

Derbolav: Wenn sich Ihr Land, wie Sie sagen, in den letzten hundert Jahren so vollständig modernisiert hat, daß es ohne Schwierigkeit mit den westlichen Nationen in Konkurrenz treten kann, so hängt dies wohl auch mit den beiden in Japan verbreitetsten Religionen, dem Shintoismus und dem Buddhismus, zusammen, die, einerseits auf Naturverehrung, andererseits auf meditative Selbstverwirklichung hin orientiert, dem Einstieg in die Rationalität der Moderne kein Hindernis in den Weg legten. Daher sehe ich in Ihrem Vergleich Japans mit einem zweistöckigen Haus, das unten traditionsbezogen, oben modernistisch gestaltet ist, nichts Anstößiges, denn dieses Bild entspricht genau der von mir bereits beschriebenen Form von Modernität als einem überlieferungs- und volkstumsneutralen Überbau.
Nicht allen Völkern und Kulturen läßt sich dieser Überbau freilich konfliktfrei aufsetzen, und nicht selten kommt es zu schmerzlichen Interferenzen, die nach unten und oben Störungen mit sich bringen können. Ich habe in Nepal erlebt, daß Wissenschaftler oder Manager zwar das Prinzip der Rationalität längst verinnerlicht hatten, gleichwohl in kritischen Augenblikken ihres Lebens lieber den überkommenen Zauberpraktiken vertrauten als der modernen Technologie. Ich könnte mir den-

ken, daß es auch in den islamischen Ländern zwischen den Forderungen der Arbeitswelt und den Fastenpraktiken der Religion Vermittlungsschwierigkeiten gibt.
Das alles ist Japan erspart geblieben, ja es hat eine erstaunliche Fähigkeit zur Aneignung fremder Zivilisation und Technologie bewiesen, was es in den sicher unbegründeten Verdacht gebracht hat, überhaupt nur mimetisch begabt zu sein. Die zahlreichen Nobelpreise, die japanische Wissenschaftler inzwischen erringen konnten, beweisen das Gegenteil. Das schließt nicht aus, daß die Japaner alles, was sie übernehmen, zugleich zu einer seltenen Perfektion bringen. So sind z. B. in den Orchestern aller deutschen Länder nicht nur japanische Musiker anzutreffen, die Zahl der japanischen Konzertmeister nimmt hier ständig zu, und japanische Dirigenten treten Schritt für Schritt in die Reihe der großen Vertreter ihres Faches in Europa ein. Das hindert aber auch keineswegs, daß in Japan nicht auch die bodenständige Musik in angemessener Weise gepflegt wird, und daher konnte in dieser Hinsicht bisher kein Konkurrenzbewußtsein zwischen alter und neuer Musikpflege aufkommen. Ähnliches läßt sich wohl auch von allen übrigen Kulturbereichen sagen.

Ikeda: Das 19. Jahrhundert war nicht die erste Epoche, in der die Japaner vor der Aufgabe standen, ihre angestammte Kultur zu bewahren und ihr zugleich von außen eingeführte kulturelle Elemente zu integrieren. Diese Situation glich vielmehr der des 6. bzw. 7. Jahrhunderts, als der Buddhismus und ein Großteil des chinesischen Kulturerbes nach Japan importiert wurde. In dieser Zeit hat das japanische Volk sein spezifisches muttersprachliches Vokabular mit dem von China übernommenen Wortschatz und Schriftsystem kombiniert. Darüber hinaus bemühte man sich um eine Verbindung des bodenständigen Shintoismus mit anderen Religionssystemen, die vom Kontinent her eingeführt worden waren. In diesen weit zurückliegenden Zeiten hat man das Traditionelle bewahrt und das Neue übernommen.

Derbolav: Sie sprechen vom Geist der Tradition, den auch der moderne Japaner noch im Herzen bewahrt. Wenn ein Europäer ein japanisches Haus besucht und sich zunächst der Schuhe entledigt, dann seinen Gastgebern im Kimono begegnet, am Tatami mit gekreuzten Beinen Platz nimmt – sofern er dazu die nötige Gelenkigkeit besitzt – und schließlich auf japanische Weise bewirtet wird, d. h. so, daß nicht nur der Gaumen, sondern auch das Auge auf seine Rechnung kommt, dann spürt er tausendfach die Lebendigkeit der japanischen Überlieferung. Doch sind dies alles vielleicht noch bewußt gepflegte und gehandhabte Äußerlichkeiten. Erst am Shintoschrein oder im buddhistischen Tempel erfährt man, wie die Japaner wirklich sind. Ich habe bei meinen zahlreichen Besuchen in Japan niemals den Eindruck gehabt, daß meine Gastgeber unter einer vielleicht nicht geglückten Versöhnung zwischen Tradition und Modernität gelitten hätten, obwohl auch hier natürlich Puristen der japanischen Überlieferung und radikale Vertreter der Modernität zu finden sind. Als ein Beispiel der Übermodernisierung habe ich immer die Fabriken empfunden, in denen die arbeitenden Menschen gänzlich durch Roboter ersetzt worden sind, wie sie gelegentlich im Fernsehen gezeigt werden. Diese Einrichtungen sind sicherlich technisch zu bewundern, aber ihrer perniziösen menschlichen und sozialen Folgen wegen nicht unbedenklich.
Daß im Ausgleich zwischen Tradition und Modernität beide Seiten in gleicher Weise zu ihrem Recht kommen müssen, leuchtet ein. Es ist vor allem das positive Verhältnis zur Religion, welches zu bewirken vermag, daß die geistigen Wurzeln unserer höchst komplexen modernen Welt in der Vergangenheit nicht ganz verdorren.
Wie weit sich die Erfahrung dieser in Japan so geglückten Synthese auch für jüngere, noch in der Entwicklung befindliche Völker wirtschaftlich nutzbar machen läßt, ist schwer zu sagen. Leicht aber wird es schon deshalb nicht sein, weil die kulturellen Substrukturen dieser Völker jeweils recht verschieden sind und sie deshalb auf die Herausforderung der Modernisierung auch unterschiedlich reagieren dürften.

Ikeda: Obgleich der japanische Erfolg nicht ohne weiteres als Modell dienen kann, könnte er doch gewiß anderen Völkern ermutigende Anstöße geben bei dem Wunsch, eine bessere Gesellschaft zu schaffen.
Der japanische Modernisierungsprozeß war indessen nicht frei von Irrwegen wie etwa den Einfällen in die benachbarten asiatischen Länder oder der Unterdrückung der eigenen armen Bevölkerung. Und heute werden wir heimgesucht von schwerer industrieller Umweltverschmutzung. Die wichtigste Aufgabe ist es daher, unsere historischen Irrtümer kühl und nüchtern zu prüfen, um sie nicht zu wiederholen. Um den Entwicklungsländern dabei zu helfen, ähnliche Fehler zu vermeiden, müssen wir für einen regen personalen Austausch unter den Völkern sorgen, um die Wahrheit über die herrschenden Bedingungen zu verbreiten.

Die Naturtradition der Menschheit

Ikeda: Einige der vordringlichsten Ziele der Modernisierung sind größere Produktivität, wachsender materieller Reichtum und Erhöhung des allgemeinen Lebensstandards. Die Industrienationen haben diese Ziele bis zu einem gewissen Grad erreicht, freilich häufig um einen schmerzlichen Preis, nämlich um den Verlust dessen, was ich die »Naturtradition der Menschheit« nennen möchte.
Im Namen dieser Entwicklung werden die Urwälder erbarmungslos gerodet, unsere Flüsse werden verschmutzt, abgesehen von dem materiellen physischen Schaden, den der Verlust dieser Holzbestände verursacht, ist die Zerstörung der natürlichen Umwelt auch auf psychologischer Ebene zutiefst beunruhigend. Wer z. B. kann die tausendjährigen Zedern, die einst auf der südjapanischen Insel Yakushima wuchsen, wieder ins Leben zurückrufen, jetzt, nachdem sie einmal gefällt sind? Und auch in anderen Teilen der Welt hat die ganze Bevölkerung offenbar verständnislos zugesehen, wie ihre Wälder, Teil der unbezahlba-

ren und unersetzlichen Schatzkammer der Natur, zerstört worden sind. In meinen Augen ist die natürliche Umwelt ein Teil der weltweiten menschlichen Tradition, der größten Respekt und eifersüchtigste Behütung verdient vor den Übergriffen materialistisch orientierter Modernisierung.
Wie ich gehört habe, stehen der Schwarzwald in Deutschland und der Wienerwald in Österreich zum Glück unter Naturschutz. Wie können wir nur auch den Entwicklungsländern die Gefahr bewußtmachen, daß sie ihren natürlichen Reichtum verlieren, wenn sie sich blind dem Modernisierungskurs verschreiben, ohne sorgfältige Abwägung der Einwirkungen, die menschliches Handeln auf die Umwelt als Ganzes hat?

Derbolav: Ich habe schon gezeigt, daß die sogenannte Modernität letzten Endes ohne die industrielle Zivilisation mit ihren positiven und negativen Folgen nicht denkbar wäre. Der Verlust dessen, was Sie »Naturtradition« nennen, ist eine der bösen Folgen dieser Entwicklung. Natur nämlich kann im Gültigkeitsbereich der rein ökonomischen Grundhaltung nichts anderes bedeuten als jenes Feld der Mittel, ohne welche die erstrebten Zwecke, Produktion und Gewinnmaximierung, nicht erreicht werden können.
Sie klagen über die tausendjährigen Zedern auf der Insel Yakushima, die rücksichtslos gefällt worden sind, ferner über die Zerstörung jener Wälder, Seen und Flüsse, die einst zur natürlichen Umwelt des Menschen gehörten und dabei sein Leben nicht nur durch Schönheit reicher, sondern auch durch ihre Unberührtheit gesünder machten. Was die Abholzung der Wälder betrifft, so ist sie in Europa bereits in vorindustrieller Zeit vor allem in den romanischen Ländern Südeuropas in Gang gekommen, wobei der Wert des Holzes als Bau- und Brennmaterial schon sehr früh erkannt und, wo es erlaubt war, auch genutzt worden ist. Die Griechen haben ihre Götterbilder meistens in Hainen errichtet, die aus frommer Scheu vor dem verehrten Gegenstand unangetastet blieben.
Wo aber solche Hemmschwellen und Tabus nicht bestanden,

dort setzte sich das nackte ökonomische Interesse durch, und nur die politische Vernunft kann dieser Naturausbeutung gesetzliche Schranken ziehen. Ich halte daher den Naturschutz für eine legitime Maßnahme des Staates und darf mich dabei persönlich freuen, daß der österreichische Wienerwald und der deutsche Schwarzwald vom Schicksal der Wälder in Südeuropa bewahrt geblieben sind.

Ikeda: In der Vergangenheit erhob die Schönheit der Berge und Täler das Gemüt der Menschen, befreite es von den Sorgen und Plagen des täglichen Lebens und erfüllte es mit Hoffnung und Mut. Im ewigen Gleichmaß dahinfließende Ströme brachten seelische Entlastung von den konventionellen Zwängen des sozialen Lebens. Die tiefen Wälder erfüllten den Geist mit einem Gefühl für das Geheimnis des Ursprungs aller Dinge, und erweckten Achtung für alle Formen des Lebens.
Obgleich diese spirituelle Erhebung, die die Natur bewirkte, nicht alle sozialen Probleme der Vergangenheit lösen konnte, war sie doch eine wichtige seelische Nahrung. Indem die Modernisierung einen Großteil der Menschheit dieser Nahrung beraubte, hat sie – dessen bin ich mir gewiß – zu der in der modernen Gesellschaft vorherrschenden Verunsicherung beigetragen und fördert dadurch sowohl die Neigung zum Verbrechen als auch zum Konsum von Drogen und Narkotika als Mittel, dieser Unsicherheit zu entfliehen. Zwar ist auch ein guter Teil des menschlichen Kulturerbes der Vergangenheit der Modernisierung geopfert worden, aber dies fordert viel weniger dringend unsere Aufmerksamkeit als der Schaden, der der Natur angetan wurde.

Derbolav: In der Tat läßt sich der zerstörerischen Willkür der Abholzung eine Grenze setzen. Nicht so leicht kann man freilich die indirekten Zerstörungswirkungen der Industriewirtschaft in Schranken halten, die im Begriff der Umweltverschmutzung angesprochen sind. Die Verseuchung der Flüsse und Seen durch industrielle Abwässer und das vielbeschworene Waldsterben, dem heute noch ein allgemeines Bodensterben zu folgen droht, lassen sich auch durch Einzelmaßnahmen wie die zwangsweise Einführung bleifreien Benzins und strengerer Vorschriften für die Beseitigung industrieller Schadstoffe usw. höchstens eindämmen, kaum aber wirklich aufheben und rückgängig machen.

Noch hat man nicht alle Schadensquellen erkannt und aufgedeckt, aber selbst wenn dies bereits der Fall wäre, könnte man gegen sie nicht ungehindert einschreiten, da jeder behindernde Eingriff in die marktwirtschaftliche Ordnung zu sozialen Folgen führen würde, die niemand wünschen kann. Allzu hohe Auflagen in Bezug auf Umweltschutz würden viele kapitalmäßig schwach fundierte Unternehmen in ihrer Existenz bedrohen und damit die schon bestehende Arbeitslosigkeit unvermeidlich erhöhen.

Alle sind sich einig, daß entschieden gegen diese Umweltverseuchung eingeschritten werden muß, aber niemand vermag seinen eigenen Schatten zu überspringen und möchte die perniziösen ökonomisch-politischen Konsequenzen solcher Maßnahmen mitverantworten. Wenn wir also selbst in dieser Hinsicht in einem Dilemma stecken, so wird es für uns um so schwerer sein, die Entwicklungsländer davor zu bewahren, im begreiflichen Streben nach Modernität ihre eigenen Naturressourcen zu gefährden. Es sind also lediglich unsere Fehler, aus denen sie lernen könnten, aber kein Volk kann letztlich daran gehindert werden, seine eigenen Fehler zu machen bzw. die der andern zu wiederholen.

Ikeda: Obgleich sie paradoxerweise die einzigen sind, die häufig im Zusammenhang mit der Naturzerstörung genannt werden, besitzen die gegenwärtigen Entwicklungsländer noch große Bereiche unangetasteter natürlicher Umwelt. Die industrialisierten Nationen dagegen haben schon vor langer Zeit ihre Umwelt zerstört. Es ist daher unfair, Brasilien seiner gegenwärtigen Möglichkeiten zu berauben, sich wirtschaftlich fortzuentwickeln, nur um damit die Regenwälder des Amazonasgebietes zu retten, die unbestreitbar eine reiche Sauerstoffquelle für den ganzen Planeten darstellen. Stattdessen sollten wir unsere Aufmerksamkeit Versuchen widmen, Wege aufzuspüren, Brasilien in seiner

Wirtschaftsentwicklung zu helfen, ohne daß den Regenwäldern großer Schaden zugeführt wird. Weiterhin ist es wichtig, sich global zu orientieren und Möglichkeiten zu finden, den Verlust an natürlicher Umwelt, etwa in Brasilien, in anderen Ländern zu kompensieren.

Wandlungen in der Familienstruktur

Ikeda: Von den vielen Einflüssen, die die moderne Gesellschaft auf die Bildung des individuellen Charakters ausübt, ist vielleicht der bedeutsamste den Folgen zuzuschreiben, die der Wandel in der Familienstruktur, vornehmlich in den industrialisierten Nationen hervorgebracht hat. Gewiß gibt es keine Anzeichen dafür, daß die Familie überhaupt verschwindet. Doch hat sie sich in ihrem Umfang bedeutend verengt von der ausgedehnten Großfamilie der Vergangenheit, in der drei oder mehr Generationen unter einem Dach zusammenlebten, bis zur sogenannten Kernfamilie der Gegenwart, die gewöhnlich nur aus zwei Generationen besteht.

Diese Verkleinerung betrifft natürlich alle Familienangehörigen, hat aber die stärksten Auswirkungen auf die Kinder und alten Menschen. Die Kinder werden dadurch haltgebender Weisheit beraubt, die ihnen der Umgang mit den Großeltern vermittelt. In den ersten Lebensjahren sind sie noch unfähig zu verstehen und zu würdigen, welchen Gewinn sie aus der engen Vertrautheit mit Menschen ziehen können, die älter sind und unendlich mehr Lebenserfahrung haben als sie selbst. Aber Kindheit und frühe Jugend sind die Zeiten, in denen die Grundlagen der Charakterentwicklung gelegt werden. Und gerade auf dieser Entwicklungsstufe können die Heranwachsenden durch Beachtung der Taten und Worte jener Menschen, deren Leben sich dem Ende zuneigt, Einsichten gewinnen, die alles andere Wissen und technische Geschicke übertreffen und zu einem tieferen Verständnis für den Sinn des Lebens führen und für das, was Menschsein heißt.

Derbolav: Die soziale Struktur in der Familie ist von einer der bedeutsamsten Folgen jenes Prozesses der Modernisierung unserer Gesellschaft wesentlich beeinflußt worden, nämlich von der Urbanisierung.
In vorindustrieller Zeit war die ländlich-bäuerliche Substruktur, ja auch die städtische Lebensform bei uns gar nicht so verschieden von der Japans, abgesehen von Unterschieden in bezug auf die jeweils kultivierten Feldfrüchte und landwirtschaftlichen Bearbeitungstechniken. Im bäuerlichen Heim lebten die Großfamilie und das Gesinde in geordneten Verhältnissen zusammen, und Ähnliches galt für das Handwerkerhaus in der Stadt. Unten war die Werkstatt, oben lebten Eltern und Großeltern sowie die Gesellen in Eintracht zusammen.
Aber was hier von Gewicht ist: auch die Kinder nahmen dabei in diesem Gefüge der Pflichten und Aufgaben ihren Platz ein und spielten ihre besondere Rolle. Sie wuchsen auf dem Land auf ganz natürliche Weise in den bäuerlichen Alltag hinein, in der Stadt aber gewannen sie wenigstens die volle Anschauung des väterlichen Handwerksberufs, was in der Regel dazu führte, daß sie, oder wenigstens eines von ihnen, den Beruf des Vaters übernahmen.

Ikeda: Unter diesen Umständen war das Leben der deutschen Familie zugleich eine Zeit beruflicher Ausbildung für die Kinder, die dadurch auch veranlaßt wurden, ihren Beitrag zur Befriedigung der ökonomischen Bedürfnisse in der Gruppe zu leisten. Genauso ging es in Japan zu. Als ich beispielsweise noch ein Kind war, half ich in unserem Familienbetrieb mit, der eßbaren Seetang herstellte.

Derbolav: Diese Familienform hatte freilich nicht nur ihr Gutes: Oft genug fehlte der humane Schonraum für den Nachwuchs, und selbst die Schulpflicht wurde häufig nur als unerwünschte Störung des Arbeitsalltags empfunden. Da die Kinder also von früh an in sachlichen Bezügen standen, was auch das Verhältnis der Eltern zu ihnen distanziert gestaltete, wurden sie bereits in

ihrer Entwicklung nach dem bewertet, was sie leisteten. (Der Leistungsmaßstab gilt sonst erst für die Erwachsenengesellschaft).
Wie in Japan, so hat auch bei uns der soziale Umschichtungsprozeß der Industrialisierung zu einer Konzentration der städtischen und ländlichen Bevölkerung in kleinen und billigen Stadtwohnungen geführt und damit der Großfamilie ein Ende bereitet. Aus der Abtrennung der Großelterngeneration von den Eltern und Kindern, wie Sie sie so lebendig beschrieben haben, ist heute die Klein- oder Kernfamilie entstanden.
Das ist sicherlich ein einschneidendes Faktum für unsere soziale Gesamtexistenz. Doch sehen die Soziologen diesen Schrumpfungsprozeß keineswegs nur negativ. Sie verbinden mit ihm den Vorzug, daß die Eltern nunmehr eine größere Chance erhalten, sich ihren Kindern außerhalb des Arbeitsalltags pfleglich und belehrend zuzuwenden und dabei zugleich ihren Gefühlen der Verbundenheit Ausdruck zu geben. Man spricht hier von der Emotionalisierung der Kleinfamilie und betrachtet dies als Substanzgewinn.
In der Tat hat die Familienforschung in vielen Untersuchungen deutlich machen können, daß Mutter und Vater in unterschiedlicher Weise für die heranwachsenden Kinder von Bedeutung sind: Kinder brauchen zunächst die liebende Zuwendung der Mutter, um, wie Fromm und Erikson sagen würden, ihre »Isolierungsangst« zu überwinden und »Urvertrauen« zur Welt zu gewinnen. Die Rolle des Vaters läuft hingegen darauf hinaus, die Kinder bei ihrem Ablösungsprozeß von der Familie und beim Eintritt in die Gesellschaft zu unterstützen, d. h. »Hilfe zur Selbsthilfe« zu gewähren. Wo beide Aufgaben angemessen erfüllt werden, lassen sich Verhaltensabwegigkeiten vermeiden, die, wenn sie auftreten, in der Regel auf ein gestörtes Elternhaus zurückverweisen. Doch sind diese Aufgaben keineswegs eindeutig auf Mutter und Vater bezogen, sie können auch jeweils vom anderen Partner erfüllt werden. Nur müssen sie eben erfüllt werden, sonst geht früher oder später etwas schief.

Ikeda: Sie haben ganz recht, und hier liegt in meinen Augen ein ernstes Problem. Im heutigen Japan haben viele Väter keine Zeit, sich im erforderlichen Ausmaß mit ihren Kindern zu beschäftigen, oder sind nicht bereit, sich diese Zeit zu nehmen. Daher werden die Kinder in der Tat gänzlich der Sorge der Mütter überlassen, von denen sie dann so abhängig werden, daß eine Trennung Schwierigkeit macht, manchmal sogar bis ins Erwachsenenalter hinein. Man sagt, daß dieses große Ausmaß von Abhängigkeit besonders in Kleinfamilien zu finden ist, in welchen die Mütter nur ein oder zwei Kinder haben, denen sie ihre Aufmerksamkeit zuwenden können. In größeren Familien dagegen bleiben die Kinder sich selbst überlassen, und können hier besser Sinn für Unabhängigkeit entwickeln. Dabei spielten in den früheren Großfamilien natürlich die Großeltern eine wichtige Rolle.

Derbolav: Die Emotionalisierung der Kleinfamilie bedeutet nun aber gewiß nicht, daß die Großeltern ihre Funktion bei der Betreuung des Haushaltes und der Erziehung der Kinder verloren hätten. Sie helfen vielmehr zunächst häufig bei der Betreuung der Kleinkinder und müssen darüber hinaus die Eltern dort vertreten, wo diese durch ihre Arbeitsverpflichtung in der Kinder- und Jugendfürsorge eingeschränkt sind. Wie gut sie ihre Aufgaben erfüllen, hängt davon ab, welche Erfahrungen sie selber im Leben gemacht und wie sie ihre Erfahrungen geistig verarbeitet haben. Denn Weisheit fließt dem Alter nicht von selbst zu, sie entspringt erst langem und tiefem Nachdenken über das je Erlebte. Aber wie auch immer: Kinder lieben ihre Großeltern, weil sie in ihnen gleichsam ihr eigenes späteres Schicksal anschauen können und zugleich vieles hören und beachten lernen, was ihnen die überbeschäftigten Eltern häufig schuldig bleiben.

Ikeda: Die wachsende Tendenz junger Familien, von den Großeltern getrennt zu leben, bedeutet andererseits, daß die alten Leute weitgehend von der Gesellschaft isoliert werden. Im Streben

nach Wohlstand betrachten Männer und Frauen in der Blüte ihrer Jahre alte Menschen manchmal nur als Behinderung und wollen daher nicht mit ihnen zusammenleben. Um der Arbeitseffizienz willen konzentriert sich die Bevölkerung im städtischen Bereich, wo die häuslichen Verhältnisse so beengt sind, daß die altmodische Großfamilie nicht mehr bequem unter einem Dach untergebracht werden kann. Folglich bleiben die Großeltern vielerorts, jedenfalls in Japan, allein auf dem Land zurück, oder sie werden ins Altersheim geschickt, während die Kinder und Enkel weit von ihnen entfernt in städtischen Wohnungen leben. Zwar erlauben soziales Sicherungssystem, Renten und ähnliche Einrichtungen den alten Menschen bis zu einem gewissen Maße, bequem und sorgenfrei zu leben, auch wo ihre Kinder weggezogen sind. Aber das Lebensniveau, das solche Einrichtungen ermöglichen, ist gewöhnlich sehr bescheiden. Überdies fühlen sich die Kinder gerade durch die Existenz eines solchen Wohlfahrtssystems von der Verantwortung gegenüber der Elterngeneration entlastet, die daher traurig und in alles andere als luxuriösen Verhältnissen von Mitteln leben muß, die ihnen öffentlich zur Verfügung gestellt werden oder von Ersparnissen, die sie selbst angesammelt haben.
In manchen Einzelheiten mögen sich die Großfamilien alten Stils in Ost und West unterschieden haben, aber ich bin sicher, daß die guten Auswirkungen, die die Anwesenheit alter Leute in den Familien auf die Entwicklung der Kinder ausübt, überall die gleichen sind und waren.

Derbolav: In der deutschen Familientradition übernimmt die Großmutter häufig genug die Rolle einer Märchentante, während der Großvater der erwünschte Vermittler aller Arten von Hobbies ist. Bevor die Kinder noch lesen oder schreiben können, werden sie von der Großmutter in die Märchenphantasien eingeführt, und der Großvater lehrt sie bei gemeinsamen Spaziergängen Tiere und Pflanzen zu erkennen und ihnen ihre Namen zu geben, mit Werkzeugen und Materialien umzugehen und einfache Bastelarbeiten durchzuführen. Nicht selten sind

Großmutter und Großvater für die Kinder kluge Berater und Quellen der Lebensweisheit, wie Sie das so schön beschrieben haben. Sie können gelegentlich auch durch ihre eigene meist noch ungebrochene Frömmigkeit brachliegende religiöse Gefühle erwecken.

All dies ist freilich kaum möglich, wenn die jungvermählten Ehepaare nichts eiliger erstreben, als ein neues Heim zu gründen und die Eltern sich selbst zu überlassen. Wenn sie unter deren Bevormundung gelitten haben, ist eine solche Haltung noch verständlich. Dies ist aber heute in Deutschland um so seltener der Fall, als die heranwachsenden Kinder ohnehin, sobald sie in die Berufsausbildung oder ins Studium treten, selbständig sein wollen und sich ein kleines Appartement oder eine »Bude« mieten – sehr zum Leidwesen der Eltern, die ihnen gerne in allen Wünschen entgegenzukommen bereit wären, wenn sie nur im Elternhaus blieben.

Daß junge Eheleute eine kleine Intimzelle bilden wollen und sich dabei von den Eltern gestört glauben, ist begreiflich. Aber wenn Kinder kommen, lernen sie die Präsenz der älteren Generation sehr rasch schätzen und ziehen Großvater oder Großmutter, besonders dann, wenn diese verwitwet sind und allein stehen, gerne zu Babysitterdiensten heran, soweit sie nicht allzufern voneinander wohnen. Es gibt aber auch den gar nicht seltenen Fall, daß die Großeltern – besonders beim Auftreten von Beschwerden – in Altersheime abgeschoben werden, wo sie dann meistens traurig dahinvegetieren wie die auf dem Land zurückgelassenen Großeltern in Japan. Sie haben recht, wenn Sie die deutschen und japanischen Verhältnisse in diesem Punkt nicht für allzu verschieden halten und auf den Verlust hinweisen, den diese Trennung besonders für die Kinder bedeutet.

Ikeda: Aus Einsicht in den Schaden, den die Trennung von den Großeltern herbeiführen kann, hat man in den jüngst erbauten Häusern und Wohnungen Räume für alte Menschen eingeplant. In den meisten Gegenden unserer industrialisierten Welt hat sich die Kern- oder Kleinfamilie heute durchgesetzt. Was halten Sie von den Möglichkeiten, zum älteren Großfamiliensystem zurückzukehren?

Derbolav: Ich glaube nicht, daß wir in Deutschland oder Sie in Japan wieder zur Großfamilie zurückkehren können, doch gibt es Möglichkeiten für eine sekundäre Gemeinschaftlichkeit aller drei Generationen. Wenn sich junge Ehepaare beispielsweise heute in Deutschland dazu entschließen, ein Haus zu bauen, kommt es nicht selten vor, daß sie – ähnlich wie Sie das angedeutet haben – durch entsprechende Planung gleichzeitig für das Unterkommen der Eltern sorgen und so Trennung und partielle Gemeinschaft miteinander verknüpfen.
Einer meiner Schüler hat diesen Weg eingeschlagen: Er lebte zunächst mit seinen Eltern zusammen, als das junge Paar bei der Versorgung seiner Kinder deren Hilfe noch benötigte. Als der Vater dann einen Ruf an eine andere Hochschule erhielt, hat er sich ein doppelstöckiges Haus bauen lassen, um die Gemeinschaft mit den Großeltern auch später noch aufrechtzuerhalten. »Da sie uns zum Babysitten gut genug waren«, beschrieb er seine Situation mir gegenüber, »so müssen wir uns auch nachher um sie kümmern.« Ich meine, daß auf diesem Umweg die Drei-Generationen-Familie wenigstens partiell wieder ins Leben gerufen werden könnte. Das wäre sicherlich nicht die schlechteste Lösung für die Großeltern wie auch für die Kinder.

Ikeda: Gewiß, im übrigen scheint mir, daß die Bereitschaft, sich um die Eltern zu kümmern, nur der Ausdruck natürlicher Dankbarkeit ist. Kindern, die diese Dankespflicht ihren Eltern gegenüber nicht erfüllen, fehlt ein Stück Menschlichkeit. Die östliche Philosophie – die buddhistische ebenso wie die konfuzianische – unterstreicht in ihrer Lehre die Wichtigkeit der Dankespflicht den Eltern gegenüber. Dies tun auch Religion und Philosophie im Westen, obgleich vielleicht nicht mit dem gleichen Nachdruck. Dankespflicht ist überhaupt ein integraler Bestandteil der Menschenwürde.
Die stetig wachsende Anzahl der Kleinfamilien seit dem Ende

des Zweiten Weltkriegs hat in Japan zu einer Lockerung der Bindungen zwischen Mann und Frau geführt und dadurch auch die Scheidungsquote ansteigen lassen. Seltsamerweise wurde die Kleinfamilie von vielen deshalb vorgezogen, weil man dadurch glaubte, die Reibungen zu vermeiden, die so häufig die Beziehungen zwischen junger Ehefrau und Schwiegermutter in der überkommenen Großfamilie belasteten; dies wiederum würde, so hoffte man, die Bande zwischen Mann und Frau festigen. In Wirklichkeit war dies aber keineswegs der Fall.

Während die meisten Ehen in der Vergangenheit von den Eltern arrangiert worden sind, wählen heute Mann und Frau ihren Ehepartner ausschließlich auf der Basis der Zuneigung. Wenn aber das erste Feuer der Leidenschaft abklingt oder wenn ein Partner im wachsenden Maße vom anderen enttäuscht wird, dann ist Liebe eben nicht genug. Verständnis und Nachsicht sind unbedingt erforderlich, soll eine Ehe fortbestehen. In solchen Fällen kann das Fehlen eines teilnehmenden und verständnisvollen Dritten in Gestalt eines älteren und erfahreneren Verwandten, der dem unerfahrenen jungen Paar mit Rat und Tat beizustehen vermag, leicht entweder zu Trennung oder zu Scheidung führen.

Die Vereinigten Staaten haben eine der höchsten Scheidungsquoten der Welt, und Japan ist dabei, sie darin einzuholen. Auch in der Sowjetunion beginnt die Ehescheidung ein ernstes Problem zu werden, und selbst in katholischen Ländern lassen sich Leute, die sonst offensichtlich treu zum Glauben stehen, von ihren Partnern scheiden – trotz des entschiedenen Verbots der Kirche. Ist die wachsende Scheidungsquote heute auch ein Problem in Deutschland? Wie denken Sie über die Scheidung überhaupt, über die Beziehung zwischen schrumpfender Familie und wachsender Scheidungsquote und schließlich über den Einfluß der Scheidung auf die Kinder?

Derbolav: Wie in Japan, so wurden auch in europäischen Ländern der vormodernen Zeit die Ehen meist von den Eltern arrangiert, und zwar mehr nach ökonomischen als nach menschlich-persönlichen Gesichtspunkten. Damit war sichergestellt, daß die Vernunft vor der Emotion zu Worte kam. Heute sind die sogenannten Liebesheiraten an der Tagesordnung, und man sollte sie auch nicht von vornherein ablehnen, selbst wenn man die gesteigerte Scheidungsgefahr mit in Rechnung stellt. Natürlich gibt es eine erhebliche Anzahl junger Ehepaare, die nach Abklingen ihrer Leidenschaft vom Partner enttäuscht werden und ihre Ehe gleichsam als einen Irrtum wieder zu annullieren suchen. Sie weisen mit Recht darauf hin, daß solche Situationen zum Teil vermieden werden können, wenn sich die jungen Brautleute vor der Eheschließung und nachher mit erfahrenen älteren Menschen wie den Großeltern beraten und aussprechen können.

Doch sind solche Gefühlstäuschungen nicht die einzige Ursache für die wachsende Zahl der Scheidungen im Osten wie im Westen. Heute werden die Menschen älter als noch vor hundert Jahren und sind auch infolge des wachsenden Bildungsangebots besser in der Lage, sich weiterzuentwickeln. Diese Entwicklung muß dabei keineswegs bei Mann und Frau konform gehen; beide können auch in bezug auf Bildungsstand und Interessen auseinanderwachsen.

Hinzu kommt die sogenannte Midlife Crisis. Damit meine ich die Tatsache, daß frühverheiratete Ehepaare noch relativ jung sind, wenn ihre Kinder schon auf eigenen Füßen stehen können, und nun meinen, den Rest ihres Lebens auch an sich selbst denken und vieles nachholen zu dürfen, was ihnen die ersten Ehejahre versagt haben. Sie finden dann entweder einen anderen Partner, der ihnen mehr zusagt, oder eine andere Aufgabe, die sie mehr befriedigt.

Ich meine hier den Fall eines österreichischen Diplomaten, der durch seine Beschäftigung in den Botschaften vieler Länder Frau und Kindern gewiß abwechslungsreiche Erfahrungen bieten konnte. Dennoch ließ sich seine Frau scheiden, weil sie plötzlich alle Dinge nicht mehr »mit den Augen ihres Mannes« sehen wollte und meinte, allein ihren künstlerischen Neigungen besser nachgehen zu können. Ich glaube, daß in solchen Fällen auch die kirchlichen Verdikte und die sakramentalen Tabus Scheidungen nicht verhindern können, weil die überkommenen religiös-moralischen Wertmaßstäbe weitgehend ihre Verbindlichkeit eingebüßt haben.

Ikeda: Auch hier könnte mitmenschlicher Umgang helfen. Wenn aber Ehepaare und ihre Eltern an unterschiedlichen Orten wohnen, besteht keine Möglichkeit für Beratungshilfe, gehen Mann und Frau aus persönlichen Gründen auseinander – mit bisweilen traumatischen Wirkungen auf die Kinder. Wenn ein Elternteil stirbt, können sich die Kinder mit um so größerer Liebe und Hingebung dem zurückbleibenden Elternteil widmen und wachsen auf als widerstandsfähige, gesunde Menschen. Wenn hingegen selbstsüchtige Interessen der Eltern die Familie aufsplittern, dann werden die Kinder veranlaßt, nicht nur Erwachsenen, sondern allen Menschen überhaupt zu mißtrauen und mögen hernach unrettbar verbogen sein.

Derbolav: So bitter mitunter Scheidungen für halbwüchstige Kinder sind, so hart sie sie treffen können, so gibt es indessen auch Situationen, wo Scheidung die einzig vernünftige Lösung der Probleme bietet. Wenn die Ehepartner zum Beispiel in dauerndem Streit miteinander liegen und die Kinder jeweils auf ihre Seite ziehen wollen, ist ein »Ende mit Schrecken« meistens besser als ein »Schrecken ohne Ende«. Die Trennung der Eltern reinigt dann auch die Atmosphäre für die Kinder, die zu entscheiden haben, ob sie mit dem mütterlichen oder väterlichen Elternteil zusammenleben wollen, und dann auch bereit sein müssen, die Kontakte mit dem anderen Elternteil auf gelegentliche Besuche einzuschränken.

Ikeda: Obwohl ich Ihnen darin zustimme, daß Scheidung bisweilen sowohl Eltern als auch Kinder weniger unglücklich macht als weiteres Zusammenleben, so dürfen die Eltern, wie ich ausdrücklich betonen möchte, doch nicht vergessen, daß die Familie, die sie gegründet haben, nicht nur um ihrer eigenen Interessen wegen da ist, und daß ihre Kinder vermutlich einer Generation angehören, der weit mehr Bedeutung zukommt als der eigenen.

Von der Sippe zur Gemeinde

Ikeda: Neben der Familie trug in allen Gesellschaften der Welt in entscheidender Weise die Gemeinde zur Erhaltung der traditionsbestimmten Lebensformen bei, und das gilt besonders für Japan. Reisanbau erfordert vereinte Anstrengung, die wieder eine große Hingabebereitschaft für die Gemeinde voraussetzt. In den ländlichen Siedlungsgebieten Japans mußten ausgedehnte Bewässerungsanlagen eingerichtet werden, um die Reisfelder aller Bauern gleichmäßig zu bewässern. Das Einpflanzen der Reissetzlinge und das Abernten des reifen Reiskorns sind mühevolle Aufgaben, deren erfolgreiche Erfüllung zwangsläufig die Zusammenarbeit aller erfordert. An einem Tag hilft jeder im Dorf dem Bauern A beim Pflanzen und beim Ernten. Am nächsten hilft jeder, der Bauer A natürlich eingeschlossen, dem Bauern B bei seiner Tätigkeit usw., bis alle Arbeit getan ist.

Unter solchen Umständen muß jede Familie, ohne ihre eigene Unabhängigkeit preiszugeben, Glied der größeren »Gemeinde-Familie« werden. Um die Bande zu stärken, die diese Gemeinde zusammenhält – oder vielleicht auch als Folge dieses Zusammenhalts –, beten alle Dorfbewohner gemeinsam vor einem eigenen Shinto-Schrein oder in einem buddhistischen Tempel und nehmen gemeinsam an den religiösen Feiern des Jahres und anderen Gemeindeereignissen teil.

Dieses Gemeindeverständnis, das in den alten bäuerlichen Siedlungen Japans vorherrschte, weitete sich aus und bezog auch die Clans des Feudalzeitalters unserer Geschichte mit ein. Alle Menschen, die auf den Gütern eines bestimmten Grundherrn lebten, fühlten sich durch ein starkes Band der Ergebenheit dessen Clan verbunden, der eine Art von erweiterter Familie darstellte. Seit der Meiji-Restauration ist man in Japan dazuge-

kommen, in einem weiteren Sinne auch die ganze Nation als eine große Familie zu betrachten.
Wenn die familienähnlichen Gemeindebande ihre guten Seiten haben, so haben sie natürlich auch ihre schlechten, da sie oft die individuelle Freiheit beschränken und die Entfaltung eigenständiger Kreativität unterdrücken.

Derbolav: Seit Aristoteles wissen wir, daß es zwischen Familie und Staat eine Reihe übergreifender Vermittlungsstufen gibt, von denen die Gemeinde (oder wie Aristoteles in seiner Sprache sagt, die »Dorfgemeinschaft«) zweifellos eine besondere Bedeutung für die Traditionserhaltung besitzt. Es gibt stets über die Familie hinausgreifende Probleme und Aufgaben – Sie haben dafür die japanische Reiswirtschaft als Beispiel angeführt –, die einer übergreifenden Zusammenarbeit bedürfen. Die Anwohner müssen sich dabei wechselseitig helfen – eine Pflicht, die wir Deutschen »Nachbarschaftshilfe« nennen.
Nun ist aber die ländliche Substruktur von Industrialisierung und Verstädterung nicht unbetroffen geblieben. Soweit auch auf dem Lande die Bevölkerung immer mehr zunimmt, müssen die lokalen Aufgaben auf der sogenannten kommunalen Ebene organisiert werden. Sie lassen sich nicht mehr von Einzelpersonen improvisierend lösen. Auch in der Gemeinde zieht also die bürokratische Verwaltung ein, um so mehr als der Staat bei uns der kommunalen Verwaltung eine Fülle schwieriger Organisations- aber auch Finanzierungsaufgaben zuschiebt.
Wie in Japan tritt die Gemeinde nur in seltenen Augenblicken als geschlossene Einheit in Erscheinung, so etwa bei den Kirchgängen oder bei Gemeindefesten und dergleichen. Über der kommunalen Verwaltungsebene liegt bei uns die der Länder, die wieder in größere Verwaltungsbezirke untergliedert sind, in denen bisweilen noch Strukturelemente aus älteren Traditionen weiterleben. Wie sehr es zu Anfang des 19. Jahrhunderts noch ganz natürlich war, den Landesherren als Landesvater und die Regierungsform als patriarchalisch zu deuten, zeigt uns Pestalozzi, der stets von der kleinen Familie auf die familiale Struktur der

landesfürstlichen Ordnung weiterschließt. Vater, Landesvater, Gottvater stehen dabei nebeneinander in einer aufsteigenden Reihe.

Ikeda: Ähnliche Einstellungen findet man auch bei chinesischen und japanischen Philosophen und religiösen Lehrern. Sie mögen allen Völkern in ferner Vergangenheit als Ausdruck der natürlichen Ordnung der Dinge erschienen sein.

Derbolav: Heute ist die patriarchalische Denkweise längst durch eine mehr oder weniger funktionale ersetzt worden, in der die Politiker nach zwei Kategorien beurteilt werden: ob sie tüchtig sind, und welches Image sie den von ihnen Regierten bieten. Selbst im späten 19. Jahrhundert war das noch etwas anderes. Ich möchte das, was die Österreicher während der fast siebzigjährigen Regierungszeit Kaiser Franz Josephs und die Deutschen im Bismarckreich beseelt hat, patriotische Gesinnung nennen, und in diesem Patriotismus klingt sicherlich noch etwas vom Geist der alten Familienstruktur nach.

Ikeda: Nun hat aber die Modernisierung viele der Aufgaben, die man früher nur in gemeinsamem menschlichen Einsatz bewältigen konnte, mit den Mitteln der Technik gelöst. Und die jungen Leute sind so auf ihre Freiheit versessen, daß sie keinerlei Einschränkungen in ihrem Tun und Lassen hinnehmen wollen. Resultat dieser beiden Trends ist, daß der alte, traditionsbestimmte Gemeingeist so sehr geschwächt wurde, daß er heute nur mehr im Gedächtnis einiger weniger fortlebt. Es ist zu begrüßen, daß der Raum der individuellen Freiheit gewachsen ist, doch hat der Verlust der Gemeindebande eine »kalte« Gesellschaft hervorgebracht, der es am Geist wechselseitiger Anteilnahme und Hilfe fehlt.
Ich glaube, daß der Mensch nach Freiheit verlangen sollte, aber da ich ebenfalls glaube, daß alle Menschen einander helfen und unterstützen müssen, um ihr seelisches Gleichgewicht zu bewahren und mehr als bloß im materiellen Sinn reich zu sein, denke

ich, daß wir danach streben sollten, ein neues Gefühl für die Gemeinschaft in unserer Gesellschaft zu schaffen, ein Gemeindeverständnis, das unseren Zeiten ebenso angemessen ist wie der überkommene dörfliche Gemeingeist dem rein bäuerlichen Zeitalter.
Da ich annehme, daß Sie diese Auffassung teilen, hätte ich gerne gewußt, welche Art von Gemeingeist nach Ihrer Meinung am besten in die moderne Gesellschaft passen würde. Wie ließe sich in Ihren Augen ein solches Gemeinschaftsgefühl hervorbringen, speziell wenn man die Verhältnisse in Deutschland und anderen Ländern berücksichtigt?

Derbolav: Neben dem Funktionalismus der dominant gewordenen Sachbezüge hat zu dem Verlust des Gemeinschaftsgefühls gewiß auch der wachsende Individualismus der Jugendlichen beigetragen, die nicht mehr Glieder in einem Ganzen, sondern unabhängige Persönlichkeiten sein wollen. Gemeinschaftsgeist, Unterordnungswille und Hilfsbereitschaft gehören nun einmal zusammen. Deshalb wird es sicherlich nicht leicht sein, die alte, weitgehend aufgelockerte bzw. abgestorbene Gemeindegesinnung wiederzuerwecken, und die modernen Zweckverbände, die es ja in Hülle und Fülle gibt, können diese Lücke gewiß nicht schließen.
Am ehesten noch ließe sich von einer »sekundären Restitution« solcher Gemeindeerlebnisse sprechen, etwa bei den Projekt- bzw. Initiativgruppen vieler Jugendlicher und Erwachsener oder in Hobby-Arbeitsgemeinschaften. Was dieser Gruppenbildung abgeht, sind freilich Beständigkeit und Verbindlichkeit. Darüber hinaus gibt es heute noch spontane Nachbarschaftshilfe bei unerwarteten Unglücksfällen, Umweltkatastrophen oder bisweilen auch in politisch kritischen Situationen. Ich erinnere mich zum Beispiel – und damit möchte ich meine Überlegungen zu diesem Thema schließen –, wie ich beim Einzug der russischen Truppen im Frühjahr 1945 in dem kleinen Städtchen Dürnstein a. d. Donau nächtens zum Wach- und Schutzdienst herangezogen wurde; und ich bin überzeugt, daß viele deutsche Bürger damals ähnliche Erfahrungen gemacht haben.

Leben im Streß

Ikeda: Um unsere Diskussion über die Auswirkungen des Zusammenbruchs der traditionellen Werte abzurunden, möchte ich noch das Phänomen »Streß« untersuchen, das sich aus diesem Faktum ergibt, und die Probleme, die damit zusammenhängen. Im heutigen Japan tragen eine Reihe von Umständen zur Streßerzeugung in vielen Bereichen des täglichen Lebens bei: die Verstädterung der Bevölkerung und die daraus folgende Entvölkerung der ländlichen Siedlungsgebiete, die Entstehung einer unpersönlichen, von der Verwaltung beherrschten Gesellschaft, und die Erfordernisse eines rasanten ökonomischen Wachstums und rascher technologischer Neuerungen. Der Streß, der durch diese Faktoren erzeugt wird, führt zu psychischen und physischen Störungen. So verursacht er z. B. Herzleiden, Magengeschwüre und vermutlich auch Krebs. Darüber hinaus erzeugt er Neurosen und andere psychopathologische Zustände, was besonders aus der Häufigkeit von Depressionen, ja sogar Selbstmorden bei Japanern mittleren Alters ersichtlich wird.

Derbolav: Auf dem Schuldkonto der Modernisierung dürfen gewiß auch nicht – so verstehe ich Ihre Ausführungen – die negativen Auswirkungen auf die Gesundheit der Bevölkerung fehlen. Je nach dem Altersaufbau leben in einem Volk drei bis vier Generationen zusammen, deren Belastung naturgemäß nicht die gleiche ist. Sie unterscheiden sich auch durch ihren ungleichen Erfahrungs- und Erlebnishorizont.
Was Deutschland betrifft, so ist die Vorkriegsgeneration nur mehr als kleine Gruppe alter Menschen vorhanden, die Kriegsteilnehmer und Träger des Wirtschaftsaufbaus der Nachkriegszeit nähern sich entweder dem Rentenalter oder sind, wenn man an die jüngsten vor Kriegsschluß noch Eingezogenen denkt, Mitte fünfzig. Gegenwärtig befinden sich bereits jene Generationen, die den Krieg und den Wiederaufbau nur vom Hörensagen kennen, in voller Aktivität und füllen Ämter höchster politischer Verantwortung aus wie etwa der deutsche Bundeskanzler Kohl.

Es ist kaum zu leugnen, daß alle diese hier genannten Generationen ihre jeweiligen Aufgaben unter Anspannung ihrer Kräfte zu erfüllen hatten und oft genug mit dem von Ihnen »Streß« genannten Phänomen Bekanntschaft machen mußten: erst beim Wiederaufbau der Wirtschaft, dann in der Periode der Hochkonjunktur, schließlich in den Zeiten der ersten wirtschaftlichen Rezession und der danach angeheizten ökonomischen Konkurrenz mit potenten Nachbarn.
Der Fortschritt der technischen Entwicklung – wir stehen heute schon bei der fünften Computergeneration – und die Anstrengungen des Wettbewerbs müssen von allen arbeitenden Menschen mitgetragen werden und zehren naturgemäß an deren Nerven.

Ikeda: Die Ursachen der von mir vorhin erwähnten seelischen Unausgeglichenheit unter der Bevölkerung mittleren Alters – speziell unter den Männern – hängen mit dem Arbeitsplatz, mit den Familienverhältnissen und den spezifischen Eigenschaften dieser Altersgruppe selbst zusammen.
Im japanischen Wirtschaftssystem werden Angestellte auf Lebenszeit beschäftigt, reiferes Alter wird hochgeschätzt, und eine familienähnliche Atmosphäre bestimmt die mitmenschlichen Beziehungen am Arbeitsplatz. Aber in jüngster Zeit ist dieses System im Begriff, allmählich einer rein leistungsorientierten Wirtschaftsordnung Platz zu machen. Dies läßt eine Kluft zwischen den älteren und jüngeren Angestellten aufbrechen und zwingt das Führungspersonal mittleren Alters dazu, alles zu tun, um die Differenzen auszubügeln, die hier unweigerlich entstehen.
Und auch in der Familie finden Väter mittleren Alters kaum mehr Trost, seit das Heim aufgehört hat, ein Ort der Muße und Entspannung zu sein. Die Zahl der Scheidungen nimmt in dieser Altersgruppe zu, und Eltern und Kinder sehen sich durch eine Barriere der Verständnislosigkeit getrennt. Die Unsicherheit und die Unzufriedenheit, die diese Umstände bei den Kindern hervorrufen, führen zu Gewalttaten der Jugendlichen innerhalb

der Familie und in extremen Fällen sogar zu Vater- und Muttermord.

Der dritte Faktor, der zum Streß unter den Japanern mittleren Alters beiträgt, hat mit der besonderen geschichtlichen Erfahrung dieser Altersgruppe zu tun, die – wie Sie geschildert haben – Perioden außerordentlichen Wandels und Umbruchs durchlebt hat. Sie verbrachte ihre frühe Jugend in der Zeit des Elends, das durch den japanischen Militarismus und den Zweiten Weltkrieg heraufbeschworen worden war, und ihre erste Reifezeit in Verhältnissen, die vom Hunger und von der Not der unmittelbaren Nachkriegsperiode geprägt waren. Obwohl sie es waren, deren Einsatz die japanische Wirtschaft ihre Erholung und ihr rasches Wachstum verdankte, sehen sie sich heute in Gefahr, vom schwindelerregenden Tempo der technologischen Entwicklung überholt und überflüssig gemacht zu werden. Schließlich verringert die Spannung zwischen den traditionellen Werten, die diese Leute in ihrer Kindheit und frühen Jugend aufgenommen haben, und den neuen Wertmaßstäben von heute in hohem Maße ihre Widerstandskraft gegenüber streßbedingten Krankheiten und psychosomatischen Störungen, wie die meisten Ärzte bestätigen.

Derbolav: Streß, das heute vielgebrauchte Stichwort für die Situation höchster Anspannung, wird von den Ärzten freilich nicht unbedingt nur negativ beurteilt. Jeder Mensch braucht ein gutes Maß von Anstrengung und Herausforderung, um sich selbst zu verwirklichen. Doch muß sich all dies in Grenzen halten.

Das wird verständlich, wenn man sich klar macht, was Streß eigentlich ist, welche biologischen Ursprünge er hat und wie man hier Gefährdungen entgegentreten kann. Streß ist zunächst nichts anderes als ein neurologisch-physiologischer Mechanismus, der im normalen animalischen und primitiven Leben Aktivitätsstöße durch Adrenalinausschüttung vorbereitet. Im tierischen und primitiven menschlichen Leben sind dies Aggression, Flucht oder Aktivitätsaufschub (in Gestalt der Depression). Veranlaßt wird der Streß durch sogenannte Stressoren, exo-

bzw. endogener Natur: schwierige Arbeitsaufträge, unerwartete Ereignisse, denen man sich stellen muß, die Hetzjagd der Sachzwänge und auch Bedürfnisse, die man unbedingt erfüllt haben will.

Der Streßmechanismus liegt darin, Energie zu stauen, die in späteren Aktionen abgebaut und aufgebraucht werden soll. Streßvorgänge haben also eine Spannungs- und Lösungs- bzw. Entspannungsseite. Beide gehören zusammen und sind unzertrennlich.

Von hier aus werden auch die negativen Folgen des Stresses besser verständlich. Wo im menschlichen Leben Stressoren in Erscheinung treten – und im modernen Arbeitsleben treten sie, wie wir sahen, in gehäufter Weise auf – legen sie Energie frei, die meist keine Chance hat, aktiv wieder abgeführt zu werden, weil gesellschaftliche Tabus oder Sachzwänge dem entgegenstehen. So frißt der Mensch die gestaute potentielle Energie gleichsam in sich hinein und sucht sie an der Stelle des geringsten Widerstandes durch Zorn, Aggression oder Flucht vor den Tatsachen loszuwerden – oder er setzt sie eben in physische und psychische Störungssysteme um. Die Alltagssprache hat hierfür meist sehr plastische Ausdrücke bereit wie: »Dies ist zum Kotzen!«, »Dies wirft mich um!« oder »Das schlägt sich mir auf den Magen!«

Übermäßiger, vor allem dauernder Streß führt also zwangsläufig zu einseitigen Belastungen des Herzens, des Kreislaufs und des Verdauungstraktes bzw. zu überhöhter Reizbarkeit, Aggressivität oder Depression. Nimmt man zu den ohnehin recht schweren Belastungen des Arbeitsalltags noch die wachsenden sozialen Mißstände: die ansteigende Arbeitslosenquote, die Sorge der Menschen reiferen Alters um Erhaltung des Arbeitsplatzes, die harte Konkurrenz der Jobsuchenden und die Frustration der dabei Gescheiterten hinzu, dann läßt sich gewiß keine Zauberformel finden, wie man die gegenwärtige Streßgefährdung einfach überwinden könnte. Hier können nur eiserne Selbstkontrolle in der Abwehr unzumutbaren Arbeitsausmaßes, das Bemühen, angestauten Druck ohne böse Nebenfolgen zur

Entspannung zu bringen und der Versuch, sich ins Gleichgewicht mit sich selbst zu setzen, einen gangbaren Ausweg zeigen.
In der Tat scheint mir von besonderer Wichtigkeit, daß der Mensch lernt, mit sich selbst allein zu sein und sinnvoll mit sich auszukommen, und hierfür gibt es mancherlei wirksame Hilfe, etwa, um nur zwei verwandte Wege aufzuzeigen: meditative Übung, wie sie in Japan üblich ist, oder autogenes Training, das bei uns in Deutschland gepflegt wird.

Ikeda: Obgleich sie bis zu einem gewissen Grad psychologisch wirksam sein mögen, bleiben solche Methoden wie Meditation und Autosuggestion letztlich begrenzt und stellen eine Flucht vor der Wirklichkeit dar. Es sind vielmehr die buddhistischen Lehren, die die Menschen dazu anspornen, das zu verwirklichen, was man Buddha- und Bodhisattwa-Lebenszustände nennt. In diesen Zuständen erfährt das Individuum eine machtvolle Aufwallung von Weisheit und Barmherzigkeit, die zu seiner Entwicklung beitragen und Streß in Hoffnung und Freude verwandelt. Man sollte sich hier erinnern, daß die Meditation nur eine der sogenannten sechs Vervollkommnungspraktiken (Paramita) ist, die da lauten: Mildtätigkeit, Einhaltung der Vorschriften, Selbstbeherrschung, Standhaftigkeit, Meditation und Weisheit. Sie alle muß ein Bodhisattwa beherrschen, um die Buddhaschaft zu verwirklichen. Alle sechs, nicht allein Meditation, sind also erforderlich für ein wahrhaft erfülltes Leben.

Humanismus in Ost und West

Voraussetzungen des westeuropäischen Humanismus

Ikeda: Ich finde es hochinteressant, daß das Wort Humanismus über die Bedeutung hinaus, sein eigenes Schicksal ohne übernatürliche Hilfe zu meistern, auch gebraucht wird im (natürlich verwandten) Sinn eines Interesses am Studium der griechischen und römischen Klassiker, das eine der Brücken war, die vom Mittelalter zur Renaissance herüberführten. Obwohl mir klar ist, daß dieses Thema unzählige Male von Gelehrten erörtert worden ist, unterscheidet sich meine Ansicht vielleicht doch etwas von den landläufigen Meinungen. Ich halte es für möglich, daß diese Rückkehr zu den Schriftstellern des klassischen Altertums das Bedürfnis des Menschen nach Selbsterkenntnis und Selbstprüfung widerspiegelt und die Abkehr von einem unnahbar entfernten übermenschlichen Gott darstellt.

Derbolav: Es spricht für die Vielseitigkeit der humanistischen Grundidee, daß sie auch in Gestalt des sogenannten Bildungs- und Gelehrtenhumanismus aufgetreten ist, der sein Interesse am Menschen im Studium der griechischen und römischen Klassiker bzw. in der Pflege der antiken Überlieferung überhaupt zum Ausdruck brachte. Der Bildungshumanismus ist keine einmalige Erscheinung, er ist vielmehr in mehreren Ausformungen aufgetreten: erstmals als römischer Humanismus, der in der Rezeption der griechischen Leitbilder in die lateinische Kultur bestand. (Roms Dichtung trägt deutlich griechisches Gepräge, griechische Philosophen waren in Rom, besonders im Scipionenkreis, hochwillkommen, die Lehrer der römischen Jugend waren vielfach ›graeculi‹, das heißt hochgebildete Sklaven aus dem unterworfenen Griechenland.)
Dann als karolingischer Humanismus, als ottonischer und als Renaissance-Humanismus, den man wie Sie durchaus als Abwendung vom Mittelalter zur neuzeitlichen Aufklärung hin

verstehen kann; schließlich als klassischer oder Neuhumanismus zu Anfang des 19. Jahrhunderts und als paideutischer Humanismus in den zwanziger Jahren unseres Jahrhunderts.

Ikeda: Mit anderen Worten: die griechischen und römischen Klassiker haben wesentliche Seiten der europäischen Geistesentwicklung geprägt. Für diese Gedankenwelt war die Behandlung universeller Probleme durch die griechischen Philosophen eine unerschöpfliche Materialquelle.

Derbolav: Die Partnerschaft des europäischen Geistes mit der Antike bedarf einer Erläuterung. Die griechische und römische Kultur waren regionale Volkskulturen wie alle anderen dieser Zeit, nur unterschieden von ihnen durch ihre auf die Zukunft vorausweisenden schöpferischen Leistungen. In ihren späteren Rezeptionen erhielten sie daher gleichsam universell-humanen Charakter. In ihren Problemen und Konflikten, ihren Schicksalen und Idealen glaubte der abendländische Mensch sich immer wieder selbst zu bespiegeln. Die Beschäftigung mit ihrem literarischen Nachlaß wurde zu einem bevorzugten Bildungsmedium vieler Generationen.
Cicero hat hierfür die Begründung geliefert: Alle vormenschlichen Lebensformen, so sagt er, wachsen in ihre Wesensnatur hinein oder werden in sie hineingeboren. Nur der Mensch wird bei der Genese des Lebendigen unfertig zurückgelassen und muß sich daher – durch Erziehung und Bildung – selbst »vollenden«, seine Wesensnatur selbst aufbauen. Und was scheint dafür geeigneter als die Aneignung der griechischen Überlieferung, jene Studien also, die schon durch ihre mustergültigen Inhalte geeignet erscheinen, die Menschen menschlicher zu machen. In der Renaissance hat man sie deshalb »Studia humaniora« oder »Studia humanitatis« genannt.
Der Bildungshumanismus realisiert also gleichsam die pädagogische Differenz der humanistischen Grundstruktur. Er zeigt, wie der natürliche Mensch zum »Geist« erhoben wird – aber so, daß damit zugleich ersichtlich wird: diese Bemühungen können

auch fehllaufen, an ihrem Ziel vorbeigehen. Dann ist es nicht die vollendete Menschlichkeit, die Humanitas, die aus dem Bildungsprozeß resultiert, sondern eine bloße gesellschaftliche Umgänglichkeit, Urbanitas genannt. Kurz, das Studium des Menschen sinkt hier zur bloßen Gelehrsamkeit bzw. zu einer Bildungsgeselligkeit herab, die sich im Wort, im Gespräch erfüllt und das schöpferische Tun vernachlässigt.

Diese Zwiespältigkeit läßt sich an den Rezeptionen der Antike bis in unsere Tage herauf nachweisen: Immer wieder erhält das Griechen- und Römertum den Charakter eines Bildungsideals zur Menschlichkeit hin, immer wieder wird hierfür nach einer neuen Begründung und Rechtfertigung gesucht, immer wieder läuft diese Begegnung Gefahr, zu einem formalen Spiel zu entarten.

Ikeda: Ob Buchstudium wirklich den menschlichen Charakter zu bilden vermag oder in bloße soziale Umgänglichkeit (Urbanitas) mündet, ist eine grundsätzliche Frage, die sich überall stellen läßt. So sagt man etwa in Japan, daß man konfuzianische Analekten nicht versteht, wenn man sie nur auswendig lernt.

Gewiß spielte auch im Leben der Griechen und Römer der Götterhimmel eine außerordentliche Rolle und nahm einen breiten Raum in allem ein, was uns von Philosophie, Literatur und Kunst aus ihrer Zeit erhalten geblieben ist. Aber die klassischen Gottheiten waren stets so menschlich wie wir Menschen selbst – wenn nicht noch menschlicher –, freilich ins Überdimensionale vergrößert.

Im Gegensatz dazu ist der Gott des christlichen Mittelalters der allmächtige, absolute Schöpfer und der Mensch vor ihm nur ein gebrechliches, sündenbeflecktes Geschöpf, dem lediglich die Hoffnung auf göttliche Erlösung bleibt. Selbst Jesus Christus, der als Mensch auf dieser Erde geboren wurde, um die Sünden der Menschheit auf sich zu nehmen, hat nach mittelalterlicher Auffassung wesentlich Anteil an der Natur seines Vaters im Himmel und ist etwas ganz anderes als die verwundbaren und keineswegs unfehlbaren Götter Griechenlands und Roms.

Aber Dichter wie Dante, die später die Gestalten der klassischen Literatur im christlichen Sinn interpretierten, haben das Weltbild der griechisch-römischen Antike einer breiteren Öffentlichkeit nähergebracht und damit der westlichen Welt die Herrlichkeit des Menschseins ins Bewußtsein zurückgerufen. Damals wurden dann auch nicht nur die Götter der klassischen Vergangenheit, sondern sogar die Propheten und andere Figuren des Alten Testamentes, ja Jesus und Gott selbst, wie etwa auf Michelangelos Fresken in der Sixtinischen Kapelle, in den wärmsten, lebensvollsten Farben dargestellt. Mit anderen Worten: Da des Menschen liebstes Studienobjekt der Mensch selbst ist, wurden die Renaissancemenschen besonders stark von den klassischen Studien angezogen. Diese Tendenz, alles nach menschlichem Maß zu messen, wirkte sogar auf die Deutung des Christentums selbst zurück, dessen Ziel früher gewesen war, die Augen des Menschen von sich selbst ab und der absoluten Gottheit zuzuwenden.

Derbolav: Sie betonen mit Recht die Attraktivität der antiken Autoren für den Renaissancemenschen, der sich in ihnen in seiner Diesseitsfreudigkeit gleichsam vorweggenommen und bestätigt fand. Sie unterstreichen die Menschlichkeit ihrer Götterwelt und den vermenschlichenden Einfluß, den die humanistischen Studien selbst auf die religiösen Vorstellungen der damaligen Zeit ausübten.
Auch die antike Welt hatte natürlich ihre dunkle Seite, wie sie mitunter in den Tragödien durchbricht. Aber der Mensch war hier nur in Grenzsituationen mit dem undurchschaubaren Schicksal konfrontiert und stand sonst in einem durchaus liberalen Verhältnis zur mitmenschlichen Welt und zum Götterhimmel. Die Stufenordnung, die von ihm über die Heroen, Dämonen und Halbgötter bis zu den Göttern emporführte, brachte für ihn keine Entmündigung mit sich, denn seine Götter waren alles andere als transzendente Wesenheiten. Schon der alte Homer – und nach ihm auch Vergil und viele andere Dichter dieser Zeit – hatten dafür gesorgt, daß sie in plastischer Anschaulichkeit und

zugleich in inniger Verflochtenheit mit der Welt der menschlichen Dinge erkennbar blieben.
Anders die christliche Welt des Mittelalters. Hier waren Transzendenz und Immanenz, Ferne und Nähe von Himmel und Hölle merkwürdig gemischt. Die christliche Theologie rang um ein rationales Gottesverhältnis auf unterschiedlichem Wege und konnte doch nicht verhindern, daß ihr das Göttliche in ein Jenseits entschwebte. Es spricht für sie, daß sie sich diese Mühe nicht zu billig werden ließ. Der klassische Weg des Aufstiegs zum Göttlichen über die Stufen minderer zu immer zunehmender Vollkommenheit, die »via eminentiae« also, erwies sich hier als ungangbar, da auch das letzte Glied der Kette noch an die Immanenz zurückgebunden blieb.
Das gegenteilige Verfahren der »via negationis«, das heißt eines systematischen Verneinens aller begrifflichen Bestimmungsversuche Gottes führte, wenn schon nicht ins Leere, so doch bestenfalls nur zu einer indirekten Annäherung bei vollem Bewußtsein der unüberwindlichen Distanz. Das Verhältnis von Mensch und Gott blieb dabei höchst problematisch.
Seine schärfste Ausprägung erhielt dieses Suchen nach Bezügen und Analogien im vierten Laterankonzil von 1215 in der Formulierung, daß von Schöpfer und Geschöpf keine Ähnlichkeit ausgesagt werden könne, die nicht größere Unähnlichkeit zwischen beiden in sich schlösse. Das war freilich eine wenig befriedigende Lösung. Deshalb hat auch der große evangelische Theologe Karl Barth in unserer Zeit die »Analogia-entis-Lehre« der Tradition durch die »Analogia-verbi« ersetzt, die die Barriere der verhinderten Annäherung einfach überspringt: Nur weil Gott zu uns gesprochen hat, kurz weil es eine göttliche Offenbarung gibt, so heißt es jetzt, können wir zu ihm und über ihn reden.

Ikeda: Gleichwohl war der christliche Gott trotz seiner Transzendenz, ähnlich den Göttern der alten Griechen, umgänglich und bereit, sich ansprechen zu lassen. Mit anderen Worten: die einfachen Menschen glaubten, er würde allein Bittenden und Betenden, die sich an ihn wandten, durchaus sein Ohr leihen.

Derbolav: Gewiß, darüber hinaus lag das Problem der göttlichen Transzendenz dem schlichten mittelalterlichen Christen durchaus fern. Er erfuhr die undurchschaubare Realität des Guten und des Bösen auf viel konkretere Weise. Mir ist kürzlich durch einen Roman, der seit vielen Monaten ein Bestseller auf dem internationalen Büchermarkt ist, die Andersartigkeit des mittelalterlichen unserem modernen Bewußtsein gegenüber deutlich geworden. (Der Roman nennt sich ›Der Name der Rose‹ und ist von dem ausgezeichneten italienischen Sachkenner Umberto Eco verfaßt.)
Der mittelalterliche Mensch glaubte an die Präsenz Gottes bzw. Jesu Christi wie auch an die des Teufels und der Dämonen in allen menschlichen Dingen und konnte daher sein eigenes Wirken letztlich nur als Unterstützung durch das göttliche oder aber als Verfall ans satanisch-diabolische Weltprinzip verstehen. Auch die katholische Kirche hielt darum die Verurteilung und Hinrichtung der Ketzer als Teufelsbesessene für gerechtfertigt, obgleich ihr oft Zweifel kamen und sie bisweilen auch ihre Entscheidungen revidierte.
Selbst Luther wies noch die gemäßigte Freiheitslehre des großen Humanisten Erasmus von Rotterdam als unzutreffend zurück, weil er der Überzeugung war, daß der menschliche Wille entweder von Gott oder vom Teufel regiert werde. Trotzdem glaubte er nicht, Gottes, des Dunkel-Entrückten, Pläne durchschauen zu können, sondern flehte lediglich verzweifelt um einen »gnädigen Gott«. Daß hierin eine gewisse Entmündigung lag, haben Sie in Ihren Ausführungen zum Mittelalter mit Recht festgestellt.
Die Hinwendung zu den römisch-griechischen Klassikern, wie sie der Renaissance-Humanismus mit sich brachte, bedeutete demgegenüber die Ablösung von den scholastischen Transzendenz-Spekulationen, die jetzt als fruchtlose Spitzfindigkeiten erschienen, entstanden aus der Befangenheit im christlichen Dämonenglauben, das heißt aus dem radikalen Dualismus von Himmel und Hölle. Sie haben sehr überzeugend auf die Verherrlichung des Menschen in der Renaissancekunst verwiesen und

sie mit Recht auf die Rezeption der griechischen und römischen Leitbilder zurückgeführt. Da die Künstler dieser Zeit ihre Themen aber nicht nur aus der griechisch-römischen Mythologie, sondern auch aus der biblischen Überlieferung holten, so strahlte diese Herrlichkeit auch auf die christliche Symbolwelt aus und nahm ihr viel von ihrem dunklen Schrecken und von ihrer Undurchsichtigkeit. Schöne Zeugnisse hierfür sind neben den Fresken Michelangelos auch die Madonnen Raffaels.

Ikeda: Zusammengefaßt könnte man also sagen: Wenn die mittelalterlichen Menschen Gott als einen Teil der irdischen Welt betrachteten, in der sie sich auskannten, so deuteten die scholastischen Theologen als Vertreter der strenggläubigen christlichen Lehrmeinung ihn doch als transzendent. Die Renaissance-Humanisten dagegen hielten selbst innerhalb der strenggläubigen Kirche Gott für ein real lebendiges Element in dieser Welt und stellten ihn kühn in Fresken und Gemälden dar, worin sich die schon besagte Renaissance-Tendenz ausdrückt, Gott als menschlich zu betrachten.

Derbolav: Ein paar Worte noch zur weiteren humanistischen Rezeptionsgeschichte, vor allem zum Neuhumanismus der Humboldtzeit und zum paideutischen Humanismus unseres Jahrhunderts. Von der bahnbrechenden Erneuerung der deutschen Bildungswelt unter Humboldt war schon in einem früheren Zusammenhang die Rede. Auch seine gelehrten Mitstreiter haben wir bereits genannt. Im Gegensatz zur Renaissance wandte man sich jetzt in breiter Front unmittelbar – und ohne lateinisches Zwischenmedium wie dort – dem Griechentum zu und wurzelte sich dabei vielleicht noch tiefer als bisher in den Mutterboden der Menschlichkeit ein.
Den Neuhumanisten haben wir Wertvolles zu verdanken: sie haben uns nicht nur jene Platon-Übersetzung geschenkt, die den Griechen fast zu einem deutschen Philosophen werden ließ, sie haben darüber hinaus auch humanistischen Geist in Bildung und Schule einfließen lassen.

Hierfür zeugt das klassische Gymnasium dieser Zeit, wie es uns in den »Schulreden« Hegels, der sieben Jahre lang Rektor am Nürnberger Aegidiusgymnasium war, plastisch entgegentritt. Hegel geht hier von der Verwandtschaft der deutschen mit der griechischen Seele aus und nennt die künstlerischen Maßstäbe der Griechen schlechthin absolut und ihre Anschauungen von einem intakten öffentlichen Leben unentbehrlich für seine eigene Zeit. Niemand hat so intensiv der Verschwisterung zwischen Moderne und Antike das Wort geredet, niemand den Gymnasiasten so eindringlich empfohlen, sich bei diesen Vorbildern »einzuhausen« und »in Kost und Quartier zu gehen« wie er.
Von dieser deutsch-griechischen Partnerschaft kündet auch das klassische deutsche Drama: Goethes »Iphigenie«. Sie ist vielleicht das Werk, in dem die Graecophilie, die Griechenverehrung des Neuhumanismus, ihren vollendetsten Ausdruck gefunden hat, aber auch schon ihre Grenze zeigt: den Punkt nämlich, wo diese Graecophilie zur Graecomanie, zur Nachahmung oder gar Nachäffung der Griechen herabzusinken droht. In der Tat sind in den folgenden Jahrzehnten unter dem Einfluß des Utilitarismus und Ökonomismus, aber auch des Historismus, die klassischen Maßstäbe und Leitbilder sehr rasch verblaßt.

Ikeda: Wie die Erfahrungen zeigen, die die Deutschen gemacht haben, kommt es also wesentlich darauf an, zwischen idealistischer Verherrlichung und nüchtern-realistischer Analyse der Welt einen Ausgleich zu schaffen. Deshalb kann das Studium der Lebensformen und der Gedankenwelt der alten Griechen nicht einer bloßen Imitation dienen, die von der Realität getrennt bleibt, sondern sie muß im Dienste der Verbesserung unserer Gegenwartsphilosophie und Gesellschaft stehen. Denn ein Idealismus, der sich um die reale Welt nicht kümmert, kann Schaden anrichten.
In gleicher Weise ist freilich wahr, daß eine reine Anpassung an die Realität ohne Bestreben, sie zu reformieren und zu verbessern, in Egoismus und Ökonomismus absinkt. Deshalb betone ich so sehr die Notwendigkeit eines Ausgleichs.

Derbolav: Erst in den zwanziger Jahren unseres Jahrhunderts versuchte der dritte, der sogenannte paideutische Humanismus den klassischen Maßstäben und Leitbildern wieder neues Leben einzuhauchen, indem er sie über die Schwelle der historischen Kritik hinweg, die sie ihrer Vorbildlichkeit beraubt hat, von ihrer Wirkungsgeschichte her rechtfertigte. Obgleich nur ein schwacher Nachhall seiner großen Vorläufer, zeugt er doch für die unverdrängbare Gegenwärtigkeit des humanistischen Gedankens.
Alle diese humanistischen Rezeptionen tragen, wie wir sahen, freilich stets auch schon ihre Gefährdung in sich. Sofern sie nämlich das Studium des Menschen im Interesse seiner Menschlichkeit thematisieren, können sie leicht auch in der Pflege formalen Wissens und materialer Gelehrsamkeit im Dienste reiner Geselligkeitsbedürfnisse versanden. Dann sinkt Menschlichkeit zu einem leeren Wort herab, und Menschenbildung wird zu einer Ideologie, die am Sinn von Humanität vorbeierzieht und damit die Kritik der stets präsenten Humanismusfeinde auf den Plan ruft. Der Bildungshumanismus erscheint dann als »falsches Bewußtsein«, dessen Gehalte längst abgestorben sind und nur künstlich am Leben erhalten werden. Und auch der moralische Kern des Humanismus verliert dabei seine Substanz: Der Weg von der Humanität kann dann nämlich leicht »über die Brutalität zur Bestialität« weiterführen, wie wir das im Laufe der Jahrhunderte schon mehrfach leidvoll erfahren mußten.

Die Dominanz des Intellekts und die Ansprüche der Natur

Ikeda: Die Kriterien für die Beurteilung der Natur und der Würde der Menschen – das Herzstück des Humanismus – und des Lebens im allgemeinen zeigen viele Ausformungen, von denen einige offensichtlich einen tiefen Einfluß auf die menschliche Einstellung anderen Kreaturen gegenüber ausüben. In Europa und im Westen insgesamt besteht seit jeher die Tendenz, den Wert des Menschen in seiner intellektuellen Überlegenheit über alle anderen Arten und Gattungen des Tierreiches zu sehen.

Diese Einstellung durchzieht das europäische Denken von den Zeiten des Thales und Anaximander über die Platons und des Aristoteles bis ins Zeitalter der mittelalterlichen Philosophen vom Schlage eines Augustin und Thomas von Aquin. Erst recht wurde von neuzeitlichen Philosophen wie Descartes, der bekanntlich in seinem »cogito, ergo sum« das Sein aus dem Denken ableitete, und Pascal, der den Menschen ein »denkendes Schilfrohr« nannte, größtes Gewicht auf die Bedeutung des Denkens als jener Eigenschaft gelegt, die den Menschen am meisten auszeichne. In der Tat ist der philosophische Ertrag, der aus dieser Tradition erwuchs, auch beträchtlich gewesen.

Doch scheint es mir, daß die Überbetonung des Intellekts als Hauptcharakterzug des Menschen zu Resultaten führte, die höchst unerwünscht waren. Da er sich wegen seiner spezifisch geistigen Überlegenheit als die Krone der Schöpfung betrachtete, hat sich der Mensch des Westens daran gewöhnt, auf die anderen Lebewesen herabzusehen, die seiner Meinung nach nur dazu da sind, von ihm ausgebeutet zu werden. Er fühlte sich deshalb berechtigt, sie nach Lust und Laune zu töten. Schlimmer noch: Menschen von hohen geistigen Fähigkeiten neigen seit je dazu, andere mit geringerer intellektueller Begabung oder Erziehung und Bildung als minderwertig und daher auch als Objekte der Ausnutzung zu betrachten.

Die buddhistische Auffassung ist hier völlig anders. Der Buddhist mißt dem Leben an sich hohen Wert bei, gleichgültig in welcher Gestalt es sich manifestiert. Jede Kreatur wünscht ihr eigenes Leben zu bewahren, und es ihr zu nehmen, ist nach buddhistischer Auffassung Unrecht. Das Unrecht des Tötens wird noch erhöht, wenn das Opfer sich der Würde des Lebens bewußt ist und es in sinnvoller und schöpferischer Weise zu nutzen wünscht. Folglich ist es schlimmer, einen anderen Menschen zu töten als ein nicht-menschliches Wesen, das vom Wert seines Lebens nichts weiß. Da das Leben dadurch Sinn und Wert

erhält, daß man andern hilft und sie besser und glücklicher macht, ist es eine besonders schwere Sünde, einen Wohltäter zu töten.
Insgesamt scheint mir die buddhistische Auffassung besser in der Lage als der westliche Intellektualismus, menschlichen Egoismus in Schranken zu halten, und den Menschen vor Selbstvernichtung zu bewahren.

Derbolav: Sie haben gewiß recht, wenn Sie dem westlichen Rationalismus und seiner Neigung, den Intellekt absolut zu setzen, dem der Natur und allem Lebendigen zugewandten Buddhismus gegenüberstellen. Pascals berühmten Aphorismus, die Sonderstellung des Menschen im Kosmos betreffend, werden wir noch heranziehen, um an ihm die anthropologische Differenz des Humanismus zu demonstrieren.
Descartes geht noch weit über Pascal hinaus, wenn er sich von seinem Substanzendualismus verführen läßt, die animalische Welt unter die mechanische zu subsumieren und ihr das Leben (als Anlaß und Voraussetzung mitmenschlicher Zuwendung) abzusprechen. Weiter kann man in der Distanzierung der natürlichen Welt vom Standpunkt der Geistberufung des Menschen wirklich nicht gehen! Rationalismuskritiker unter den Anthropologen haben sich daher später nicht gescheut, den Menschen ein »am Geist erkranktes Tier«, einen durch die Hypertrophie seines Intellekts schließlich »größenwahnsinnig gewordenen Raubaffen« zu nennen, um die Paradoxie seiner Lage gebührend zu kennzeichnen.
Daß aus einer solchen Einstellung leicht Hochmut dem vormenschlichen Leben auf der einen, den minderbegabten Vertretern des eigenen Geschlechts gegenüber auf der anderen Seite erwachsen kann, leuchtet ein. Sie war auch der Grund dafür, daß der westliche Mensch sein Verhalten zur mitmenschlichen Welt von dem zur Natur so deutlich und entschieden abgerückt hat. Jagd und Schlachtung von Haustieren gehören danach zu seinem natürlichen Lebensunterhalt, und sie werden in ihrer moralischen Qualität streng von der Tötung eines Mitmenschen

unterschieden, die Mord und damit eines der schlimmsten Verbrechen darstellt.
Gewiß gibt es bei Mord und Totschlag auch bei uns unterschiedliche Grade der Abscheulichkeit, und sie werden bei der Strafzumessung entsprechend berücksichtigt. Doch gilt das Menschenleben nach humanistisch-christlicher Auffassung grundsätzlich als unantastbar und heilig, und die Frage, wem es genommen und auf welche Weise es vernichtet worden ist, hat hier nur sekundäre Bedeutung.

Ikeda: Nach buddhistischer Wertung gehören Vater- und Muttermord zu den fünf verabscheuungswürdigsten Vergehen. Die drei anderen sind: einen »Arhat« zu töten, d. h. eine Person, die im Sinne der buddhistischen Lehre an sich arbeitet und so den Wert des Lebens mehr einzuschätzen vermag als gewöhnliche Sterbliche; einen Buddha auch nur zu verletzen, d. h. ein Wesen, das von Sterblichen auf keinen Fall getötet werden darf, weil es unvergleichlichen Wert besitzt; und schließlich die Einheit einer Mönchsgemeinschaft zu zerstören, die sich dem Gesetz der Erlösung aller Wesen widmet.
Obgleich man natürlich eine Sünde begeht, wenn man anderen Lebewesen aus Gründen der Ernährung das Leben nimmt, so gibt doch die Erhaltung des eigenen Lebens als ein Gut, und dieses Gut ist um so größer, wenn man sein eigenes Leben erhält, um es in den Dienst des Glücks anderer Menschen zu stellen. Das Töten ist also allein erlaubt, wenn es zur Erhaltung und Verbesserung der Qualität des Lebens dient. Töten aus Lust am Töten ist durch nichts zu rechtfertigen. Weiter kann man sagen, daß auch das Töten zur Erhaltung der eigenen Existenz Sünde ist, wenn das eigene Leben nicht im Dienst wertvoller Aufgaben steht.

Derbolav: Ich habe an früherer Stelle bereits auf die Möglichkeit verwiesen, die durch die ökologische Bewegung geweckte Naturverantwortung, im besonderen aber die Achtung vor dem tierischen Leben, könnte zum großen Leitthema unseres Jahrhun-

derts werden, und es gibt in der Tat heute bereits Stimmen, die unter Hinweis auf die rein pflanzliche Ernährungsweise bestimmter naturwüchsiger Bergvölker einen grundsätzlichen Verzicht auf tierische Nährstoffe fordern.
Sie selbst beschreiten hier einen Mittelweg, der mir durchaus sympathisch ist: Sie sehen in der Hingabe und Fürsorge für alle Kreaturen eine Möglichkeit, die Tötung tierischen Lebens für Nahrungszwecke moralisch aufzuwiegen. Vielleicht aber gibt es darüber hinaus noch Wege des Ausgleichs, die in der Sache selbst begründet sind: In ungestörten Verhältnissen regelt die Natur ihren animalischen Haushalt aus eigener Kraft. Sie erhält die zwischen den einzelnen Tiergattungen bestehenden Proportionen und sorgt dafür, daß keine von ihnen ausstirbt. Alte und kranke Individuen merzt sie aus und läßt junge und kräftige nachrücken. Wo eine Gattung zuviel Nachwuchs produziert, wird der Überschuß von anderen einfach gefressen, während schwachen Nachwuchsproduzenten Schonräume gewährt werden.
Der Mensch hat mit seinen willkürlichen oder planmäßigen Eingriffen Unordnung in diesen Haushalt gebracht. Könnte man daher nicht umgekehrt etwa vom Jäger fordern, daß er sich als bestanderhaltender Exekutor dieser natürlichen Ordnung versteht und eben nur Tiere zum Abschuß freigibt, die auch im natürlichen Haushalt keine Lebenschancen mehr besitzen? Könnte man den Tierzüchter, ohne ihm durch Verzicht auf tierische Nahrung sein Berufsrecht überhaupt zu nehmen, nicht dazu verpflichten, seine Haustiere so zu halten und zu versorgen, wie es den Bedingungen ihrer natürlichen Umwelt entspricht – selbst wenn dies nur in einem begrenzten Maße möglich wäre, da die Haustiere selbst ja der freien Wildbahn längst entwöhnt sind? Solche professionellen Spielregeln ließen sich dann leicht als versachlichter Ausdruck jener Hingabe an die kreatürliche Welt verstehen, die in Ihren Augen das Unrecht einer Tierhaltung im Dienste menschlicher Ernährung wettmacht. Und sie leuchten ohnehin allen mehr oder weniger ein und werden in einer nicht von Marktbedürfnissen verzerrten Berufswelt längst befolgt.

Wesen und Spielformen des westlichen Humanismus

Ikeda: Der Humanismus des modernen Westens – d. h. die nichttheistische Philosophie, die die Möglichkeit menschlicher Selbstverwirklichung ohne Rückgriff auf übernatürliche Wesen vertritt – unterscheidet sich von dem, was ich den Humanismus des Ostens nenne, hauptsächlich seinen Ursprungsmotiven nach.
Im Westen entstand der Humanismus als Reaktion gegen die doktrinäre Unterdrückung der Freiheit des Denkens und der Rede durch die christliche Kirche. Insofern als er einerseits die Menschen inspirierte, ernsthaft nach objektiver Wahrheit zu streben und sie auf philosophischem, künstlerischem, literarischem und sozialem Gebiet zur Kreativität ermutigte, brachte er gewiß viel Wertvolles hervor. Daß der Humanismus die Würde des Menschen hervorhob und ihn aus der totalen Unterwerfung unter Gott befreit hat, ist sicher anzuerkennen.
Doch zwingt gerade diese Befreiung die Menschen, sich zwei Gefahren zu stellen: In erster Linie veranlaßt sie diese zum Vernunftgebrauch zugunsten einer unersättlichen Suche nach Wahrheit, und dies verleitet sie dazu, verstärkt wiederum nach Befriedigung ihrer materiellen Bedürfnisse zu streben. Die Suche nach Wahrheit hat uns dazu geführt, forschend die natürliche Welt in isolierte Elemente zu zerlegen und hat damit die Achtung zerstört, die wir einst dem in allen Dingen wirkenden Lebensrhythmus entgegenbrachten. Indem er diese Voraussetzungen schuf, hat der Humanismus eine Umwelt hervorgebracht, in der die überkommenen Wertsysteme ausgehöhlt worden sind und nicht nur die Würde des Menschen, sondern seine physische Fortexistenz auf unserem Planeten in Frage gestellt ist. Darüber hinaus ist diese Situation noch dazu so offensichtlich, daß sie sogar von vielen Laien durchschaut wird und deren Sorge erregt.
Das Christentum hat seine ethische Führungskraft verloren, weil es – obgleich es darauf bestand, daß alle Menschen die Freiheit und das Recht besitzen sollten, die Schöpfung zu beherrschen – ihnen zugleich Lehren auferlegt hat, die die Wahrheitssuche

begrenzen. Damit hat es feindselige Reaktionen gegen sich selbst heraufbeschworen und viele Leute dazu veranlaßt, seine ethischen Lehren zurückzuweisen.

Allgemein kann man sagen, daß trotz despotischer Politik, formalistischer Tendenzen und fortbestehender Traditionen des Aberglaubens, im Osten die Religionen niemals versucht haben, den menschlichen Geist zu unterwerfen, den Glauben an absolute Götter zu fordern oder den Menschen ethische Vorschriften in autoritärer Weise aufzuerlegen. Zumindest haben sie im Bereich des Geistigen stets ihren Schwerpunkt in der Menschlichkeit gehabt. Anders formuliert, war die Grundlage der östlichen Zivilisationen, so verstanden, eine humanistische. Aber diese östliche Version von Humanismus hat niemals die Gestalt einer philosophischen Bewegung angenommen und hat daher auch kein ausgeprägtes Eigenbewußtsein entwickelt.

Weit davon entfernt, dem menschlichen Geist Fesseln anzulegen, lehrt der Buddhismus unter anderen östlichen Religionen, wie wichtig es ist, eine tiefe vernunftgeleitete Weisheit zu entwickeln, die Habsucht als Quelle aller inneren Unfreiheit zu überwinden und in Harmonie mit dem Rhythmus aller Dinge zu gelangen. Diese Lehre hat sich allerdings niemals in einer bewußt humanistischen Philosophie niedergeschlagen.

Wenn ich mir gleichwohl den besonderen Charakter des westlichen Humanismus vergegenwärtige, dann empfinde ich die Gewißheit, daß Theorie und Praxis der buddhistischen Lehre die Basis für eine neue Art von Humanismus abgeben könnten, in dem wahre menschliche Unabhängigkeit und Würde zur Geltung kommen. Welche Rolle würden Sie auf dem Hintergrund Ihrer erschöpfenden Kenntnis der westlichen Philosophiegeschichte und im Bewußtsein der Krise, vor der die Philosophie heute steht, den buddhistischen Ideen in diesem Zusammenhang beimessen?

Derbolav: Sie deuten den westlichen Humanismus als Vertrauen in die Fähigkeit des Menschen, sein eigenes Schicksal ohne übernatürliche Hilfe zu meistern, zugleich als Reaktion gegen die

Unterdrückung der Freiheit des Denkens und der Äußerung durch die christliche Kirche. Der westliche Humanismus erscheint in Ihrer Darstellung als eine Weltanschauung der Emanzipation, die trotz ihrer Leistungen auf kulturellem Gebiet letztlich in die Irre ging, und zwar dadurch, daß sie sich dem analytischen Denken verschrieb und unter Mißachtung der überkommenen Werte und der Würde des Menschen in einen Materialismus schlimmster Sorte ausartete.
Insofern als der Buddhismus im Unterschied zum Christentum seine Anhänger nicht bevormundet, aber auch selbst nicht gegen bevormundende Konkurrenten zu kämpfen hat, fehlt ihm das emanzipatorische Element des westlichen Humanismus und das Bedürfnis nach eindeutiger begrifflicher Fassung seines Anspruchs. Gleichwohl haben Sie ihn – und wie mir scheint zu Recht – einen Humanismus genannt, da er von der Achtung für die Würde des Menschen durchdrungen ist und auch die Idee der Selbstvervollkommnung des Menschen zur Pflege seiner inneren Weisheit durch Einfügung in den großen Rhythmus der Natur und des Kosmos vertritt. Dieser buddhistische Humanismus scheint Ihnen nun einen Ausweg aus der Sackgasse zu bieten, in die sich der westliche Humanismus mit seiner materialistischen Grundorientierung hineinmanövriert hat.
Aus Ihren Ausführungen kann man jedoch entnehmen, daß Humanismus für Sie mehrgestaltig ist, daß er kriegerisch-gewalttätig, aber auch liberalkooperativ und friedliebend sein kann und daß es neben dem generellen Humanismus noch einen zweiten, den auf die Tradition der antiken Schriftsteller gestützten Humanismus – im folgenden auch Bildungs- und Gelehrtenhumanismus genannt – gibt, der in etwa jenes Feld künstlerischer und wissenschaftlicher Leistungen abdeckt, die Sie dem westlichen Humanismus positiv zurechnen.

Ikeda: Ich kann nicht bestreiten, daß Sie damit meine Auffassung im wesentlichen getroffen haben. Doch würde mich interessieren, zu hören, von welchen Voraussetzungen Sie Ihr humanistisches Verständnis ableiten.

Derbolav: Lassen Sie mich das humanistische Prinzip ein wenig von meiner Seite her thematisieren. Ich habe zunächst gewisse Schwierigkeiten, den Weg des westlichen Menschen von seiner Abkehr vom Christentum bis zur Verschreibung an die analytische Philosophie und zum Verfall in den Materialismus mit den historischen Phänomenen des europäischen Humanismus zur Deckung zu bringen. Daher würde ich die von Ihnen kritisierte westliche Grundhaltung lieber als »Rationalismus«, »Säkularismus«, »Anthropozentrismus« oder auch »Positivismus« charakterisiert haben wollen. Denn wenn man einmal von beiläufigen Kennzeichnungen wie humanistischer Pragmatismus (F. C. S. Schiller) oder humanistische Psychologie (E. Fromm, C. Rogers) absieht, deckt der Begriff »Humanismus« für uns Europäer eine Reihe unterschiedlicher historischer Denkgestalten ab, die sich alle aus einer gemeinsamen Grundstruktur des menschlichen Selbstverständnisses herleiten und als dessen systematische Ausfüllungen (oder auch Pervertierungen) angesehen werden können.
Diese humanistische Grundstruktur ist weder eine Art philosophische Anthropologie noch ein bestimmtes Menschenbild, sondern eine relativ einfache Denkfigur, die aus der Differenz von Menschlichkeit und Unmenschlichkeit erwächst und sich nach drei Dimensionen auslegt: nach einer anthropologischen, einer ethischen und einer pädagogischen.

Ikeda: Ich vermute, daß es die philosophisch-anthropologische Dimension ist, in der die Menschen jenen Wesenszug zu finden glauben, der sie vom animalischen Leben unterscheidet.

Derbolav: Die anthropologische Differenz wird von Aristoteles bis Pascal immer wieder bezeugt und angesprochen: Der Mensch ist »das Wesen, das den Logos hat» (Aristoteles) oder das selbst vom Logos »gehabt« und »gehalten« wird (wie Heidegger verbessert), ein Wesen also, das zugleich um sein Welthaben und Weltwissen weiß. Darin liegt seine Größe und sein Elend: »Der Mensch ist nur ein Schilfrohr, das Schwächste in der Natur; aber er ist ein denkendes Schilfrohr. Es ist nicht nötig, daß das ganze Weltall sich waffne, ihn zu zermalmen: Ein Dampf, ein Wassertropfen genügen, um ihn zu töten. Aber wenn das Weltall ihn auch zermalmte, so wäre der Mensch noch edler als das, was ihn tötet; denn er weiß, daß er stirbt und kennt die Überlegenheit, die das Weltall über ihn hat; das Weltall weiß nichts davon.« (Pascal)

Die anthropologische Differenz besagt also, daß sich der Mensch von der Welt als bloß gewußter zu unterscheiden vermag, als der um dieses Weltwissen auch Wissende oder als »Geist«. Geistsein heißt, »in der Welt sein« und ihr zugleich »transzendent«, von ihr (theoretisch) frei und auf sie (praktisch) verwiesen sein. Das transzendentale Selbstwissen, das den Begriff des Geistes ausmacht, hat immer zugleich den praktischen Sinn eines Gewissens. Indem sich der Mensch also von der Welt ablöst, sich aber zugleich wieder an sie zurückbindet, rückt er sie aus dem Modus der Gegebenheit in den der Aufgegebenheit ein. Sie wird ihm damit zu einer Sache des Handelns und Gestaltens, des Entwurfes und der Verantwortung, in der letztlich das Gewissen zur Sprache kommt.

Die praktische Differenz ist also die zwischen der Welt als Faktum und als Aufgabe, zwischen ihrer Es- und Du-haftigkeit, kurz: zwischen Sachverwiesenheit und persönlicher Verpflichtung. Wie es theoretisch einen Verstoß gegen die Menschlichkeit darstellt, den Geist ins bloß Gegebene zu nivellieren und das menschliche Selbstwissen gegenständlich, als eine Art von intellektuellem Verhalten, zu interpretieren, so verletzt die Nivellierung des Duhaft-Aufgegebenen als Selbstzweckliches ins Eshaft-Sachliche der bloßen Mittelsphäre praktisch die Norm der Menschlichkeit.

Nun wird der Mensch nicht schon als Selbst oder als der Welt verpflichtetes Wesen geboren. Er muß erst durch Erziehung und Bildung – und das ist die dritte, die pädagogische Dimension der humanistischen Grundstruktur – zur Höhe der anderen beiden Differenzen als Geist und Gewissenssubjekt erhoben werden. Das geschieht nicht in einer einmaligen gleichsam ruckartigen

Leistung, sondern in einem langen Formierungsprozeß: der Mensch ist daher immer »auf dem Wege« zu einem höheren Welt- und Selbstverständnis, zu einer sowohl zunehmend allgemeineren als auch zugleich immer konkreteren Selbstbestimmung aus seinem Gewissen. Menschlichkeit, Humanität ist also gleichsam ein steigerbarer Begriff, und menschliche bzw. unmenschliche Erziehungsweisen unterscheiden sich in der Frage, ob sie diese Steigerung erstreben, sie fördern oder neutral zu ihr, bzw. gegen sie wirken.

Ikeda: Sie haben dies sehr klar formuliert. Die unterschiedlichen Dimensionen der Welterkenntnis des Menschen und der Einsicht in seine Selbstbestimmung hängen mit den unterschiedlichen Graden seiner Würde zusammen. Ich stimme Ihnen völlig in dem zu, was Sie über die Rolle der Erziehung im Dienst der Vertiefung des Verständnisses und der Verwirklichung der Selbstbestimmung gesagt haben. Dies war auch die Grundlage der Einstellung von Tsunesaburō Makiguchi, dem ersten Präsidenten unserer Organisation der Erziehung gegenüber, die er »wertschöpferische Erziehung« nannte. »Jinsei-Chirigaku« (Lebensgeographie), eines seiner bedeutendsten Werke, interpretiert die Geographie im Zusammenhang mit dem täglichen Leben des Menschen.

Derbolav: Da dieser strukturelle Kern des Humanismus relativ formal ist, kann er sinnvolle oder auch widersinnige Ausfüllungen erhalten, und mit ihnen wollen wir uns hier kurz beschäftigen. Wenn wir zunächst bei der Geburtsstätte des Humanismus ansetzen, beim geistigen Erbe der Antike, so läßt sich als erste Implementation der Bildungs- und Gelehrtenhumanismus nennen, auf den ich später noch zurückkomme. Im folgenden beschränke ich mich auf vier weitere Implementationen des humanistischen Prinzips, die speziell in der deutschen und französischen Geistesgeschichte eine große Rolle gespielt haben und teilweise auch noch heute spielen: auf den positiven Humanismus Ludwig Feuerbachs, den existentialistischen Humanis-

mus Jean Paul Sartres, den seinsgeschichtlichen Humanismus Martin Heideggers und schließlich den historisch-materialistischen Humanismus des frühen Karl Marx. (Die historische Abfolge ist in dieser Aufzählung nicht berücksichtigt.)
Es wird sich zeigen, daß vieles von dem, was Sie dem westlichen Humanismus generell als Mangel und Leistung zuschreiben, von seinen Spielformen aus verständlich gemacht werden kann. So markieren etwa der positive und der existentialistische Humanismus die Abkehr vom Christentum, also jenes religionskritische Element, das Sie als das eigentliche humanistische Ursprungsmotiv bezeichnet haben. Der seinsgeschichtliche Humanismus Heideggers zeigt umgekehrt, wieviel säkularisiertes Christentum von dieser Bewegung noch mitgetragen wird. Marx' historisch-materialistischer Humanismus versteht sich schließlich als Weiterführung der Religionskritik Feuerbachs, d.h. als Kritik des »Jammertales« der Gesellschaft, das die Religion als ihre ideologische Selbstverklärung nötig hat.

Ikeda: Die Gesellschaft reagiert immer gegen eine Philosophie, die gleichsam Alarm schlägt. In der Tat entsprechen die feindseligen Reaktionen den Herausforderungen der jeweiligen Philosophie. In ihren spezifischen Auslegungen des Humanismus kritisieren Feuerbach und Sartre die Gesellschaft, speziell das Christentum, und geißeln sie die repressiven Wirkungen, die der christliche Glaube nach ihren Beobachtungen auf die Welt ausübt. Dasselbe gilt für Marx. Über Heidegger wird noch zu reden sein.

Derbolav: Was zunächst Feuerbachs positiven Humanismus betrifft, so befreit er sich von der Dominanz der christlichen Doktrin dadurch, daß er sie als eine subjektive Projektion des menschlichen Elends und Glücksverlangens in ein haltgebendes Jenseits interpretiert, als eine Illusion also, die im Durchschautwerden ihre Auflösung findet und an deren Stelle dann das »sinnliche Himmelreich« der konkreten Ich-Du-Gemeinschaft auf dieser Erde tritt. In den positiven Begegnungen der Menschen untereinander realisiert sich für ihn das Göttliche wie der »Heilige Geist« in der christlichen »Gemeinde« bei Hegel, nur hier eben in der Immanenz des Sinnlichen. Darin aber liegt bereits die Grenze der humanistischen Position Feuerbachs: Sie nivelliert den Geist ins Empirische und läßt damit den Aufgabencharakter des Menschseins ins bloße Gegebensein versinken, kurz sie verkürzt die ethische Dimension des Humanismus um ihren eigentlichen Differenzpunkt.

In den gegenteiligen Fehler verfällt der existentialistische Humanismus Sartres insofern als er die Aufgegebenheit des Menschen von seiner natürlichen Gegebenheit völlig ablöst und der absoluten Selbstbestimmung, ja Selbstschöpfung des Willens überantwortet. Diese Absage an die menschliche Wesensnatur resultiert dabei aus der klaren Entscheidung für den Atheismus. Der existentialistische Humanismus »schließt aus der Nichtexistenz Gottes, daß es ein Wesen gibt, das existiert, ohne von irgendeinem höheren Willen bestimmt zu sein. Dieses Wesen ist der Mensch. Er ist zunächst da (Geworfenheit), begegnet sich selbst und der Welt und gibt sich nachher einen Sinn. Der Mensch, wie ihn der Existentialist sieht, ist undefinierbar, weil er zunächst nichts ist. Es gibt keine menschliche Wesensart, weil es keinen Gott gibt, der sie geschaffen hat: Der Mensch ist nichts anderes, als was er aus sich selber macht.«

Demgegenüber sucht der seinsgeschichtliche Humanismus Heideggers die Einkehr ins Göttliche, das er das »Sein« nennt, auf dem Weg einer Kritik des traditionellen Humanismus zu erreichen, der den Menschen lediglich vom Logos und der Technik her begreife und dessen »Seinsberufung« gänzlich vergessen habe – und nennt seine Wende humanistisch in einem tieferen Wortsinn. Ihr gemäß hat sich die Wissenschaft wieder in den Mythos zurückzunehmen. Der Mensch soll sich als »Hüter des Seins« verstehen, und, in der (dichterischen) Sprache, im »Haus des Seins« wieder Heimatrecht gewinnen; kurz, Heideggers seinsgeschichtlicher Humanismus strebt zurück ins Paradies der Ursprünglichkeit, das noch allen humanismusbegründenden Auszweigungen vorausliegt.

Ikeda: Mit anderen Worten: Während der Humanismus Feuerbachs und Sartres die erzieherische Perspektive vermissen läßt, enthält sie die Philosophie Heideggers in Gestalt eines auf Selbstreform bedachten Strebens, zum ursprünglichen Paradies zurückzukehren. Auch wenn Heidegger dieses christlich ausgeprägte Paradies nur »Das Sein« nennt, so zeigt dies doch, wie sehr er mit der christlichen Idee der europäischen Geschichte vertraut war.

Derbolav: Wohl den stärksten Einfluß auf unsere Zeit aber hat der historisch-materialistische Humanismus ausgeübt, den der junge Marx aus der Aufhebung und Verwirklichung des Freiheitsprinzips der europäischen Philosophie herleitete und dem er die Gestalt einer »Theorie der revolutionären Praxis« gab. Er knüpfte dabei, wie erwähnt, an Feuerbach an und versetzte dessen »irdisches Himmelreich« in ein geschichtlich-gesellschaftliches Ambiente, in die Welt der modernen industriellen Produktionszivilisation, das in seiner kapitalistischen Formierung jene dreifache Entfremdung des Menschen herbeigeführt hat, von der schon die Rede war.
Marx versteht sich als Kritiker, ja Überwinder dieser Entwicklung: Die Entfremdung aufzuheben, das heißt »alle Verhältnisse umzuwerfen, in denen der Mensch als ein erniedrigtes, ein geknechtetes, ein verlassenes, ein verächtliches Wesen« erscheint, das eben ist das humanistische Ziel seiner Revolutionstheorie, deren Ergebnis er »menschliche Emanzipation« nennt. Damit wird ersichtlich, was diese Position an der Grundstruktur des Humanismus verfehlt: Die pädagogische Differenz des humanistischen Prinzips ist hier gleichsam politisch radikalisiert worden. Nicht mehr Erziehung, sondern Rettung des Menschen, ja der Menschheit steht hier auf dem Programm.
Von diesen Spielarten des humanistischen Grundgedankens hat nur der Marxismus das Bewußtsein der politischen Öffentlichkeit erreicht und die Breite einer Volksbewegung angenommen. Die anderen blieben weitgehend auf ihre Schöpfung und einen kleinen Kreis Gleichgesinnter beschränkt. Er müßte daher am

ehesten den westlichen Humanismus in Ihrem Sinn repräsentieren. Aber er repräsentiert nur dessen antireligiöse und materialistische Seite, und selbst letztere nur formal (als ökonomischen Rahmen) und nicht material (als Gesinnung des Egoismus und der Ausbeutung), da er diesem ökonomischen Materialismus gegenüber ja gerade umgekehrt bemüht ist, die Humanität wieder zur Geltung zu bringen.
Um auch die Wendung zur analytischen Philosophie mit abzudecken, müßte dieser Humanismus mit dem völlig unpolitischen Positivismus zusammengedacht werden, der noch am ehesten mit Feuerbachs Humanismus und seinem Pochen auf die Sinnlichkeit eine gewisse Verwandtschaft zeigt. Die drei übrigen Humanismen stehen in kritischer Distanz zu ihm. Der marxistische Humanismus sieht im Positivismus sogar eine typisch bürgerlich entfremdete Denkhaltung. Westlicher Humanismus in Ihrem Sinn ist also nur eine Chiffre für mehrgestaltige Systematisierungen des humanistischen Prinzips, eine Chiffre, die darüber hinaus noch humanismusfremde Elemente enthält.

Ikeda: Es kommt mir hier nicht darauf an, Verdienste oder Mängel der unterschiedlichen Auffassungen von Humanismus, wie sie einzelne Philosophen ausgearbeitet haben, zu untersuchen. Mich interessiert vielmehr, wie die durchschnittlichen Europäer den Humanismus akzeptiert und entwickelt haben, wie sie ihn in Praxis übersetzt haben, und zu welchen Resultaten sie mit dieser Praxis gekommen sind. Von den Differenzen einmal abgesehen, die die einzelnen Auffassungen Feuerbachs Marxens, Heideggers usw. trennen, so scheint doch die europäische Bevölkerung ganz allgemein den Humanismus als Befreiung von unterschiedlichen Formen der Unterdrückung betrachtet und Auffassungen mit ihm verbunden zu haben, die für sie in ihren konkreten Verhältnissen besonders nützlich waren. Die Mehrzahl verstand ihn als eine Befreiung von der Unterdrükkung durch die christliche Ethik. Für andere wieder bedeutete er die Anwendung des wissenschaftlichen Potentials zur Förderung, in manchen Fällen auch zur Zerstörung der natürlichen

Umwelt, in der Hoffnung, dadurch das Problem unterdrückender Armut zu lösen.
Obwohl das Christentum in sein Grundlagenverständnis einige humanistische Elemente aufgenommen hatte, strebte es doch nur danach, die menschliche Gesellschaft unter seine Kontrolle zu bringen, und zwar mit Hilfe seines dogmatischen Systems. Als es dieses Ziel einmal erreicht hatte, fing es an, ausgesprochen antihumanistische Züge zu entwickeln. Deshalb haben die modernen Humanisten in ihrem Ringen um die Menschheitsbefreiung oft ihre Angriffe gegen die Kirche gerichtet. Der Buddhismus hingegen hat den Menschen kaum je sein Glaubenssystem oder Dogma aufgezwungen.

Das Gute und Böse im Menschen

Ikeda: Viele Nichteuropäer sind enttäuscht über den Widerspruch zwischen Wort und Theorie auf der einen und aktueller Praxis des westlichen Humanismus auf der anderen Seite. Während des Zweiten Weltkrieges hatten wir Japaner zum Beispiel die Atombombenangriffe auf Hiroshima und Nagasaki zu überstehen. Die Verluste an Toten und Verwundeten unter der Zivilbevölkerung beim Bombenhagel auf größere Städte wie Tokio, Osaka und Nagoya waren faktisch unabsehbar. Nach dem Krieg stellten die Allierten die militärischen Führer Japans wegen ihrer Gewalttaten vor Gericht. Die Widersprüche zwischen diesem Verhalten und den humanistischen Idealen des Westens erzeugten natürlich Mißtrauen unter dem Volk.
Es kann daher kaum überraschen, daß die Völker Asiens und Afrikas, die einst der kolonialen Herrschaft der europäischen Nationen unterworfen waren, noch ein viel tieferes Mißtrauen erfüllt. Andere Beispiele für diesen Widerspruch zwischen westlichem Wort und westlicher Praxis sind die afrikanischen Neger, die unter unmenschlichen Bedingungen als Sklaven in die USA verschifft wurden, und die amerikanischen Indianer, die vom weißen Mann ihres ererbten Landes und Eigentums beraubt und

zugleich gezwungen wurden, in Bergwerken zu arbeiten und zu sterben.

Die französische Herrschaft und die amerikanischen Massaker in Vietnam machen deutlich, daß sich an der inhumanen Einstellung des Westens gegenüber nichtwestlichen Völkern letztlich nichts geändert hat. Gewiß, ich bin mir bewußt, daß diese Vorwürfe sehr allgemein gehalten sind und unmenschliche Behandlung anderer nicht allein auf Europäer beschränkt ist. Und selbst hier müßte man noch einschränkend sagen, daß nur eine sehr kleine Anzahl von Europäern sich eines solchen Verhaltens schuldig gemacht hat. Auch die Japaner behandelten Chinesen, Koreaner und Südostasiaten während des Zweiten Weltkriegs inhuman.

Alle Menschen können grausam handeln. Aus christlicher Sicht weist dies auf eine Art Wohngemeinschaft von Engeln und Teufeln in der menschlichen Brust hin. Der Buddhismus deutet die Spannweite menschlichen Verhaltens von seiner Lehre der zehn Welten und Lebensbedingungen aus (Hölle, Habgier, Triebhaftigkeit, Zorn, Menschlichkeit, Freude, Wissen, Versenkung, Bodhisattwa-, Buddhaschaft) als Zustände, die alle jedem menschlichen Wesen inhärent sind. Am einen Ende der Skala sind der Bodhisattwa- und der Buddha-Status getragen von Barmherzigkeit und dem Wunsch, andere glücklich zu machen, am anderen Ende befindet sich der Höllenstatus, beherrscht von gewalttätigem Zorn, der die Menschen dazu bringt, anderen auf jede erdenkliche Weise zu schaden, Mord und Totschlag nicht ausgeschlossen, nur um die eigenen Begierden zu befriedigen.

Derbolav: Daß Humanismus und Christentum den abendländischen Menschen kaum besser gemacht haben, obgleich sie ihn mehr oder weniger scharf in Zucht nahmen und ihm einen, sei es liberaleren, sei es rigoroseren Moralkodex auf den Leib schrieben, läßt sich kaum bestreiten. Darin liegt noch kein Widerspruch, denn beide geistigen Mächte wußten ja auch um die unkorrigierbare Fehlsamkeit des Menschen, sei es als Gottloser und Verblendeter, sei es als Sünder.

Mit anderen Worten: Auch die beste humanistisch-christliche Bildung konnte bisher und kann auch heute nicht den Rückfall des christlichen Europäers in die Barbarei verhindern, gleichgültig, ob diese eruptiv wie ein Ungewitter hervortritt oder gezielt bei menschlichen Aktionen wie Aufständen, Kriegen und Massakern zum Ausdruck kommt.
Als Anschauungsmaterial hierfür haben Sie einige überzeugende Beispiele aus der westlichen Welt angeführt, aber auch die Greueltaten nicht vergessen, die die Japaner im Zweiten Weltkrieg im Feindesland begangen haben. Das bedeutet aber doch nur, daß die menschliche Fehlsamkeit nichts spezifisch Westliches ist, sondern in allen religiösen und kulturellen Welten durchschlägt, kurz daß der Mensch, wo immer er historisch auftritt, auch mit seiner Nachtseite konfrontiert bleibt, in der sich ihm die Schleusen des Bösen öffnen.

Ikeda: Das Entscheidende ist dabei, daß man sich der eigenen Möglichkeit zum Guten und zum Bösen bewußt wird und versucht, die eine zu fördern und die andere zu beherrschen. Viele Leute nehmen an, daß sie völlig im Recht und ihre Gegner völlig im Unrecht seien, und halten daher, was immer sie tun, für gerechtfertigt, selbst wenn es grausam ist. Wenn diese Leute ständig ihrer eigenen Fehlsamkeit eingedenk wären, würden sie ihren eigenen Handlungen kritischer gegenüberstehen.
Der erste Schritt zur Besserung liegt bereits in der Erkenntnis der Wahrheit, daß jeder sowohl böse als auch gut sein, das heißt Recht oder Unrecht tun kann. Aber dies ist nicht genug. Denn Menschen können auch durch übermächtige Leidenschaften und Begierden dazu getrieben werden, dem entgegen zu handeln, was sie als richtig erkannt haben. Wie ich angedeutet habe, ist es vielmehr wesentlich, die gute Seite in einem selbst zu stärken und die böse abzuschwächen. Diese Bemühung um Selbstvervollkommnung, die durch buddhistische Ausübung erzielt wird, nennen wir »Menschliche Revolution«.

Derbolav: Die Mängel, die Sie mit Hilfe der buddhistischen Praxis und Lehre überwinden wollen, scheinen mir dabei auf zwei Ebenen zu liegen. Sie nennen zuerst jene sture Borniertheit, mit der manche Menschen ihr Recht behaupten und den Partner ins völlige Unrecht setzen wollen. Leuten, die sich so verhalten – und sie gibt es sicherlich im Westen wie im Osten – fehlt es einfach an menschlicher Bildung, deren erste und vorgängige Leistung in der Objektivierung der Welt und der Relativierung der Ansprüche des eigenen Ichs liegt. Menschenbildung schließt also notwendig die Befähigung zur kritischen Selbsteinschätzung mit ein, und sie muß deshalb für alle Menschen gefordert werden.
Einen zweiten Mangel aber rechnen Sie besonders dem westlichen Humanismus auf. Sie halten ihm vor, daß er für die Mischung von Gut und Böse keinen realistischen Blick besitze, das heißt, daß er für die Stufenordnung der Zustände der Selbstvervollkommnung blind sei, die nach buddhistischer Auffassung von der Hölle bis zum Buddha-Zustand emporführen.

Ikeda: Ich will damit nicht behaupten, daß dieser Gesichtspunkt dem westlichen Humanismus fehlt, wie die Vorstellung einer gemeinsamen Existenz von Engeln und Teufeln, von Gut und Böse in der menschlichen Brust ja zur Genüge zeigt. Was ich meine, ist lediglich, daß der Westen diese Idee weniger detailliert herausgearbeitet hat als der Buddhismus.

Derbolav: Alle diese Zustände trägt der Mensch nach buddhistischer Auffassung als Möglichkeiten in sich und kann daher sowohl in schlechtere zurückfallen als auch zu besseren fortschreiten.
Nun fehlt im philosophischen Denkraum des Westens gewiß eine so reich differenzierte Aufstiegsskala der Selbstvervollkommnung, wie sie der Buddhismus kennt, was man begründetermaßen als Lücke ansehen kann. Doch möchte ich im folgenden zeigen, daß die Denkfiguren, die die europäische Philosophie von Sokrates über Aristoteles bis zu Kant herauf zur Artikulierung

des Erfahrungsbereichs von Gut und Böse geliefert hat, den von Ihnen entwickelten Strukturen des buddhistischen Denkens nahekommen.

Von Sokrates wird gesagt, er habe die Philosophie von den Sternen auf den Marktplatz herabgeführt, das heißt die kosmologische Phantasie der Vorsokratiker durch eine »Philosophie der Menschen« ersetzt. In der Tat kann man hier von einer »anthropologischen Wende« im europäischen Denken sprechen, die zum erstenmal zu einer systematischen Durchleuchtung des komplexen Bereichs der Moralität führte.

In unserem Problemzusammenhang schreibe ich Sokrates zwei Errungenschaften zu: Er hat die Notwendigkeit dauernder Selbstprüfung betont und ein ungeprüftes Leben als gänzlich wertlos bezeichnet, und er hat zum anderen den pädagogischen Auftrag mit dem Eingriff einer Hebamme verglichen, die die geistigen Geburten des Lernenden überwacht und aus seiner Seele immer Besseres und Besseres hervorholt. Beides kann bereits als Andeutung einer individuellen Selbstvervollkommnungslehre verstanden werden. Doch hat Sokrates diesen Aneignungsprozeß zu intellektualistisch interpretiert: als einen Auftrag nämlich bloßer Gütererkenntnis, nicht aber der Versittlichung selbst, weil er der Überzeugung war, daß niemand wissentlich Unrecht tue. Damit reduzierte sich für ihn sittliche auf theoretische Bildung.

Aristoteles hat vier Korrekturen und Ergänzungen angebracht. Er hat zunächst den sokratischen »Intellektualismus« durch eine Analyse der Herkunft des Bösen überwunden und zum anderen zwischen unterschiedlichen Sinngebungen des menschlichen Daseins unterschieden. Das Böse kann aus Charakterschwäche entstehen, das heißt aus einer Überrumpelung des Gewissens durch Gefühle und Leidenschaften – ein Fall, den Sie selbst als Möglichkeit des Versagens ins Auge gefaßt haben. Das Böse kann aber auch aus falscher, verbogener Erziehung oder auch aus völliger Zuchtlosigkeit erwachsen, das heißt in pädagogischen Mängeln seinen Ursprung haben. Daß der Satan oder die Dämonen vom menschlichen Geist Besitz ergreifen könnten,

dieses sogenannte »Mysterium iniquitatis« christlicher Überlieferung, war Aristoteles noch fremd und hätte kaum seine Zustimmung gefunden. Er hätte darin eher eine Entwürdigung, ja Entmündigung des Menschen gesehen.
Was sein zweites Lehrstück betrifft, so unterscheidet Aristoteles zwischen einem Leben der Lust, der praktischen Tätigkeit (Politik) und der Erkenntnis und sieht darin so etwas wie eine Rangordnung angesprochen, die wenigstens tendenziell der buddhistischen nahekommt.

Ikeda: Vielleicht haben Sie recht. Bevor wir jedoch dieses Thema verlassen, möchte ich doch nicht versäumen zu sagen, daß, obgleich die Zehn-Welten-Lehre fragmentarisch bereits von Shakyamuni und den indischen Weisen, die ihm folgten, gelehrt worden ist, es dem großen chinesischen Mönch und Philosophen T'ien-t'ai (538–597) überlassen blieb, diese Lehre in ein System zusammenzufassen, das die unterschiedlichen Zustände im einzelnen menschlichen Leben aufweist und damit einen Maßstab für die Selbstprüfung bietet. Wie Sie ausgeführt haben, nähern sich auch die Lehren des Sokrates und anderer westlicher Philosophen dieser Auffassung. Aber von entscheidender Wichtigkeit ist, über ein vollständiges System zu verfügen, gleichsam als einen Spiegel, in dem sich die gesamte Conditio humana eines Menschen reflektiert und das damit als Anleitung zur Selbstverbesserung dienen kann.

Westliches und östliches Naturverständnis

Ikeda: Jedes lebende Wesen ist zugleich Bezwinger und Schuldner den anderen Lebewesen gegenüber, da es zusätzlich zu den Bestandteilen der physikalischen Umwelt hinaus, wie Wasser und Luft, Ernährung benötigt. Das heißt, daß Fleischfresser, um überleben zu können, Pflanzenfresser bzw. schwächere Geschöpfe töten und verzehren müssen.
In Beziehung zur Umwelt und zu den anderen Lebensformen

kann der Humanismus nur zwei Haltungen annehmen: Er kann von der Voraussetzung ausgehen, daß allein menschliche Wesen in physischer und psychischer Hinsicht Rücksicht verdienen und daher alles andere in ihrer Umgebung, und natürlich auch alle anderen Geschöpfe, ihnen unterworfen sind, freilich nicht mehr, als es das Ziel der Lebenserhaltung fordert. Ein Humanismus dieser Art ist selbstgerecht, aggressiv und gewalttätig. Humanismus kann aber auch alles in seiner Umwelt und vor allem alle anderen Geschöpfe so verstehen, daß sie zur menschlichen Würde beitragen und daher Dankbarkeit und Mitgefühl verdienen. Ein Humanismus dieser Art ist harmonisch, friedliebend und offen. Obwohl beide Haltungen den Mitmenschen und dem ökologischen System gegenüber überall vorkommen, glaube ich doch, daß es Unterschiede der Nuancen und der Gewichtung bei den östlichen und westlichen Völkern gibt. Wie würden Sie die europäische Haltung charakterisieren?

Derbolav: Es liegt in der Natur aller eben beschriebenen Humanismen, daß sie den Menschen als ein Wesen definieren, das in seiner konzentrierten Selbstzuwendung jedes Interesse an der vormenschlichen Natur verloren hat. Diese anthropozentrische Tendenz teilt der Humanismus in allen seinen Formen mit dem Juden- und Christentum, zu dem er sonst in Distanz steht. (Auch nach jüdisch-christlicher Auffassung ist der Mensch ja die »Krone der Schöpfung«.) Sicherlich liegt in dieser beiden Richtungen gemeinsamen Selbstschätzung eine Anmaßung gegenüber dem vormenschlichen Leben, die niemand gutheißen kann.

Ikeda: Gewiß, aber dieser Überlieferung ist höchste Autorität verliehen, wenn der allmächtige Gott selbst im ersten Kapitel der Genesis der Menschheit Herrschaftsrechte über alle Lebensformen gibt. »Gott schuf den Menschen nach seinem Bilde, nach seinem Bilde schuf er ihn als Mann und Frau. Und Gott segnete sie und sprach zu ihnen: ›Seid fruchtbar und mehret euch, erfüllt die Erde und unterwerft sie euch, übt Herrschaft aus über die Fische im Meer, die Vögel in der Luft und jedes lebende Wesen, das sich auf der Erde bewegt.‹ Und Gott sagte: ›Ich habe euch jede samentragende Pflanze gegeben, die auf der Erde wächst und alle Bäume, die samentragende Früchte tragen. Für euch soll dies als Speise dienen.‹«

Derbolav: Was den Humanismus betrifft, so ist er, wie wir eben sahen, von Haus aus so angelegt, daß er das Natürliche nur als Sache, als Eshaftes in der Qualität eines Feldes von Handlungsmitteln anerkennen kann. Im Juden- und Christentum wieder gehört die vormenschliche Natur zwar zur göttlichen Schöpfungsordnung und darf daher auch nicht völlig abgewertet werden, ist aber in die Verfügungsgewalt des Menschen gestellt, der sich zu ihrem Herrn zu machen den Auftrag hat. Das Höchste, was von Tieren nach christlicher Auffassung gesagt werden kann, ist, daß sie den Menschen »meinen«, das heißt, daß sie zu ihm hinstreben und das werden wollen, was er schon ist. Freilich vergeblich, denn Naturdinge, Pflanzen und Tiere haben am Heilsgeschick des Menschen keinen Anteil und fallen damit auch in ontologische Zweitrangigkeit zurück. In den heiligen Schriften spielen Tiere keine Rolle; in den mittelalterlichen Legenden werden sie gelegentlich als derb-gutmütige Helfer von Einsiedlern dargestellt, die sich ihrer bedienen, ohne in echte Partnerschaft zu ihnen zu treten.
Der einzige Heilige der katholischen Kirche, der hier das Tor nach unten aufgestoßen hat, war Franz von Assisi. Er bezeichnete die Tiere des Waldes als seine Brüder und predigte den Vögeln des Himmels. Dieser franziskanische Geist hat sich freilich in der christlichen Kirche kaum durchgesetzt. In ihrer Morallehre fehlen alle Spuren normativer Bestimmungen, die Beziehungen der Menschen zur vegetativen bzw. animalischen Natur verpflichtend zu regeln und damit ihre Tagesseite in ein günstigeres Licht zu rücken.

Ikeda: Gewiß sind nur wenige Christen dieser Einstellung des heiligen Franziskus gefolgt. Allzu oft haben die mittelalterlichen Christen Berge und Wälder als Heimstätte böser Geister angesehen und waren dem Aberglauben verfallen, daß der Teufel in tierischer Gestalt – zum Beispiel der einer Geiß – auftrete.

Derbolav: Doch hat die Natur auch eine Nachtseite, und auch sie wirft einiges Licht auf das Mensch-Naturverhältnis. Diese Nachtseite tritt hervor, wenn man sich den Wirkungszusammenhang alles Lebendigen vergegenwärtigt. Die »natürliche Ordnung« scheint dann darin zu bestehen, daß sich die einzelnen Tierarten jagen, daß sie einander fressen, weil sie nur dadurch, daß sie den anderen das Leben nehmen, sich selbst am Leben erhalten können. In dieses Gleichgewicht des Nehmens und Überlassenmüssens ist auch der Mensch miteinbezogen, denn auch er ist ein Naturwesen und damit auf die Pflanzen- und Tierwelt als Ernährungsgrundlage angewiesen.
Aber er ist eben mehr als ein Stück Natur, und das ändert auf doppelte Weise seine Situation: Einmal weiß er um das, was er tut, und kann sein Eingreifen in die Natur als sein Recht, aber auch als Schuld empfinden, das heißt unter juristische und moralische (ja theologische) Kategorien stellen; zum anderen vermag er in einer Weise in die Natur einzugreifen, die über die Möglichkeiten des animalischen Kampfes ums Dasein weit hinausgeht.
Damit berühren wir wieder die Auswirkungen der schon behandelten Modernisierung. Im Rahmen der industriellen Produktionswirtschaft verwandelt sich die Natur von einer Ernährungsgrundlage in ein Ausbeutungsobjekt des Menschen, das seinen ökonomisch-kalkulatorischen Interessen völlig unterworfen wird: Man denke etwa an die Hühnerlegebatterien oder an andere auf puren Gewinn abgestellte Tierhaltungspraktiken, an die Abholzung der Wälder, die Ausbetonierung des lebendigen Bodens und die Zerstörung unserer ökologischen Lebensgrundlagen durch Abgase und industrielle Umweltverschmutzung – kurz an die üblen Folgen jenes Modernisierungsprozesses, der, wie wir hörten, sich als technologisch-ökonomischer Überbau den naturwüchsigen Kultur- und Religionssystemen im Westen wie im Osten aufgelagert hat. Er kann von ihnen zwar kontrol-

liert und vielleicht sogar etwas modifiziert, aber in seiner progressiv alles Naturwüchsige überformenden Grundtendenz nicht aufgehalten werden. Wo ein solcher Versuch gemacht wird, muß er nicht nur unweigerlich scheitern, sondern erweist sich auch als naiv, weil er die Menschen in die Primitivität zurückverweist. Deshalb sprechen sich auch westlicher Humanismus und christliche Kirche grundsätzlich nicht gegen die Leistungen und Ergebnisse unseres Industriezeitalters aus. Was sie an diesem System kritisieren, sind lediglich seine Auswüchse, Unmenschlichkeiten und Perversionen, wo immer sie auftreten mögen, nicht mehr. Aber sie können nicht überhaupt verhindern, daß solche Auswüchse auftreten, da sie ja im Fortschritt zur Modernität mitprogrammiert sind und sie selbst diesen Schritt durchaus bejahen. (Anders zu verfahren, hieße in der Tat, dem Menschen das Recht absprechen, über sich hinauszuwachsen und fortzuschreiten.)

Ikeda: Ich will damit nicht behaupten, daß die Geschichte Asiens keine Tyrannen und rücksichtslosen Ausbeuter der Umwelt gekannt hat. Aber mir scheint doch, daß das Verhalten der Umwelt gegenüber im Osten, speziell in Indien, China und in jenen Regionen, die unter indischen und chinesischen Einfluß gerieten, mehr Sinn für Dankbarkeit und Anteilnahme zeigte, als dies im Westen der Fall war.
Was halten Sie von meiner Vorstellung, daß die Menschen im Westen deshalb weniger dankbare Verpflichtung gegenüber der physischen Welt und den Mitgeschöpfen zeigen, von denen ihr Leben abhängt, weil sie es für ausreichend halten, Gott dankbar zu sein, der nach ihrer Überzeugung alle Dinge geschaffen hat? Halten Sie es für möglich, die Menschheit in einem weiter verstandenen Sinn von Humanismus zu respektieren, ohne die anderen Lebewesen, mit denen wir diesen Planeten teilen, unbarmherzig und oft bis zur Vernichtung auszubeuten?

Derbolav: Wenn die großen Lehrmeister des Buddhismus, wie Sie selbst, durch die ganze Welt ziehen und für Frieden und

Verständigung werben, dann stellen Sie damit – ähnlich wie die Enzykliken der Päpste oder die Friedensmanifeste anderer religiöser Großorganisationen – keineswegs auch das ganze System der Modernität in Frage, sondern plädieren nur für dessen menschliche Handhabung. Dafür aber meinen Sie, in den buddhistischen Lehren verläßliche Leitlinien in der Hand zu haben, welcher Überzeugung ich nicht widersprechen möchte.

Damit kommen wir wieder zum Naturverständnis des westlichen Menschen zurück. Wir vermißten beim Christentum Ansätze einer Bioethik, und wir sahen, daß es auch der europäische Humanismus in seiner anthropozentrischen Grundhaltung unterlassen hat, sein Verhältnis zur nicht-menschlichen Natur – das ja den eigentlichen Angriffspunkt seiner technologischen Planungen darstellt – sittlich zu reglementieren. Das mag als ein bedauerlicher Mangel erscheinen, zugegeben!

Dieser Mangel schließt aber – und das möchte ich ergänzend hinzufügen – keineswegs aus, daß sich in diesem Leerfeld Gruppen- und Privatmoralen mit produktiven Tugendregeln ansiedeln: etwa die Moral der Tierschützer, die sich mit Energie gegen Tierexperimente am Seziertisch des Mediziners wenden, oder die Moral der Tierfreunde, die Haustierhaltung und Tierpflege mit großer Sorgfalt betreiben und dabei ihre Hingabe und Zuneigung sogar bis zur Anlegung von Tierfriedhöfen steigern. Hierher gehört auch das durch die Medien angestachelte wachsende Interesse für die Tierforschung, wie es bei uns, aber sicherlich auch in Japan zu beobachten ist. Es mag einer schon vorhandenen positiven Einstellung zur Natur die Sachkenntnis und Verständnisgrundlage nachliefern.

Wenn Sie beim westlichen Menschen also weniger dankbare Verpflichtung der Natur und dem vormenschlichen Leben gegenüber zu finden glauben als bei den Bewohnern Indiens, Chinas und Japans, würde ich Ihnen darin zustimmen, daß wir uns – infolge des mangelnden Bildungshintergrundes – im allgemeinen diesen Bereichen gegenüber gedankenloser verhalten und erst krasser negativer Erfahrungen bedürfen, um jener Naturverantwortung inne zu werden, die für Sie als Buddhisten selbstverständlich ist. In den Ländern des Ostens werden die Kinder in der Tat schon früh zu größerer Offenheit und Hingabe an Natur und Kosmos erzogen. Das Christentum, und mit ihm auch der Humanismus, zeigen demgegenüber eine Art von »Betriebsblindheit«, indem sie in der berechtigten Sorge um den Menschen die Sorge um seine natürliche Basis und Grundlage vernachlässigen.

Daß man aber heute dieses Versäumnis bereits zu durchschauen und zu kritisieren beginnt, zeigt die wachsende ökologische Bewegung, die vor allem die jungen Menschen bei uns zu einer neuen Art von Naturfürsorge und Naturverantwortung motiviert hat. Ich halte es daher nicht für ausgeschlossen, daß diese Naturverantwortung – als Achtung vor der Unversehrtheit pflanzlichen und tierischen Lebens – zum großen ethischen Leitthema des späten 20. Jahrhunderts werden und ein ähnlich »schlechtes Gewissen« in der Öffentlichkeit wachrufen könnte wie die Sklaverei im 18. Jahrhundert und die Unmenschlichkeiten des Strafvollzugs, nämlich Folter und Todesstrafe, im 19. Jahrhundert.

Ikeda: Das ist sicher möglich. Ohne die Begriffe »Liebe« und »Schutz« den Tieren gegenüber zu verwenden, haben die Völker des Ostens es doch seit langem als für menschliche Wesen ganz natürlich angesehen, mit nichtmenschlichen Hausgenossen dieselbe Familiengemeinschaft zu teilen. Die Europäer scheinen mir viel reflektierter und herablassender in ihrer Art des Zusammenlebens mit nichtmenschlichen Lebewesen zu sein. Solange sich Menschen als stärker denn andere Kreaturen betrachten, sind Liebe und Schutz, selbst wenn sie in herablassender Weise gegeben werden, wahrscheinlich das beste, was man erwarten kann.

Ikeda: Um volles Vertrauen in den Menschen und seine Fähigkeit, das eigene Schicksal zu gestalten, setzen zu können, wie es der Humanist tut, benötigt man eine Definition der bestmöglichen menschlichen Lebensform. In der Vergangenheit haben die Philosophen oft in der Einschätzung dessen, was die beste menschliche Lebensform ihrem Wesen nach ist, allzu einseitige Standpunkte bezogen. Einige von ihnen haben einzig und allein der Vernunft den höchsten Wert beigemessen. Nun ist aber sicherlich eine Person – wie klug und vernünftig sie auch sein mag –, der es an Anteilnahme ihren Mitmenschen gegenüber fehlt, kein ideales Vorbild. Ebenso kann ein Mensch, der nur auf das Wohl der anderen bedacht ist, dem es aber an Selbstbeherrschung fehlt in der Art, wie er seine Hingabe ausdrückt, eher zum Fluch als zum Segen werden. Auch eine solche Einstellung ist weit vom Ideal entfernt.
Für den Buddhisten ist dieses Ideal die Selbstkultivierung, die Selbstvervollkommnung und letztlich die Erreichung des Buddhazustandes völliger Erleuchtung oder Weisheit. Als praktische Übungsregel für die Erreichung dieses Zieles hat die buddhistische Lehre die sogenannten sechs Vervollkommnungspraktiken, die zur Erleuchtung führen, entwickelt: nämlich Barmherzigkeit, Beachtung moralischer Regeln, Standhaftigkeit, geistiges Streben, Meditation und Weisheit.
Etwas ausführlicher formuliert bedeuten diese Praktiken: Beistand für schwächere Geschöpfe (Barmherzigkeit), Selbstzucht (Beachtung moralischer Regeln), Kraft, Leiden zu ertragen (Standhaftigkeit), unerbittliches Bemühen um Selbstverbesserung (geistiges Streben), geistige Sammlung und Einkehr (Meditation) und die Fähigkeit, über alle Dinge angemessene Urteile zu fällen (Weisheit). Der Buddhismus lehrt des weiteren, daß die Erreichung vollkommener Erleuchtung unmöglich ist, wenn eine dieser Praktiken vernachlässigt wird.
Dies gibt in der Tat einen guten Sinn. Der weiseste Mensch kann nicht vollkommen sein, wenn er dem Schicksal der anderen

gegenüber gleichgültig bleibt, da er sich dann vermutlich nur für das eigene Wohlbefinden interessiert. Auch ein Mensch, der unablässig an seiner Selbstvervollkommnung arbeitet ohne den Geist der Barmherzigkeit, kann andere Menschen im Stich lassen, schlechten Einfluß auf seine Umgebung ausüben oder ungerecht sein.

Wie ich gesagt habe, muß der wahre Humanismus ein ideales Bild von der menschlichen Natur haben, dem man nachstreben soll. Nicht allein, weil ich selbst Buddhist bin, sondern auch, weil ich glaube, daß jedermann erkennen kann, wie erschöpfend hier das Ziel der Lebenserfüllung aufgewiesen wird, halte ich das System der Selbstvollendungspraktiken für ein hervorragendes Modell zur Nachahmung.

Derbolav: Ich stimme Ihnen zu, daß kein Humanismus möglich und denkbar ist ohne das Leitbild eines »besten Lebens«. Sie bekennen sich zum buddistischen Ideal der Selbstvervollkommnung des Menschen, die bis zur Erreichung des Buddha-Zustandes völliger Erleuchtung und Weisheit emporführt. Nun setzt dieses Streben eine Reihe von Übungen und Praktiken voraus, die durchschritten werden müssen, wenn das Endziel erreicht werden soll. Sie zielen darauf ab, daß der um Weisheit und Erleuchtung Bemühte jenes Gleichgewicht zwischen Selbstzuwendung und Dienst am anderen nicht verliert, das auch bei uns zum Wesen der Humanität gehört.

Wenn ich die klassische Philosophie des Westens in ihren Ursprüngen bei Sokrates, Platon und Aristoteles zum Vergleich heranziehe, dann finde ich viele Bezüge zu Ihren Ausführungen. Alle drei genannten Philosophen fragen nach dem »besten Leben«, nach dem »vollkommensten Menschentum«, nach dem Glück als dem »höchsten Gut« und gelangen dabei zu einer Stufenordnung der Güter und Tugenden, die der Reihe Ihrer Weisheitspraktiken tendenziell durchaus nahekommt, wenn sie inhaltlich auch erheblich von ihr abweicht.

Ikeda: Der Buddhist deutet die menschliche Existenz als Leiden. Dazu kommt noch, daß er das Mitfühlen mit allem anderen Leiden für die Voraussetzung der Ausbildung zum Bodhisattwa betrachtet. Nach mahayanischer Lehre wäre das ein Wesen, das nach der Buddhaschaft strebt, die Erreichung dieses Zieles aber hintansetzt, um anderen zu helfen. Die Mitleidspraxis zeigt dabei zwei Aspekte: Sie will Leiden lindern und Freude schaffen. Mitleid (Barmherzigkeit) ist wesentlich in der Ausbildung zum Bodhisattwa, und sie ist zugleich ein Attribut Buddhas, der jene Ausbildung natürlich bereits vollendet hat.
Obgleich man durchaus Mitleid für die Schwachen empfinden kann, beschränken die Menschen im allgemeinen ihre Gefühle auf die, die ihnen nahestehen – Familie, Verwandte, Freunde – und die sie lieben, und bleiben gleichgültig gegenüber den Leiden derer, die sie nicht kennen – Menschen außerhalb ihres Bekanntenkreises. Ja, es ist sogar nicht ungewöhnlich, daß Leute sich über das Unglück anderer, die sie nicht mögen, freuen. Der Bodhisattwa und der Buddha dagegen dehnen ihr Mitleid gleichmäßig auf alle Kreaturen aus und zeigen Wege auf, wie sie ein Leid überwinden können, das sie als ihr eigenes betrachten.
So verfuhr auch Nichiren Daishonin und lehrte, daß man sich um so mehr Weisheit und Freude verdiene, je größer das Leid ist, das man zu überwinden vermöge. Das Brennholz der Begierde anzünden, heiße die mitleidsvolle Flamme der Erleuchtung zu entfachen.

Derbolav: Zum Letztziel der Erleuchtung gibt es bei uns im Westen wenig Vergleichbares. Wohl hat die christliche Mystik im Mittelalter das Ideal der Gottesschau, der »visio beatifica«, kultiviert. Und schon Aristoteles kannte neben der praktischen Sinnerfüllung des Lebens als glückhafte Dasein noch eine theoretische, in der Selbsterkenntnis des Geistes gelegene Glückseligkeit. Doch entspricht beides kaum dem buddhistischen Erleuchtungsgedanken, weil die »visio Dei« und der »sich-selbst-erkennende individuelle Geist« ein göttliches Prinzip sich gegenüber voraussetzen, das die buddhistische Erleuchtungslehre nicht akzeptiert.

Die Personalität Gottes, an der der Christ unkündbar festhält, ist für den Buddhisten bestenfalls ein Grenzbegriff, wie das einer der bedeutendsten katholischen Buddhismusforscher, nämlich Hans Waldenfels, einmal ausgedrückt hat. Deshalb kennt der Buddhismus zwar die Meditation, aber kaum ausgeprägte Formen des Gebets. Für den westlichen Menschen mit seiner an der Philosophie und am Christentum geschulten Denkweise dagegen ist die spezifische Erleuchtungserfahrung des Buddhisten umgekehrt kaum nachzuvollziehen, mag sie mitunter auch große Faszination auf ihn ausüben. Viele Europäer, die zum Buddhismus konvertierten, wurden gerade von dieser nicht-dualistischen Form religiöser Vertiefung besonders angezogen.
Andererseits läßt sich nicht übersehen, daß zwischen den Vorstufen der Erleuchtung im Buddhismus und der westlichen Güter- und Tugendordnung ein begrenzter inhaltlicher Konsens besteht, der freilich von einer Differenz seinen Ausgang nimmt: Während für jede Form von Humanitätsmoral die Menschenliebe (philanthropia) zentrale Voraussetzung ist, nimmt im Buddhismus der Barmherzigkeit genannte Beistand für die schwächeren Geschöpfe, das Mitgefühl oder Mitleiden also, die Stelle der westlichen Menschenliebe ein. Wenn ich meine eigenen Erfahrungen hier zu Rate ziehe, denn scheint es mir in der Tat nicht unwahrscheinlich, daß Mitleid und Mitgefühl der Liebe gegenüber genetisch und substantiell noch vorausgehen, also noch elementarer sind als diese.
Was der Christ lediglich als Prüfung betrachtet, den Durchgang durch die unvermeidlichen Leidenserfahrungen des menschlichen Lebens, gehört für den Buddhisten zum Grundstatus des Daseins, der ertragen und auf dem Weg der Selbstvervollkommnung überwunden werden muß, wie ihn die sechs Weisheitspraktiken aufzeigen. Die entscheidende Station ist dabei wohl die meditative Versenkung, die zur Weisheit weiterführt. Die westliche Ethik – die christliche eingeschlossen – kennt ein solches Remedium gegen das Leiden nicht. Daher ist ihr – wenn man von den schon genannten mystischen Erfahrungen des mittelalterlichen Christentums absieht – die Tugend der Meditation als eines

tatenlosen »Sich-in-sich-selbst-Versenkens« fremd, die im Buddhismus der Weisheit als Fähigkeit angemessenen Urteils über die Dinge vorangeht. Zwar wird auch der westliche Tugendkanon von der Weisheit (sophia) gekrönt, aber sie bedeutet hier Einsicht in die Ordnung des Ganzen und wird von der Klugheit als praktischer Handlungsreflexion und sittlicher Urteilsfähigkeit im einzelnen kaum unterschieden.

Was schließlich die Selbstvervollkommnung überhaupt betrifft, so ist auch sie eine Tugend im westlichen Sinn, ja vielleicht die universellste, die sich denken läßt; denn sie reicht vom schlichten Maßhalten der griechischen Volksmoral über die sokratische Selbsterforschung bis zur ständigen Arbeit an sich selbst empor, wie sie noch Kant als zentrale Pflicht der eigenen Person gegenüber geltend macht.

Daß sich aber auf der Selbstzuwendung, ja dem Selbstvollendungsstreben allein kein erschöpfendes ethisches System gründen läßt, daß es nicht nur Pflichten gegen sich selbst, sondern auch Pflichten gegen die anderen gibt, gilt sowohl für den westlichen als auch für den buddhistischen Tugendkanon als ausgemacht. (Ich setze dabei voraus, daß man die genannten sechs buddhistischen Weisheitspraktiken als einen solchen Tugendkanon bezeichnen kann.) Mir erscheint hier bemerkenswert, daß diesem buddhistischen Selbstvollendungsgedanken jede hedonistische Zuspitzung fehlt, die auch von Kant entschieden abgelehnt wird: Glück liegt im Dienst am Nächsten, nicht im eigenen Selbstgenuß.

Meine vergleichenden Überlegungen zusammenfassend, möchte ich unterstreichen, daß die Lehre von den sechs buddhistischen Pratiken, die zur Erleuchtung führen, bei vielen Gemeinsamkeiten des Weges, vom Ziel her gesehen eine höchst bedenkenswerte Alternative zum Humanitäts- und zum christlichen Liebesideal darstellt, die auch von uns westlichen Menschen durchaus ernstgenommen zu werden verdient.

Die religiösen Wurzeln der Ethik

Ikeda: Obgleich sie sich von Kultur zu Kultur unterscheiden, gründen die meisten Moralsysteme in irgendeiner Weise auf religiösen Elementen. Zwar beansprucht heute praktisch keines dieser Systeme, das unmittelbare Gebot einer Gottheit zu sein, aber es ist in der Regel durchaus möglich, entweder religiöse Elemente in ihnen zu entdecken oder festzustellen, daß ihre Begründer von ihren Anhängern als Heilige oder göttlich inspirierte Weise betrachtet werden. Dies zweifellos deshalb, weil man entweder die Bestimmung des absoluten Guten und Bösen als jenseits der empirischen Erkenntnismöglichkeit der Menschen liegend ansah oder weil die Moralsysteme, um die Menschen zu ihrer Befolgung zu veranlassen, die Würde göttlicher Einsetzung benötigten. Die im Koran oder den Zehn Geboten des alten Testaments niedergelegten Handlungsnormen sind Beispiele dafür, wie göttliche Verkündigung die Durchsetzbarkeit vorgegebener sittlicher Normen erhöhen kann.
In unserer modernen säkularisierten Welt glauben freilich immer weniger Menschen an übernatürliche Götter, und auf göttliche Autorität begründete Sittengesetze verlieren immer mehr an Überzeugungskraft. Anstelle absoluter Maßstäbe für Gut und Böse bestimmen persönliche Vorlieben und reine Profitüberlegungen die Art und Weise, wie sich die meisten Menschen verhalten. In der Tat kann man ruhig behaupten, daß die Gesellschaft heute den Gewinn als das absolut Gute und den Verlust als das absolut Schlechte betrachtet. Wohin aber kann sich der Mensch um Hilfe bei der Befolgung des Guten und der Vermeidung des Bösen wenden in einer Zeit, die kein übernatürliches Wesen mehr kennt, das die Menschen anleitet?

Derbolav: Ich bin mit Ihnen der Überzeugung, daß Moral und Religion von ihren Ursprüngen her miteinander verflochten sind. Es gibt keine unter den Gründerreligionen, die nicht einen autorisierten Moralkodex enthielte ähnlich dem im alten Testament oder im Koran, und selbst die primitiveren Religionen binden die Heilsgewährung an die Erfüllung bestimmter Verhaltensregeln. Auch der Vertreter der Autonomieethik Kant läßt sich noch seine moralischen Forderungen zwar nicht vom Christentum her legitimieren, aber ist doch davon überzeugt, daß sie in der Rolle göttlicher Gebote für den Durchschnittsmenschen an Plausibilität gewinnen. In der Heiligkeit, die er dem moralischen Sollen zuschreibt, klingt dieser Begründungszusammenhang ebenfalls durch.

Das Argument von der göttlichen Einsetzung moralischer Normen bzw. vom »heiligen Sollen« in Kants Sinn findet heute freilich kaum mehr Widerhall. Die moralischen Überzeugungen des Durchschnittsmenschen sind, wie Sie mit Recht betonen, der Utilitarismus und Pragmatismus; die ökonomische Denkweise hat sich den Gemütern völlig eingeprägt, so daß auch die eindringlichsten moralischen Appelle dem Gewinndenken gegenüber nichts fruchten.

Als Remedium gegenüber diesem Vorfall empfiehlt der Buddhismus das sogenannte »Gesetz« von »Ursache und Wirkung«, das mit dem zentralen buddhistischen Lehrstück vom Karma in Verbindung steht. (Mit Karma sind, wenn ich recht verstehe, die potentiellen Energien des Menschen gemeint, die von seinen früheren Tätigkeiten selber herrühren und die seinen jeweiligen Zustand – und damit auch sein zukünftiges Schicksal – erheblich mitbestimmen.) Das Gesetz von Ursache und Wirkung besagt nicht nur, daß das Gute und das Böse in einem weltübergreifenden Wirkungszusammenhang stehen, sondern mehr noch, daß meine guten und bösen Taten in dieser ihrer Qualität wieder zu mir zurückkehren und mich glücklich oder unglücklich machen. Die Einsicht in diesen gesetzlichen Zusammenhang muß daher, da ich ja auf mein Glück nicht verzichten kann, die moralische Verantwortung für mein Tun wachrufen, wie die Einsicht in die Naturgesetze mich zum Gehorsam gegen die physische Ordnung veranlaßt.

Ikeda: Meiner Meinung nach ist die buddhistische Lehre von »Ursache und Wirkung« überzeugend genug, um eine wirklich hoffnungsvolle Möglichkeit zu eröffnen. Erstens beruht sie nicht auf einer göttlichen Anordnung. Die fünf moralischen Gebote des Buddhismus, nicht zu töten, nicht zu stehlen, nicht zu lügen, sich nicht in unrechter Weise sexuell zu betätigen und keine Rauschmittel zu nehmen, sind vorgeschrieben, nicht weil eine göttliche Macht gesagt hat, so müßte der Mensch leben, sondern weil solche Handlungen Ursache dafür sind, daß, dem karmischen Gesetz entsprechend, daraus üble Wirkungen für den Handelnden erwachsen.

Natürlich gibt es Menschen, die das Gesetz von Ursache und Wirkung bestreiten und alle scheinbaren Kausalverknüpfungen für rein zufällig halten. In der Erscheinungswelt, besonders im Bereich des Bewußtseins, ist es gewiß manchmal schwer, solche Ursache-Wirkungsbeziehungen aufzuspüren – gute Absicht bringt nicht immer gute Ergebnisse hervor. Böse Menschen sind oft, zumindest oberflächlich betrachtet, reich gesegnet mit Besitz und augenfälligem Glück. Auch solche Überlegungen lassen Zweifel an der Gültigkeit des Gesetzes von Ursache und Wirkung aufkommen.

Trotz dieser Einwände bin ich überzeugt, daß auf lange Sicht und auf einer tieferen Ebene als der der oberflächlichen Phänomene das buddhistische Gesetz universelle Wirksamkeit besitzt und daß es auch der moderne Mensch höchst plausibel finden kann.

Im Durchschauen der Naturgesetze hat die Menschheit gelernt, ihr Verhalten der natürlichen Welt anzupassen. Im Durchschauen des Gesetzes von Ursache und Wirkung kann die Menschheit ein Verantwortungsgefühl entwickeln, das eine genaue Einschätzung von Gut und Böse möglich macht. Wenn es auch allzu optimistisch ist zu erwarten, daß alle Menschen diese Leistung erbringen, so ist es doch nicht unvernünftig zu hoffen, daß die Mehrheit es kann, und zu glauben, daß dieses Gesetz zur Errichtung einer neuen ethischen Wertordnung führen kann, die stärker und dauerhafter als die vergangenen ist.

Derbolav: Sie räumen freilich ein, daß das Gesetz von Ursache und Wirkung, das den gerechten Ausgleich in diesem Leben verbürgt, von der Erfahrung nicht unbedingt und überall bestätigt wird; denn vordergründig betrachtet, kann auch dem besten Willen der Erfolg versagt bleiben, und das Glück scheint überdies hienieden bisweilen recht ungerecht verteilt zu sein. Um gleichwohl an seiner Gültigkeit festzuhalten, muß man an dieses Gesetz glauben. Wie sich ein solcher Glaube rechtfertigen läßt, sei kurz mit Denkmitteln der europäischen Philosophie aufgezeigt.
Glück und Unglück spielen in der philosophischen Ethik des Westens eine große Rolle. Aristoteles nennt die Eudaimonie das höchste Gut und beschreibt sie als ein im Dienst des Gemeinwohls tätiges Leben, dem die hierfür nötigen Güter in vollem Umfang zur Verfügung stehen. Man hat sich daran gewöhnt, dieses sittliche Ideal des Aristoteles als »wohlausgestattete Tugend« zu bezeichnen. Aristoteles weiß freilich, daß dem guten Menschen die Mittel zum vollen Gebrauch seiner Tugend auch fehlen oder vom Schicksal entrissen werden können, und spricht ihm in diesem Fall die Qualität eines »Makarios«, das heißt eines wahrhaft glücklichen Menschen ab, ohne ihn deshalb unglücklich zu nennen, denn seine Tugendbewährung verliert dadurch nichts von ihrem absoluten Wert. Diese Glückseligkeitslehre, auch Eudaimonismus genannt, ist nun seit Kant in Verruf geraten. Bei ihm ist der gute Wille das einzige und wahre Gut und das Glück (freilich in der eingeschränkten Bedeutung der Befriedigung aller Neigungen) kein für die eigene Person erstrebenswertes moralisches Ziel.

Ikeda: Gewiß, Kant vertritt die Auffassung, daß Selbstvervollkommnung und altruistisches Streben nach Glück der anderen menschliche Pflichten seien. Wir müssen allerdings diese Ziele in der Ordnung halten. Wenn wir nur unser eigenes Glück erstreben, sind wir egoistisch; wenn wir versuchen würden, die anderen vollkommen zu machen, werden wir schließlich scheitern. Ich neige daher dazu, Kants Idee des Selbstvollendungsstrebens mit dem buddhistischen Läuterungsgedanken und seine Bemühung um das Glück der anderen mit der altruistischen Dienstbereitschaft des Bodhisattwa auf eine Stufe zu stellen.

Derbolav: Man darf und soll dem Glück der anderen dienen, sein eigenes Glück aber darf man nicht direkt anstreben, wenn man sich »moralisch« verhalten will. Gleichwohl hat man als »moralischer« und damit »glückswürdiger« Mensch ein gutes Recht auf sein Glück und darf darauf nicht verzichten müssen. – Vor dieses Dilemma gestellt, führt nun Kant die Instanz des Vernunftglaubens ein, der den vermißten Ausgleich sicherstellen soll. Mit anderen Worten: So wie jeder Mensch fordern darf, daß sein moralisches Vollkommenheitsstreben nicht durch seinen zufälligen Tod gestoppt wird, sondern in die Unsterblichkeit hinein sich fortsetzt, so darf er als Vernünftiger fordern, daß sich die natürliche der moralischen Ordnung letztlich als kongruent erweist, das heißt, daß dem moralisch bewährten Menschen das verdiente Glück zuteil wird.
Die vermittelnde Instanz ist für diesen Glauben der Schöpfergott, der die Übereinstimmung der Natur (als der Mittelgrundlage der Neigungsbefriedigung) mit den moralischen Leistungen des Menschen garantiert. Wichtig ist dabei, daß dieser Glaube kein blinder und willkürlicher, sondern ein vernunftbegründeter ist, der sich aus berechtigten Ansprüchen des Menschen an das Leben und an die Welt herleitet.
Ich meine nun, daß auch die buddhistische Überzeugung von der Gültigkeit des Gesetzes von Ursache und Wirkung als ein solcher »Vernunftglaube« verstanden werden kann. Sie läßt sich nämlich theoretisch nicht beweisen, sondern lediglich als Glaubensexperiment immer wieder auf ihre Bewährung hin erproben. Doch gibt es für sie auch Plausibilitätsargumente: Wenn das Moralische auch seinen Wert in sich selbst trägt, wie wir mit Sokrates und Kant annehmen, dann dürfen wir doch erwarten, daß seine Spuren irgendwie spürbar erhalten bleiben und sich auf Umwegen dem Schicksal der Menschen positiv zuschlagen.

Der enge Bezug zwischen natürlicher und moralischer Ordnung muß dabei keineswegs durch einen übernatürlichen Gott garantiert werden. Auch ein beide Sphären übergreifendes Gesetz wie das buddhistische erfüllt hier – vielleicht sogar besser – den gesuchten Zweck.

Ethik und Religion in West und Ost

Ikeda: Es ist von außerordentlicher Bedeutung für die Unabhängigkeit des Menschen, ob er nach einem Normensystem lebt, das ihm eine machtvolle Instanz von außen auferlegt hat, oder ob er, gewiß mit aller verfügbaren Hilfe, aber doch auf dem Wege der Selbsterforschung, sein eigenes Verhaltenssystem entwickelt. Der vielleicht größte Beitrag, den Sokrates und Platon für die Philosophie leisteten, und zugleich das Element ihres Denkens, das heute noch am meisten nachwirkt, bestand darin, die Menschheit selbst zum Maßstab für die Deutung der Dinge zu erheben und nach einem Weg zu suchen, den die Menschen im Vollzug des Guten und Gerechten einschlagen sollen.
In seinem Buch »Vor und nach Sokrates« hat der englische Gräist C. M. Cornford gesagt, es sei die größte Errungenschaft des Sokrates gewesen, die von außen bindend auferlegten Moralsysteme durch ein solches ersetzt zu haben, das auf Vervollkommnung der seelischen Innerlichkeit abzielt. Ähnlich sagt Hans Joachim Störig in seiner »Kleinen Weltgeschichte der Philosophie«, die Bedeutung des Sokrates liege weniger in seinen faktischen Lehrmeinungen als in seiner unvergleichlichen Persönlichkeit. Diese Persönlichkeit – so zeitlos in ihrer Menschlichkeit – verkörpert eine Lehre, die ungebrochen wirksam und überzeugend von damals bis heute den Gedanken einer in der Selbstverpflichtung begründeten Moralität vertritt.
Aber für viele von uns ist es schwierig, sich Wissen um das Gute und Gerechte anzueignen, und noch schwieriger, dieses Wissen in der eigenen Moralpraxis anzuwenden. Wir brauchen daher Anleitung. Im Mittelalter entwickelte die christliche Theologie

einen Sittenkodex, um die Menschen bei ihrer Lebensführung zu unterstützen, und verlangte von ihren Anhängern, ihm zu gehorchen. Obwohl es allzu sehr vereinfacht sein mag, meine ich doch, daß man Renaissance und Reformation als eine Art Reaktion gegen den Versuch der Kirche verstehen kann, dem Volk ihr Wertsystem aufzuzwingen. Der Buddhismus bemüht sich nun genau um jene Aufklärung und Orientierung, wie man die Hindernisse überwinden kann, die es für die Menschen schwer machen, den Weg des Guten und Gerechten zu finden.

Derbolav: Wenn ich den Buddhismus recht verstehe, dann ist er, ganz im Gegensatz zum Christentum, insofern eine gemäßigte Emanzipationsreligion, als er das Ziel der Selbsterkenntnis und Weisheit auf die Überwindung vorläufiger Heilsbedürfnisse gründet, wie sie die Primitivreligionen und Dämonenkulte usw. zu erfüllen versprechen. Selbsterkenntnis führt im buddhistischen Verständnis zwar über Rationalität und Moral, aber durchschlägt doch die »Oberflächlichkeit« dieser Instanzen auf die »seelische Tiefe« hin, die so etwas wie Befreiung von aller Äußerlichkeit bietet.
Das Christentum kennt nicht in gleicher Weise die Forderung nach Selbstbefreiung: Jesus will nicht gekommen sein, das Gesetz des Alten Testamentes aufzulösen, sondern es zu erfüllen, das heißt er übernimmt den unter dem Zentralgebot der Gottesfurcht stehenden Dekalog und ergänzt ihn durch das Gebot der Gottes- und Menschenliebe, die sich nach dem Maß der Selbstliebe orientieren sollen. Diese Ethik ist heteronom, die Autonomie hat in der Morallehre des Christentums keinen Platz.
Wenn es im Christentum überhaupt so etwas wie ein persönliches Gewissen gibt, dann ist es dem Gesetz unterworfen und hat sich ihm zu fügen. Anders gesagt: Wo sich das Christentum mit dem Freiheitsgedanken auseinandersetzt, wo es ihm also Zugeständnisse macht, wird ihm diese Haltung von außen her abgenötigt oder aufgedrängt. Dieses »außen« aber ist nichts anderes als die schon wiederholt berührte humanistische Rationalität des europäischen Geistes, wie sie in der sokratischen

Forderung nach Selbstprüfung und Selbstvervollkommnung zum erstenmal aufbricht. Sie haben dazu im Anschluß an Cornford ein paar schöne Worte gefunden. Die Perspektive der Innerlichkeit ist dabei das Neu-Errungene. Und auch Sie selbst halten diesen »Weg nach innen« zur Rechtfertigung und Begründung einer tragfähigen Moral für dringend erforderlich.
Nun ist »Innerlichkeit« ein zweideutiger Begriff. Man kann sie als »komparative Innerlichkeit« (Kant) in das Innere des Lebens verlegen, wodurch sie zu einer räumlichen Kategorie wird: Innerlichkeit fällt dann etwa mit »Privatheit« zusammen. Manchmal wird das Freudsche Unterbewußte in der Tat auch so verstanden, als würde es unter der Oberfläche des menschlichen Intellekts seinen Ort haben und eine »Schicht« im Aufbau des Seelenlebens darstellen. Daß es sich hier um »mißverstandene« Innerlichkeit handelt, werde ich im nächsten Abschnitt am Gedanken der Selbstgesetzgebung aufzeigen.
Ich würde die hier genannte Innerlichkeit freilich auch nicht von der Rationalität – als das sogenannte »Irrationale« – radikal abtrennen wollen, weil dadurch das als analytischer Gegensatz erscheinen würde, was in Wahrheit ein dialektisches Verhältnis ist. »Vorrational« wäre für sie die angemessenere Bezeichnung, da echte Innerlichkeit immer schon das Rationale (oder Allgemeine) als Moment in sich trägt, das dann im Vollzug der Aufklärung zutage tritt und dabei eine (seine Herkunft leicht vergessende) Selbstständigkeit gewinnt. Deshalb wird der »Weg nach innen« auch so leicht als ein »Weg nach unten«, also als räumliche Bewegung mißverstanden.

Ikeda: Nach buddhistischer Überzeugung wird man an der Selbsterkenntnis durch »drei Gifte«, wie man sie nennt, gehindert: durch die Gier, den Zorn und die Torheit. Nach buddhistischer Lehre existiert eine eigentliche Ebene reiner Lebenskraft unterhalb derjenigen, die durch drei Gifte verseucht ist. Das eigentliche Ziel der buddhistischen Aufklärung ist es, praktische Wege zu lehren, diese reine Lebenskraft wirksam werden zu lassen.

Ich kann mir vorstellen, daß ein ethisches System, das im religiösen Glauben fundiert ist und nicht in der Kraft des Intellekts als der Grundlage der westlichen Tradition, bei manchen Menschen Ablehnung findet. Doch glaube ich auch, daß sich viele westliche Menschen heute zur Einsicht durchringen, daß die Macht des Unterbewußten, das heißt des Irrationalen, bedeutend größer ist als alle Möglichkeiten, die der menschliche Intellekt allein bietet, und sie finden daher wahrscheinlich die buddhistische Idee verträglicher mit ihrer Auffassung, als sie es vielleicht einige Jahrzehnte früher getan hätten. Überdies berücksichtigt auch die buddhistische Lehre die Bedeutung des Intellekts und gebraucht ihn im vollen Umfang bei der Anwendung des Glaubens auf die Praxis. Der einzige Unterschied besteht darin, daß sich der Buddhist darum bemüht, die intellektuelle Ebene zu durchstoßen, um tiefere Schichten der Realität zu erreichen.

Die Christen haben gelehrt, daß die Abtötung des Fleisches ein Weg ist zum guten Handeln und zur angemessenen Belohnung. Auch manche Richtungen des Buddhismus vertreten die Lehrmeinung, daß Leib und Seele die Quellen des Übels seien und deshalb zerstört werden müssen, um das ideale Ziel, das Nirwana, zu erreichen, das von diesen Leuten als totale Auslöschung gedeutet wurde.

Der Wahrheit des Buddhismus angemessener ist jedoch die Auffassung, Körper und Geist weder als völlig gut noch als völlig schlecht zu betrachten, sondern als gut oder schlecht je nach der Art, wie sie gebraucht werden. Die Person, die sich übt, Gier, Zorn und Torheit zu überwinden, wird auch unabhängige sittliche Überzeugungen entwickeln, die es ihr erlauben, Körper und Geist in altruistischer Weise zu gebrauchen. Wer nicht so verfährt, wird nur dahin gelangen, sein physisches und geistiges Potential zur Selbstvergrößerung unter Preisgabe der anderen zu benützen.

Ich glaube daher, kurz gesagt, daß der Mensch auf der Suche nach dem Gerechten und Guten Beistand benötigt, daß aber dieser Beistand nicht gewaltsam von außen aufgedrängt, sondern von innen her entwickelt werden muß, und zwar mit Hilfe einer Lehre und Praxis wie der buddhistischen, die auf Selbsterkenntnis und Weisheit abzielt.

Derbolav: Der Mensch kann, gerade wenn er auf die rechte Weise bei sich selbst Einkehr hält, sich nicht einseitig als gut oder böse verstehen, wozu, wie Sie sagen, der Humanismus auf der einen, das Christentum, aber auch manche Formen des Buddhismus auf der anderen Seite neigen, sondern er trägt – und dies entspricht Ihrer Formulierung – eine Fülle von Möglichkeiten in sich, die von der Hölle bis zum Buddha-Zustand emporführen und das ganze Spektrum von Gut und Böse übergreifen. Einen ersten Zugang zu dieser Innerlichkeitsmoral, die diesen Gedanken berücksichtigt, glauben Sie in der buddhistischen Lehre von den »drei Giften« der Gier, des Zorns und der Torheit zu besitzen, die überwunden werden müssen, wenn die Selbstbezogenheit des Einzelmenschen durchbrochen werden und der andere Mensch nicht als bloßes Mittel, sondern als eine Aufgabe in den Blick geraten soll.
Es mag Sie vielleicht interessieren zu erfahren, wie nahe die antike Ethik – über die schon genannten sokratischen Bezüge hinaus – dieser Ihrer Auffassung steht. Aristoteles, der in seiner Morallehre die überkommenen Lehrmeinungen gesammelt und verarbeitet hat, stellt sich wiederholt die Frage, ob denn Moral nicht überhaupt nur eine Kompensation der selbstbezüglichen Affekte des Menschen sei, und interpretiert dabei die Tugenden so, als ob sie nichts anderes wären denn Kathartika oder Linderungsmittel der Leidenschaften, wobei er die Mäßigung dem Stolz und der Zornmütigkeit, die Tapferkeit der Angst, die Gerechtigkeit der Gier und Habsucht, die Weisheit schließlich der Torheit positiv zuordnet. Erst in der Begrenzung dieser Leidenschaften wird der Weg zur Selbstvervollkommnung und zum anderen frei, der als Partner und Aufgabe darüber hinaus noch besondere Forderungen stellt.
Meinen Sie nicht, daß hier deutliche Beziehungen zwischen Ost und West bestehen, wenn der religiöse Rahmen bei diesen Einsichten auch ein ganz verschiedener sein mag?

Ikeda: Ich bin hier ganz Ihrer Meinung. Die ethischen Lehren, die die Menschen seit dem Erwachen des Bewußtseins vor vielen tausend Jahren entwickelten, haben in allen Ländern der Welt viel Gemeinsames, obgleich die abstrakten Begriffssysteme der höheren Religionen in Ost und West weit auseinander gehen. Die relative Ähnlichkeit der fundamentalen Sichtweisen des Buddhismus und des Aristoteles kommen wahrscheinlich daher, daß sie beide Maßstäbe enthalten, die aus den ältesten Phasen der philosophischen Entwicklung des Menschen stammen.

Unterdrückung oder Sublimierung der Leidenschaften

Ikeda: Die christliche Theologie des Mittelalters scheint zwei Standpunkte der Ethik gegenüber eingenommen zu haben: einerseits hat man Ethik als Geschenk des liebenden Willens einer absoluten Gottheit betrachtet, andererseits hat man sie für ein Feld rein abstrakter Spekulation gehalten. Wenn ich recht verstehe, dann ist es christlicher Glaube, daß der Mensch, der in seiner Wesensnatur zum Bösen neigt, aus physischen und geistigen Elementen besteht. Das Böse wohnt im Fleisch, das von Gott gerichtet werden wird und nur durch göttliche Gnade gerettet werden kann. Die Menschen müssen das Böse im Fleisch bekämpfen und ihre Seele Gott widmen. In der Tat haben manche so fanatisch dieser Weisung zu folgen gesucht, daß sie auf alle möglichen Arten physischen Selbstmißbrauchs verfielen. Wie ich schon sagte, sollten die normalen fleischlichen Bedürfnisse jedoch nicht gänzlich unterdrückt werden. Denn je intensiver man versucht, sie einzudämmen, um so größer ist die Gewalt, mit der sie hervorbrechen, wenn sie nur eine Öffnung finden. Man braucht sich hier wohl nur der derb-unzüchtigen Geschichten von Dichtern des Mittelalters und der Renaissance wie Boccaccio erinnern, die beispielhaft zeigen, wie sich natürliche Bedürfnisse einen Ausweg suchen können.
Das römische Papsttum hat gelehrt, daß Erlösung durch göttliche Gnade erreicht und durch Dienst an der Kiche verdient

werden muß. Diese Haltung degenerierte später zum Verkauf von Ablaßzetteln als Mittel zum Gelderwerb und trug, indem sie die Entrüstung Martin Luthers wachrief, dazu bei, die Reformation in die Wege zu leiten. – Anstatt das Übel ins Fleisch zu versetzen, hält es der Buddhismus für böse, Geist und Körper für egoistische Vorteile zu nutzen, wenn dadurch anderen Schaden zugefügt wird. Sich des Geistes und Körpers für altruistische Zwecke zu bedienen, gilt hingegen als gut. Religionen sollten sich nicht, wie es christliche Auffassung zu sein scheint, einer anderen, übernatürlichen Welt verschreiben, gerade wenn sie ethische Maßstäbe aufstellen und dieser Welt auferlegen. Wahrer Buddhismus vertritt die Auffassung, daß religiöser Glaube und Ethik im Innern des Menschen verankert sein müssen, freilich auf zwei Ebenen: Religion auf der Ebene des persönlichen Glaubens, Ethik auf der Ebene der Beziehung zu anderen Menschen.

Derbolav: Sie interpretieren die vom Apostel Paulus entwickelte Fleisch-Geist-Lehre des Christentums so, daß das Böse im Fleisch stecke und trotz aller menschlichen Bemühungen letztlich nur durch Gottes Gnade überwunden werden könne. Damit kommen Sie der paulinischen Auffassung recht nahe, die Fleisch und Geist nicht als zwei anthropologische Schichten nebeneinanderstellt, sondern unter »Fleisch« den noch unerweckten natürlichen Menschen, unter »Geist« den im Glauben Verwandelten versteht.
Die Frage, wieweit der Mensch die »Verwandlung«, ja seine »Rettung« von der Sündenlast selbst durch eigene Leistungen erwirken, wieweit sie nur durch göttliche Gnade erwirkt werden kann, wurde in der Tradition der Kirche häufig gestellt, aber nicht eindeutig beantwortet. Jedenfalls muß der Mensch bemüht sein, sich die Gnade zu verdienen, und hier spielt auch die Forderung nach der Abtötung der natürlichen Bedürfnisse, der »Fleischeslust« also, wie man hier sagen könnte, keine geringe Rolle. Daß sich damit Mißbräuche und Mißverständnisse verbanden, haben Sie zu Recht unterstrichen. Dazu gehören zum

Beispiel Selbstgeißelung und Flagellantentum, wie sie im Mittelalter häufig praktiziert wurden.
In der Zwischenzeit hat man einsehen gelernt, daß solche Praktiken nicht unmittelbar »den Himmel öffnen«. Man ist auch zur Einsicht gelangt, daß es für den natürlichen Haushalt der Leidenschaften besser ist, wenn sie sorgsam in Zucht genommen bzw. kathartisch in geistige Leistungen transformiert, als total unterdrückt werden, weil sich das Unterdrückte doch irgendwie wieder Bahn bricht und dann zu üblen Fehlleistungen führen kann – Erfahrungen, die nicht nur in der Renaissanceliteratur häufig beschrieben, die vielmehr auch später in der Psychoanalyse thematisiert worden sind.
Sie verstehen hier den Buddhismus als Innerlichkeitsreligion, die zugleich einen moralischen Kern enthält. Als Religion ist er ein persönlicher, das heißt auf das innere Selbst bezogener Glaube, als Moral regelt er die Beziehungen zu anderen Menschen.
Damit kommen wir wieder auf die Zweideutigkeit des Innerlichkeitsbegriffs zurück. Wenn Sie moralische Innerlichkeit im buddhistischen Sinn einer von außen aufgenötigten, das heißt fremdgesetzlichen Moral gegenüberstellen, bewegen Sie sich bereits im Element einer Gewissenslehre der Selbstgesetzgebung, wie sie in klassischer Form bei uns Kant entwickelt hat. Diese »Selbstgesetzgebung« weist nun aber nicht etwa auf ein isoliertes Inneres, ein privates Unterbewußtes oder auf eine irrationale Tiefenschicht der Seele zurück, sondern sprengt im Gegenteil die Horizonte solcher Ichgehäuse-Vorstellungen – bei Kant auf das Allgemeine des Sittengesetzes, im Buddhismus auf das Allgemeine eines universellen Naturgesetzes hin, worin die dialektische Spannung zwischen Innerlichkeit und Allgemeinheit bzw. Rationalität und Irrationalität im früher beschriebenen Sinn zutage tritt. Daß das »Unterbewußtsein« nicht privatistisch oder solipsistisch* gedeutet werden darf, hat schon Carl

* Solipsismus ist die philosophische Lehre von der alleinigen Wirklichkeit des eigenen Ich

Gustav Jung Sigmund Freud gegenüber mit dem Hinweis auf seinen kollektiven Charakter klar zum Ausdruck gebracht. Und was die buddhistische Lehre von der Selbsterkenntnis und Weisheit betrifft, so verstehe ich sie von meinen Studien her so, daß sie keineswegs darauf abzielt, das Ich und sein Gehäuse zu fixieren, sondern umgekehrt seine »Entleerung«, sein »Sich-Fallen-lassen-ins-Ganze« herbeizuführen. Dieser Vorgang läßt sich in einer raumbezogenen Sprache nicht angemessen wiedergeben – auch nicht in der Modellsprache der Psychoanalyse. Anders formuliert: Die buddhistische Weise der Verinnerlichung durchschlägt nicht nur das rationale Bewußtsein, sondern auch seine irrationalen Vorstufen, weil es in eine ganz andere Richtung verweist als die gegenständlichen Innerlichkeitsvorstellungen der Psychologie. Das heißt aber, daß die meditative Praxis des Buddhismus nicht nur von Verchristlichungstendenzen, sondern auch von billigen Psychologisierungen geschützt werden muß.
Der Buddhismus enthält aber darüber hinaus noch ein gutes Maß von Askese, wie sie etwa in seinen Bemühungen zur Überwindung der drei erwähnten Gifte zum Ausdruck kommt, die dem Verinnerlichungsstreben entgegenstehen. Aber er treibt diese Askese in der Regel nicht so weit, daß die menschliche Natur radikal unterdrückt und gezwungen wird, sich einen sekundären Ausgang zu suchen.

Ikeda: Ohne Zweifel sind es Shakyamuni Buddhas Erfahrungen und weitverbreitete Praxis vieler buddhistischer Sekten, die Sie Meditation und asketische Übungen grundsätzlich mit dem Buddhismus in Zusammenhang bringen lassen. Nach sechs Jahren strengen asketischen Lebens aber hat Buddha diese Praktiken als bloße physische und seelische Selbstbestrafungen betrachtet, die die Erreichung der Erleuchtung nur verhindern. Die Geschichte, wie ihn die anderen, mit denen er Askese praktiziert hatte, als einen Versager verachteten, weil er seine Übungen abgebrochen hatte, ist ja nur allzu bekannt. Nachdem er diese Entscheidung getroffen hatte, stärkte er seinen Körper mit Milchbrei, den ihm ein Mädchen aus dem nächsten Dorf gebracht hatte. Dann erst trat er in den Zustand tiefer Meditation ein, als deren Folge er schließlich die Erleuchtung erreichte. Dies soll zeigen, daß Askese innerhalb der Lehrmeinung Shakyamunis nichts zu suchen hat. Besser mit seiner Denkweise stimmt die Standhaftigkeit überein, die oft von den Buddhisten gefordert wurde, um die Verfolgungen zu überstehen, denen sie bei der Verbreitung buddhistischer Lehre ausgesetzt waren. Meditation dagegen ist bei vielen Mahayana-Seken des Buddhismus verbreitet und wurde auch, wie ich schon sagte, von Shakyamuni selbst praktiziert.

Im Buddhismus des Nichiren Daishonin jedoch ist das Element der Meditation in der Gebetsformulierung des »Daimoku« enthalten, der Anrufung des Nam-Myoho-Renge-Kyo als dem höchsten Gesetz oder der wahren Wesenheit des Lebens, die alle Phänomene des Universums durchdringt.

Moralische Erziehung in Familie und Schule

Ikeda: Da der Sinn für moralisches Verhalten alle Lebensphasen betrifft und deshalb zu einem zentralen Kern der psychischen Ausstattung der Person werden muß, sollte die moralische Erziehung so früh wie möglich in der Kindheit beginnen. In der Vergangenheit lagen moralische Bildung und Erziehung in Japan zu Hause in den Händen der Eltern und anderer Familienmitglieder und begannen frühzeitig, mögen sie auch von Ort zu Ort variiert haben.

Nach dem Zweiten Weltkrieg, besonders seit Beginn der sechziger Jahre, wurde es dagegen in zunehmendem Maße üblich, moralische Bildung und Erziehung den Schulen anzuvertrauen. Eine Reihe von Faktoren trug dazu bei. Zunächst schwächte die wachsende Zahl der nur zwei Generationen umfassenden Kernfamilien die überkommene Familieneinheit. Ferner gingen während der Periode des raschen ökonomischen Wachstums in den sechziger Jahren in vielen Fällen beide Elternteile, Mutter und

Vater, beruflichen Tätigkeiten nach und fanden daher keine Zeit, sich zu Hause um die sittliche Erziehung der Kinder zu kümmern. Noch schwerwiegender war, daß der alte japanische Sittenkodex nach der Niederlage im Zweiten Weltkrieg wirklich oder nach allgemeiner Auffassung seine Verbindlichkeit verloren hatte, so daß die Eltern in Verlegenheit waren, welche Art sittlicher Erziehung sie vermitteln sollten.

Der früher übliche Moralunterricht in der Schule wurde nach dem Krieg für eine Weile unterbrochen und dann erst, zu einem späteren Zeitpunkt, in der Primarschule wieder aufgenommen. Als dies geschah, empfanden es viele Familien als Erleichterung, diese Aufgabe den Erziehungsinstitutionen überlassen zu können. In einigen Fällen wurde ihnen sogar der Mut dazu genommen, einen solchen moralischen Unterricht zu Hause zu erteilen, da sie fürchten mußten, mit der in der Schule eingeschlagenen Linie in Konflikt zu geraten. Es könnte zwar sein, daß die Kinder ohne diesen moralischen Hausunterricht aufgeschlossenere und fröhlichere Menschen werden, denn auch die häusliche Erziehung hat natürlich ihre Mängel; aber das sittliche Verhalten muß, wie ich andeutete, zum tief eingewurzelten Kern der Persönlichkeit werden und die pädagogische Bemühung, dies zu erreichen, muß daher früh beginnen. Kinder, die diesen Hintergrund vermissen lassen, sind später nicht fähig, bittere Erfahrungen durchzustehen und mögen auch als junge Erwachsene nicht in der Lage sein, ihre eigenen Bedürfnisse und Triebe in Zucht zu nehmen.

Derbolav: In ursprungsnahen Verhältnissen ist Kindererziehung eine Aufgabe der Familie. Die Übertragung der Erfahrungen der erwachsenen Generation auf die nachfolgende erfolgt in der Regel durch Einübung, ein Verfahren, das im allgemeinen wenig Reibungsverlust verursacht. »Ich lobe mir die Erziehungsweise der Hydrioten« – konnte daher Goethe noch sagen –, »als Insulaner und Seefahrer nehmen sie ihre Knaben mit zu Schiffe und lassen sie im Dienste herumkrabbeln. Wenn sie etwas leisten, haben sie Anteil am Gewinn, und so kümmern sie sich schon um Handel, Tausch und Beute, und es bilden sich die tüchtigsten Küsten- und Seefahrer, die klügsten Handelsleute und die verwegensten Piraten.«

Sobald sich die Erziehung institutionalisiert, sobald Schulen entstehen und die Lehrtätigkeit zu einer Profession wird, vergißt man, daß auch die Schule letztlich dem Leben dient. Die Aufgabe der Wissensvermittlung nimmt hypertrophe Formen an und verdrängt die unentbehrliche praktisch-ethische Orientierung.

Dieser Prozeß ist nicht regional begrenzt, er vollzieht sich in allen Kulturbereichen des Westens ebenso wie des Ostens, weil er einer Art Entwicklungsgesetz folgt; dem nämlich, daß sich institutionalisiertes Leben isoliert und verselbständigt. Schul- und Bildungsreform suchen diesem Übel entgegen zu steuern, indem sie immer wieder bemüht sind, den Praxisbezug von Erziehung und Bildung herzustellen, freilich meistens nur mit recht bescheidenem Erfolg.

Was Sie über die moralische Erziehung im Japan der Nachkriegszeit schreiben, daß sie gleichsam von der Familie auf die Schule übergegangen ist, kann mit Einschränkung auch für Deutschland bestätigt werden. Die Aufgabe der moralischen Erziehung erhielt bei uns freilich eine andere Einkleidung. Mitte der fünfziger Jahre trat sie als Bedürfnis nach »politischer Bildung« in Erscheinung, in den siebziger Jahren nahm sich sogar die pädagogische Technologie ihrer an und suchte den verlorenen Praxisbezug unseres Schullebens durch Selbstkontrolle der Lehrtätigkeit sicherzustellen.

Es war zunächst die beschämende Erfahrung des Zerfalls der Weimarer Republik und der Errichtung der Hitler-Diktatur, die Zweifel an der demokratischen Gesinnung der Deutschen wachrief. Theodor Litt schrieb 1955 ein Büchlein über »Die politische Selbsterziehung des deutschen Volkes« und unterstrich darin, daß nicht nur die Jugend, sondern auch die Erwachsenengeneration einer gründlichen politischen Neuorientierung bedürfte, wenn die Nachkriegsdemokratie Bestand haben sollte. Seither bildet die »Politische Erziehung« einen zentralen Bestandteil unserer Schullehrpläne und ist zugleich ein »Dauerbrenner« unserer Reformpolitik geworden, denn auch bei ihr fielen immer wieder Wissensvermittlung und praktische Orientierung auseinander.

Ikeda: Eine ähnliche Tendenz konnte man in Japan in den Jahren nach dem Zweiten Weltkrieg beobachten. Viele Leute sind gleichsam als Reaktion gegen den Militarismus und den militärischen Totalitarismus in der Nachkriegszeit begeisterte Anhänger politischer Erziehung geworden. Eine Begleiterscheinung dieser Entwicklung war, daß die Kommunisten, die die japanischen Verhältnisse vor dem Krieg schärfstens kritisierten, stärker wurden und daß auch deren Zahl im Lehrerstand im ganzen Lande anwuchs. Um diesem wachsenden kommunistischen Einfluß zu begegnen, haben sich die konservativen Behörden dazu veranlaßt gesehen, in zunehmendem Maße ganz offen, zum Teil mit Gewalt, in die Erziehungsverhältnisse in Japan einzugreifen.
Zur gleichen Zeit wuchs auch die Konkurrenz um Plätze in besseren Schulen, die aus der Hoffnung entsprang, nach der Schulzeit bessere Jobs zu finden, was dazu führte, daß die japanische Jugend durch die sogenannte »Hölle der Eintrittsprüfungen« hindurch mußte. Dies wiederum verleitete die Schulen dazu, immer eifriger die Köpfe der Studenten mit Wissen vollzustopfen, das lediglich für die Examenshölle gebraucht wurde.

Derbolav: Gegen das Übermaß der Wissensvermittlung wurde bei uns wiederholt angekämpft: zunächst mit dem Prinzip des »Exemplarischen Lernens«, das heißt der Reduktion des Schulwissens auf grundlegende Struktureinsichten mit ausstrahlender Wirkung; zum anderen durch die Entwicklung von Lernzielkatalogen, mit deren Hilfe die zu vermittelnden Verhaltensweisen kontrollierbar gemacht werden sollten. Das Dilemma dieses Verfahrens war nur, daß es praktisch sittliche Orientierung gleichsam technologisch, in Gestalt von Fertigkeiten und Ge-

schicklichkeiten, hervorbringen wollte – ein Fehler, der letztlich aus der wachsenden Anbetung der Technik in allen Lebensbereichen resultierte.
Genau diese praktisch-sittliche Grundorientierung aber muß, wie Sie zu Recht betonen, schon in der frühen Kindheit beginnen und auch in der Schulzeit konsequent aufrechterhalten werden, wenn es zu einem »sittlichen Lebenswandel« kommen soll. Die Einübung in die Familiensitte spielt dabei eine zentrale Rolle, denn was nicht zunächst »praktisch« erfahren und getan wird, das läßt sich – zumindest auf dem Felde der moralischen Erziehung – später nicht mehr durch »Theorie« ersetzen, wie wir von Aristoteles her wissen, der sittliche Bildung wesentlich als Aufklärung sittlicher Erfahrung, nicht als Lehre verstand.

Ikeda: Praxis ist in der Tat, wie Sie sagen, von äußerster Wichtigkeit. Und alle Familienmitglieder spielen eine entscheidende Rolle bei der Aufgabe, Kindern zu helfen, moralische Prinzipien in die Praxis umzusetzen. Ein buddhistisches Lehrstück, das in diesem Zusammenhang interessant ist, handelt vom sogenannten »guten Freund«, das heißt von einer Person, die einer anderen zum religiösen und damit verständlicherweise auch zum moralischen Fortschritt verhilft. Dieser »gute Freund« kann in dreierlei Gestalt auftreten. Die erste ist der Lehrer, der dem jungen Menschen theoretisches Wissen vermittelt. Die zweite ist der Gefährte oder Mitstreiter, der im gleichen Aufgabenbereich tätig ist und hier als Vorbild dienen kann. Die dritte ist der Beschützer, der für gute Taten Lob, für böse Tadel spendet. Vom Standpunkt des Kindes her sind die Familienmitglieder wahrscheinlich entweder Gefährten oder Beschützer. Ohne Zweifel kommt den Gefährten die wichtigste Aufgabe bei der Einpflanzung ethischer Einsichten und moralischer Maßstäbe in der häuslichen Umgebung zu.

Derbolav: Sie mögen recht haben, was die häusliche Erziehung betrifft. Bei der institutionalisierten Erziehung liegt die Sache etwas anders. Die zentrale Frage, die an jede Form von Schulbildung gestellt werden muß, ist nämlich die, wie Wissen praktisch gemacht werden kann, oder noch zugespitzter formuliert, wie sich Information in Motivation übersetzen läßt. Diesem vielleicht schwierigsten Problem der pädagogischen Wissenschaft kann hier nicht weiter nachgegangen werden, doch sei eine Überlegung angestellt, die die Zusammenhänge etwas durchsichtiger machen könnte.

Wissen ist nicht grundsätzlich praxisfremd – diesen Eindruck macht nur das Schulwissen, wenn man es auf abgelegene historisch-literarische Wissenszusammenhänge beschränkt, wie sie von der klassischen Bildung in West und Ost gerne vermittelt wurden. Erfahrungsgesättigtes Sachwissen dagegen eröffnet, auf seine Voraussetzungen hin befragt, technische und praktische Perspektiven. Genauer betrachtet heißt dies: Alles Handeln hat einen kognitiven, technischen und praktisch-sittlichen Aspekt, wobei die folgenden Aspekte irgendwie in den früheren vorausgesetzt sind.

Ein Beispiel: Ich passiere auf der Autobahn einen am Rande parkenden Wagen. Dabei eröffnen sich mir folgende Möglichkeiten: 1) ich fahre achtlos vorbei; 2) ich bemerke aus der Kühlerhaube entweichenden Dampf und stelle die Situationsdiagnose: Halt! Autoschaden! Hilfe ist nötig! 3) ich fahre trotzdem vorbei, weil ich einen dringenden Termin anderswo wahrzunehmen habe; 4) ich folge dem Anspruch der Autofahrersolidarität und halte an, um zu helfen; 5) ich stelle fest, daß ich nicht über die technischen Voraussetzungen zu wirksamer Hilfe verfüge.

Man muß also, um einen solchen Akt der Hilfeleistung zu vollziehen, 1) die Situation richtig diagnostizieren, 2) technisch zur Hilfe in der Lage sein und 3) überhaupt helfen wollen, das heißt sich für die Hilfeleistung entscheiden. Mit anderen Worten: Der diagnostizierte Sachverhalt »Autoschaden« stellt einen Anspruch, der sich in eine technische Aufgabe und eine verantwortliche Entscheidung auseinanderlegt. Und genau wie an diesem Beispiel gezeigt, tastet sich auch die Bildung von der Erkenntnis über die Fertigkeit zur Verantwortung weiter.

Daraus wird ersichtlich, daß moralische Bildung weitgehend

kasuistische Aufklärung konkreter Handlungssituationen oder Praxisfelder im Bezug auf ihre sachlogischen Strukturen, technischen Möglichkeiten und sittlichen Ansprüche ist. Zur moralischen Bildung gehört daher nicht nur die Erschlossenheit für orientierende Normansprüche, sondern auch die Kenntnis der Situationen, zu denen diese jeweils affin sind, und genau diese Aufgabe erfüllt das Sachwissen im Unterricht, wenn es entsprechend geistig verarbeitet wird.
Überlegungen dieser Art fallen ins Fachgebiet der wissenschaftlichen Pädagogik, die, da sie aus einem konstitutiven Bedürfnis der Gesellschaft erwächst, selbst einer regulativen Norm untersteht, der sogenannten pädagogischen Verantwortung. Es liegt im Wesen dieser Verantwortung, bei den Erziehungsbetreuten auf dem Weg der Bildung selbst wieder Verantwortung hervorzubringen, woraus ersichtlich wird, daß moralische Erziehung und Bildung im Zentrum des pädagogischen Auftrags an die kommenden Generationen steht.
Es ist klar, daß das Schulleben unter diesen Umständen einer intakten sittlichen Ordnung und Atmosphäre bedarf, wenn hier moralische Bildung gelingen soll. Und Analoges gilt vom Elternhaus. »Gewalt« in der Familie und in der Schule ist ein sicheres Anzeichen dafür, daß diese Ordnung und Atmosphäre gestört sind.

Ikeda: Leider ist Gewalt unter Jugendlichen ein besonders brennendes Problem im Japan von heute. Jungen und Mädchen von vierzehn bis achtzehn Jahren scheuen sich nicht – da sie ja physisch ebenso groß und stark sind oder vielleicht sogar noch größer und stärker als die Erwachsenen –, ihre Mütter zu Hause und ihre Lehrer in der Schule zu prügeln oder auf andere Weise zu mißhandeln. Wahrscheinlich greifen sie instinktiv zur Gewalt, weil sie, obgleich physisch voll entwickelt, gleichwohl geistig und emotional durchaus noch Kinder sind.
Auch die Körperstrafen mögen dazu beitragen, die viele Eltern gerne anwenden und auch viele Lehrer für durchaus akzeptabel halten. Obgleich möglicherweise wirksam, wenn sie gerechtfer-

tigt ist, läßt körperliche Züchtigung unvermeidlich tiefe und dauernde psychische Wunden zurück. Wenn Lehrer darüber hinaus unbedacht zu diesem Mittel greifen, stiften sie nur Schaden und tragen nach meiner Überzeugung selbst dazu bei, die Schüler zur Gewalttätigkeit anzustacheln.
Wenn ich mir ein Urteil aus Romanen, Filmen oder Darbietungen der Massenmedien erlauben darf, dann ist diese Form der Gewaltanwendung auch in den Vereinigten Staaten ziemlich verbreitet. Wie ist die Situation in Deutschland?

Derbolav: In den Vereinigten Staaten ist solche Art der Gewaltanwendung längst üblich und wiederholt auch zum Thema filmischer Gestaltung gemacht worden. Daß sie jetzt auch in Japan ein wachsendes Problem wird, ist bedauerlich und bedarf sicherlich einer Erklärung. Da Sie das Thema in einem späteren Zusammenhang nochmals aufgreifen, sei die weitere Diskussion bis dahin verschoben. – Bei uns gibt es »Gewalt« auf dem Schulhof, Prügeleien der Schüler untereinander genug. Gewaltakte gegen Lehrer und Eltern gehören dagegen zu den seltenen Ausnahmefällen. Eher ist bei uns schon die »Gewalt« der Eltern, vor allem die »Gewalt« der Väter gegen noch unmündige Kinder zu beklagen. Ich halte es deshalb für möglich, daß diese »Saat der Gewalt« eines Tages auch in der deutschen Schule aufgeht.

Die Rolle der Ethik in der Politik

Ikeda: Ethik als Lehre von den Maßstäben der Lebensführung und des moralischen Urteils berührt alle Phasen menschlicher Aktivität, den Beruf natürlich eingeschlossen. Auf ihn übt sie sogar einen außerordentlichen Einfluß aus. Nun scheint ein Mangel an gesunden ethischen Maßstäben heute besonders in zwei lebenswichtigen Berufsfeldern zutage zu treten: in der Medizin und in der Politik.
Platon – der Schüler des Sokrates, der die Einheit von Wissen und Tugend gelehrt hatte – hat in seinem »Staat« das westliche

Ideal des Politikers in Gestalt eines philosophischen Herrschers dargestellt: Er schildert ihn nicht nur als einen Mann von Bildung und Weisheit, sondern auch als eine Person, die Selbsterkenntnis und einen »Begriff« von Gerechtigkeit besitzt, in allen Handlungen Tugend bewahrt und einen verläßlichen Standard für sittliches Verhalten entwickelt hat.
Im Osten hat die konfuzianische Lehre von den fünf Tugenden – Menschlichkeit, Rechtschaffenheit, Schicklichkeit, Weisheit und Treue – sittliche Maßstäbe gesetzt und damit die Forderung verbunden, der Politiker müsse ein Tugendvorbild für alle anderen Menschen sein. Wie diese beiden antiken Lehrsysteme dartun, ist Politik nicht einfach ein Beruf, wofür man sie in unserer heutigen Gesellschaft gerne hält. Sie kann nicht in den allzu engen Rahmen einer beruflichen Tätigkeit gezwängt werden, und der Politiker selbst sollte sich dessen bewußt sein. Daher muß er sich strengeren sittlichen Regeln unterwerfen als das gewöhnliche Volk. (Und das gleiche gilt auch für den Arzt.) Indem er über die herrschenden Machtstrukturen verfügt, ist der Politiker in der Lage, die Glieder der Gesellschaft direkt oder indirekt zu zwingen, so zu handeln, wie er es ihnen vorschreibt. Andererseits bezieht er sein Einkommen aus den Geldern, die als Steuern diesen Gliedern der Gesellschaft abgenommen werden, und steht daher in deren Dienst. Anders gesagt: Er ist zugleich Gebieter, der Respekt verdient, und bezahlter Angestellter, der unparteiisch und selbstlos handeln muß.
Gewiß mag es zuviel verlangt sein, wenn man fordert, alle Politiker sollten diesem idealen Maßstab entsprechen, der wahrscheinlich niemals in der Geschichte voll verwirklicht worden ist. Gleichwohl meine ich, können wir verlangen, daß Politiker größere Anstrengungen in dieser Hinsicht unternehmen als das gewöhnliche Volk, und daß sie danach streben, den Respekt auch zu verdienen, den sie beanspruchen.

Derbolav: Mit der Frage nach der Ethik des Politikers oder präziser nach dem Verhältnis von Ethik und Politik, berühren Sie ein Thema, das heute immer mehr an Aktualität gewinnt: das

der sogenannten Berufsethiken. Ich habe im letzten Abschnitt gezeigt, daß auch die Pädagogik neben ihrem erziehungsbezogenen Sachwissen eine Art regionaler Ethik in sich trägt, und das gilt natürlich auch für die Politik bzw. für die Medizin, die Sie in diesem und im nächsten Abschnitt behandeln. Bei Licht besehen, gibt es über die drei genannten hinaus noch eine Reihe anderer akademischer Professionen mit solchen Sachkunden und ethischen Kerngehalten, und die »Praxeologie«, wie ich sie wissenschaftlich vertrete, macht den Versuch, diese professionellen Teilaufgaben unserer Gesellschaft zu systematisieren.
Es sind dies die sich auf der Grundlage der Familien- und Sozialpraxis differenzierenden Tätigkeitsfelder der Technik, Ökonomik, Medizin, Pädagogik, Strategik, Juristik und Politik, wozu noch die Medien- und Wissenschaftspraxis auf der einen und die Kunst- und Religionspraxis auf der anderen Seite treten. Das praxeologische Modell ist keine Neuentdeckung, sondern im Ansatz schon bei Sokrates, Platon und Aristoteles zu finden. Der junge Platon bemüht sich, sokratischen Anregungen folgend, um eine Stufenordnung im Bereich der öffentlichen Aufgaben, wobei er von der Voraussetzung ausgeht, daß alle diese Aufgaben oder Praktiken unterschiedliche Güter produzieren, aber in bezug auf deren Anwendung der Anweisung durch die jeweils höhere Praxis bedürfen. Dadurch entsteht eine Reihung, deren Spitze die Politik als »königliche Kunst« besetzt hält. Sie heißt königlich, weil sie alle anderen Praktiken durch Anweisung des Gebrauchs ihrer Güter beherrscht und weil sie damit zur natürlichen Obliegenheit eines »Königs« gehört. (In diesem Kontext hat auch das von Ihnen berührte platonische Lehrstück von den Königen, die zugleich Philosophen sein sollen, seinen Ort.)

Ikeda: Gewiß, dem Vorbild des Sokrates folgend, war Platon überzeugt, daß die Philosophie, das heißt die Liebe (philia) zur Weisheit (sophia), stets auf der Suche nach dem richtigen Verständnis der fundamentalen Aspekte des menschlichen Lebens und Handelns in bezug auf Gerechtigkeit, Liebe und moralische Qualität ist.

Derbolav: Platon hält allein die Philosophie für fähig, die im Staate vereinigten Kulturbereiche und Berufswelten in ihrer Sachlogik und ihrem sittlichen Anspruch zu durchschauen. Sie ist für ihn zugleich die Garantie dafür, daß diese Berufe ihren sittlichen Auftrag, »regulative Idee« genannt, nicht unterbieten. Auch die Politik selbst orientiert sich an einer regulativen Idee, die ihrem Rang gemäß Doppelcharakter besitzt: Der Politiker ist sowohl zur Förderung des Gemeinwohls der von ihm betreuten Bürger als auch zur Herstellung von Gerechtigkeit unter ihnen verpflichtet. »Gerechtigkeit« bezieht sich dabei auf die Verteilung von Verboten und Pflichten, von Gütern und Lasten, kurz aller beweglichen Interessen, wie sie von der Gesetzgebung reguliert werden. Als »gerecht« gilt eine Güter- und Lastenverteilung, deren Verteilungsschlüssel öffentlich akzeptiert wird.
»Gemeinwohl« wieder betrifft die Lebensqualität, die den Bürgern gleichsam politisch garantiert wird. Sie drückt sich nicht nur in Besitz und Einkommen, sondern auch in den geistigen Möglichkeiten der Daseinserfüllung aus, die ihnen die öffentliche Ordnung bietet.

Ikeda: Weit davon entfernt, abstrakt zu sein, läuft Ihre Deutung der Gerechtigkeit auf soziale Unparteilichkeit hinaus. Im alten China verstand man sie auf genau dieselbe Art, wie die legendäre Überlieferung von den Herrschern Shao und Xun berichtet: Sie haben das Volk in bezug auf Gerechtigkeit völlig zufriedengestellt. In Anlehnung an diese Legende hat Nichiren Daishonin Gerechtigkeit ein Attribut des Buddha genannt, der in der Buddha-Welt genauso frei von Parteilichkeit ist, wie Shao und Xun es in der menschlichen Welt waren.

Derbolav: Politische Ethik wird freilich in der Regel weiter verstanden als jener Pflichtenkreis, der sich auf Gemeinwohl und Gerechtigkeit bezieht. Der Politiker soll den Mitbürgern gegenüber vielmehr sittliches Vorbild sein und die humanen Tugenden im besonderen Maße verkörpern, wie Platon und

Konfuzius übereinstimmend fordern. Deshalb ist auch die Profession des Politikers, obgleich honoriert wie jede andere Berufstätigkeit, mehr als eine Profession: Die deutsche Sprache macht hier den feinen Unterschied zwischen »Beruf« und »Berufung«. Der Politiker müßte nach diesem Wortgebrauch zu seinem Amt »berufen« sein, wenn er die an ihn gestellte Erwartung erfüllen soll. Daß die meisten Politiker faktisch diesem Ideal nicht entsprechen und daß auch die demokratischen Systeme mit ihren öffentlichen Wahlprozeduren politische Qualität und Moral nicht unbedingt garantieren können, haben Sie recht deutlich ausgesprochen. Es hilft vielleicht weiter, wenn man sich im Sinne des früher erwähnten kasuistischen Prinzips die möglichen Typen politischen Fehlverhaltens gleichsam in Gestalt eines Lasterkatalogs vergegenwärtigt. So würde ich beispielsweise zwischen Interessen-, Macht-, perfider, subversiver und korrupter Politik unterscheiden und jedem dieser Typen einen besonderen Stellenwert geben.

Ganz abgesehen davon, welche Gebote des Dekalogs oder humanistischen Tugendkanons sie jeweils konkret verletzen – sie alle erwachsen primär aus Verstößen gegen das Gerechtigkeits- bzw. Gemeinwohlpostulat: Interessenpolitik vergeht sich gegen die Gerechtigkeit, indem sie einzelne Gruppen (meistens die, denen man selbst angehört) den anderen gegenüber bevorzugt, Machtpolitik scheut darüber hinaus auch vor Rechtsbrüchen nicht zurück, wenn sie beispielsweise unmenschliche Mittel zur Sicherung der eigenen Herrschaft anwendet wie Unterdrückung, Internierung, Folter und Mord. Perfide Politik diffamiert und verteufelt den Gegner, indem sie die Moral als taktisches Mittel des politischen Kampfes einsetzt. Subversive Politik wieder sucht das bestehende Ordnungssystem durch Umtriebe und revolutionäre Gewalt zugunsten eines anderen, für besser gehaltenen, zu verändern. Korrupte Politik schließlich setzt die Eigensucht den Ansprüchen des Gemeinwohls und der Öffentlichkeit entgegen. Politiker dieses Genres versäumen aus Parteilichkeit und Bestechlichkeit ihre Pflichten und nehmen die vielen ihnen als Machtträger offenstehenden Gelegenheiten wahr,

sich in einer der Gerechtigkeitsförderung widersprechenden Weise zu bereichern, beziehungsweise Macht und Ansehen zu gewinnen.
Unter den genannten Fehlformen genießt die korrupte Politik den schlechtesten Ruf, weil sie meist auch Ausdruck eines verdorbenen Charakters ist. Interessen- und Machtpolitik werden eher geduldet, solange sie die bestehenden Rechtsvorschriften und moralischen Überzeugungen nicht peinlich verletzen. Perfide Politik findet darin ihre Grenze, daß allzu lügensüchtige Machtträger ihre Glaubwürdigkeit und damit auch ihr politisches Prestige verlieren, während subversive Politik von der bestehenden Ordnung her mit Recht bis aufs Messer bekämpft wird, aber schließlich doch Anerkennung findet, wenn sie sich durchsetzt und ein neues Ordnungssystem heraufzuführen vermag. Keines der hier genannten politischen »Laster«, wenn man so sagen will, kann jemals ganz ausgerottet werden, am allerwenigsten die politische Korruption – nicht nur wegen der vielfach erhöhten Verführbarkeit der Machtträger, sondern weil der steinige Weg nach oben, zur Macht, und die Abwehr der lästigen Konkurrenten jedes Mittel geboten erscheinen läßt.

Ikeda: Bedauerlicherweise entfernen sich in demokratischen Systemen, in denen die breite Masse die Herrschaftsträger auswählt, die Politiker zunehmend von diesem Ideal, statt sich ihm anzunähern. Der Grund dafür könnte entweder im allgemeinen Mangel an Interesse an Ethik überhaupt liegen oder im vorherrschenden Interesse weniger an Leuten, die moralisch hochtönende Reden halten, als an solchen, die der Wählerschaft die eine oder die andere Art von Gewinn versprechen.
Es ist zu wünschen, daß der modernen Gesellschaft insgesamt die Bedeutung der Ethik stärker ins Bewußtsein gerufen wird; aber wie sollen wir das zuwege bringen? Das Problem ist schwierig, denn es betrifft die innerste Gewinnung nicht eines oder zweier Menschen, sondern der Mitglieder der Gesellschaft in ihrer Mehrheit und berührt zudem, Wissen und Logik übersteigend, tiefere und unterbewußte Schichten des menschli-

chen Geistes. Nach meiner Überzeugung haben nur religiöse Bewegungen den Schlüssel zu einer Lösung.

Derbolav: Sie schließen mit dem Hinweis, daß politische Ethik nicht nur Sache weniger Führungspersönlichkeiten sein dürfte, sondern daß man sie auch von der Mehrheit des Volkes erwartet, und ich möchte ergänzend hinzufügen, daß ich gerade darin die besondere Aufgabe »politischer Bildung« sehe, wie sie bei uns in den Schulen vermittelt wird. Auch sie geht im Prinzip kasuistisch vor, das heißt sie klärt jeweils bestimmte Aufgabenbereiche beziehungsweise Problemlagen in ihrer Sachstruktur auf und macht zugleich ihre technischen Möglichkeiten und Verantwortungsperspektiven sichtbar.
Dabei erweisen sich die beruflichen Handlungsfelder der Praxeologie als Rahmenordnung, die sich in Teil- und Substrukturen gliedern lassen. So könnte man dem Lasterkatalog von früher hier einen Katalog politischer Sachaufgaben und Verantwortlichkeiten an die Seite stellen, was am Beispiel der Wirtschaftspolitik demonstriert werden soll. Die ökonomische Praxis zeigt viele Perspektiven, die alle fachpolitisch instrumentiert werden können, zum Beispiel die Arbeitsmarktpolitik, die Lohnpolitik, die Steuerpolitik, die Finanz-, Geld- und Devisenpolitik, Produktions- und Absatzpolitik usw. Überall geht es hier um relativ begrenzte, aber doch miteinander verflochtene Teilaufgaben, die sich sachlogisch, technisch und praktisch aufhellen lassen.
Diesen Weg müßte, wie schon erwähnt, auch die politische Bildung beschreiten, wobei hier wieder zwei Ebenen zu unterscheiden wären: die der fachpolitischen Aufklärung für den spezialistischen Sachverstand des verantwortlich Handelnden und Entscheidenden und die der fach- und regionalpolitischen Grundbildung, die ein leicht durchschaubares Zusammenhangswissen über das gesamte politische Aktionsfeld vermitteln müßte, das den einzelnen Bürgern zwar kein Mithandeln ermöglicht (wozu für sie ohnehin kaum Gelegenheit besteht), wohl aber im ganzen mitzudenken (und mitzukritisieren) erlaubt.

Ikeda: Ganz wie Sie sagen, erfordert die Fähigkeit selbst zum Mitdenken und Mitkritisieren in der Politik von dem einfachen Bürger ein erhebliches Maß an elementarer Bildung. In diesem Zusammenhang ist die politische Bildung in Deutschland zu loben, solange sie unparteiisch bleibt.

Derbolav: Was den Beitrag der Religion zu dieser politischen Ethik betrifft, so muß man hier, glaube ich, unterscheiden, was sie leisten kann und wo ihre Grenzen liegen. Ich meine nicht, daß man Politik als Feld »organisierter Nächstenliebe« interpretieren oder in ein solches verwandeln kann, wie das der große Erziehungswissenschaftler Friedrich Wilhelm Foerster noch erstrebt hat. Ebensowenig läßt sie sich als planmäßige Anwendung des Mitleids verstehen. Wohl aber können die Religionen mit Hilfe ihres Tugendkanons dazu beitragen, das profane Handeln der Politiker und ihrer Bezugspersonen so zu überformen, daß Verstöße gegen die Fundamentalnormen unserer Gesellschaft – gegen das Verbot von Tötung, Betrug und Lüge, gegen die Unverletzlichkeit des Eigentums – eingeschränkt und das Überhandnehmen so unerfreulicher Leidenschaften wie Machtgier, Hab- und Ruhmsucht eingedämmt werden. Aber Religion vermag darüber hinaus noch die Grundeinstellung zur Welt positiv zu beeinflussen, weil sie, wie Sie zu Recht sagen, einem Sinnzentrum entspringt, das das profane Gewissen noch transzendiert.

Die Rolle der Ethik in der Medizin

Ikeda: Von alters her gibt es sowohl im Osten wie im Westen einen strengen Moralkodex im Bereich der Medizin, die es mit dem Menschenleben zu tun hat und Untersuchungen höchst intimen Charakters erforderlich macht.
Der hippokratische Eid hat weitgehend die Grundlage der medizinischen Ethik des Westens gebildet und klingt noch in dem Nightingale-Gelöbnis von 1894 und der Helsinki-Erklärung der Weltorganisation der Ärzte von 1964 nach. In manchen

Sutren erläutert Shakyamuni Buddha die auf dem Geist des Mitleids begründeten Fundamente medizinischer Ethik und hat damit später nach Verbreitung des Buddhismus im Osten die Maßstäbe gesetzt. Auch das konfuzianische Prinzip der Menschlichkeit hat hierauf einen großen Einfluß ausgeübt. In der Tat wird von Konfuzius die Krankenheilung als eine spezifisch »menschliche Kunst« verstanden. Beides, Mitleid und Menschlichkeit, sind hier auch weiterhin die Leitbilder medizinischer Ethik gewesen.
Die erstaunlich rasche Entwicklung medizinischer Kenntnisse und Techniken, die alles, was in den Zeiten des Hippokrates und des Buddha vorstellbar war, weit hinter sich ließ, schuf jedoch viele Probleme und Dilemmata nicht allein für die Ärzte und ihre Patienten, sondern auch für Juristen und Theologen.

Derbolav: Die medizinische Ethik im Westen hat in der Tat durch den hippokratischen Eid und die aus ihm erwachsenden Selbstverpflichtungen schon frühzeitig eine klare Orientierung erhalten. Buddha und Konfuzius haben zur Formierung der ärztlichen Verantwortung auf ihre Weise beigetragen, die christliche Ethik ist hier – abgesehen von der formellen Verknüpfung von Verkündigung und Krankenheilung – relativ stumm geblieben, obgleich einer der Evangelisten, nämlich Lukas, ein Arzt war.
Daß sich die Medizin relativ früh zu einer professionellen Ethik durchgerungen hat, hängt wohl damit zusammen, daß sie nicht einfach bloß stets wohlgelingende berufliche Aufgaben zu erfüllen hat, sondern sich häufig vor Grenzsituationen, oder wie Sie es formulieren, vor »Dilemmata« gestellt sieht. Ihnen gegenüber erweist sich die kasuistische Methode als unentbehrlich, wobei jeder Fall einer gründlichen Durchleuchtung bedarf auf die Frage hin, was eigentlich vorliegt, ob überhaupt und wie gehandelt werden soll. Solche Fragen sind nun auch für den medizinischen Sachverstand nur in seltenen Fällen eindeutig zu beantworten – sonst wären sie eben keine Dilemmata. Dazu kommt, daß die medizinische Praxis von ihren Folgen her mit

anderen Praxisbereichen, etwa mit der Rechtspraxis, verflochten ist, so daß auch stets die Folgen mitbedacht werden müssen.

Ikeda: Wenn man einmal solche Religionen beiseite läßt, deren Dogmen medizinische Therapie ablehnen oder Entwicklung und Fortschritt der medizinischen Wissenschaft negativ beeinflussen, dann bin ich der Meinung, daß die Religion eine bedeutende Rolle im Zusammenhang mit der ärztlichen Aufgabe zu spielen hat. Je weiter sich die medizinische Theorie entwickelt und fortschreitet, um so stärker neigt sie dazu, das menschliche Element zu übersehen. Dennoch aber dürfen Ärzte niemals vergessen, daß ihre Patienten individuelle menschliche Wesen sind und daß Religion ihnen bei der Ausbildung jenes Geistes aufmunternder Fürsorge helfen kann, die Kranke so dringend benötigen.

Euthanasie

Ikeda: Dieses Thema, das früher hauptsächlich die positive Euthanasie als Beendigung des Leidens betraf, ist durch die negative Euthanasie komplizierter geworden, das heißt durch die Frage, ob man lebensverlängernde Therapien anwenden oder abbrechen sollte – mit Rücksicht auf die Forderung, dem Menschen das Recht zu gewähren, in Würde zu sterben und deshalb auch in Testamenten unter bestimmten Umständen Sterbehilfe zu beanspruchen.

Derbolav: Gewiß hat jeder Mensch ein Recht auf seinen eigenen und damit erst menschenwürdigen Tod. Vielfalt und Bösartigkeit der menschlichen Erkrankungen und Leiden schränken die Möglichkeit hierzu leider erheblich ein.
Wenn man etwa, wie die Philosophen der Antike von Aristoteles bis zur Stoa herauf, den Selbstmord akzeptiert, dann wird man auch die positive Euthanasie nicht als unmoralisch abweisen können. Das Christentum hat demgegenüber angesichts der

Heiligkeit und Unantastbarkeit des individuellen Lebens den Selbstmord – und damit natürlich auch die aktive Sterbehilfe – untersagt. Das trifft nicht in gleichem Maße für die passive Sterbehilfe zu. Soweit ich die Praxis unserer Ärzte kenne – und darunter gibt es viele gläubige Christen –, sind sie in der Regel bereit, den Wunsch des Patienten nach Absetzung aller lebensverlängernden Medikamente und therapeutischen Eingriffe zu erfüllen, wenn keine reellen Lebenschancen mehr bestehen. Soweit hier jede Lebensverlängerung zugleich Leidensverlängerung bedeutet, würde ich aus »Nächstenliebe« – und wenn ich Buddhist wäre, aus »Mitleid« (Barmherzigkeit) – einem solchen Verfahren meine Zustimmung geben.

Ikeda: Auch viele japanischen Ärzte leisten offenbar regelmäßig passive Sterbehilfe, um Leiden zu beenden. Unbestreitbar verletzt die Verlängerung eines Lebens, das nur mehr Schmerz ist, die menschliche Würde.

Worauf es eigentlich ankommt, ist, dem Sterbenskranken physisch und psychisch einen guten Tod zu ermöglichen. Passive Sterbehilfe ist ein Bemühen um Ausschaltung des Leidens. Statt aber so weit zu gehen, das Leben des Patienten zu beenden, wäre es besser, glaube ich, die Aufmerksamkeit auf andere Möglichkeiten zu lenken, physisches Leiden zu lindern, wie sie etwa in den sogenannten »Schmerzkliniken« geboten werden. Angesichts der Ungewißheit und der Schrecken des Todes kann seelisches und existentielles Leid, das von den tiefsten Tiefen des Lebens selbst nach oben aufwallt, physisches Leiden noch verschlimmern. In solchen Augenblicken mögen Zeichen menschlicher Liebe und Anteilnahme, gewährt von Familienangehörigen, Freunden und sogar vom medizinischen Personal, äußerst wirksam sein. Darüber hinaus vermag auch religiöse Einsicht in den Sinn von Leben und Tod eine Hilfe bieten, um die Furcht zu überwinden.

Kurz gesagt, Fortschritte in der Medizin, das Mitgefühl nahestehender Menschen und religiöses Verständnis des Lebens und des Todes können in ihrem Zusammenwirken durchaus ein voll mit der Würde des Lebens übereinstimmendes Ende möglich machen.

Bewältigung des Sterbens

Ikeda: Ärzte müssen wissen, wie sie unheilbar Kranken helfen können, den Tod zu erwarten und ihm zu begegnen. Wie kann der Arzt den Patienten dabei unterstützen, jede der fünf Stationen durchzustehen – Abwehr, Zorn, Feilschen, Depression und schließlich Todesbereitschaft –, in welche die Psychologin Elisabeth Kübler-Ross die schwere Aufgabe, sich mit dem Tod vertraut zu machen, gegliedert hat?

Derbolav: Darf oder muß man sogar unheilbar Kranke über ihr Schicksal aufkären, damit sie sich auf ihren Tod vorbereiten können? Die Antwort auf diese Frage ist nicht einfach. Im Glauben verwurzelte Menschen haben sicherlich ein Recht darauf, um ihr Schicksal zu wissen, damit sie es religiös verarbeiten können. Auch sie werden zwar die von Elisabeth Kübler-Ross ermittelten Stadien einer Auseinandersetzung mit dem eigenen Tod durchlaufen, dürften sich aber mit ihrem unvermeidlichen Ende eher aussöhnen als andere. Wer allerdings mit allen Fasern seines Herzens am Leben hängt und seinen Tod noch nicht reflektiert hat, dem gegenüber scheint mir ärztlicher Freimut unangebracht zu sein.
Ich würde mich Professor Bernhardis Auffassung im gleichnamigen Stück des Arzt-Dichters Arthur Schnitzler anschließen, der sich weigerte zuzulassen, daß einer jungen Patientin in der Euphorie ihres Todeskampfes vom Priester die Sterbesakramente – und damit die Botschaft des bevorstehenden Endes – überbracht werden. Ich halte es nicht nur für ein Gebot der Humanität, sondern noch mehr für eine Frage der Anteilnahme und des Mitgefühls, solche Patienten ihrer Illusion zu überlassen und sie nicht vor Aufgaben zu stellen, die sie nicht zu bewältigen vermögen. Das hieße nur ihren Tod verdoppeln.

Ikeda: Ich bin ganz Ihrer Meinung. Wie Sie sagen, werden Menschen mit religiösen oder philosophischen Überzeugungen, was ihr Lebensende betrifft, besser bereit sein, sich dem Tod zu stellen. Es gibt in der Tat viele Beispiele dafür, wie Buddhisten durch ihren Glauben befähigt wurden, den unmittelbaren Schock der Erkenntnis des bevorstehenden Todes zu überwinden, dann den Sinn ihres eigenen Ablebens zu begreifen und schließlich, indem sie ihr Nachdenken über Leben und Tod intensivierten, dazu zu gelangen, den Tod zu akzeptieren, nicht als ein Leiden, sondern im Sinne einer erfüllenden Genugtuung, in kreativer Weise gelebt zu haben. Dies heißt, die richtigen Gedanken in der Todesstunde haben, auf japanisch: »Rinjū-Shōnen«.
Aber es ist gewiß besser, Menschen, die noch unvorbereitet auf ihr Ende sind, schweigend und fürsorglich zu umhegen. Wenn dann die Stunde kommt, in der sie gezwungen sind, ihren Tod zur Kenntnis zu nehmen, dann ist allerdings aller Beistand nötig, um ihnen zu helfen, ihre Todesfurcht zu überwinden.

Abtreibung

Ikeda: Muß man bereits den Fötus als ein eigenes menschliches Individuum ansehen, oder ist er bis zu einem gewissen Stadium nur ein Teil des mütterlichen Körpers? Heute ist es möglich, bei einer viermonatigen Schwangerschaft durch Amniozentese genetische Defekte beim Embryo festzustellen. Eines Tages wird es vielleicht möglich sein, durch Untersuchungen des fötalen DNS weitergehende genetische Analysen durchzuführen. Der Arzt steht hier vor dem Problem, entscheiden zu müssen, ob eine Abtreibung vorgenommen werden soll oder nicht, wenn ein Erbschaden festgestellt worden ist.

Derbolav: Hier sind im Grunde zwei Fragen angesprochen: 1) ist Abtreibung zuzulassen und 2) dürfen nachweislich erbkranke Föten abgetrieben werden. Die zweite Frage würde ich uneingeschränkt bejahen, da erbkranker Nachwuchs ja kaum Chancen

für ein menschenwürdiges Dasein besitzt. Bei uns wird schwangeren Frauen bei Erkrankungen, die die Integrität des Kindes im Mutterleib bedrohen – etwa bei Röteln – vom Arzt dringend nahegelegt, das Kind nicht auszutragen.
Die erste Frage würde ich als Christ mit einem klaren Nein beantworten, wenigstens für den Fall, daß der Fötus bereits eine gewisse Reife erreicht hat. Ich weiß, daß diese Auffassung der faktischen Rechtslage in der Bundesrepublik Deutschland widerspricht. Der Paragraph 218 unseres Strafgesetzbuches läßt Abtreibung bei sozialer Notlage der Eltern durchaus zu. Wenn die materiellen Bedingungen, so lautet die Begründung hierfür, dem Kind keine intakte und einigermaßen glückliche Kindheit und Jugend garantieren können, dann ist es humaner, es gar nicht in die Welt zu setzen.
Doch ist dieses Argument nicht zwingend, denn gerade ein Lebensmilieu existentieller Not kann mitunter junge Menschen auch zu Leistungen provozieren, die sie weit über ihre biologischen Grenzen hinausführen. Das gilt übrigens auch für pathologisch gestörtes Familienmilieu. Hier wird häufig das Beispiel Beethovens angeführt: Unter eugenischer Perspektive hätte er gar nicht geboren werden dürfen, da sein Vater ein Trinker war und seine Mutter eine Reihe krankhafter Fehlgeburten hatte. Was unserer westlich-östlichen Kulturwelt damit verlorengegangen wäre, läßt sich kaum ausdenken.

Ikeda: Grundsätzlich bin ich ein Gegner der Abtreibung. Aber wenn ganz offensichtlich schwere Erbschäden beim Fötus ermittelt werden, sollte man die Eltern genauestens darüber unterrichten und erst, wenn sie vollständig informiert sind, sollten sie für sich selbst entscheiden dürfen. In der Frage der ökonomischen Begründung der Abtreibung stimme ich mit Ihnen überein. Noch einmal sei es gesagt: Grundsätzlich haben die Eltern zu entscheiden, aber bevor dies geschieht, sollte man ihnen die Möglichkeit aufzeigen, in Hingabe und Liebe Kinder aufzuziehen, selbst in weniger begüterten Verhältnissen. Das Beispiel Beethovens, das Sie anführen, ist sehr überzeugend.

Buddhismus und Christentum

Ähnlichkeiten und Unterschiede

Ikeda: Meiner Meinung nach liegt eine bedeutsame Ähnlichkeit zwischen Buddhismus und Christentum in den letzten Zielsetzungen beider Religionen. Der Buddhismus strebt danach, einen Zustand zu erreichen, den er Buddhaschaft nennt. Das Christentum zielt darauf ab, den Zugang zum Paradies zu erschließen. Beide Religionen bemühen sich also, etwas anders formuliert, um ewige und unaufkündbare Glückseligkeit nach dem Tode. Daß dieses Ideal auf die postmortale Existenz, in der man ewiges Glück zu finden hofft, bezogen wird, hat seinen Grund im Wissen um die kurzlebige Natur allen Glücks, das wir auf dieser Welt genießen können, und in der Erkenntnis, daß aller Wohlstand und Erfolg, den wir hier und heute gewinnen, mit dem Tod enden muß.

Vorchristliche und vorbuddhistische Religionen haben in der Regel angenommen, daß das Glück der Verstorbenen nach deren Tod durch die Lebenden gesichert werden könne. So glaubten zum Beispiel manche Völker, daß die Nachkommen die Seligkeit der Abgeschiedenen durch regelmäßiger ihrem Gedächtnis gewidmete Zeremonien dieser oder jener Art herbeiführen könnten. Andere wieder meinten, durch Einbalsamierung des Leichnams den Geistern der Toten Glück zu verbürgen. Demgegenüber haben Christentum und Buddhismus die neue Einsicht verbreitet, daß die Glückseligkeit nach dem Tode nicht von der Erhaltung der Überreste oder von Zeremonien der Nachfahren abhängt, sondern nur von der Art des Lebens, das die einzelnen Menschen in dieser Welt führen. Mit anderen Worten: Beide Religionen setzen die Verantwortung für Glück und Leid nach dem Tode in das Individuum selbst und dessen Verhalten während des Lebens.

Folgerichtig kam man also dazu, die Qualität des Lebens nach einem auf das Jenseits bezogenen Begriff von Gut und Böse, nicht aber nach den subjektiven Maßstäben von Lust und Vergnügen zu beurteilen. Man betrachtete daher hinfort nicht mehr ein Leben materiellen Wohlstands, hohen sozialen Ranges oder sinnlichen Genusses als besonders erstrebenswert, sondern ein – je nach dem Glauben – in Übereinstimmung mit Gott beziehungsweise dem buddhistischen Gesetz gelebtes Leben. Buddhismus und Christentum hält man genau deshalb für höhere Religionen, weil sie über die Ebene materieller und sozialer Bedürfnisse hinaus zur Erfüllung geistiger Ansprüche hinführen.

Die historische Erfahrung Japans bestärkt mich in der Überzeugung, daß in bezug auf die Zielsetzung zwischen beiden Religionen eine große Übereinstimmung besteht. Als beispielsweise im 16. Jahrhundert Fremde wie der Jesuit und Missionar Franz Xavier nach Japan kamen und die Lebens- und Denkweise der japanischen Buddhisten beobachteten, dachten sie, sie hätten es nur mit Anhängern einer anderen Spielart von Christentum zu tun. Auch die Japaner ihrerseits fanden im Christentum, wie es die frühen Missionare predigten, wenig, das ihnen unerträglich fremd gewesen wäre.

Es waren ausschließlich politische Überlegungen und die Furcht vor einer Intervention fremder Mächte, nicht der Inhalt seiner Lehren selbst, die die japanische Regierung später bewogen haben, das Christentum zu verbieten, alle Kontakte zur westlichen Welt auf eine kleine Enklave im Hafen von Nagasaki zu beschränken und im übrigen eine Politik völliger Isolierung zu betreiben. Danach traten die meisten der zum Christentum konvertierten Japaner entweder wieder zum Buddhismus über oder verbargen sich vor der Welt. Einige Einwohner eines Teils der Insel Kiushu bekannten sich weiterhin offen zu ihrem christlichen Glauben, so daß ihretwegen schließlich blutige Schlachten ausgefochten werden mußten.

Interessant ist hier, daß es eine Verwandtschaft im Geiste war, die es den Christen im Untergrund ermöglichte, Statuen der Jungfrau mit dem Kind als Bilder des buddhistischen Bodhisattwa Guan-yin (oder japanisch: Kannon) auszugeben. Man-

che von ihnen sind jahrhundertelang von Generation zu Generation weiter überliefert worden.
Ich hätte gerne erfahren, wie Sie die Ähnlichkeit zwischen Christentum und Buddhismus interpretieren und welche Rolle ihre Gemeinsamkeiten Ihrer Meinung nach bei der Entwicklung des menschlichen Geistes gespielt haben.

Derbolav: Eine Betrachtung wie die folgende muß zunächst von einem Vergleich der Religionssysteme ausgehen, ihre Gemeinsamkeiten und ihre Unterschiede klarstellen; es darf dabei auch Kritik geübt werden, doch sollten die Dialogpartner bei ihr nicht stehenbleiben, sondern das jeweils Kritisierte als verstecktes und gefährdendes Element im eigenen Glaubensverständnis aufsuchen, das heißt von der Kritik zur Selbstkritik weiterschreiten. Erst dann könnte das Gespräch – jenseits aller Missionsabsichten – wirklich fruchtbar und verbindend sein und Brücken nach beiden Seiten schlagen. Erst dann ließe sich wohl auch eine Verständigung in den praktischen Fragen religiöser Lebensorientierung finden als Voraussetzung für das, was Sie anderenorts »ökumenische Gesinnung« genannt haben.
Die Gründer- oder Hochreligionen haben trotz aller praktisch-liturgisch-dogmatischen Unterschiedenheit wesentliche Züge gemeinsam, die sie von den Natur- oder Primitivreligionen unverwischbar abheben. Alle Religionen – die Primitivreligionen mit eingeschlossen – lassen sich letztlich als Wege zum Heil verstehen. Ihre Differenz liegt lediglich in dem, was sie jeweils unter Heil, unter den Wegen zum Heil und unter dem Ort verstehen, an dem das Heil verwirklicht werden soll.
Was das Heil angeht, so bestimmt es sich wesentlich aus dem Gegensatz zu den Endlichkeits- und Leiderfahrungen des diesseitigen Lebens und bedeutet daher zumindest eines: Entgrenzung und Befreiung von diesen Leiden. Anhänger primitiver Religionen führen das Unheil in dieser Welt auf die Abhängigkeit des Menschen von Geistern und Dämonen zurück, deren Duldung, ja Beistand sie durch Opfergaben zu gewinnen suchen. Auf ähnliche Weise bemühen sie sich auch, Glück und Heil der

Abgestorbenen durch Opfer und Zeremonien zu erwirken, wie Sie dies ja beschrieben haben.
Der Schritt zu den Hochreligionen wird dort getan, wo der Mensch seine Glückseligkeit im Leben wie nach dem Tode durch eigene Leistung herbeiführen zu können glaubt, und zwar vornehmlich durch einen geordneten, auf das Gute hin ausgerichteten oder, mit Kant gesprochen, »moralischen Lebenslauf«. Ob der Mensch sein Heil als persönliches Glück schon in diesem Leben zu erreichen vermag oder als Seligkeit erst nach dem Tode erhoffen darf, diese Frage zieht zwischen den Hochreligionen selbst einen Trennungsstrich. Alle diese Religionen erwarten Heil und Verdammung nach dem Tode je nach der Normgerechtigkeit oder Normwidrigkeit des Verhaltens des Einzelmenschen in diesem Leben, wobei der Glaubensgründer jeweils auch als Normgeber fungiert. Der Buddhist glaubt darüber hinaus – wenn ich Sie recht verstehe –, in den Grenzen seines Karma auch sein irdisches Glück mitgestalten zu können.
Über dieses substantielle Zentrum des Glaubens hinaus aber haben die Hochreligionen noch eine Reihe von Zügen gemeinsam, die ihre innere Verfassung und äußere Erscheinungsform bestimmen und sie damit auch vergleichbar machen: Alle tragen so etwas wie einen moralischen Kodex in sich – davon war ja schon wiederholt die Rede, alle kennen liturgisch-kultisches Brauchtum, das den Umgang mit den Glaubensgütern ordnet, alle entfalten ihre Glaubenspraxis in einer Art Lehre, die darüber hinaus meist noch anthropologische, ontologische und theokosmologische Überzeugungen mitträgt.
Aus diesen Voraussetzungen ergeben sich für alle auch bestimmte Konsequenzen: Die erste liegt in der Notwendigkeit einer Gemeindebildung unter den Gläubigen, die man auch als »Verkirchlichung« beschreiben könnte. Gewiß wird diese Verkirchlichung unterschiedlich weit ins Gesellschaftlich-Politische vorgetrieben.
Die Verkirchlichung kann locker und tolerant bleiben wie im Buddhismus, der nach Karl Jaspers die einzige Religion ohne Ketzerverbrennung, Kreuzzüge und Hexenprozesse darstellt.

Sie kann aber auch den Charakter einer rechtlich und moralischen scharf artikulierten Organisation annehmen mit institutionalisierter Heilspraxis, strengen Eintrittsregeln und Sanktionen bei Glaubensverstößen, wie das vornehmlich für das römisch-katholische Christentum gilt. Da solche weitgehend verkirchlichten Religionen aber die politische Macht nur selten ganz und auf Dauer zu usurpieren vermögen (und dann die Gestalt von »Theokratien« annehmen), wird es neben ihnen stets eine Fülle von Sekten geben, das heißt von kleineren Glaubensgemeinden, die jeweils einen eigenen kultischen und dogmatischen Weg zum Heil gefunden zu haben beanspruchen und damit notgedrungen in einen mehr oder weniger scharfen Gegensatz zu ihren Konkurrenten treten.

Aus der Gemeindebildung erwächst dabei eine Art Glaubensautorität, die stets vorausgesetzt werden muß, wenn die Einheit und Geschlossenheit von Glaubensleben und -lehre gesichert bleiben soll. Diese Autorität wird nämlich nicht nur benötigt, um die religiös-rituelle Praxis der Gemeindeangehörigen zu ordnen und zu reglementieren, sondern auch zur Rezeption, Sanktionierung und Kanonisierung der Glaubenstradition, das heißt der vom Gründer formulierten, von seinen Jüngern und Anhängern dann notierten und gesammelten Ansprüche, Mahnungen und Verkündigungen, die in diesem Übernahmeprozeß auf ihre Einstimmigkeit geprüft, von unechten Bestandteilen gesäubert und als die »wahre Lehre« des »Meisters« verbindlich gemacht werden. So hat zum Beispiel die christliche Kirche schon relativ früh das wild wuchernde Nachrichtenmaterial über das Leben und Sterben Jesu gesichtet, Apokryphes von Authentischem abgesondert und das Verbleibende, die vier Evangelien, die Apostelgeschichte und die Apostelbriefe sowie die Johannesapokalypse in verbindlicher Weise ausgelegt.

Und so verfuhren auch die anderen Hochreligionen, das Judentum mit dem Alten Testament, der Islam mit dem Koran und nicht zuletzt der Buddhismus mit der Lehrtradition der Buddhajünger selbst. Sie schufen damit Glaubensüberlieferungen, indem sie ihre Glaubensgüter kanonisierten und fortentwickelten.

Ikeda: Die Zusammenfassung der buddhistischen Schriften, um Ihre Ausführungen einmal auf den Buddhismus anzuwenden, erfolgte bei vier Gelegenheiten, verteilt auf vier Jahrhunderte nach dem Tod Shakyamuni Buddhas. Das erste Konzil, besucht von etwa fünfhundert Schülern Buddhas, fand in Buddhas Todesjahr statt, an einem Ort, der »Höhle der sieben Blätter« hieß und in der Nähe von Rajagriha im Königreich von Magadha lag. Siebenhundert Mönche nahmen am zweiten Konzil teil, das in Vaisali etwa ein Jahrhundert später abgehalten wurde. Zur Zeit des dritten Konzils, wieder ein Jahrhundert später in Pataliputra, sollen die drei Sektionen oder Körbe, wie man sie nennt, des Glaubenskanons – die ›Sutren‹ (Lehren), die ›Vinaya‹ (Vorschriften) und die ›Abhidharma‹ (Kommentare) – bereits vollständig vorgelegen haben. Das vierte Konzil soll hundert Jahre später unter der Schirmherrschaft König Kanishkas in Kaschmir stattgefunden haben.
Die beiden ersten Konzile unterstrichen die Bedeutung der Vorschriften und beschäftigten sich hauptsächlich mit der Erhaltung der Orden und mit der Setzung von Maßstäben für das Mönchsleben. Die Ausbreitung des Buddhismus in der Laienwelt zur Zeit des 3. und 4. Konzils machte indessen flexiblere Interpretationen notwendig, und die Frage, wieweit das Werk dieser beiden Zusammenkünfte als verbindliche Lehre angesehen werden sollte, war Gegenstand langer Diskussionen.

Derbolav: Im Christentum kam es freilich auch zu Traditionsbrüchen, die der Glaubensentfaltung jeweils eine andere Richtung gaben. Das Auseinanderwachsen der griechisch-orthodoxen und der römischen Kirche seit dem 8. Jahrhundert und ihre endgültige Spaltung im 11. Jahrhundert, die Trennung des Protestantismus von der nunmehr römisch-katholischen Kirche im 16. Jahrhundert waren solche Traditionsbrüche im religiösen Leben des Westens.
Und ein gewisser Traditionsbruch trennt auch, wenn ich recht sehe, den Alt- vom Neubuddhismus, welchem sich die Soka-Gakkai zurechnet. Der Altbuddhismus hielt sich an den soge-

nannten Pali-Kanon, während der Neubuddhismus anderen Lehrtraditionen folgt. Die Soka-Gakkai zum Beispiel – lassen Sie mich dies hier aus eigener Kenntnis hinzufügen – verehrt Nichiren Daishonin, der zur Zeit Thomas von Aquins lebte, als ihren Buddha und Glaubensbegründer und hat das von ihm sanktionierten Lotos-Sutra zu ihrer verbindlichen Glaubensschrift erhoben.

Ikeda: Das stimmt. Vielleicht sollte man hier ein paar Worte über die Beziehung zwischen Nichiren Daishonin und den übrigen Strömungen des japanischen Buddhismus sagen. Als der indische Buddhismus nach China gebracht wurde, übersetzte man seine Schriften, die ursprünglich in Pali und Sanskrit verfaßt waren, ins Chinesische. Als er in Japan eingeführt wurde, benutzten die Japaner das chinesische Schreibsystem. Folglich konnten diejenigen, die überhaupt des Lesens mächtig waren, auch die chinesische Fassung der buddhistischen Schriften lesen. Dies lag freilich jenseits der Möglichkeiten oder war jedenfalls höchst schwierig für einen Großteil des einfachen Volkes. Aus dem allgemeinen Mangel an Wissen in diesen Fragen zogen manche Sekten den Vorteil, den Vorschriften der kanonischen Texte diametral entgegengesetzte Lehren zu entwickeln. Von der Grundlage der wahren Schriften aus jedoch hat Nichiren Daishonin den Anspruch dieser Sekten zurückgewiesen. Aber da viele Menschen es versäumten, seine Bemühungen anzuerkennen, wurde die Lage des Buddhismus in Japan äußerst komplex.

Derbolav: Das ist recht interessant. Es ist also diese lebendige Kraft der Erneuerung, welche den Religionen eine mehrgestaltige Ausprägung verleiht, die ihren Reichtum ausmacht, aber auch ihre Einheit gefährden kann.
Jedenfalls nehmen diese Glaubensauszweigungen zum Teil recht unterschiedliche Züge an, die mehr oder weniger hohe Barrieren zwischen ihnen errichten können, dafür aber auch unterschiedlichen Glaubensbedürfnissen entgegenkommen. Die griechisch-orthodoxe Kirche hielt die frühchristliche Überlieferung konse-

quenter fest und war dogmatisch weitherziger als die römische Kirche. Der Protestantismus wieder suchte sich von der erstarrten Tradition der römischen Kirche überhaupt zu lösen und zu den frühchristlichen Quellen, den Evangelien, zurückzukehren, die er den Gläubigen in ihrer Muttersprache zugänglich machte und damit freilich auch der privaten Glaubensauslegung Tür und Tor öffnete – das erklärt den Sektenreichtum im protestantischen Raum.

Ich habe mir sagen lassen, daß auch Erscheinungsbild und Geschichte des Buddhismus für den Europäer leichter überschaubar gemacht werden können, wenn man zwischen dem Hinayana-Buddhismus Südostasiens und Ceylons und dem Mahayana-Buddhismus unterscheidet, der sich, von Indien ausgehend, vornehmlich in China, Tibet und Japan verbreitete. Der Hinayana-Buddhismus trägt noch insofern den relativ elitären Charakter einer Mönchsreligion, als er Erleuchtung und Buddhawerdung nur einem auserwählten Kreis von Gläubigen zugesteht, der Mahayana-Buddhismus dagegen hält alle Menschen der Erleuchtung für fähig, wie das ja auch im Lotos-Sutra ausdrücklich verkündigt wird.

Der Mahayana-Buddhismus hat dann – ähnlich wie schon der Hinayana-Buddhismus – eine Reihe von Differenzierungen bis zur Sektenbildung erfahren, doch tragen seine Glaubenstraditionen innerhalb ihres jeweiligen Rezeptionsraumes ein relativ einheitliches Gepräge: So stellt der chinesische Buddhismus die asketisch-meditative Praxis in den Vordergrund, der tibetische ist stärker magisch-mystisch orientiert, während der japanische Buddhismus eher als pragmatisch angesehen wird, da er in erster Linie an den Auswirkungen der buddhistischen Lehre auf die Lebensgestaltung interessiert ist. Stimmt diese mir recht einleuchtende Charakteristik oder muß sie ergänzt bzw. korrigiert werden?

Ikeda: Da in Tibet Religion und Politik eine Einheit bilden, hat der tibetische Lamaismus in der Tat einen ziemlich uniformen magisch-mystischen Charakter angenommen. In China existier-

ten einst ein meditativer zenartiger Buddhismus, ein esoterisch-magischer Buddhismus und ein zeremonieller Buddhismus mit taoistischen Elementen nebeneinander. Gegenwärtig hat der meditative Buddhismus im kontinentalen China die größte Bedeutung, während zeremonielle Praktiken des Buddhismus besonders auf Taiwan und bei den Chinesen Südostasiens verbreitet sind.
Auch in Japan haben alle diese Formen von Buddhismus nebeneinander existiert, aber die neuen Religionsformen, die sich beim einfachen Volk durchgesetzt haben, tragen, wie Sie mit Recht sagen, pragmatisch-praktischen Charakter.

Derbolav: Zur erwähnten Glaubensentfaltung der Religionssysteme muß auch die Tatsache gerechnet werden, daß jedes von ihnen zugleich zwei Reflexionselemente in sich trägt, die sich wechselseitig beeinflussen. In jedem lebt eine Art produktive Vorstellungskraft, die zu einer konkretisierenden Explikation der Glaubenserfahrung hindrängt und damit das praktische Glaubensleben bereichert. In jedem aber lebt auch ein Stück kritischer Aufklärung, das diese Produktion jeweils im Zaum hält, das heißt das Glaubensverständnis sowohl gegen allzu phantastische Auslegungen als auch gegen allzu starke Verwandlungstendenzen absichert. Aus dieser Aufklärung erwächst dann auch die Kritik und Selbstkritik des Glaubens, die bestehende Zweifel nährt und bis zur Infragestellung der eigenen Glaubensvoraussetzungen führen kann.
Sie haben die Nähe von Christentum und Buddhismus so bestimmt, daß beide Glaubenssysteme Religionen geistiger Selbstvervollkommnung sind, und das heißt zugleich, daß die Menschen da und dort zu Meistern ihres postmortalen oder – zumindest was den Buddhismus betrifft – sogar irdischen Glücks gemacht werden. Sie unterstreichen dabei, daß die ersten historischen Begegnungen zwischen beiden Religionen anläßlich der Missionsarbeit der Jesuiten in Japan stärker die verwandten als die unterscheidenden Züge hervortreten ließen. Sicherlich war dafür auch die Geschicklichkeit der Missionare verantwortlich,

die ja keine Hindernisse errichten, sondern Brücken zum Buddhismus bauen wollten, um die Japaner für das Christentum zu gewinnen. Und die buddhistisch orientierte Bevölkerung ist in ihrer sprichwörtlichen Toleranz diesen Bestrebungen wohl auch entgegengekommen.
Beigetragen haben dürfte dazu aber auch, daß eine Verständigung innerhalb der gelebten Glaubenspraxis und der sie überlagernden Legendenbildung einfacher ist als im dogmatischen Bereich. Es gibt zum Beispiel Legenden, die – in Parallele zur Jesusgeschichte – die Geburt Buddhas auf eine übernatürliche Empfängnis zurückführen, die von Teufelsversuchungen Buddhas und von einem gewaltigen Erdbeben bei seinem Tode berichten und die ihm einen Lieblingsjünger und eine Art Verräter zuordnen. Ebenso läßt auch die christliche Legendenbildung nachweislich buddhistische Einwirkungen erkennen. So erklärt es sich wohl auch, daß Maria-mit-dem-Kind-Statuen auf verwandte Vorstellungen im buddhistischen Glaubensraum treffen konnten. Doch scheinen dies relative Äußerlichkeiten gegenüber einer außerordentlich wichtigen Gemeinsamkeit zu sein, die die Glaubensmoral beider Religionen betrifft. Wie immer man ihre innere Triebkraft auch nennen mag, ob Liebe oder Mitleid – darüber wird noch zu sprechen sein –, jedenfalls wendet sie das Herz der gläubigen Christen beziehungsweise Buddhisten in besonderer Weise den Armen und Schwachen zu. Beide Religionen tragen also der existentiellen Not und Hinfälligkeit des Menschen – der Buddhismus darüber hinaus auch noch der der vormenschlichen Natur – Rechnung und suchen ihr abzuhelfen.

Ikeda: Grundsätzlich schließt der buddhistische Weg des Bodhisattwa beides ein: Selbstvervollkommnung und altruistischen Dienst am Nächsten, wenn auch manche Hinayana- und Zen-Sekten sich auf Erreichung des ersten Zieles konzentriert und dabei den mitleidsinspirierten Altruismus vernachlässigt haben. Ich vermute, daß es auch christliche Sekten gibt, die den Geist des Mitleids und der Liebe vernachlässigen, aber ganz offensichtlich gehört beides wesentlich zu den Basiselementen beider Religionen.

Liebe und Mitleid

Ikeda: Im Gegensatz zum Geist der Liebe, in dem das Christentum das wesentlichste Merkmal Gottes sieht, betont der Buddhismus den Geist des Mitleids oder der Barmherzigkeit. Ebenso wie der Begriff der göttlichen Liebe theologische Definitionen erfahren hat, ist auch das buddhistische Mitleid grundsätzlich definiert worden: als Geist der Hingabe an und des Einsatzes für schwächere Wesen. Doch bedarf diese Definition einer ausführlichen Erläuterung. Erstens betrifft die Hingabe nicht allein die, die gegenwärtig schwach und hinfällig sind, sondern auch jene, die im Licht des karmischen Lebensgesetzes jetzt in einer Weise handeln, daß sie in Zukunft schwach und unglücklich sein werden. Diese Hingabe drückt sich darin aus, daß man die Ursachen künftigen Unglücks zu beseitigen und Ursachen künftigen Glücks zu schaffen sucht. Mitleid hat also eine doppelte Bedeutung, weshalb man es sprachlich mit dem chinesischen aus zwei Zeichen bestehenden Terminus »Ci-bei« (japanisch »Ji-hi«) wiedergibt. Er steht für zwei Sanskritwörter, für »maitri« »Glückspenden« und »karuna« »Leidabwenden«.

Derbolav: Ich habe schon an früherer Stelle bemerkt, daß ich, ganz im Sinne des Buddhismus, dem Mitleid gegenüber der Liebe – als einer leidenschaftlichen Sympathie für andere Menschen verstanden – den Vorrang einräume, und zwar sowohl genetisch – das Mitleid scheint mir ursprünglicher zu sein als die Liebe – als auch nach Umfang und Reichweite. Mitleid in Ihrem Verständnis schließt ja in sein Bezugsfeld auch das vormenschliche Leben mit ein. Doch ist Nächstenliebe im christlichen Sinn sicherlich mehr und anders als eine bloß gesteigerte Sympathie für andere Menschen, und darin rückt sie dem, was der Buddhist unter Mitleid, unter Mitgefühl versteht, deutlich näher.

Ikeda: Mitleid kann ferner differenziert werden entsprechend dem Kreis der Lebewesen, auf die es angewendet wird. Mitleid geringsten Grades bezieht sich nur auf vertraute Wesen wie Familie, Freunde und Bekannte. Mitleid mittleren Grades anerkennt die Würde allen Lebens und bemüht sich, das Leben aller Menschen zu schützen, selbst derer, zu denen man überhaupt keine persönliche Beziehung besitzt. Mitleid höchsten Grades empfinden nur Menschen, die die volle Tiefe des buddhistischen Gesetzes ausgelotet haben und in allen ihren bewußten und unbewußten Handlungen voll innerer Teilnahme sind.
Mitleid geringen Grades fällt in den Bereich natürlicher menschlicher Liebe und Zuneigung. Mittelgradiges Mitleid kostet Anstrengung und entsteht aus dem Bemühen, das in Praxis zu übersetzen, was man den buddhistischen Lehren entnommen hat. Dies ist die Art des Mitleids, das der Bodhisattwa verkörpert. Ein Buddha, der das volle geistige Training eines Bodhisattwa durchlaufen hat, legt »großes Mitleid« an den Tag.

Derbolav: Sie haben sehr schön gezeigt, daß das Mitgefühl Abstufungen kennt; den mindesten Rang nimmt dabei die natürliche, man möchte fast sagen instinktive Liebe ein, wie sie unter Verwandten besteht und aus dem Affekt entspringt. Mittelgradiges Mitleid setzt bereits Bildung, das heißt Sensibilisierung des Gewissens für die Ansprüche der ganzen Menschheit voraus und vermittelt sich aus dem Studium der buddhistischen Schriften. Am höchsten Punkt seiner Selbstvervollkommnung, im Zustand der Erleuchtung, aber ist der Mensch zu großem Mitleid fähig, weil er nunmehr die Leiden und Schwächen aller Lebewesen, denen er sich helfend zuwendet, und den Scheincharakter des Daseins überhaupt durchschaut. »Groß« kann dieses Mitleid wohl auch deshalb genannt werden, weil es nicht mehr Anstrengung kostet als das mittelgradige, sondern zu einer geübten Selbstverständlichkeit geworden ist.
Auch die Nächstenliebe läßt die »natürliche Liebe« weit hinter sich, ja sie scheint sogar das Gesetz der Reziprozität – das, wie wir sahen, allen humanen Beziehungen der Menschen untereinander

ander zugrundeliegt – zu durchbrechen, indem sie die Gläubigen zur völligen Selbstverleugnung, ja zur totalen Selbstpreisgabe verpflichtet. Der vielberufene Satz in der Bergpredigt Jesu »Wenn dich einer auf die rechte Wange schlägt, dann biete ihm auch die linke zum Schlage dar!«, die Forderung, auch den Feind zu lieben, läßt sich wohl nur so verstehen, daß nach tiefster christlicher Überzeugung auch der Böse, der Sünder, noch geliebt werden soll, weil er nicht ganz verloren erscheint, das heißt wieder auf den Weg des Guten zurückgeführt werden kann. Böse, Sünder und Arme, Schwache werden hier also, dem natürlichen Gefühl entgegen, auf die gleiche Ebene gestellt.
Ein Ärgernis für das humane Gerechtigkeitsempfinden stellt auch die Parabel vom verlorenen Sohn dar, dem der Vater bei seiner Rückkehr aus der Fremde dem treu zuhaus gebliebenen zweiten Sohn gegenüber ganz offensichtlich den Vorzug gibt. Gleiches Befremden erregt das Weinberggleichnis, wonach dem Arbeiter der letzten Stunde gleicher Lohn gegeben werden soll wie dem, der das ganze Tagwerk hinter sich hat. Dazu paßt schließlich auch der schockierende Satz des Evangeliums, Gott habe an einem reuigen Sünder mehr Gefallen als an neunundneunzig Gerechten. (Vermutlich liegt diesen merkwürdigen Verstößen gegen das gewöhnliche Rechtsgefühl eine Erinnerung an jene im Urchristentum noch lebendige Vorstellung einer völligen Wiederherstellung der gefallenen Schöpfung zugrunde, die als Apokatastasislehre von der Kirche später als Häresie verurteilt worden ist.)

Ikeda: In Ihren früheren Ausführungen zu Parallelen zwischen Buddhismus und Christentum haben Sie auch die Verrätergestalt erwähnt. In der christlichen Überlieferung ist der Verräter natürlich der infame Judas Ishariot. In buddhistischen Erzählungen ist es Buddhas Vetter Devadatta, der fast so weit ging, Anschläge auf das Leben Buddhas zu planen. Aber das Lotos-Sutra zeigt die ungeheure Spannweite der buddhistischen Erlösungskraft, indem er selbst noch für Devadatta die zukünftige Buddhaschaft voraussagt. Dies bildet zugleich eine Brücke zur christlichen Doktrin der Apokatastasis.

Derbolav: Christliche Liebe und buddhistisches Mitgefühl – das haben wir als eine ihrer Gemeinsamkeiten festgestellt – sind den Armen und Schwachen zugewandt. Dies verleiht auch der Liebe etwas vom Charakter des Mitleids. Wie nämlich sollte man das, was aus dem tief ergreifenden Osterchoral »O Haupt voll Blut und Wunden« herausklingt, der die Matthäus-Passion von Johann Sebastian Bach gleichsam als Leitthema durchzieht, anders nennen als Mitleid, als tiefes, unendliches Mitgefühl? Ich persönlich neige deshalb auch dazu, das, was den Menschen wirklich bewegt, den bedürftigen und leidenden Mitmenschen zu helfen, eher Mitgefühl zu nennen als Liebe, und verstehe dies als ein Zeichen dafür, wie nahe sich beide Haltungen ihrer Intention nach stehen.

Ikeda: Alle Buddhisten bemühen sich, nach diesen Verhaltensregeln zu leben. Die Geschichte Indiens, Chinas und Japans weiß von zahlreichen Herrschern zu berichten, die ihre Politik auf Mitleid zu begründen suchten. Selbst politische Führer, die unfähig oder nicht bereit waren, so weit zu gehen, wurden doch häufig von tyrannischen Akten abgehalten, weil ihnen Vorbilder mitleidvollen Verhaltens gegenwärtig waren. Obgleich nicht erst gesagt werden muß, daß nicht alle östlichen Herrscher diesen Weg beschritten und sehr viele von ihnen mit einer uns unbegreiflichen Grausamkeit regiert haben, läßt sich doch der gute Einfluß, der von diesem Ideal buddhistischen Mitleids auf die Monarchen Indiens, Chinas und Japans ausging, nicht bestreiten. Im Falle Chinas hat der Einfluß des konfuzianischen Humanitätsideals (ren), das dem buddhistischen Einfluß noch vorausging, eine ähnlich mildernde Wirkung ausgeübt.
Ich würde gerne Ihre Meinung darüber hören, bis zu welchem Grad das christliche Liebesgebot die Handlungen und Entscheidungen der Regenten des Westens beeinflußt hat. Ohne Zweifel sind einige Könige und Herrscher vom Geist der Liebe bestimmt worden, doch scheinen mir die meisten Taten, von denen die westliche Geschichte berichtet, viel augenfälliger vom Haß geprägt zu sein. Würden Sie dieser Auffassung zustimmen?

Wenn ja, wie erklären Sie den Umstand, daß Liebe in der Geschichte des Westens weniger Einfluß gewann als Haß?

Derbolav: Die Wirksamkeit von Liebe und Mitleid in der Geschichte, besonders in der politischen Geschichte, ist eine recht interessante Frage. Ich kenne die Geschichte des Buddhismus und seiner Einflüsse auf das politische Leben bei den Völkern, die ihm anhängen, zu wenig, um mir hier ein Urteil zu erlauben oder Vergleiche zu ziehen. Sicherlich haben Sie darin recht, daß im Westen mit dem Namen des Christentums viel heuchlerischer Mißbrauch getrieben worden ist. Doch bedarf Ihre These von der wesentlich durch Haß und Mißgunst bestimmten westlichen Geschichte doch einer vorsichtigen Prüfung und Revision. Zunächst habe ich Zweifel, ob sich religiöse Grundeinstellungen wie Liebe und Mitleid in politische Dauermotivationen übersetzen lassen, das heißt ob es so etwas wie christliche oder buddhistische Politik überhaupt gibt. Ich habe schon an früherer Stelle dazu ausgeführt, daß selbst die größte humanistisch-christliche Bildung die Deutschen nicht vor einem Rückfall in Barbarei hat bewahren können, und dies dürfte wohl auch für alle anderen Völker und für alle Zukunft gelten.
Zu diesen grundsätzlichen noch ein paar historische Überlegungen: Zum ersten stellt die Christianisierung der das europäische Kernland bevölkernden Romanen, Kelten und Germanen einen Rezeptions- und Erziehungsprozeß dar, der Jahrhunderte dauerte und erst im späten Mittelalter einigermaßen abgeschlossen war. Die Sitten und Rechtsvorstellungen etwa der Germanen in der Völkerwanderungszeit waren gewiß alles andere als spezifisch christlich. Man pflegte hier mit seinen Gegnern, wenn sie einmal besiegt und gefangen waren, nicht gerade zimperlich umzugehen. Ein klares Zeugnis hierfür legt die Nibelungensage eines unbekannten spätmittelalterlichen Epikers ab, in der zwar die Könige und Helden Christen sind und am zeremoniellen Leben der Kirche teilnehmen, aber gleichwohl Mord und Totschlag begehen und Blutrache üben wie in alten Zeiten.
Das zweite Argument greift tiefer und rührt an die politische

Zweideutigkeit des christlichen Bewußtseins überhaupt. Die Juden haben ihre Messiashoffnung mit dem Verlangen nach einem mächtigen Staat und Königtum verknüpft, und diese Denkweise hat noch die frühen Christen beeinflußt. Viele von Jesu Zeitgenossen haben in ihm den kommenden König gesehen und konnten nur schwer seine immer wiederholte Versicherung begreifen, daß Gottes Reich nicht »von dieser Welt« sei. Dieses Mißverständnis wurde zwar später grundsätzlich ausgeräumt, aber die etablierte Kirche hat den heimlichen Herrschaftsanspruch des messianischen Gedankens weiter kultiviert und als Missionsanspruch der ganzen Welt gegenüber interpretiert. Machtgebrauch und Machtentfaltung im kirchlichen Raum dienten aber nicht nur dieser Aufgabe, die mitunter ziemlich blutig durchgefochten wurde, wie die Kreuzzüge zeigen, sondern auch der »Mehrung der Ehre Gottes«. Unter dem Motto »In maiorem Dei gloriam« sind nicht wenige recht grausame Kriege ausgefochten und viele Zweifler und »Abweichler« als Ketzer und Glaubensabtrünnige ohne Gewissensskrupel hingemordet worden. Auf solche Erfahrungen weisen, oft ironischerweise, herrscherliche Beinamen wie »allerchristlichster König« oder »Beschützer der Christenheit« hin. Auch große Kirchenstifter wurden in ähnlicher Weise honoriert.

Ikeda: In Japan hat interessanterweise während der sogenannten »Zeit der Kämpfe der Provinzen« (1482–1588), als die Nation unter rivalisierenden Feudalherren zersplittert war, die um die politische Macht stritten, eine prosperierende Sekte namens Jōdo Shinshū den offenkundigen Versuch unternommen, mit Waffengewalt ein religiöses Königreich zu begründen, das ihren eigenen Idealen entsprach – ein wirklich buddhistisches Königreich auf Erden. Doch diese Bemühungen scheiterten an der überkommenen Macht der säkularen Gewalten und an der Stärke der rivalisierenden buddhistischen Sekten.

Derbolav: Daß die Machtideologie für die christliche, namentlich die katholische Kirche eine Quelle gefährlicher Verführung darstellte, läßt sich an der höchst eindrucksvollen Erzählung vom Großinquisitor ablesen, die Dostojewski seinem bedeutungsvollsten Roman, den »Brüdern Karamasow«, eingefügt hat. Christus kehrt 1500 Jahre nach seinem Kreuzestod, so wird hier erzählt, auf die Erde zurück, um sein Werk zu prüfen, und begegnet in Sevilla einem Zug von Ketzern, die zum Scheiterhaufen geführt werden. Der hierfür letztverantwortliche Kardinal-Großinquisitor begegnet dem Ankömmlung mit Mißtrauen. Er wehrt sich energisch gegen einen (zweiten) göttlichen Eingriff in das längst der Kirche überlassene Glaubenswerk und belehrt den Wiedergekehrten zugleich über dessen beide unverzeihliche Fehler: den Menschen statt Brot Freiheit gegeben und statt Autorität, vor der sie sich hätten beugen können, Liebe gepredigt zu haben. Letztlich sei es die Macht der Kirche, die die Menschen in ihrer Schwäche und Unmündigkeit wirklich glücklich mache.

Ikeda: Auch mich hat die Geschichte vom Großinquisitor in Dostojewskis »Brüder Karamasow« stark beeindruckt. Es scheint mir, daß manche westlichen Herrscher – so klein ihre Zahl auch immer gewesen sein mag – den christlichen Geist besser vertreten als die mittelalterliche Kirche, die oft einen diesem Geist widersprechenden Autoritarismus verfochten hat. König Ludwig IX. von Frankreich (der Heilige genannt) stellt ein gutes Beispiel für den Typ eines Herrschers dar, den ich meine.

Derbolav: Sicherlich ist das Beiwort »fromm« auch manchen westlichen Fürsten ihrer christlichen Tugenden, ihrer Toleranz und Milde wegen verliehen worden, die auch ihren Umgang mit Freund und Feind gekennzeichnet haben mögen. Doch gehören diese Vorzüge eher zur Privatsphäre der Regenten. Denn je mehr die Herrscher hinter Recht und Gesetz im politischen Raum zurücktreten, das heißt demokratischen Staatsordnungen Platz machen, um so stärker bleiben ihnen die Hände durch Zweckmäßigkeitserwägungen gebunden, die man seit Machiavelli als

»Staatsraison« bezeichnet. Selbst die Möglichkeit, christliche Barmherzigkeit walten zu lassen, ist gesetzlich festgelegt und beschränkt sich in der Regel auf das Begnadigungsrecht, das dem Staatsoberhaupt zusteht.

Politiker, die sich zum Christentum oder zum Buddhismus bekennen, beziehungsweise Parteien, die christlich oder buddhistisch orientiert sind, ja vielleicht sogar dieses Bekenntnis im Titel tragen, werden im Raum unserer modernen Demokratie kaum mehr Missionsarbeit betreiben können, sondern sich darauf beschränken müssen, einerseits ihre Glaubensorganisationen zu unterstützen, andererseits christliche bzw. buddhistische Moralgrundsätze öffentlich zur Geltung zu bringen, das heißt Verstöße gegen diese Grundsätze auf dem Gesetzgebungswege mit Sanktionen zu belegen. Der Kampf der katholischen Kirche um die Normierung des Erlaubten und Verbotenen im Bereich der Abtreibung, das heißt um die Regulierung des Verhaltens dem noch ungeborenen Leben gegenüber im §218 des bundesdeutschen Strafgesetzes, liefert ein schönes Beispiel für das Bemühen, der christlichen Überzeugung von der Heiligkeit des menschlichen Lebens fast bis in den Zeugungsakt hinein Anerkennung zu verschaffen – davon war ja schon die Rede.

Darüber hinaus werden solche Politiker oder Parteien ihre persönliche Integrität zu wahren und Korruption im politischen Leben auszutilgen suchen, wie das, wenn ich recht unterrichtet bin, die von der Soka-Gakkai begründete Parteiorganisation, die Komeito-Partei erstrebt. Für Haß und Grausamkeit besteht also heute im politischen Aktionsfeld des modernen aufgeklärten und zivilisierten Staates wenig Spielraum mehr, wenn man von Rückfällen in totalitäre Regierungspraktiken oder von der an anderer Stelle bereits behandelten »subversiven Politik« der Terroristen und Staatsfeinde einmal absieht.

Ikeda: Sicherlich sollte, wie Sie sagen, Grausamkeit im täglichen politischen Leben des modernen zivilisierten Staates wenig Raum haben. Aber wir dürfen nicht vergessen: Einige dieser zivilisierten Staaten produzieren und horten ungeheure Arsenale von Waffen, die in der Lage sind, Millionen von Menschen, ja vielleicht sogar die gesamte Menschheit, zu vernichten. Ich meine, daß überzeugte Gläubige Liebe und Mitleid am besten zeigen, wenn sie sich mit diesem Problem auseinandersetzen und damit helfen, die Gefahr der Vernichtung zu bannen und zur Schaffung eines wahren Friedens beizutragen.

Historische Bezüge

Ikeda: Einige Gelehrte vertreten die Auffassung, die buddhistische Lehre und Philosophie könnte zu verschiedenen Zeiten die geschichtliche Entwicklung des Christentums beeinflußt haben – eine Perspektive, die der Spekulation in der Tat faszinierende Möglichkeiten eröffnet. Da Religionen im allgemeinen auf den Schriften oder Worten ihrer Gründer bzw. anderer Autoritäten oder auf göttlichen Offenbarungen beruhen, ist es natürlich meist unmöglich, die Spuren von außen kommenden Einflusses aufzufinden, geschweige denn nachzuweisen. Daher müssen die Einflüsse, die der Buddhismus auf das Christentum oder das Christentum auf den Buddhismus ausgeübt haben mögen, letztlich hypothetisch bleiben.
Wenn man aber eine solche Möglichkeit als gegeben unterstellt, dann könnte Jesus Christus, meine ich, durchaus buddhistische Lehrmeinungen gekannt haben, und zwar aus folgenden Gründen. Obgleich zu seinen Lebzeiten das Römische Reich nach Osten expandierte, stand doch das Gebiet, auf dem heute der Irak und der Iran liegen unter der Herrschaft des ausgedehnten Parther-Reiches, das gleichsam eine Brücke zwischen Rom im Westen und dem Königreich Kuschana im Osten bildete, in dem der Mahayana-Buddhismus eine Blütezeit erlebte. Dieser Kontakt und der lebhafte Kultur- und Handelsaustausch entlang der alten Seidenstraße lassen es fast ausgeschlossen erscheinen, daß Mahayana-Mönche und -Schriften nicht den Westen erreicht haben sollten, besonders nicht ein so bekanntes internationales Zentrum wie Alexandria.

Es ist also durchaus vorstellbar, daß Jesus in seinen frühen Jahren in Kontakt mit buddhistischen Mönchen und Schriften gekommen ist. Könnte nun nicht – meine Frage – die christliche Lehre von der Liebe eine Variante der buddhistischen Mitleidslehre sein?

Derbolav: Christliche Liebe und buddhistisches Mitleid kommen einander in ihrer Intention sehr nahe. Die Teilnahme des Christen am Leiden der anderen, im besonderen an der Leidensgeschichte Christi, scheint mir nichts anderes als ein tiefes, unendliches Mitgefühl zu sein. Aber auch in der buddhistischen Mitleidshaltung steckt etwas von jener Selbstverleugnung, ja Selbstpreisgabe, die die christliche Liebe kennzeichnet. So verstehe ich wenigstens die Tatsache, daß – offenbar aus dem Bedürfnis nach einer Art numinoser Heilandsgestalt – die Bodhisattwa-Idee aus dem Hinayana – in den jüngeren Mahayana-Buddhismus übernommen worden ist. An den Bodhisattwa – oder an die Bodhisattwas, denn sie treten später in der Mehrzahl auf – kann sich der Gläubige mit der Bitte um Hilfe wenden. Bodhisattwas aber sind, wenn ich recht sehe, Wesen, deren Bestimmung die »Erleuchtung«, das heißt die »Buddhaschaft« ist, die aber dieses Letztziel hintansetzen können, um sich in uneingeschränkter Hingabe den Mitmenschen zu widmen.
Diese tendenzielle Verwandtschaft von Nächstenliebe und Mitleid schließt freilich keineswegs notwendig auch eine historische Abhängigkeit ein.

Ikeda: Gewißheit ist in solchen Fragen natürlich nicht zu erlangen. Doch wissen wir, daß König Ashoka, der im dritten vorchristlichen Jahrhundert regiert haben soll, Boten in ferne Länder aussandte, um die Ideale von Mitleid und Frieden zu verbreiten. Unter den Zielorten dieser Missionare finden sich Namen von Städten in Griechenland und in Ägypten. Darüber hinaus hat auch der Feldzug Alexanders des Großen nach Indien ohne Zweifel später häufig benutzte Verkehrswege zwischen West und Ost eröffnet.

Geographisch und kulturell wird Indien nach Norden und Nordosten durch das Himalaya-Gebirge, das Hochland von Pamir und die Taklamakan-Wüste abgegrenzt. Aus diesem Grund sind die Kontakte zwischen Indien und dem Westen in der Regel leichter und intensiver gewesen als zwischen Indien und China. Gleichwohl verbreitete sich der Buddhismus nach China und Südostasien. Wenn dies möglich war, ist es ganz und gar nicht unvorstellbar, daß er sich auch nach dem Westen hin verbreitet hat.
Wenn er sich aber in diese Richtung verbreitete, dann muß er Schwierigkeiten gehabt haben, sich zu behaupten, angesichts des extrem exklusiven Charakters des Judentums, des Christentums und des Islam. Die Abwehrreaktion von seiten der Anhänger dieser Religionen könnte auch den totalen Mangel an Beweisen für einen frühen buddhistischen Einfluß auf diesen Teil der Welt erklären. Trotzdem, meine ich, sollte man diese Möglichkeit nicht ausschließen.

Derbolav: Ich bin von meiner Seite dieser Frage in der Literatur nachgegangen, habe auch Expertenmeinungen dazu eingeholt und kam zu folgendem Resultat: Es kann als sicher gelten, daß Kontakte zwischen König Ashoka und hellenistischen Fürsten bestanden haben, denn in seinem XIII. Felsenedikt werden Namen genannt, die sich unschwer auf Antiochos III. von Syrien und andere Herrscher der Diadochenzeit beziehen lassen. Daß auch die frühchristliche Kirche und die Kirchenväter mit dem Buddhismus in Berührung gekommen sind, dafür gibt es Zeugnisse.
In den »Stromata« Clemens' von Alexandrien, der etwa um 200 nach Christus lebte, ist von einem »Butta« die Rede, der von den Indern, die ihm anhingen, seiner außerordentlichen Frömmigkeit wegen wie ein Gott verehrt werde. An anderer Stelle werden indische Heilige erwähnt, die in ihrer Lebensweise so beschrieben sind, als wären sie buddhistische Arhats. Und vom römischen Kirchenvater Hieronymus (4. Jahrhundert) stammt die Nachricht, die Anhänger Buddhas glaubten, er sei von einer

Jungfrau geboren worden – was freilich auch auf einen Einfluß christlicher Vorstellungen auf den Buddhismus hindeuten könnte. Spuren buddhistischen Einflusses finden sich auch bei den Manichäern.
Möglicherweise handelt es sich bei diesen Andeutungen nur um die Spitze eines unter der Oberfläche der Bekanntheit liegenden Eisbergs von Einwirkungen, die herüber und hinüber führen mögen. (Zu nennen wären hier vielleicht noch die Missionen der Thomas-Christen in Indien und der Nestorianer in China.)
Das Ausmaß unseres Unwissens in diesem Punkt ist erheblich; es zeigt sich etwa in dem merkwürdigen Tatbestand, daß die Buddhalegende – vielleicht sogar durch die Vermittlung der Thomas-Christen – in die im Mittelalter vielgelesene Geschichte von Barlaam und Josaphat einging und von hier sogar in den Heiligenkalender der Kirche Aufnahme fand. Paradoxerweise ist sie dann in christlicher Verkleidung über die Erzählungen von Missionaren zu den Konvertierten in China und Japan zurückgekehrt, ohne daß diese sie in ihrer (buddhistischen) Herkunft durchschaut haben. Hinter Josaphat aber verbirgt sich nichts anderes als »bodhisat«, die volkstümliche Abkürzung von »bodhisattva«, und Barlaam leitet sich über »vilaubar« von »baghavan« her, was soviel bedeutet wie der »Erhabene«.

Ikeda: Die Namen Barlaam und Josaphat, die ursprünglich persisch waren, sollen in die Legenden der christlichen Heiligen durch mittelalterliche persische Übersetzungen ins Pehlewi von Geschichten aus dem Leben Sakyamuni Buddhas, wie sie im Lalitawistara überliefert werden, eingegangen sein. Durch weitere Übersetzungen ins Arabische, Griechische und Lateinische und schließlich in die unterschiedlichen westeuropäischen Sprachen kam man schließlich dazu, den heiligen Barlaam und König Josaphat als wirklich historische Gestalten anzusehen. Auch japanische Christen kennen eine Schrift, die sich »Die Taten der heiligen Barlaam und Josaphat« nennt.

Derbolav: Der noch heute bedeutsame Buddhismusforscher Hermann Beckh versichert in diesem Zusammenhang, daß die Übernahme später vergessener buddhistischer Traditionselemente in die christliche Legendenbildung nicht dem Buddhismus im Abendland Geltung verschaffen, sondern umgekehrt den Nachweis erbringen sollte, wie sehr das Christentum in der Lage sei, auch außerchristliche, zum Beispiel indische Heilsverkündigungen in sich aufzunehmen und im eigenen Sinn zu verklären. Jedenfalls gilt dies noch für das Mittelalter und die frühe Neuzeit.

Ikeda: Natürlich haben auch die meisten anderen Religionen und Philosophien die Fähigkeit, fremde Elemente zu assimilieren. Gleichwohl überrascht eine solche Übernahme ins christliche Denken, weil es in den meisten Fällen den Eindruck strenger Exklusivität macht.

Derbolav: Als dann zu Anfang des 19. Jahrhunderts den Europäern die Bedeutung des Buddhismus als dominierender asiatischer Religionsgemeinschaft aufging, begann sich zuerst die Philosophie, dann auch die Indologie und die vergleichende Sprach- und Kulturforschung für das buddhistische Gedankengut zu interessieren und seine Quellen auf textkritischer Grundlage zu erschließen. Was dabei auffiel, waren die frappierenden Ähnlichkeiten zwischen buddhistischen Texten und Texten der kanonischen bzw. der apokryphen christlichen Evangelien, welche auf eine buddhistische Beeinflussung des Christentums hinzudeuten schienen. Man hielt die Gemeinde der Essener für den Ort, an dem Jesus – während seiner frühen Taufbegegnung und kurzen Taufgemeinschaft mit dem Essener Johannes – in Kontakt mit indischem Gedankengut getreten sein könnte. Diese schon etwas gewagte Auffassung würde dann die noch gewagtere überflüssig machen, wonach Jesus in den dunklen Jahren seiner Lebensgeschichte zwischen dem Tod des Johannes und seiner kurzen Wanderpredigerzeit Reisen in den Osten unternommen und Kontakte mit dem Buddhismus aufgenommen habe.

Ikeda: Im Evangelium des Matthäus, Kap. 4, Vers 12–16, wird von dieser Periode im Leben Jesu Christi gesprochen. Es heißt hier: »Als Jesus nun hörte, daß man Johannes ins Gefängnis geworfen hatte, zog er sich nach Galiläa zurück. Er verließ Nazareth, um in Kapharnaum zu wohnen, das am Meer liegt, an den Grenzen von Sebulon und Naphtali. Denn es sollte sich erfüllen, was durch den Propheten Jesaia gesagt worden ist: Das Land Sebulon und das Land Naphtali an der Straße des Meeres, jenseits des Jordan, das heidnische Galiläa: Das Volk, das im Dunkel lebte, hat ein helles Licht gesehen.«
In keinem der anderen Evangelien gibt es einen Hinweis auf diese Lebensperiode Christi bis zu seinem 30. Lebensjahr. Obgleich kühn, kann man die Annahme nicht einfach zurückweisen, daß er damals in den Osten gereist sein und mit Buddhisten oder mit dem Buddhismus in Kontakt gekommen sein könnte. Einige Theologen, die dieser Annahme nicht folgen wollen, lassen wenigstens die Möglichkeit gelten, Christus habe ähnliche Kontakte in Alexandria geknüpft.

Derbolav: Rudolf Seidel meinte zu Anfang der achtziger Jahre des vergangenen Jahrhunderts aufgrund von Schriftvergleichen mehr als fünfzig Textparallelen zwischen Pali-Kanon und Neuem Testament nachweisen zu können, und wenn auch seine Methode kritisch angefochten wurde, so hielten doch Albert Edmunds und Richard Garbe später noch an sechs beziehungsweise vier Parallelen fest: an der zwischen der Prophezeiung Simeons im Tempel, die spätere Mission Jesu betreffend, und der Prophezeiung des heiligen Asita über die künftige Buddhaschaft des Säuglings Gautama, an der Parallele zwischen den Versuchungen Jesu und Buddhas durch den Teufel, von der schon die Rede war, und schließlich an den auf dem Wasser wandernden Religionsstiftern und der Vermehrung des Brotes zur Speisung der Menge, die da und dort belegt sind.
Neuerdings ist das Problem der Beeinflussung der christlichen durch die buddhistische Überlieferung noch konkreter substantiiert worden. So hat Roy C. Amore, ausgehend von den immer

wieder festgestellten Bezügen zwischen dem Dhammapada (1. Teil des Pali-Kanons) und der Bergpredigt, versucht, die vielfältigen Parallelen zwischen Buddhismus und frühem Christentum in einen historischen Zusammenhang zu bringen. Er vertritt die Hypothese, daß die gemeinsame Spruchquelle Q, die (neben dem Markusevangelium) den Evangelisten Matthäus und Lukas bei ihrer Konzeption als Vorlage diente, unter starkem buddhistischen Einfluß gestanden habe. Grundsätzlich gelte: je später die christlichen Texte, um so wahrscheinlicher buddhistischer Einfluß; denn die von Buddhisten und Christen ausgelösten Missionsbewegungen müßten sich verschiedentlich getroffen haben.

Ikeda: Gewinnt man nicht den Eindruck, daß, wenn die Texte, aus denen Matthäus und Lukas schöpften, stark unter buddhistischem Einfluß standen, die Hauptquelle dieses Einflusses wohl weiter zurückliegen müsse als in den Kontakten der Missionsbewegungen beider Religionen? Ich glaube, daß der buddhistische Einfluß wahrscheinlich in der Ursprungszeit des Christentums gesucht werden muß.

Derbolav: Selbst die zentrale Botschaft Jesu will Amore nicht aus hebräisch-jüdischen, sondern aus indisch-buddhistischen Quellen abgeleitet sehen. Dies käme wohl Ihrer Intention, die christliche Liebe als eine Abwandlung des buddhistischen Mitleids zu verstehen, nahe.
Ich finde eine solche Deutung recht interessant, kann mich ihr jedoch nicht anschließen, und zwar aus folgenden Gründen: Erstens weisen die entscheidenden Stellen im Neuen Testament, an denen Jesus sein Liebesgebot einführt, auf Formulierungen im Alten Testament zurück, die gleichfalls eine (allerdings nur auf die Juden selbst bezogene) Nächstenliebe fordern und von der Selbstliebe als ihrem Maßstab herleiten.
Zum anderen läßt sich auch die Übersteigerung der Nächstenliebe zur völligen Selbstverleugnung und Selbstpreisgabe auf der einen, zur Feindesliebe auf der anderen Seite nur aus dem

Gegensatz zur Gesetzesreligion der Juden wirklich verständlich machen, wie sie im Alten Testament verkündet wird. Die absolute Liebesforderung soll das dort in aller Härte – man denke an das »Auge um Auge, Zahn um Zahn« – vertretene Reziprozitätsprinzip endgültig aufheben und überwinden. Daß diese Intention tendenziell durch Einflüsse der buddhistischen Mitleidslehre noch unterstützt worden sein könnte, sei gerne zugegeben. Ja, man könnte sogar noch weitergehen und behaupten, daß dieser Einklang im Grundsätzlichen die wechselseitigen Einwirkungen in anderen Bereichen wesentlich erleichtert hat. Hier geht es uns nur um die eine Seite dieser Einwirkungen, nur um den Einfluß des Buddhismus auf das Christentum.

Ikeda: Könnte nicht auf ähnliche Weise die buddhistische Vorstellung von der Hölle die christlichen Auffassungen von den Höllenstrafen beeinflußt haben? In der drastischen Art, mit der die Schrecken der Hölle im Buddhismus und im Christentum beschrieben werden, scheinen beide Religionen einander näherzustehen als den vergleichsweise milderen Vorstellungen der Griechen vom Hades und den ähnlichen der vorbuddhistischen Japaner von Yomi, dem Reich der Toten. Sowohl in der griechischen als auch in der japanischen Version bleibt die Existenz des Toten ohne jede Beziehung zum Guten oder Bösen, das er in seinem Leben begangen hat. Nach christlicher wie nach buddhistischer Auffassung hingegen besteht eine strenge Ursache- und Wirkungsbeziehung, die bestimmt, ob der Tote Seligkeit genießt oder Höllenstrafen erleidet.

Derbolav: Hier scheinen mir historische Bezüge zum Buddhismus in der Tat viel wahrscheinlicher. Davon zeugt nicht nur das reich entfaltete Höllenbild der byzantinischen Ostkirche, sondern auch Dantes »Inferno« im Westen, das in seiner schauervollen Lebendigkeit wohl der Petrus-Apokalypse nachgestaltet wurde. Begreiflicherweise hat sich daher auch die Renaissancekunst des Themas besonders angenommen, man denke vor allem an die Fresken Giottos in Padua, die die Hölle als Berglandschaft

darstellen, oder an die skurrile Phantasie, mit der Hieronymus Bosch das reiche Inventar der Höllenstrafen ausmalt.
Die im Westen seit Dante verbreitete Vorstellung vom Höllenschlund bzw. Höllenbauch und den Höllenkammern, die sich trichterförmig nach unten absenken, erinnert durchaus an buddhistische Analogien. Im Buddhismus wird die Hölle freilich zumeist nicht gesondert, sondern im Verband mit jenem Verhängniszusammenhang dargestellt, in den sich alles Lebendige einbezogen sieht: in den Kreislauf der Wiedergeburten, samsara genannt.

Ikeda: Die Leiden, die Dante in seinem Inferno beschrieben hat, scheinen der buddhistischen Höllenwelt mit ihren raubgierigen Dämonen und kriegerischen Asuras zu entsprechen. Die Beziehung zwischen den im Leben begangenen Missetaten und der Strafe nach dem Tode ist in der buddhistischen Aufteilung der Hölle dargestellt, die acht glühende und acht eisige Marterplätze enthält. Die Art der zur Strafe führenden Untaten wird in jedem Teil der Hölle detailliert und höchst einfallsreich wiedergegeben.

Derbolav: Im »Lebensrad« des lamaistischen Buddhismus wird dieser Kreislauf in Gestalt eines gräßlichen Dämons dargestellt, der mit seinen Krallen und Zähnen den inneren Kreis der Daseinsbereiche – die Welt der Götter, Dämonen, Menschen, Tiere und der ins Fegefeuer und in die Hölle Verstoßenen – festhält, während im äußeren Umkreis die zwölf Glieder der Ursachenketten jenes Gestaltwandels veranschaulicht werden. Der Buddha aber, der die Befreiung aus dem samsara gefunden hat, sitzt entweder im Zentrum der beiden Kreise oder außerhalb auf dem Lotosthron in ruhevoller Meditation. Von diesem Lebensrad, das seines Verhängnischarakters wegen meist kurzweg als »Hölle« apostrophiert wird, gibt es Darstellungen in jeder beliebigen Form. Ich selbst besitze ein Wandbild dieser Art, das mir erst meine Beschäftigung mit diesem Thema richtig aufgeschlossen hat.

Im christlichen Bereich variiert übrigens das Bild vom Höllenschlund mit dem schon erwähnten Bild vom Höllenberg bzw. von der Höllenstadt, das als Gegenstück zur »Himmelsstadt« konzipiert ist. Da im christlichen Verständnis das individuelle Dasein im Himmel oder in der Hölle endet (bzw. fortdauert, jedenfalls aber keinerlei Wiedergeburten erfährt), sind in unseren Höllenbildern die buddhistischen Daseinsbereiche durch Felder ersetzt, die die unterschiedlichen Arten der Sünden und Verbrechen bzw. der ihnen korrespondierenden Strafen wiedergeben. Hieronymus Boschs bzw. Pieter Bruegels, des sogenannten Höllenbruegel, Bilder zeigen, wie sehr sich hier die Phantasie des Grauens zu liebevoller Detailmalerei verdichten kann.

Gesetz oder persönlicher Gott

Ikeda: Die entscheidende Differenz zwischen Christentum und Buddhismus liegt in der Deutung des höchsten Seins: Christen halten das höchste Sein für einen anthropomorphen Gott, während die Buddhisten in ihm ein universelles Gesetz sehen. Katholiken, Protestanten, Griechisch-Orthodoxe und andere christliche Bekenntnisse und ihre breit gestreuten Anhänger mögen sich in vielen Punkten unterscheiden, aber da sie alle die Bibel als ihre heilige Schrift zugrundelegen, bekennen sie sich alle zu einer einzigen anthropomorphen höchsten Wesenheit namens Gott als dem Schöpfer und der Quelle aller Dinge und sprechen ihm menschenartige heftige Gefühle der Liebe und des Hasses zu. In diesen Punkten unterscheiden sich die zahlreichen christlichen Konfessionen kaum voneinander.
Im Gegensatz dazu unterstellt der Buddhismus die Möglichkeit zahlloser Welten in Vergangenheit, Gegenwart und Zukunft im gesamten Universum und nimmt an, daß es in diesen Welten zahllose Buddhas gibt. Da ferner ein Buddha ein Wesen ist, das die Erleuchtung zur Wahrheit erfahren hat, und da die Wahrheit ein allgegenwärtiges Absolutes ist, das Zeit und Raum überschreitet, ist es durchaus möglich, daß eine unbegrenzte Anzahl

von Wesen die Erleuchtung zu ihr hin erfahren haben oder noch erfahren werden. Es ist weiterhin möglich, daß – falls sie sich zu einem immer klareren und tieferen Denken durchringen – alle die unerleuchteten Menschen, die heute leben, eines Tages auch Buddhas werden.

Buddhas sind also zur Wahrheit des Lebensgesetzes Erleuchtete. Daher ist die Wahrheit die Quelle, von der Buddhas ins Leben gerufen werden; und der Buddhismus lehrt, daß der Buddha mit den drei Tugenden Vater (bzw. Eltern), Lehrer und Meister ausgestattet ist. Ob menschliche Wesen in Übereinstimmung mit diesem Gesetz leben oder von ihm abfallen beziehungsweise ihm den Rücken kehren, das entscheidet darüber, ob sie in diesem Leben glücklich oder unglücklich werden.

Es ist klar, daß die buddhistische Lehre mit »Gesetz« nicht jene Rechtsnormen meint, die die Menschheit eingeführt hat, um die Gesellschaft zu ordnen. Vielmehr muß das universelle Gesetz mit dem Naturgesetz verglichen werden, dem alle erscheinungsmäßigen Prozesse unterworfen sind. Die Menschen sollen auf solche Gesetze achten, und zwar im eigenen Interesse. Zum Beispiel wird jemand, der das Gravitationsgesetz kennt und versteht, kaum einen Sprung von einem fünfzig Meter hohen Felsen wagen. Und wenn er töricht genug wäre, einen solchen Sprung zu wagen, würde ihm dies übel bekommen.

Darüber hinaus sind Glück und Unglück, wie Sie aus einem in Übereinstimmung oder Widerspruch mit dem universellen Gesetz geführten Leben erwachsen, nicht auf die materiellen Freuden und Leiden dieser Welt begrenzt, sondern dauern über den Tod hinaus.

Nach meiner Meinung mag die christliche Lehre eine mit menschlichem Willen, mit Gefühlen und Intellekt ausgestatteten anthropomorphen Gottes vielleicht ihre Wirkung bei Leuten tun, die hochabstrakter Denkweise unfähig sind. Menschen mit dieser Denkfähigkeit werden sie ohne Zweifel nicht nur unbefriedigend, sondern in mancherlei Hinsicht auch fragwürdig finden. Um nur eine simple Illustration dafür zu geben, so erweckt die Existenz so vieler böser Menschen, die offensichtlich die Segnungen Gottes genießen, der angeblich über Glück und Unglück entscheidet, Zweifel an seiner Unparteilichkeit und Weisheit.

Derbolav: Es gibt in der Tat keine Einwände gegen das Christentum, die nicht in der fast zweitausendjährigen Geschichte der christlichen Theologie und Kirche bereits auf das gründlichste bedacht worden sind und dabei oft genug heftige Kontroversen ausgelöst haben. Das gilt auch für den gegen die Idee eines persönlichen Gottes erhobenen Anthropomorphismuseinwand. Ich brauche also nur die Fäden dieser Reflexionsstränge aufzunehmen und will im folgenden unser Thema in drei Gedankengängen abzuklären suchen.

Der erste zielt auf eine vordergründige Rechtfertigung des Christentums gegen Ihren Einwand ab, verschweigt aber nicht, daß auch im christlichen Raum die kritische Aufklärung an der Vorstellung eines persönlichen Gottes manche Abstriche vorgenommen hat. Deshalb muß hier auch das Verhältnis von Religion und Philosophie beziehungsweise Einzelwissenschaft bei uns bedacht werden, wobei zugleich gefragt werden soll, wie Sie im Osten dieses Verhältnis interpretieren.

Der zweite Gedankengang vertieft die von Ihnen ausgesprochene Differenz zwischen Christentum und Buddhismus, indem er die Heilsgeschichte als das »Handeln Gottes mit dem Menschen« im christlichen Sinn dem kontinuierlichen Kreislauf der Wiedergeburten des universellen Lebens unter Beibehaltung der individuellen Integrität im Verständnis des Buddhismus gegenüberstellt.

Der dritte Gedankengang zeigt schließlich, welche Verständnisschwierigkeiten und Zweifelsanstöße die christliche Lehrtradition für den Gläubigen selbst enthält und ob beziehungsweise wie er mit ihnen fertig werden kann. Alle drei Gedankengänge werden sich dabei im Horizont des Vergleichs von Christentum und Buddhismus halten und Ihre Einwände zu beantworten suchen.

Daß der Buddhismus dem Christentum überlegen sei, wie Sie selbst unterstellen, hat schon Nietzsche in seinem »Antichrist« mit aller Entschiedenheit behauptet. Er bezeichnet beide als »nihilistisch« und als Decadence-Religionen – was wohl auf die schon erwähnte Tatsache verweist, daß sich beide primär den Armen und Schwachen zuwenden –, nennt aber den Buddhismus im gleichen Atemzug »hundertmal realistischer« als das Christentum, da er »die Erbschaft des objektiven und kühlen Probleme-Stellens im Leibe« habe und »nach einer Hunderte von Jahren dauernden philosophischen Bewegung« komme, »für die der Begriff ›Gott‹ bereits abgetan« sei. Er kämpfe daher auch nicht mehr gegen die Sünde, sondern gegen das Leiden und stehe damit bereits »jenseits von Gut und Böse«.

Ob Nietzsche in diesen beiden letzten Punkten und seiner Nihilismusthese recht gesehen hat, mag dahingestellt bleiben. Jedenfalls charakterisiert er den Buddhismus als eine geistig ausgereifte, gleichsam männliche Religion und berührt damit noch eine andere Differenz dem Christentum gegenüber. Das christliche Glaubensverständnis trägt ohne Zweifel kindliche Züge: die Menschen verstehen sich als »Kinder Gottes«, die in ihrer gläubigen Selbstverwirklichung wieder »wie die Kinder« werden sollen. Jesus läßt »die Kinder zu sich kommen« und droht jedem die strengste Strafe an, der eines von ihnen kränkt und ihm Leid antut. Warum sollte er also in seiner Verkündigung zu den Menschen nicht wie zu Kindern, das heißt mythologisch, in Bildern vom göttlichen Vater, von seiner eigenen Sohnschaft und Erlösungsaufgabe reden? Diese Sprache ist ja auch dem Buddhisten nicht fremd: Auch ihm wird bei dem Gedanken an das universelle Gesetz erst warm, wenn er es in seiner Vater-, Lehrer- und Meisterrolle durchschaut und angenommen hat, wie Sie selbst ausführen.

Ikeda: Gewiß, der Buddha ist erleuchtet zum Lebensgesetz, aber zugleich versehen mit den drei Tugenden eines Lehrers, eines Meisters und eines Vaters. Er ist mehr als ein Lehrer, der in das Gesetz einführt, er ist zugleich ein Meister, der Schutz bietet und ein Vater, der voll Mitgefühl liebt. Nicht der Buddha erschafft das Gesetz oder zwingt es den Gläubigen auf, denn es geht seiner Existenz voraus. Statt dessen ist er ein Vermittler, der den Menschen das Gesetz enthüllt. Wäre der Buddha sein Schöpfer,

dann würde das Gesetz in der Vermittlung zwischen ihm und der Menschheit steckenbleiben. Der Vermittler ist unabdingbar, weil das Gesetz ja nicht für sich selbst sprechen kann. In der jüdischen, christlichen und islamischen Tradition erfüllen die Propheten eine ähnliche Vermittlungsaufgabe, und die Autorität der Propheten ist dann auf die der Kirchen und Kalifate übergegangen, welche absolute Herrschaft über ihre Anhänger beansprucht haben.
Im Buddhismus dagegen ist es der Buddha, der vermittelt. Das Gesetz ist das Absolute. Beim Studium des und bei Einübung ins Gesetz unter Führung eines Buddha werden die Menschen befähigt, selbst die Buddhaschaft zu verwirklichen. Im Gegensatz dazu ist den monotheistischen Religionen das Absolute eine anthropomorphe Gottheit, deren Wille alle Dinge lenkt. Kurz gesagt, wenn der Buddhismus die Menschen als Kinder ansieht, dann erwartet er, daß sie erwachsen werden. Die monotheistischen Religionen jedoch scheinen die Menschen immer und stets als Kinder zu betrachten, die Gott gehorchen und von ihm geliebt werden sollen.

Derbolav: Und die Phantasie eines hingebungsvollen Glaubens kann diese mythologische Vorstellungswelt noch konkretisieren und ergänzen, wie das in der katholischen Glaubensgeschichte nicht selten der Fall war. Hierfür ein Beispiel aus nicht allzu ferner Vergangenheit. Wer die mariologischen Andeutungen der Heiligen Schriften ernst nimmt – Maria wird hier schon früh die »zweite Eva« genannt – und daher in einer lebendigen Tradition der Marienverehrung steht, wie das etwa heute in Polen, aber auch in vielen außereuropäischen Ländern der Fall ist, der wird wohl oder übel Anstoß an der Lehre nehmen können, wonach Gott-Vater und -Sohn im Himmel thronen, die Gottesmutter aber einen irdischen Tod erlitten hat und damit das Schicksal der übrigen Menschen teilt. Mit dem Dogma von der »Himmelfahrt Mariens« ist die Kirche 1951 dem Ausgleichsbedürfnis dieser Christen entgegengekommen und hat damit die »heilige Familie« im Himmel vereint.

Auf der anderen Seite wirkt dieser quellenden Glaubensphantasie die Reflexionskraft der Aufklärung entgegen, die solche Bilder als vorläufig entlarvt und auf das Glaubenswesentlichste hin zu »entmythologisieren« versucht. (Rudolf Bultmanns vielberufene Entmythologisierungskampagne hat also in der philosophischen bzw. einzelwissenschaftlichen Glaubensaufklärung bereits jahrhundertealte Vorläufer.)
Diese christliche Glaubensaufklärung zeigt eine mystische und eine rationale Seite. So haben sich etwa im frühprotestantischen Raum theosophische Zirkel gebildet, die unter Vergleichgültigung der geschichtlichen Faktizität den Gottesprozeß, genauer: Menschwerdung, Kreuzestod und Erlösung, in die individuelle Seele selbst verlagerten oder, in etwas anderer Version, Gott im Menschen sich selbst erkennen, zu sich selbst kommen ließen. Der rationalen Komponente dieser Glaubensaufklärung zufolge wurden andererseits Schöpfungs- und Heilslehre des Christentums auf einen abstrakten Gott hin reduziert, der die Welt zwar geschaffen, sie dann aber ihrer natürlich-geschichtlichen Eigendynamik überlassen hat. (Man hat diese Auffassung »Deismus« genannt.)
Und der »Gott dahinter« wird schließlich ganz überflüssig, wenn Philosophie und Wissenschaft in ihren Weltentstehungstheorien Ersatzerklärungen für seine Wirksamkeit bieten. Was dabei schließlich herauskommen mag, ist die Idee einer »vernünftigen Weltordnung«, die der des buddhistischen Gesetzes ziemlich nahekommt. Das erinnert sehr an die antike Aufklärung, die die »natürliche Theologie« der klassischen Philosophie gleichfalls in der Idee des »Weltgesetzes« der Stoa ausmünden ließ.

Ikeda: Wenn der junge Mensch heranwächst, Wissen erwirbt und sich zur Selbsterkenntnis durchringt, ist es nur ganz natürlich, daß er unzufrieden wird, wenn er immer nur das tun soll, was ihm der Vater, auch wenn es der himmlische Vater ist, vorschreibt. Der gereifte Mensch folgt nur seiner Intuition, wenn er seine eigenen Weltdeutungen entwickeln und seinen eigenen Weg gehen will. – Die buddhistische Lehrmethode, allen Menschen den Weg zu weisen, kommt diesem allgemein-menschlichen Verlangen nach Unabhängigkeit entgegen. Die modernen Aufklärungsbestrebungen, die Sie erwähnen, scheinen mir auch von einem ähnlichen Unabhängigkeitsbedürfnis inspiriert zu sein.

Derbolav: Der rationale Zweig der Aufklärung liefert aber auch noch einen Beitrag in andere Richtung: Er vermag den Streit um den Vorrang innerhalb der Hochreligionen zu entgiften, wofür die Ringparabel in Lessings »Nathan der Weise« in bezug auf Judentum, Christentum und Islam ein schönes Zeugnis ablegt. Diese Religionen werden darin mit drei Ringen verglichen, die der Besitzer an seine drei Söhne verteilt, welche er alle gleich wertschätzt. Zwei Ringe sind einem ersten, dem echten, der die Kraft besitzt, seinen Träger vor Gott und den Menschen angenehm zu machen, ununterscheidbar nachgebildet. Da sich die Söhne naturgemäß die Echtheit ihrer Ringe wechselseitig bestreiten, werden sie von einem klugen Richter ermahnt, selbst zu erproben, welcher der Ringe am besten den in ihn gesetzten Zweck erfülle, vor Gott und den Menschen angenehm zu machen.

Auf die drei genannten Hochreligionen bezogen, heißt dies: nicht durch historische oder dogmatische Beweisführung, sondern nur durch eigenen praktischen Leistungsnachweis läßt sich der Wahrheitsanspruch (und damit auch der Vorrang) eines Religionssystems begründen, und dieser Ausweis wird wohl bis zum »Ende der Zeiten« offen bleiben müssen.

Eine solche Lösung steht überdies auch dem schon berührten Deismus der Aufklärung ziemlich nahe, weil sie die vom Evangelium geforderte Liebe zu Gott und den Menschen durch die mildere Form eines Sich-angenehm-Machens vor beiden ersetzt. Übrigens gibt es, wie ich hörte, auch eine buddhistische Parabel mit ganz ähnlicher Intention: Danach lockt ein Vater seine Kinder dadurch aus einem brennenden Haus, daß er jedem von ihnen einen besonderen Wagen verspricht. Hinterher gibt er allen Kindern zusammen nur einen Wagen, aber dafür den schönsten. Rangstreitigkeiten unter den Hochreligionen erweisen sich demnach – und dies ist der Sinn der Gleichnisse, dem Sie wohl auch zustimmen würden – als überholt.

Ikeda: Was Sie eben erwähnten, ist die Parabel von den drei Karren und dem brennenden Haus im Kapitel 3 des Lotos-Sutra. Ihr fundamentaler Sinn ist, daß die Erleuchtung des Buddha alle irdischen und endlichen Verständniskräfte übersteigt. Obwohl die Kinder nur nach Karren verlangen, die von Hirschen, Ziegen oder Ochsen gezogen werden, hat der Vater für sie einen großen, prachtvollen Wagen vorbereitet, der von einem schneeweißen Ochsen gezogen wird. Dieses wundervolle Gefährt verkörpert das Gesetz, das zur Buddhaschaft führt. Da dies etwas ist, von dem sie keinen Begriff haben, sehen gewöhnliche Menschen nicht leicht ein, warum sie überhaupt wünschen sollten, jene höchste Stufe des Glücks zu erreichen, die der Buddha-Zustand darstellt.

Derbolav: In diesem glaubensgeschichtlichen Überblick darf auch der bedeutendste deutsche Religionsphilosoph Hegel nicht fehlen, der, wenn man so will, den interessanten Versuch gemacht hat, den mystischen und rationalen Zweig der Glaubensaufklärung dialektisch zusammenzudenken: Gott als allgemeiner und absoluter Geist vermittelt sich mit dem individuellen Geist des Menschen so, daß beide im »heiligen Geist« der Liebe nicht mehr getrennt sind, den das christliche Gemeindeleben ausstrahlt.
Solche spekulativen Lösungen des Gottesproblems helfen uns bei unserem Gespräch freilich kaum weiter, seit um die Mitte des 19. Jahrhunderts die philosophische von der einzelwissenschaftlichen Glaubensaufklärung abgelöst wurde, die die Inhalte der christlichen Glaubenstradition Stück für Stück abgetragen hat: daß Gott mit seinem Sohn im Himmel throne, daß der Mensch ein Geschöpf Gottes sei, daß alle Menschen auf ein ewiges Leben nach dem Tode hoffen dürften und schließlich, daß das Christentum – wie übrigens alle Hochreligionen, die einen absoluten

Wahrheitsanspruch erheben – eine historisch unvergleichbare Einmaligkeit darstelle.

Ikeda: Eine Religion, die von sich behauptet, sie sei historisch völlig einzigartig und unvergleichlich, könnte zwar bei flüchtigem Hinsehen als eine Religion erscheinen, die auf reinem Glauben beruht, aber der Glaube, auf den sie sich beruft, kann durchaus blind sein. Nichiren Daishonin sprach von der Notwendigkeit eines religiösen Kritizismus und demonstrierte auf der Basis eines Religionsvergleichs die Überlegenheit seines buddhistischen Gesetzes. Im gegenwärtigen Zeitalter, das beherrscht ist vom Geist wissenschaftlicher Kritik, wird eine Religion, die sich selbst nicht in Beziehung zu anderen betrachten will, Schwierigkeiten haben, Glauben und Anhängerschaft zu finden. Auf grundsätzlich unkritische Menschen freilich mag ein solcher Glaube gerade besonders anziehend wirken.

Derbolav: Die Wissenschaften, welche die schrittweise Entlarvung vollziehen, ordnen sich gleichsam zu einem Spektrum, das von der Physik über die Biologie, Psychologie bis zur Historie (bzw. Vergleichenden Religionswissenschaft) emporführt. Im physikalischen Weltbild, dem wir uns alle längst verschrieben haben, gibt es kein »oben« und »unten« und daher auch keinen »Himmel« und keine »Hölle« mehr, in denen »Gott« beziehungsweise der »Teufel« residieren. Die von Darwin entwickelte biologische Evolutionstheorie hat schließlich das menschliche mit dem animalischen Leben verknüpft und läßt es genetisch aus ihm entspringen. Damit scheint die »Geschöpflichkeit« oder Gotteskindschaft des Menschen außer Kurs gesetzt.
Auch die Psychologie ist hier nicht untätig geblieben: Erstmalig Feuerbach und nach ihm Marx, Nietzsche und Freud haben das »ewige Leben im Paradiese« als eine Projektion menschlicher Hoffnungen und Sehnsüchte in ein Jenseits zu erweisen gesucht, das sich im Durchschautwerden gleichsam als nichtig entlarve und den Blick auf das Diesseits zurücklenke – davon war ja schon bei der Erörterung des Humanismus die Rede.

Und die historisch vergleichende Religionsforschung hat schließlich nachgewiesen, daß kein Element, kein Zug einer bestimmten Religion Ausschließlichkeitscharakter besitzt und damit ihren Absolutheitsanspruch rechtfertigen kann. Ich war vor einigen Jahrzehnten stark beeindruckt von der Art, wie das Atheismus-Museum in Leningrad für seine Überzeugung wirbt: Alles, was das Christentum als Lehre für sich allein beansprucht, die Jungfrauengeburt, die Menschwerdung Gottes, der Erlösungstod des Messias, selbst das Jüngste Gericht, alles dies wurde dort recht anschaulich als integrales Element auch anderer Religionen ausgewiesen.

Ikeda: Das ist interessant. Die Sowjetunion und andere sozialistische Staaten vertreten eine dezidiert antireligiöse Haltung – vielleicht aus praktisch-politischen Gründen. In den Ländern Osteuropas, in denen heute der Sozialismus herrscht, ist die Religion, zumeist die christliche, im Volk so tief verwurzelt, daß die Kirchen, selbst angesichts der Mißbilligung durch die Obrigkeit, regelmäßig gefüllt sind. Ohne Zweifel haben sich die Regierungen dieser Länder zu rigorosen antireligiösen Kampagnen veranlaßt gesehen, um den Glauben in seinen Wurzeln überhaupt zu zerstören.

Derbolav: Darin mögen Sie recht haben. Um zu unserem Thema der Glaubenskritik zurückzukommen: Entlarvender noch ist freilich die Einsicht, daß die historische Jesusgeschichte weit hinter dem zurückbleibt, was die Kirchenlehre später daraus gemacht hat, und daß sich Jesu Gottessohnschaft, Mariens ewige Jungfräulichkeit und ihre Rolle als Gottesgebärerin recht überzeugend als Übernahme aus hellenistischen Quellen erweisen lassen.

Man braucht sich daher nicht zu wundern, wenn angesichts dieser einzelwissenschaftlichen Glaubensdestruktion auch die Theologie in die gleiche Kerbe schlägt und die tradierte Glaubenssubstanz auf das nackte Faktum der Verfallenheit des Menschen an das »Man« (qua Sündhaftigkeit) und auf seinen

Aufschwung zum »Selbst« (qua Gottesbejahung) reduziert, wie das Rudolf Bultmann im Anschluß an Martin Heidegger getan hat.

Ikeda: Es scheint, als ob Wissenschaft und positivistische Einstellung in der modernen Welt den Glauben an das christliche Lehrgut im Westen untergraben oder zumindestens eingeschränkt haben. Einen ähnlichen Effekt hat die Modernisierung in manchen Bereichen der Religion im Osten gehabt, obwohl der Buddhismus davon weniger betroffen ist als andere Religionen, weil seine Lehre, recht verstanden, nicht mit der Wissenschaft in Konflikt gerät.

Derbolav: So scheint das Christentum mindestens seit gut hundertfünfzig Jahren auf dem Rückzug vor Philosophie und Einzelwissenschaft begriffen zu sein. Gleichwohl fragt es sich, ob der abstrakte »Gott der Philosophen« auf der einen und der Atheismus der Einzelwissenschaft auf der anderen Seite wirklich das letzte Wort in dieser Sache darstellen.
Will man hier eine wahrhaft überzeugende Gegenrechnung präsentieren, so muß man sich wohl zunächst klarmachen, daß es unterschiedliche Sinnstufen gibt, die jeweils jene Bereiche aus der Gesamterfahrung herausfiltern, welche ihrer Fragestellung und Zugriffsweise nach verwandt sind. Die Sinnstufe der Religion ist nun sicherlich die komplexeste und voraussetzungsvollste, und das auf ihr repräsentierte Heilsgeschehen geht daher auch in keinen der hier genannten Wissenschaftsaspekte substantiell mit ein.
Sicher gibt es einzelwissenschaftliche Probleme in Auslegung und Begründung des christlichen Glaubens, etwa das einer angemessenen Quellenkritik bzw. hermeneutischen Sinnfindung oder das der exakten Erforschung der Glaubensgeschichte, doch ist das, was der Christ unter dem »Göttlichen« versteht, weder im Aspekt der Physik, noch in dem der Biologie, der Psychologie oder der Historie aufweisbar. Für die drei erstgenannten Wissenschaften ist dies ohnehin augenfällig.

Aber auch die empirisch-profane Geschichtswissenschaft kann nur registrieren, daß Männer wie Buddha und Jesus gelebt, daß sie bestimmte Schicksale erfahren und Überzeugungen ausgesprochen, daß von ihren Lehren bestimmte Wirkungen ausgegangen sind und so weiter. Nicht aber kann sie angebliche Wunder beglaubigen oder den Wahrheitsgehalt dieser Überzeugungen und Lehren sicherstellen.
Für die »Heilsgeschichte« ist dies anders – und hier beginnt der Übergang zum neuen, religiösen Sinnbereich, das heißt zum »Gott Abrahams und Isaaks«, der nicht wie der »Gott der Philosophen« die »Vernünftige Weltordnung« repräsentiert, sondern sich als »Herr der Geschichte« an drei ihrer markantesten Punkte zu erkennen gibt (und hier muß die christliche mit der jüdischen Glaubensüberlieferung zusammengedacht werden, welche sie ja zu »erfüllen« beansprucht): In seiner Weltschöpfung und ersten Verkündigung, in seiner Menschwerdung in Christus als Erlöser und in seinem Gericht über die Toten als dem Abschluß, dem »Eschaton« der Geschichte. Dieses »Heilshandeln Gottes am Menschen« ist nun genau das, woran der überzeugte Christ wirklich glaubt und woran er seine Hoffnungen knüpft. Hierfür ist die Personalität Gottes eine unabdingbare Grundvoraussetzung, die man auch durch die Unterstellung, sie sei eine Fiktion, die der Mensch sich selbst nachgebildet habe, in ihrem Dringlichkeitsanspruch für den Gläubigen kaum schmälern kann.

Ikeda: Das mag sein. Dennoch glaube ich, daß es zu weit gehen heißt, wenn man sowohl Schöpfung als auch Erlösung Gott zuschreiben will. Die meisten Religionen, die ursprünglichen japanischen mit eingeschlossen, haben Mythen von Schöpfergottheiten entwickelt. Aber Schöpfung und Erlösung geraten miteinander in Widerspruch. Der Erlösungsgedanke setzt voraus, daß Sünden begangen wurden, die vergeben werden müssen. Wenn aber Gott allmächtig ist, warum erschuf er dann eine sündhafte Menschheit? Dies läßt seine Schöpfungstat selbst als fehlerhaft erscheinen. Deshalb halte ich es für wenig einsichtig,

Gott Schöpfung und Erlösung gleichsam als Stufen eines historischen Ablaufs zuzuschreiben.

Derbolav: Nicht im Anthropomorphismusvorbehalt, vielmehr in der hier kurz berührten Geschichtstheologie sehe ich die eigentliche Kluft, die das Christentum vom Buddhismus scheidet. Für den Christen hat die Geschichte gleichsam einen zielweisenden Sinn, mag sie in ihrer profanen Gestalt noch so wenig wahren Fortschritt erkennen lassen. Für den Buddhisten dagegen ist Geschichte eine Kette (oder ein Kreislauf) von Reinkarnationen, die (beziehungsweise der) nach beiden Seiten in die Unendlichkeit ausmündet, sich ewig wiederholt. Ihr »Eschaton« liegt für ihn in seinen späteren Wiedergeburten, besonders wenn sie ihn Zugang zu den Himmelsgefilden gewinnen und die Hölle vermeiden lassen, und in seinem schließlichen Verlöschen, wenn er sich soweit geläutert und vervollkommnet hat, daß sein Karma weitere Wiedergeburten überflüssig macht.

Ikeda: Sie sprechen von Lehrstücken des Hinayana-Buddhismus, welcher in Sri Lanka, Thailand, Burma verbreitet und die erste Form des Buddhismus war, mit der die Europäer in Kontakt kamen. Die Lehrstücke des Mahayana-Buddhismus, der sich über ganz Zentralasien, China, bis nach Korea und Japan ausbreitete, waren etwas unterschiedlicher Natur. Obwohl beide als letztes Ziel das Erreichen der Buddhaschaft verfolgen, lehrte der Mahayana-Buddhismus und speziell das Lotos-Sutra die Buddhaschaft betrachten als einen Zustand freudvoller Betrachtung der ewigen Wiederkehr von Leben und Tod. Das individuelle Leben, das diesen Zyklus durchläuft, ist eins mit der ewig sich treu bleibenden universalen Lebenskraft.

Derbolav: Sicherlich enthält das Lehrstück von den »Wiedergeburten« des individuellen Lebens aus dem Fundus des universellen Lebens keine größeren Denkschwierigkeiten als das christliche Dogma von der »Auferstehung des Fleisches« – beide bleiben letztendlich Gegenstände eines »Vernunftglaubens«, wie ich

früher gezeigt habe – , doch hat der Gedanke der »ewigen Wiederkehr des Gleichen«, das heißt des Selbsts in wechselnden Gestalten –, wie er im buddhistischen Geschichtsbild impliziert ist, für den Christen etwas Befremdliches. Man vergesse hier nicht, daß Nietzsche dieses Lehrstück entwickelte, nachdem er Gott für »tot« erklärt und die Sinnlosigkeit der Geschichte konstatiert hatte. Für den Menschen, der sich in den göttlichen Heilsplan einbezogen glaubt, hat diese Perspektive daher – man möchte fast sagen – nihilistischen Charakter.
Trifft dies wirklich zu, so müssen wir sogleich fragen, oder ist nicht auch die buddhistische Reinkarnationslehre in den Sinnhorizont des Menschlichen insofern hineinverschlungen, als sie an zwei Punkten der menschlichen Vernunft besonders entgegenkommt? In Verknüpfung mit der Karmalehre sorgt das kosmische Gesetz dafür, daß der Gerechtigkeitssinn des Menschen befriedigt wird. Sein gutes Handeln kommt ja in einem neuen, vielleicht sogar schon in diesem Leben als Glückserfahrung auf den Täter zurück! Typisch menschlich gedacht ist auch das Letztziel des Buddhismus, das Individuum in seiner Erleuchtung gleichsam mit dem universalen Gesetz zusammenzuschließen beziehungsweise in Einklang mit dem Ganzen von Natur und Kosmos zu setzen.
Aus beiden Prätentionen lassen sich ohne Zweifel Größe und Anspruch des Buddhismus ablesen. Aber steckt darin nicht auch – zumindest in der Annahme, das Weltgesetz folge in seiner Wirksamkeit den Qualitätsmaßstäben des Menschen – ein Schuß anthropomorphen Denkens? Denn von den schon erwähnten Tugenden des Buddhas als der Menschen »Vater«, »Lehrer« und »Meister« einmal abgesehen, ist es für den Buddhisten doch zugleich der letzte Garant für die waltende Gerechtigkeit in dieser und allen übrigen Welten, und Gerechtigkeit – daran dürfte wohl kaum zu rütteln sein – stellt letztlich ein tief menschliches Verteilungs- und Ordnungsprinzip dar.

Ikeda: Der Buddhismus ist, wie Sie sagen, gesetzesfundiert. Unmittelbar vor seinem Tode hat Shakyamuni seine Anhänger

angewiesen, das Gesetz zu ihrem Lehrer zu machen. Die Religion verbreitete sich dann unter vielen Völkern, und Gegenstände der Verehrung, später in der Form physischer Darstellungen Buddhas, der bis zu einem gewissen Grad deifiziert wurde, gewannen wachsende Bedeutung. Mit der Zeit wurde diese Tendenz immer stärker, so daß schließlich Statuen von zahlreichen Buddhas neben Shakyamuni, von Bodhisattwas und Shakyamunis wichtigsten Schülern, darunter Shariputra und Mahakashyapa, hergestellt und verehrt worden sind.
Darüber hinaus entstanden Sekten und gewannen an Bedeutungen, die wenig an Studium und Vermittlung der Lehren des Buddhismus interessiert waren und denen es einzig um persönliche Erlösung durch das Mitleid Buddhas ging. Solche Sekten benutzten in erster Linie gern Darstellungen von Amitabha-Buddha und Mahavairocana-Tathagata, die niemals wirklich gelebt haben und in den Schriften nur kurz erwähnt worden sind. Shakyamuni Buddha berief sich allein auf das Gesetz und suchte die Menschen zum Gesetz hinzuführen. Deshalb erfordert Buddhismus, der auf seinen Lehren beruht, Beschäftigung mit und Einübung in das Gesetz. Da sie niemals wirklich existiert haben, können Amitabha-Buddha und Mahavairocana-Tathagata niemals das Gesetz gelehrt haben. Deshalb wurden auch sie selbst von ihren Anhängern zu Gegenständen der Verehrung erhoben. In Sekten, in denen dies geschah, verlor das Gesetz also seine zentrale Bedeutung, und anthropomorphe Gestalten treten an seine Stelle.

Derbolav: Damit komme ich zu meinem dritten Gedankengang, der sich den Härten und Denkschwierigkeiten des christlichen Glaubensbekenntnisses zuwendet.
Die erste haben Sie selbst berührt, indem Sie die angebliche »Güte« des christlichen Gottes zur offensichtlich ungerechten Verteilung der Lebensgüter in dieser Welt in scharfen Kontrast setzen. Die in der Tat nicht auszurottenden Übelstände unseres Lebens haben christliche Theologen seit eh und je dazu aufgerufen, alle nur möglichen Argumente zu finden, um Gott von der

Verantwortung für sie lossprechen zu können. Bisher ist freilich eine solche Rechtfertigung Gottes – »Theodizee« genannt – nicht gelungen, und alle Versuche in dieser Richtung blieben vorläufig. Leid als Prüfung, als Erziehungsmittel, als ein für unseren endlichen Verstand undurchschaubares göttliches Verhängnis sind Deutungen, die letztlich nicht befriedigen können und weitere Rückfragen provozieren.
Vor dieser Schwierigkeit steht freilich nicht nur das Christentum, sondern – sofern er einen Ausgleich zwischen moralischer Leistung und Glückserfahrung bereits in diesem Leben für möglich hält – auch der Buddhismus: Auch er kann das häufige Auseinanderfallen von moralischem Verdienst und Glückszuteilung in diesem Leben nicht wegdisputieren.

Ikeda: Gewiß, und diesen Widerspruch hat man auch dem Begründer des Glaubens, dem ich angehöre, Nichiren Daishōnin schon vorgehalten. Das Lotos-Sutra versichert ja, daß der Ausübende des Lotos-Sutra ein glückliches und friedvolles Leben in dieser Welt führen kann, aber das Leben Nichiren Daishonins selbst war davon weit entfernt. Eine seiner Hauptschriften »Kaimokushō« (Über das Öffnen der Augen) beleuchtet dieses Problem von verschiedenen Seiten und gelangt zu Lösungen, die uns überzeugend scheinen.

Derbolav: Doch gibt es hier einen Punkt, in dem sich das christliche Glaubensverständnis als spröder erweist als das buddhistische. Schon Paulus und nach ihm Augustin, Calvin und viele andere haben die christliche Heilslehre zugleich mit dem Gedanken der Prädestination verknüpft, wonach Gott zwar viele Menschen berufen, aber nur wenige auserwählt und die übrigen sogar ganz fallengelassen habe. Diesen (dem Gleichheitsgedanken aller Menschen vor Gott kraß widersprechenden) elitären Zug hat der Buddhismus, was die Möglichkeit der Erleuchtung betrifft, wie bereits gezeigt, unter Preisgabe seines Charakters als Mönchsreligion relativ früh überwunden und spricht sie heute – dem Lotos-Sutra folgend – allen Menschen uneingeschränkt zu.

Daraus aber erwächst eine zweite Denkschwierigkeit, die in der Geschichte des Christentums die Geister scharf geschieden hat: Die Frage nämlich, ob wir unsere moralischen Leistungen (und damit auch das durch sie verdiente Glück im Himmel) uns selbst oder der Gnade Gottes zu verdanken haben. Soviel mir bekannt ist, gibt es auch im buddhistischen Traditionsraum Sekten, vor allem den Amidismus, die in der Gnade die Voraussetzung für die Erlösung sehen, ohne daß deshalb gleich ein Gott angenommen werden müßte – der bekannte evangelische Theologe Nathan Söderblom hat die buddhistische Erleuchtung deshalb ein »Gnadengeschenk ohne Schenker« genannt. Andere buddhistische Richtungen lehnen diese Auffassung ab. Nichiren hat in der Gnadenlehre sogar einen »Weg zur Hölle« gesehen.

Ikeda: Vielleicht sollte man erklären, warum Nichiren Daishōnin in bezug auf die Jōdo-shū oder Sekte des reinen Landes und den Amitabha-Buddha, eine so ablehnende Haltung zur Gnade einnahm. Zuerst muß hervorgehoben werden, daß das Verlangen dieser Sekte nach der Gnade des Amitabha-Buddha, von dem man annimmt, daß er in einem Paradies viele Millionen von Königreichen entfernt irgendwo im Westen residiert, grundsätzlich den Erlösungsvorstellungen von Christentum und Islam nahekommt. Der Unterschied springt indessen doch ins Auge: Amithaba-Buddha wurde ein Buddha durch sein Studium des Gesetzes und seine Einübung ins Gesetz, welches also Vorrang vor allen anderen Dingen hat. Darüber hinaus ist Amitabha-Buddha nur einer von den zahllosen Buddhas, die im Universum ihren Wohnsitz haben sollen.
Nichiren Daishonin betrachtete die Jōdo-Sekte als den Weg zur Hölle, weil ihr Gründer Hōnen (1133–1212) danach trachtete, die Menschen für seine eigene Sekte zu gewinnen und zur Abkehr vom Lotos-Sutra zu verleiten, dessen Lehren er nutzlos nannte. Nichiren Daishonin betonte dagegen, daß, wieviel Gnade auch immer der Amitabha-Buddha spenden mochte, sie keinen erlösenden Einfluß auf Menschen ausüben konnte, die das mystische Gesetz besudelten und sich von ihm abwandten. Denn das

Gesetz steht über allen Dingen und ist daher letzter Maßstab. Die Haltung des Menschen, der von Amitabha-Buddha Erlösung erhofft, kann mit der eines Kindes verglichen werden, das auf einer Klippe steht und zu seiner Mutter gelangen möchte, die, durch einen Abgrund von ihm getrennt, auf der gegenüberliegenden Klippe steht. Obwohl von der lautersten Absicht beseelt, wird es, wenn es versucht, den Abgrund zu überspringen, von der Schwerkraft unweigerlich in die Tiefe gezogen werden und am Fuß der Klippe seinen Tod finden.

Derbolav: Ich glaube mit Ihnen, daß eine universale Gnadenlehre den Menschen um seine Freiheit bringen und damit auch entmündigen müßte. Für den Christen ergibt sich daraus ein Dilemma: Einerseits ist klar, daß der Mensch nicht anders wollen können darf als der allmächtige Gott, sonst wäre er selbst ein kleiner Gott in seinem Reich. Wenn er aber trotzdem seine Freiheit bewahren soll, in welchem Verhältnis stehen dann Gottes Ratschluß und freier Wille des Menschen zueinander? Eine bloße Addition der Willensimpulse hilft hier nicht weiter. Vermutlich läßt sich die Frage nur dialektisch lösen, etwa so: Ich muß mich in meiner Freiheit, zu entscheiden und ureigenste Leistungen zu vollbringen, selbst von der göttlichen Gnade geschenkt verstehen oder, wie dies Augustin formuliert, meine Verdienste (merita) als Gaben Gottes (munera Dei) interpretieren. In diesem »Sich-geschenkt-Sein« hat ja auch Karl Jaspers die Grunderfahrung der Religion überhaupt gesehen.

Ikeda: Mit anderen Worten: Unser wahres Selbst ist zutiefst achtungswürdig. In den monotheistischen Religionen wird sich das Selbst seiner selbst bewußt, indem es seine Existenz als ein Geschenk Gottes betrachtet. Der Buddhismus andererseits lehrt Selbstbewußtwerdung als Folge der Erkenntnis der eigenen inhärenten Buddhanatur.

Derbolav: Problematischer noch an der christlichen Glaubenspraxis erscheint mir das, was ich die »do ut des«-Gesinnung des

Menschen, dieses: »Ich gebe, um wiederzuerhalten«, in seinem Verhältnis zu Gott nennen möchte.

Es ist richtig, daß dem rechtlich-sittlichen Zusammenleben der Menschen als funktionale Basis das Prinzip der Reziprozität zugrunde liegt, demgemäß Ordnung und Gerechtigkeit nur walten, wenn jeder auf den anderen gerichteten Intention eine entsprechende Antwort zuteil wird, und zwar im Guten wie im Bösen. Die Menschen sind wesenhaft von einem Bedürfnis nach Ausgleich inspiriert, das Gabe mit Gegengabe, Liebe mit Dankbarkeit und Vergehen mit Strafe unabdingbar verknüpft sehen will. Läßt sich dies allen zwischenmenschlichen Verkehr bestimmende Prinzip aber auch auf die Beziehung Mensch-Gott übertragen? Läßt sich Gott durch Opfergeschenke oder gute Taten zu Gegengaben veranlassen oder, anders formuliert, läßt er sich gleichsam »kaufen«?

Die Vorstellung, daß man Gutes nur um des Verdienstes und der Belohnung willen tue, stellt schon im moralischen Bereich eine fast unerträgliche Härte dar, seit Kant Verdienst und Lohn nicht mehr dem moralischen Akt folgen, sondern selbst mit ihm zusammenfallen ließ. Wo die profan-philosophische Ethik bereits so verfeinerte Maßstäbe erreicht hat, darf die religiöse Artikulation des Mensch-Gott-Verhältnisses hinter ihr nicht zurückbleiben. Ich halte es daher für eine tödliche Gefährdung des Christentums – wie auch jeder anderen Religion, die das postmortale Glück durch gezielte moralische Leistungen erwerben zu können glaubt –, wenn sie diese »do ut des«-Gesinnung in ihrer Gottbeziehung nicht zu tilgen vermag. Ein »käuflicher Gott« ist sicherlich noch eine größere Herausforderung für das religiöse Empfinden als ein allzu menschlich gedachter, das heißt von Haß und Liebe inspirierter Gott.

Von diesem Dilemma scheint der Buddhismus entlastet zu sein, da sich für ihn die sittliche Leistung des einzelnen nur auf diesen selbst oder auf die anderen Menschen richtet. Für das Christentum aber liegt die einzige Form der Entlastung, wie mir scheint, darin, daß der Gläubige seinem Gott nicht aktiv, sondern reaktiv gegenübertritt. Er kann zwar zu ihm um Gnade und Hilfe beten – und selbst der Nichiren-Buddhist kann sich ja dem »Gohonson« (Mandala als Objekt der Verehrung) mit der Bitte um Vollbringungshilfe zuwenden –, aber er darf dafür keine Verdienste in Anschlag bringen. Seine Gottzuwendung sollte also – jedenfalls in der Sicht des Christen nach der Heilsverkündung Jesu – nur von Liebe und Dankbarkeit inspiriert sein: Dankbarkeit für die unvergeltbaren Vorleistungen Gottes zur Rechtfertigung aller Menschen.

Ikeda: Was Sie über einen käuflichen Gott sagen, ist außerordentlich bedeutsam und verlangt einen Kommentar in der Frage des Gebets, zu dem Buddhisten und Christen, wie ich meine, ein unterschiedliches Verhältnis haben. Sie haben richtig gesagt, daß die Anhänger der Nichiren Shōshū sich an den Gohonson mit verschiedenen Wünschen wenden. Nichiren Daishōnin selbst forderte uns nachdrücklich auf, in tiefem Glauben zum Gohonson zu beten, daß uns kein Wunsch unerfüllt bleibe. Andererseits warnte er davor zu glauben, einzig in der Hoffnung, dafür in dieser Welt belohnt zu werden, und lehrte uns, nicht zu zweifeln, auch wenn wir des himmlischen Schutzes entbehren, und nicht zu klagen, selbst wenn das Leben voll von Wechselfällen ist.

Der scheinbare Widerspruch dieser beiden Lehren löst sich auf, wenn man sich erinnert, daß im Buddhismus der höchste Lohn, den der Mensch erhoffen kann, die Buddhaschaft ist, das heißt die Ausbildung eines Selbst, das stark genug ist, alle Unbilden des Lebens zu überwinden. Ein Mensch, der diese Kraft hat, genießt einen Zustand vollständiger Zufriedenheit, in dem kein Wunsch mehr offen bleibt.

Wie Sie sagen, könnte ein anthropomorph vorgestellter Gott durchaus als käuflich verstanden werden. Ein Gesetz gleich dem buddhistischen freilich kann nicht gekauft werden. Anders gesagt: Gebet ist für den Buddhisten nicht nur dazu da, etwas hervorzubringen, was er erstrebt. Es muß vielmehr stets begleitet sein von Anstrengung und vernünftigem Handeln. Grundsätzlich gilt: Wir wenden uns im Gebet an den Gohonson, um uns selbst und unseren Willen zu stärken, die nötigen Anstrengungen auf uns zu nehmen.

Derbolav: Der Gott des Alten Testaments, aus dem ja der christliche Gott hervorgegangen ist, war noch ein Gott des Zornes und der Strafe, und die Juden hatten sich daran gewöhnt, im Leid und Unglück der einzelnen Menschen oder auch ganzer Völker Strafen Gottes für begangene Sünden zu sehen. Diese Gottesauffassung hat Jesus überwunden und den zornigen durch den liebenden und barmherzigen Gott ersetzt. Unglückliche vorweg als sündig oder schuldig abzustempeln, lehnt er als »pharisäisch« ab. Gleichwohl hat auch er die »do ut des«-Gesinnung der Menschen Gott gegenüber nicht ganz überwinden können, sonst hätte es im Mittelalter wohl keine Hexenverfolgungen gegeben. Diese Haltung lädt nämlich dazu ein, körperliche und seelische Auffälligkeiten beim Menschen als Stigmatisierungen Gottes zu verstehen und dem göttlichen Vor-Urteil gleichsam durch menschliche Urteile (und Verurteilungen) nachzuhelfen. Deshalb halte ich es für besonders verhängnisvoll, das Handeln Gottes am Menschen im individuellen Lebenslauf gleichsam Zug um Zug nachbuchstabieren zu wollen und das eigene begrenzte Verständnis der Zusammenhänge nicht zugleich mitzubedenken.
Auch der Buddhismus hätte hier wohl zu prüfen, wieweit er wirklich in der Lage ist, für Auswirkungen des Karmaprinzips individual- oder sozialgeschichtliche Beweise zu liefern.
Die härteste Nuß im Glaubensverständnis des Christentums scheint mir aber das Lehrstück von der »Auferstehung des Fleisches« zu sein. Auch wenn man allzu billige Vorstellungen eines nach irdischen Maßen bestimmten Glückes von diesem Gedanken fernhält und das ewige Leben nur in ungetrübte »Anschauung Gottes« setzt – die dann in etwa der buddhistischen Erleuchtung und Einsfühlung mit dem universalen Gesetz entspräche – scheint mir der individuelle Tod etwas zu Letztgültiges und Abschließendes zu sein, um nicht Zweifel an einem »Leben nach dem Tode« wachzurufen. Vielleicht aber heißt

»glauben« – wie das Kardinal Newman einmal formuliert hat – nichts anderes als »tragfähig sein für den Zweifel«.
In diesem Sinn darf man wohl die höchste Leistung der Religion für den Menschen darin sehen, daß sie ihm die Kraft zu geben vermag, den Tod zu überwinden. Religionen bieten zwar viele Lebenshilfen, wie zum Beispiel die schon viel erörterte moralische Daseinsorientierung, aber nichts, was nicht auch die profane Vernunft dem Menschen – jedenfalls dem reifen und gebildeten Menschen – gewähren könnte. Für den Tod dagegen hat diese Vernunft keinen überzeugenden Trost bereit.
Würden Sie dieser Deutung aus der Sicht des Buddhisten zustimmen?

Ikeda: Auch vom buddhistischen Standpunkt aus kann man die höchste Errungenschaft der Religion als das bezeichnen, was den Menschen die Kraft gibt, den Tod zu überwinden. Nichiren Daishōnin sagt uns, daß wir erst, wenn wir gelernt haben, unserer letzten Stunde ins Auge zu blicken, unsere Aufmerksamkeit anderen Dingen zuwenden sollten. Und wie in den Sutren berichtet wird, war der Tod eines der vier Leiden – die anderen drei waren Geburt, Altwerden und Krankheit – die Shakyamuni veranlaßten, das weltliche Leben gegen ein Leben religiösen Strebens einzutauschen.
Buddhisten können den Tod überwinden durch die Erleuchtung, daß die Natur des Lebens etwas Ewiges ist, das durch den Tod nicht beendet wird, sondern für immer fortdauert, nur eben in der Form eines ständigen Wechsels von Leben und Tod. Mit anderen Worten, der Tod ist nur ein Wandel. Eine solche Erleuchtung bereitet nicht nur der Furcht vor der Ungewißheit über den Tod ein Ende, sondern schafft auch eine Grundlage, über das gegenwärtige Leben und seine Ziele nachzudenken.
In diesem Sinn verstanden, kann man sagen, daß wahrer Buddhismus in der Lage ist, uns etwas anzubieten, das weltliche Vernunft nicht zu leisten vermag: das Bewußtsein, daß wir nicht zu Nichts zerfallen, wenn das gegenwärtige Leben endet, die Gewißheit, daß es ein Morgen geben wird, treibt uns dazu an,

einen Lebensweg einzuschlagen, der uns Pläne für dieses Morgen und für fernere Zukunft zu schmieden erlaubt.

Derbolav: Auf der Suche nach dem Gemeinsamen und Unterscheidenden unserer beiden Religionen bin ich etwas tiefer in die Voraussetzungen des christlichen Glaubensverständnisses eingedrungen und habe seine Stärke, aber auch seine Schwächen ungeschminkt aufgezeigt. Ich war dabei bemüht, auch auf Ihre Einwände einzugehen und Ihre Fragen zu beantworten. Im »Gott der Philosophen« beziehungsweise der »Vernünftigen Weltordnung« als dem Resultat deistischer Aufklärung schien mir das christliche Denken dem buddhistischen Gesetzesbegriff besonders nahe zu kommen. Auch die einzelwissenschaftliche Glaubenskritik habe ich dabei nicht vergessen, deren Schock das Christentum bis heute noch nicht ganz überwunden hat.

Man könnte diesen Schock vermeiden, so sagte ich, wenn man sich klarmacht, daß der Glaubenssinn den theoretischen Sinnweisen prinzipiell vorausliegt, das heißt daß Glaubensaussagen in den Abstraktionshorizonten der Wissenschaften notwendig unverständlich bleiben müssen, weil sie anderes und Konkretes meinen als dort verhandelt wird. Die einzelwissenschaftliche Aufklärung müßte also erst über sich selbst und ihre Grenzen »aufgeklärt« werden, wie das ja auch Hegel in seiner Religionsphilosophie gefordert hat. Umgekehrt aber müssen auch die Glaubenshüter aufhören, Glaubensinhalte einzelwissenschaftlich rechtfertigen zu wollen, was noch heute nicht selten geschieht.

Hat man, so möchte ich nun zurückfragen, im buddhistischen Glaubensraum mit ähnlichen Problemen zu kämpfen? Die zum Buddhismus konvertierten Europäer waren, so höre ich oft, zunächst meist vor allem von dessen Rationalismus fasziniert, und man begegnet immer wieder der These, der Buddhist habe von seinen Glaubensvoraussetzungen her kaum ernste Schwierigkeiten, sich mit den Resultaten der modernen Wissenschaften, namentlich der Naturwissenschaften, zu verständigen.

Dies mag ihm in manchen Punkten in der Tat leichter fallen als

dem Christen, denn er hat ja zum Beispiel keine Wunder zu rechtfertigen, und die Selbstvervollkommnung ist für ihn ein seelischer Prozeß, der sich psychologisch durchaus nachtasten läßt. Weniger gilt dies freilich für seine onto-kosmologischen Voraussetzungen: für seine Lehre von der Ewigkeit der Welt, der Pluralität der Welten (sofern damit nicht einfach andere im Weltall beheimatete galaktische Systeme gemeint sind), und schließlich von der Kraft des universellen Lebens zur kontinuierlichen Reproduktion und Reinkarnation.
Mich würde interessieren, ob der Buddhismus heute in einem ähnlichen Abwehrkampf gegen die wissenschaftliche Forschung begriffen ist wie das Christentum und welchen Weg der Vermittlung er einschlägt, wenn die Deutungsweisen des Glaubens und der Wissenschaft auseinanderklaffen.

Ikeda: Grund und Basis buddhistischen Denkens ist das Gesetz, das die Kraft allen Lebens steuert, und die Erhellung von Prinzipien, die zur Läuterung der menschlichen Persönlichkeit führen. Diese Aufgabe überschneidet sich in manchen Bereichen ohne Zweifel mit der modernen Psychologie, und in der Tat, soweit ich das beurteilen kann, scheinen Entwicklungen in der Psychologie die Richtigkeit der buddhistischen Lehre zu stützen. Es stimmt wohl, daß Shakyamuni sich in seinen Predigten der zu seiner Zeit in Indien verbreiteten Anschauungen über die Welt und das Universum bedient hat und daß einige von diesen Ansichten heute widerlegt sind. Aber sie berühren eben nicht das Wesentliche am Buddhismus. Daher kann man auf diesen Gebieten ohne weiteres die Erkenntnisse der modernen Naturwissenschaften übernehmen, ohne im mindesten die Fundamente, auf denen der Buddhismus beruht, zu erschüttern.
Der Buddha ist der Erleuchtete, der genau die wahre Natur der drei Welten begreift. Diese »Welten« sind jedoch nicht physischer Art. Sie repräsentieren vielmehr die Begierde und den Zorn im menschlichen Leben und das Leid, das solche Gefühle hervorrufen. Der Buddha weiß daher, wie Menschen Befreiung vom Leiden finden können. Der Buddhismus ist stets bereit, in

Fragen, die in Bereiche der eigentlichen naturwissenschaftlichen Forschung fallen, nachzugeben, und fühlt daher keine Notwendigkeit, sich in Auseinandersetzungen mit ihnen einzulassen, wenn sie eine Wahrheit vertreten, die nicht in Übereinstimmung mit entsprechenden Darstellungen in den buddhistischen Schriften steht.

Der Buddhismus in Deutschland

Ikeda: Ebenso wie die ursprünglichen Berührungspunkte sind auch die neueren Kontakte zwischen Christentum und Buddhismus im Westen für uns von Interesse. Im frühen 19. Jahrhundert betrachteten die meisten europäischen Großmächte Indien und die Nationen unter kolonialem Aspekt. Aber neben diesen politischen oder ökonomischen Gesichtspunkten gab es auch andere: So widmete sich eine ausschließlich von intellektueller Wißbegier und Begeisterung beseelte Gruppe von Gelehrten der gründlichen Erforschung der indischen Kultur und damit natürlich auch des Buddhismus. Die Berliner Universität wurde eines der führenden Weltzentren dieser Forschung.
Aber nicht nur Gelehrte wandten ihre Aufmerksamkeit dem Buddhismus zu. Enttäuscht von der römischen Kirche, die seit dem Mittelalter das Zentrum christlichen Lebens in Mitteleuropa dargestellt hatte, und von den protestantischen Glaubenslehren, die aus Kritik und Abwehr des Katholizismus entstanden waren, begannen sich viele Philosophen und Literaten im frühen 19. Jahrhundert den östlichen Religionen zuzuwenden in der Erwartung, dort geistige Bereicherung und Orientierung zu finden.

Derbolav: Man kann aus verschiedenen Gründen beim Buddhismus Anschluß suchen: Die Engländer sahen sich durch ihre koloniale Beziehung zu Indien dazu veranlaßt, bei den Deutschen wirkten wohl mehrere Gründe zusammen und dies mag ihr besonderes Interesse für den Buddhismus erklären: literarische

Ambitionen, eine von den eigenen idealistischen Denkvoraussetzungen gespeiste Hinneigung zur indisch-buddhistischen Philosophie, kultur- und sprachwissenschaftliches Forschungsinteresse, das mit dem Ins-Licht-Treten des alten buddhistischen Traditionsgutes ein höchst lohnendes Betätigungsfeld witterte; schließlich ein, wie Sie zu Recht sagen, vom Christentum in allen seinen Formen enttäuschtes religiöses Bedürfnis, das sich vom Buddhismus eine bessere Art der Befriedigung erwartete.

Ikeda: Als sich die protestantischen Glaubenslehren, die im Zuge der Reformation entstanden waren, mehr oder weniger verfestigten, fühlte sich der europäische Geist dazu gedrängt, neue Ideale zu suchen. Dieses Suchen hat, wie gesagt, Erwartungen in bezug auf die Religionen des Ostens geweckt. Vielleicht wurden die Deutschen von diesen Religionen – darunter besonders vom Buddhismus – mehr angezogen als die meisten anderen europäischen Völker.
Unter dem Einfluß der Romantik, die zu Beginn des 19. Jahrhunderts mächtige geistige Anstöße gab, hatten deutsche Dichter und Philosophen früh ihr Interesse an östlichen Religionen entdeckt. Goethe, Hegel und Schopenhauer hatten schon in den ersten Jahrzehnten des 19. Jahrhunderts gewisse Kenntnisse über Indien. Später jedoch, zu Nietzsches Zeiten, konnten die westlichen Forscher dann wesentlich mehr und genauere Informationen aus einer großen Anzahl inzwischen zugänglicher indischer Texte schöpfen. Nietzsche selbst berief sich oft in seinen kritischen Ausführungen zum Christentum auf den Brahmaismus und Buddhismus.
Im 20. Jahrhundert zeigte Karl Jaspers ernsthaftes Interesse für den Buddhismus. Seine Darstellung der Lehre des großen Philosophen Nagarjuna hat starken Einfluß ausgeübt. Auch andere, etwa Hermann Hesse, der eine Erzählung über Gautama Siddhartha schrieb, ließen eine ähnliche Aufgeschlossenheit für diesen Gegenstand erkennen. Solche Zeugnisse machen deutlich, daß die Deutschen auf diesem Feld mehr engagiert waren als andere europäische Nationen.

Derbolav: Interessant ist zunächst, daß die philosophischen Anstöße zur deutschen Buddhismusbewegung nicht von Hegel und Nietzsche ausgingen, für die der Buddhismus lediglich vorläufige bzw. indirekte Bedeutung besaß: Hegel betrachtete ihn nur als ein Moment in der Selbstentfaltung des absoluten Geistes, das heißt nur als Vorstufe zum Christentum, während ihn Nietzsche, wie wir sahen, zwar für eine späte und reife Religion hielt, ihn aber doch nur als Waffe gegen das Christentum benützte.
Der einzige Philosoph, der so etwas wie ein weltanschauliches Engagement für den Buddhismus erwecken konnte, war Arthur Schopenhauer, der sich seine pessimistische Willensmetaphysik aus Traditionselementen des Brahmaismus und Buddhaismus (wie sie damals genannt wurden) zusammenbaute und der – ein Indiz für den Übergang vom theoretischen Zugang zum Bekennertum, ein wenig bereits auch zum Snobismus – als erster Deutscher in seiner Wohnung eine Buddhastatue aufstellte, die er zuvor in Feingold hatte fassen lassen.
In Anknüpfung an Schopenhauer wurde Buddha jetzt zum literarischen Thema erhoben: Joseph Viktor Widmann widmete ihm 1869 sein »Buddha-Epos«, Philipp Mailänder verfaßte 1874 seine poetisch orientierte »Philosophie der Erlösung« und 1875 ein »Buddha-Fragment«; Ferdinand von Hornstein veröffentlichte 1899 seine »Buddhalegende«. Und als Hermann Hesse die von Ihnen erwähnte Novelle »Siddhartha« entwarf, nämlich 1919, erschien auch Fritz Mauthners Werk »Der letzte Tod des Gautama Buddha«, das damals viel Aufsehen erregte.

Ikeda: Ich verstehe. Zuerst fand also das Leben Shakyamunis Aufmerksamkeit bei Dichtern und Literaten. In diesem Stadium waren die Deutschen, möglicherweise unter dem Eindruck einer gewissen Faszination des Exotischen, mehr an den biographischen Fakten als an buddhistischer Lehre interessiert, nicht wahr?

Derbolav: Sicher nicht nur. Um die Dinge in ein klares Bezugssystem zu stellen, ist es vielleicht nützlich, die grundlegenden Züge

der buddhistischen Bewegung in Deutschland zu kennzeichnen, die seit den achtziger Jahren des vergangenen Jahrhunderts bestand. Wichtige Anregungen gingen zunächst von der durch Thomas William Rhys Davids gegründeten Pali-Text-Society und von der deutschen Übersetzung des berühmten poetischen Werks Sir Edwin Arnolds »Die Leuchte Asiens« aus.
Schon diese Hinweise zeigen, daß die deutsche Buddhismusaneignung weder rein philosophisch-wissenschaftlichen, noch bloß missionarischen Charakter besaß, sondern daß beide Intentionen fast in allen ihren Aktivitäten Hand in Hand gingen. Wortführer dieser Bewegung waren zunächst berühmte Indologen wie Karl Seidenstücker und Karl Eugen Neumann, die sich beide um die Übersetzung des Pali-Kanons sehr verdient gemacht haben. Vor allem Neumann erwies sich dabei als wortgewaltiger Übersetzer: Man hat ihn einen »wahren Luther« in der Eindeutschung buddhistischer Texte genannt. Ein anderer Gelehrter, Friedrich Zimmermann, hat dann 1888 dem »Handbuch der Pali-Sprache« Seidenstückers einen »Buddhistischen Katechismus« hinzugefügt und damit Wesentliches zur Institutionalisierung der buddhistischen Bewegung in Deutschland beigetragen.
Und hier zeigt sich bereits die Verschränkung theoretischer und praktischer Intention in der deutschen Buddhismusbewegung: Nicht nur verfolgten die indologischen Fachleute selbst zugleich missionarisch-andragogische Aneignungsziele, auch die zum Buddhismus durch persönliche Begegnung mit seinen bodenständigen Gestalten in Ostasien bekehrten Praktiker: Juristen, Ärzte und Naturwissenschaftler und so weiter waren umgekehrt bemüht, ihre Missions- und Organisationsarbeit durch Erschließung buddhistischer Texte zu ergänzen.

Ikeda: Ich bin mir wohl bewußt, daß nicht nur die Deutschen, sondern die Europäer generell sich Religion durch den doppelten Aspekt von Theorie und Praxis aneignen. Das ist sehr bedeutsam, denn Leute, denen gleichsam nur die Praxis ohne genügende theoretische Erklärung aufgezwungen wird, bleiben letztlich ohne religiöse Überzeugung. Aber sobald sie einmal die grundlegenden Prinzipien verstanden haben, neigen die Europäer gern dazu, sie in die Praxis zu übersetzen. Wenn man diesen Aspekt ihrer Persönlichkeit nicht berücksichtigt, kann das zu mißverständlichen Vorstellungen führen, die Europäer seien allein an Theorien und Prinzipien interessiert. Wegen dieses doppelten Interesses, meine ich, können sich die Europäer gut mit der Lehre von Nichiren Daishōnin befreunden, der ja behauptete, daß es ohne theoretisches Studium und praktische Einübung keinen Buddhismus geben kann.

Derbolav: Ein zweiter Zug dieser Bewegung war ihr personzentrierter Charakter. Ihre Initiatoren gründeten meist in größeren Städten, in Berlin, Leipzig, München, Frankfurt, Hamburg, Dresden, Hannover, Bremen, Wiesbaden und so weiter fortlaufend bis zur Gegenwart herauf Bünde, Verbände, Vereinigungen und Begegnungsstätten, die sich als Zentren von Mission und Bildung verstanden und meist auch Trägerinstitutionen von Zeitschriften waren. Sie verfügten oft über eine ständige Zahl von Mitgliedern und zogen darüber hinaus meist noch zahlreiche Sympathisanten an.
Ihre Bemühungen freilich, von diesen lokal begrenzten Organisationsformen zu einer repräsentativen buddhistischen Gesamtorganisation im deutschen, europäischen respektive internationalen Bereich vorzustoßen, war erst relativ spät Erfolg beschieden. Erst 1955 gelang die Gründung einer »Deutschen Buddhistischen Gesellschaft«, die 1958 in »Deutsche Buddhistische Union« umbenannt wurde und 1961 auch an das »World Fellowship of Buddhism« Anschluß gewann. Und erst 1975 kam es zur Gründung der »Buddhistischen Union Europas«, die bald darauf, nämlich 1977, bereits ihren ersten Kongreß im »Haus der Stille« in Rosenburg abhielt. Dieser Sammlungsbemühung stand nämlich ein schon den Buddhismus in seiner Heimat bedrängender Übelstand entgegen: die schwer zu unterdrükkende Tendenz zur Sektenbildung aufgrund jeweils eigenständig gemeinter Buddha-Aneignung.

Ikeda: Es ist durchaus möglich, daß die Neigung zur Zersplitterung beim Buddhismus des Ostens, die Tendenz zum Schisma, die Sie bei den europäischen Gelehrten und Theologen erwähnen, inspiriert hat. Alle Religionen zeigen eine solche Tendenz, die letztlich auf das zurückgeht, was Shakyamuni Buddha die drei Gifte der Habgier, des Zorns und der Torheit nannte. Im Falle des Buddhismus sind Schisma und Opposition gewöhnlich aus Differenzen über die Wahl der Schriften, die als grundlegend gelten sollten, oder über die Interpretation dieser Schriften entstanden.

Nichiren Daishōnin zeigt dagegen, daß alle diese Diffferenzen sich von selbst auflösen, wenn wir auf die ursprünglichen Lehren Shakyamuni Buddhas zurückgehen. Nichtsdestoweniger hat sich der Dissens bis heute erhalten, da manchen Menschen die eigene Autorität und der eigene Vorteil mehr bedeuten als die Wahrheit.

Derbolav: Die Deusche Buddhistische Bewegung, und das ist eines ihrer weiteren Merkmale, suchte zunächst beim Hinayana-Buddhismus – daher auch die Bevorzugung des Pali-Kanons – und seiner mönchischen Tradition Anschluß. (Eine Art Laienbuddhismus hat sich erst viel später entwickelt.) Der schon erwähnte »Buddhistische Katechismus« Zimmermanns hatte hier erste Anstöße gegeben, indem er dazu einlud, die Lehre des Erhabenen zur religiösen und moralischen Richtschnur des eigenen Lebens zu machen.

Auch hier war es wieder ein Engländer, nämlich Allen Bennett McGregor, der mit seinem Eintritt in ein burmesisches Kloster 1901 eine Kette von Ordinierungen deutscher Buddhismus-Adepten einleitete. Die Pläne buddhistischer Klostergründungen zunächst in der Schweiz, dann auf Sylt und in Berlin-Frohnau scheiterten zwar, aber es gelang buddhistischen Mönchen aus Deutschland, 1911 auf der Insel Polgasaduwa (Südceylon) eine Einsiedelei aus fünf Holzhütten zu gründen, »Island Hermitage« genannt, die bis zum Beginn des Ersten Weltkrieges sieben ordinierte Mönche und drei Klosterlaien beherbergte. Da

die Insel 1914 käuflich erworben werden konnte, haben die beiden Weltkriege das Ordensleben zwar unterbrechen, aber nicht völlig lahmlegen können. An den drei Wellen solcher mönchischer Aktivität in den asiatischen Ländern in den Jahren 1903–1914, 1924–1939 und ab 1953 waren etwa tausend europäische Buddhisten beteiligt. In den späten fünfziger Jahren ist diese Aktivität dann etwas abgeflaut.
Wir sprachen eben von den auch in Deutschland zu beobachtenden ideologisch-dogmatischen Differenzen zwischen den einzelnen Zweigen der Buddhistischen Bewegung: Eine erste solche Differenz erwuchs aus der Spannung zwischen den Buddhismus-Praktikern und den Buddhismus-Forschern, denen wegen ihrer Vorliebe für den Geist der Weden, das heißt der indischen Herkunftsquellen des Buddhismus, ein geringes Verständnis für das eigentliche Anliegen des Buddhismus nachgesagt wurde. Doch blieb diese Spannung eher eine kurzfristige Randerscheinung angesichts der schon erwähnten Neigung der meisten deutschen buddhistischen Schul- und Vereinshäupter, Forschung, Missionsarbeit und Anweisung zur praktischen Lebensführung in einer Hand zu vereinigen.

Ikeda: Dies scheint mir ein wichtiger Gesichtspunkt zu sein. Die richtige Haltung für den Buddhisten ist, wie Sie sagen, Forschung, Missionswerk und Anweisung zur praktischen Lebensführung zu vereinen. Aber die Talente und Fähigkeiten der einzelnen Menschen sind verschieden. Einige sind tüchtig in der Forschung, aber schwach im Missionswerk. Andere wieder zeichnen sich in der Missionsarbeit aus, haben aber Schwierigkeiten, den Glauben in ihre eigene Praxis umzusetzen. Wenn der Buddhist dem Ideal nahekommen will, sollte er sich bemühen, alle drei Aufgaben gleichmäßig zu meistern und sollte jedenfalls diejenigen achten, die auf den Gebieten stark sind, auf denen er selbst schwach ist.

Derbolav: Schärfer schon wurde die Einheit der Bewegung durch den Streit zwischen den Vertretern des sogenannten Altbuddhis-

mus und Neubuddhismus – nicht zu verwechseln mit dem, was in Japan unter Neureligion verstanden wird – gefährdet. Karl Seidenstücker hatte zunächst eine Art buddhistischen Missionsverein gegründet, der 1906 in »Buddhistische Gesellschaft« umgetauft wurde, Träger der Zeitschrift »Der Buddhist« war und etwa fünfzig Mitglieder umfaßte. Dazu trat die von Seidenstücker und Walter Markgraf betreute Deutsche Pali-Gesellschaft.
Später, nämlich 1921, riefen Karl Seidenstücker und Georg Grimm dann die »Buddhistische Gemeinde für Deutschland« mit der Zeitschrift »Buddhistischer Weltspiegel« ins Leben, in der die ersten Versuche unternommen worden sind, den Buddhismus auch für Laien anziehend zu machen. Vor allem Grimm gewann hier großen publizistischen Einfluß. Seine Schriften wurden ins Englische, Französische, ja sogar ins Vietnamesische übersetzt. Er sah im Buddhismus eine Art Lebensorientierungslehre und hielt ihn – in entschiedener Abkehr von der poetischmystischen Deutung Schopenhauers – für einen durchaus wirklichkeitsbezogenen Rationalismus, dessen Lehrstücke sich, wie er meinte, sogar mit syllogistischen Beweisen absichern ließen.
Grimms schärfster Antipode war der Berliner Arzt Paul Dahlke, der mit seinem theoretischen Neuansatz auf der einen, seinen Klostergründungsversuchen auf der anderen Seite die zweite Periode der Buddhismusaneignung in Deutschland, den Neubuddhismus, einleitete.
Obgleich beide, Grimm und Dahlke, von zeitkritischen Motiven – vom mit Bedauern festgestellten Schwund der religiösen Haltung beziehungsweise Niedergang moralischer Grundwerte – zum Buddhismus geführt wurden, traten sie doch in der Frage, wie das »Ich« (»Du«) respektive »Selbst« sinngemäß zu deuten sei, in scharfen Gegensatz zueinander.
Grimm wollte – gewissermaßen jenseits von Hinayana- und Mahayana-Buddhismus – an die ursprüngliche Lehrmeinung Buddhas selbst anknüpfen, der angeblich ein überdauerndes, ewiges, wesenhaftes Ich unter den Persönlichkeitskomponenten, den Empfindungen, Wahrnehmungen und Gemütsbewegungen nicht habe auffinden können, eine Auffassung, deren erkennt-

niskritische Grundtendenz Dahlke und Grimm zunächst teilten. Beide leugneten die empirische Realität des Ich (Du), Selbst oder »Atta«, doch ging Grimm noch einen Schritt weiter, indem er das »Du bist Nichts« als »Nichts in der Welt«, das heißt als »in Wahrheit jenseits der Welt« interpretierte und zu dem Schluß kam: Alles ist nicht dein Selbst, »die ganze Welt ist Anatta«. Damit sei er aber, wie Dahlke argumentierte, wieder zu einer »transzendenten« Atta-Interpretation zurückgekehrt. Dahlke selbst hielt das Ich (Du) lediglich für eine begriffliche Abstraktion, nicht mehr.

Ikeda: Mir scheint, daß die Differenzen zwischen Grimm und Dahlke eine lange Auseinandersetzung zwischen Hinayana- und Mahayana-Buddhismus spiegeln. Bei seinen Bemühungen, den weltlich orientieren Epikureismus zu unterdrücken, der in Indien zu jener Zeit vorherrschte, betonte der Hinayana-Buddhismus, daß alles vergänglich sei, auch Leid und Unreinheit bestehe und daß es keine dauerhafte Identität unseres Selbst gebe. Während der Mahayana-Buddhismus ihm recht gibt, was den vergänglichen Charakter der Erscheinungswelt und des individuellen Selbst betrifft, erkennt er doch ein größeres, dauerhaftes Selbst in der Welt des Gesetzes, die ein reines, mit Freude erfülltes Reich ist. Obgleich es sich in den Wandlungen manifestiert, die wir Leben und Tod nennen, ist dieses universelle Selbst unwandelbar und besteht in allen Wiederverkörperungen fort.

Derbolav: Zwar ist es Dahlke gelungen, die jüngere deutsche Buddhistengeneration von Grimm abzuwenden und für seine ernüchterte positivistische Auslegung des Ichproblems zu gewinnen, aber es muß zugleich gesagt werden, daß beide jeweils nur eine Seite seiner verborgenen Dialektik zur Geltung brachten.

Zum besseren Verständnis dieser (heute fast vergessenen) Kontroverse zwei Anmerkungen: Sie haben mehrfach darauf hingewiesen, daß Konstanz und Identität des Selbst eine der tragenden Voraussetzungen des »Samsara«, das heißt des Kreislaufs der Wiedergeburten darstellt, daß sie aber nicht von den empirischen Befunden menschlichen In-der-Welt-Seins gestützt werden kann. Dies erklärt das Gewicht der Frage und zugleich die Hartnäckigkeit, mit der sie von den Alt- und Neubuddhisten in Deutschland gestellt wurde.

Andererseits steht diese Diskussion im Schatten jener unter anderen von Nagarjuna im 2. Jahrhundert n. Chr. entwickelten Dialektik, wie sie der von Ihnen erwähnte Karl Jaspers in den fünfziger Jahren herausgearbeitet hat. Auch er gehört also zu den neueren Buddhismus-Rezipienten, doch ist er Philosoph geblieben und hat sich nicht zum Buddhismus bekehrt.

Nagarjunas Dialektik steht der erstmalig in Platons »Parmenides« exerzierten, in der negativen Theologie des Mittelalters umrungenen, von Hegel schließlich zum Prinzip erhobenen Methode der »doppelten Negation« recht nahe, doch ist sie noch subtiler und vielleicht radikaler als diese. Wenn ich recht sehe, hat Nagarjuna versucht, eine Position jenseits von metaphysischem Realismus und reinem Phänomenalismus zu begründen, die er als Ablösung von der Welt (und von der Ablösung selbst) bzw., als Entleeren und In-Schwebe-Bringen des Dharma (der Weltbefangenheit) beschrieb. Damit beschritt er den Weg einer konsequenten philosophischen Positionskritik, indem er die Befunde des Augenscheins und die Bezeichnungen und Unterscheidungen der Sprache zugleich als seiend und als nichtseiend, das heißt als wesenlose Täuschung deklarierte. Erst in diesem Leersein trete die sonst verhüllte Wahrheit als »Wahrheit des höchsten Sinns« zutage, oder konkreter formuliert: Nur weil Leersein ist, darum gibt es Buddha.

Vom Scharf- und Tiefsinn solcher Überlegungen war die besagte Kontroverse freilich nur am Rande berührt. Sie hat auch bald an Interesse verloren, obgleich darin ohne Zweifel ein ernstes Problem angesprochen war. Mich würde interessieren, ob dieses Thema auch in der Tradition des Buddhismus Nichiren Daishōnins Behandlung gefunden hat.

Ikeda: Wie ich gesagt habe, handelt es sich hier um einen Meinungsstreit zwischen dem Hinayana- und dem Mahayana-Buddhismus. Da Nichiren Daishōnin in der Tradition des Mahayana-Buddhismus steht, akzeptiert er auch die Mahayana-Auffassung in dieser Frage und hält das Problem für erledigt. Die Lehren Nichiren Daishōnins befassen sich mit dem dauernden, unveränderlichen Gesetz – dem höchsten Selbst – und mit seinem Wesen und den Möglichkeiten, es zu begreifen.

Derbolav: Was die Weiterentwicklung der Deutschen Buddhistischen Bewegung betrifft, so ist sie wesentlich durch die zunehmende Hinwendung vom Hinayana- zum Mahayana-Buddhismus beziehungsweise durch die Öffnung für andere buddhistische Lehrmeinungen gekennzeichnet – was freilich auch zu ihrer weiteren Aufgliederung und Spaltung beitrug und ihr Einheitsstreben behinderte.
So gewannen in Deutschland – vor allem nach der Exilierung des Dalai Lama 1959 – der tibetische und dann auch der japanische Buddhismus zunehmend an Einfluß. Mitglieder einiger miteinander rivalisierender, zum Teil recht traditionsreicher Schulen (oder Sekten), der im berühmten Kloster Tsurpu beheimateten Karma-Kagyü Schule, der sogenannten Tugendsekte (Galugpa), die dem Dalai Lama selbst unterstellt ist, ferner der aus dem Schülerkreis des Atisa hervorgegangen Sakyapa-Schule bereisten unmittelbar oder von der Schweiz aus Deutschland und warben dort für ihre vornehmlich auf Meditation und Sutrenrezitation abgestellte Religionspraxis.
Auch der japanische Zen-Buddhismus wirkte in dieser Richtung und fand seiner Meditationsformen wegen bei den Jesuiten lebhaften Anklang. Die Laien wurden vornehmlich durch die weite Palette seiner Ansätze angezogen: durch die Praxis meditativen Verweilens bei der Atemregulierung, durch die Kunst des Bogenschießens, des altjapanischen Schwertkampfes, des Blumenarrangements (Ikebana), der Teezeremonie bis zum Malen von Bildern und Schriftzeichen, die alle zum gleichen Ziele, zur Erleuchtung (Satori) hinzuführen suchen.

Den anfangs wenig beachteten Einführungsschriften japanischer (Shuei Ohasama und Daisetsu Suzuki) und deutscher Autoren (August Faust) folgte sehr rasch ein publizistischer Boom, der den bekannten evangelischen Theologen Ernst Benz zu der sarkastischen Bemerkung veranlaßte, Zen sei heutzutage so verbreitet, daß die Grenzen zwischen Zen-Buddhismus und Zen-Snobismus fließend geworden seien. Im Österreicher Fritz Hungerleider, einem der besten Kenner des chinesischen Buddhismus, hat diese Richtung einen Bekenner und Multiplikator gefunden, dessen Zenseminare in Rosenburg von Deutschen und Japanern lebhaft frequentiert wurden. Einer ihrer Teilnehmer, Kishi Nagaya hat, dort erfahrenen Anregungen folgend, andere Zengruppen ins Leben gerufen, so etwa die 1971 entstandene »Gemeinschaft ohne Tor« in Berlin.

Neben dem Zen- fand auch der Shin-Buddhismus, vornehmlich die aus der Shinran-Tradition hervorgegangene »Wahre Sekte des reinen Landes« Jōdo-shinshū Mitte der fünfziger Jahre nicht nur in Deutschland, sondern auch in England und den Beneluxländern breiteren Anklang.

Schließlich wäre hier noch die Missionstätigkeit des Nichiren-Buddhismus der Sōka-Gakkai zu nennen, die heute von ihrem Zentrum in Walldorf bei Frankfurt aus lebhafte Wirksamkeit entfaltet.

1962 zählten die fünf großen deutschen buddhistischen Vereinigungen 620 feste Mitglieder und haben darüber hinaus noch etwa 2000 bis 4000 Sympathisanten aufzuweisen, die vorwiegend aus dem akademischen Bereich der Künstler, Literaten, Intellektuellen, Naturwissenschaftler und Ärzte stammen. Karl Josef Notz, der der deutschen Buddhismusbewegung in einer 1984 erschienen gründlichen Untersuchung nachgegangen ist, räumt dem Buddhismus in Deutschland auch weiterhin gute Entfaltungschancen ein, doch glaubt er nicht, daß daraus eine Massenbewegung werden könnte.

Ikeda: Sie erwähnen die Popularität, die der Zen-Buddhismus in Deutschland und Frankreich genießt. Ich vermute, daß die

Ähnlichkeiten zwischen ihm und den Meditationsformen, die in christlichen Klöstern praktiziert werden – Ähnlichkeiten, die die große Zahl an praktizierenden Zen-Buddhisten in diesem Teil der Welt erklären –, schließlich dazu führen werden, daß der Zen-Buddhismus ganz im Christentum aufgehen wird.
Obgleich bisher nur etwa tausend Mitglieder zählend, besitzt Nichiren Shōshu in Deutschland ein Glaubensfundament und eine fest etablierte, eigenständige Lehre, die ihr einen langsamen, aber dauernden Aufstieg ermöglichen werden. Wir hoffen, daß jedes Mitglied der Organisation bestrebt sein wird, die Lehren Nichiren Daishōnins genau zu studieren und zu beherrschen. Wenn unsere deutschen Mitglieder erst einmal das volle Verständnis der Prinzipien des Buddhismus erlangt haben, dann werden sie in der Lage sein, der Tradition von Kultur und Wissenschaft, die sich im Lauf der europäischen Geschichte entwickelt hat, neuen Lebensatem einzuhauchen und auf diese Weise zu ihrer Weiterentwicklung beizutragen. Und wenn dies geschieht, wird die Organisation, dessen bin ich sicher, den Status einer großen Massenbewegung annehmen.

Möglichkeiten eines echten Dialogs

Ikeda: Am Ende einer berühmten Vorlesungsreihe sagte der verstorbene Arnold Toynbee, zukünftige Historiker würden, wenn sie eines Tages über unsere Zeit schrieben, sich wahrscheinlich wenig am Schicksal von Demokratie und Kommunismus interessiert zeigen; sie würden vielmehr ihre Aufmerksamkeit auf das konzentrieren, was geschah, als Christentum und Buddhismus eine höhere Ebene gegenseitigen Verständnisses und Austausches erreichten. Ich vermute, daß sich diese Behauptung, so weitreichend in ihren Implikationen, wie wir es von Toynbee gewohnt sind, als präzise Prophezeiung erweisen wird. Wie ich schon sagte, haben die Europäer des 19. Jahrhunderts beträchtliches Interesse an Buddhismus-Studien gezeigt. Enttäuscht vom Christentum, wurden sie aber im allgemeinen von dem atheistischen und nach ihrer Auslegung auch rationalistischen Charakter der frühen buddhistischen Lehren angezogen, wie man sie im Pali-Kanon findet. Dies führte zu mancherlei Mißdeutungen. Richtig ist, daß der Buddhismus Dogmen wie das vom absoluten Schöpfergott und Wunder wie die der unbefleckten Empfängnis und der jungfräulichen Geburt nicht nötig hat, ja daß er sie sogar zurückweist.

Aber das besagt nicht, daß er auf irgendeine Weise ein Äquivalent zum modernen Rationalismus und Positivismus darstellt. Tatsächlich transzendiert der Buddhismus die Welt der Vernunft und nimmt damit einen Charakter an, den man »antirational« nennen könnte. Trotzdem haben sich viele europäische Gelehrte und Philosophen des ausgehenden 19. Jahrhunderts, weil sie sich ausschließlich auf den Pali-Kanon berufen und dabei andere bedeutende Strömungen wie den späteren Sekten-Buddhismus, den esoterischen Buddhismus und den Mahayana-Buddhismus außer acht ließen, für die buddhistische Philosophie begeistert gerade wegen des Rationalismus und Positivismus, den sie in ihr zu finden glaubten.

In seinem Monumentalwerk zum Buddhismus »Buddha und seine Lehre«, das übrigens gerade jetzt ins Japanische übersetzt worden ist, hat Hermann Beckh eine sehr viel angemessenere Deutung vorgelegt. Er sagte, der Buddhismus sei weder das, was man im Westen Atheismus nennt, noch ein philosophischer Rationalismus. Und er fügte hinzu, das Ziel seines Werkes sei es gewesen, den Menschen dabei zu helfen, die wahre Natur des Buddhismus zu begreifen und im Nachdenken darüber zugleich ein tieferes Verständnis für Religion überhaupt und dafür zu gewinnen, was sie für das tägliche Leben bedeutet. Nach Beckhs Meinung vermag also eine in streng wissenschaftlicher Manier betriebene Buddhismusforschung einen tieferen Zugang zu allen Religionen zu eröffnen, das Christentum eingeschlossen.

Beckh wies alle Versuche, die Überlegenheit einer Religion über die anderen begründen zu wollen, als sinnlos ab, da er, selbst bei edelster Motivation, absolute Unparteilichkeit für unmöglich hielt. Er betonte, Christentum und Buddhismus seien nicht zwei entgegengesetzte Lehren, die um die Vorherrschaft stritten, sondern nur zwei unterschiedliche Lebensströmungen. Mit dieser These berührte er die entscheidende Frage nach der Möglichkeit eines echten Dialogs zwischen Christentum und Buddhismus, der für unsere Welt heute wichtiger ist als je zuvor.

Derbolav: Ich glaube nicht, daß die deutsche Beschäftigung mit dem Buddhismus so einseitig und begrenzt war, wie Sie annehmen, sondern daß sie Offenheit Bereichen gegenüber zeigt, die sich vom frühen Hinayana-Buddhismus unterscheiden. In den letzten Jahrzehnten haben die Deutschen in der Tat mehr und mehr Interesse für den chinesischen, tibetischen und japanischen Buddhismus entwickelt.
Von einem Dialog, wie Sie und ich ihn wünschen, kann freilich erst die Rede sein, wenn sich von beiden Seiten Gesprächspartner zu Wort melden. Dies ist auch, wie ich meine, in jüngster Zeit durchaus geschehen.
Wo früher Textfragen im Vordergrund standen, werden heute zentrale Begriffe beider Religionssysteme wie »Leiden«, »Liebe«, »Leben«, »Glauben«, ja sogar das heikle Thema »Mystik« religionsphilosophisch durchleuchtet. Den Studien von Rudolf Otto und Heinrich Dumoulin sind Arbeiten japanischer Buddhismusexperten wie Daisetsu Teitaro Suzuki und Shizuteru Ueda gefolgt, und auch Fumio Masutani, Keiji Nishitani und Akio Mineshima haben sich an den Eröffnungen beteiligt.
Führende europäische Theologen beider Konfessionen wie Henri de Lubac, Paul Tillich und Karl Rahner arbeiteten sich schrittweise zu dem Punkt vor, an dem dann der deutsche Buddhismusspezialist Hans Waldenfels ein tiefgreifendes Sachgespräch mit den Philosophen der Kioto-Schule wagen konnte. Es geht dabei nicht mehr um die Beziehung von Themen und Denkfiguren, sondern um die viel zentralere Perspektive, was beide Religionssysteme zu den Grundfragen nach Gott, dem Guten, nach der Zukunft der Menschheit beziehungsweise nach dem »Sinn« überhaupt beizutragen vermögen.
Diese Begegnung zeigt auch eine methodische Seite: So haben

die genannten Bemühungen zu Ansätzen einer »Hermeneutik« beziehungsweise »Logik der interreligiösen Verständigung« geführt, die sich kritisch zu immer bedeutsameren Aufgaben und Möglichkeiten eines positiven Kompromisses vortastet. Der Textvergleich wird durch den Systemvergleich ersetzt, ethnozentrische Vorurteile machen einer »sympathieorientierten Objektivität« Platz, und aus der Beschreibung bestehender Differenzen und dem Bekenntnis zu ihnen erwachsen zunächst Impulse der Selbstreflexion und Selbstkritik, die den Partnern dann substantielle Annäherung ermöglichen.

Ich könnte für alle diese Gesichtspunkte Beispiele und Namen nennen, möchte mich aber nur auf zwei Hinweise beschränken, nämlich auf Hans Waldenfels' positive Anerkennung der »Faszination des Buddhismus«, sein Bemühen, der weitverbreiteten »christlichen Intoleranz« behutsam den Abschied zu geben und seine scharfsinnige Analyse des religiösen Toleranzproblems überhaupt.

Der zweite Hinweis betrifft unsere eigenen hier geäußerten Überlegungen. Wie Sie sich wohl erinnern, habe ich eingangs deutlich zu machen versucht, daß Vergleich und Kritik zwar unabdingbare Voraussetzungen für ein fruchtbares Gespräch zwischen unterschiedlichen Religionssystemen sind, daß aber beide zur Selbstkritik weiterführen sollten. In einer solchen Haltung werden nämlich die Barrieren, die sie trennen, transparent und durchlässig.

Am Schluß dieses Abschnittes fühle ich mich gedrängt, auf eine noch kaum berührte, gleichwohl aber höchst gewichtige Analogie zwischen Christentum und Buddhismus hinzuweisen, die für beide, wie mir scheint, eine ernste Gefahr darstellen kann. Beide gehen, wie wiederholt erwähnt, von einem ethischen Ansatz aus, der Dienst am anderen mit dem Streben nach Selbstvervollkommnung – beziehungsweise dem, was ihr religiös entspricht: Erleuchtung und Gotteshingabe – verbindet. Da der Dienst am anderen letztlich aber darauf abzielt, den Menschen zu helfen, den Verhängnis- und Leidenscharakter ihrer Weltbefangenheit zu überwinden, und zwar dadurch, daß sie sich auf den Weg zur

Erleuchtung begeben respektive der Gottesliebe widmen, erhält eine Tendenz ungewollt Verstärkung, die beiden Systemen innewohnt: die Tendenz zur Weltflüchtigkeit und zur Daseinsablösung.
Im Westen ist der Aufforderung Jesu: »Tut Buße, denn das Himmelreich ist nahe« die platonische Deutung der Ideenerkenntnis als eines Weges der Entleiblichung und Entweltlichung vorausgegangen, die das philosophische Streben geradezu mit Todessehnsucht gleichgesetzt hat. Manches davon ist auch in die christliche Tradition eingegangen. Und wie Schopenhauer und seine Jünger zeigen, ist auch die buddhistische Denktradition von pessimistischen Seins- und Lebensdeutungen nicht frei.

Ikeda: Ich habe schon angedeutet, daß die Hinayana-Buddhisten in ausschließlichen Bemühungen um ihre eigene Erleuchtung dazu neigen, der Welt den Rücken zu kehren. Die mahayanische Lehre will dies ändern, zeigt aber doch auch manchmal Tendenzen zur Weltflucht. Eines der Ziele des Mahayana-Buddhismus ist die Erlösung der anderen, aber die Erleuchtung des einzelnen bleibt natürlich ebenfalls ein Ziel, und nicht wenige Mahayana-Buddhisten haben sich in der Tat von der Realität abgewendet in dem Bestreben, Erleuchtung zu erlangen. Wer den Buddhismus richtig praktizieren will, muß stets darauf gefaßt sein, sich mit diesem Problem auseinanderzusetzen.

Derbolav: Es wäre nun völlig verfehlt, den über die Welt hinausweisenden Charakter beider Religionssysteme leugnen oder auch nur abschwächen zu wollen, um sie besser in der Realität des Lebens verankern zu können.
Ich habe schon an früherer Stelle meiner Überzeugung Ausdruck gegeben, daß das letzte entscheidende Grenzproblem unseres Daseins, das des Todes, ohne Hilfe der Religion kaum bewältigt werden kann. Trotzdem möchte ich am Schluß mit Bezug auf unsere beiden Religionssysteme für eine Haltung plädieren, die man am besten als christlichen beziehungsweise buddhistischen Realismus bezeichnen könnte.

Damit ist nichts anderes gemeint, als daß der praktische Schwerpunkt beider Religionen in der Durchsäuerung des menschlichen Alltags durch Liebe und Mitleid als höchste Aufgabe liegen sollte. Der Bodhisattwa, der seine eigene Erleuchtung um der Hingabe an andere willen zurückstellt, ist ein schönes Beispiel dafür, daß diese Einstellung dem Buddhismus nicht fremd ist. Und auch der Christ müßte sich eigentlich zur Bereitschaft durchringen können, seine eigene Gottseligkeit – oder zumindest das direkte Verlangen nach ihr – dem Dienst am anderen zu opfern. In einem solchen in bezug auf seine Grundtendenz verwandten christlichen und buddhistischen »Realismus« sehe ich die entscheidende Basis für die Möglichkeit einer Verständigung zwischen unseren beiden Religionen, die alle unbestreitbar vorhandenen Differenzen hinter sich läßt.

Ikeda: Genau das meine ich. Die mahayanischen Schriften betonen wiederholt, der altruistische Dienst am anderen sei das wahre Wesen des Buddhismus und daß die, die den Pfad des Hinayana-Buddhismus einschlagen, nur ihre eigene Erleuchtung suchen und daher niemals die Buddhaschaft erreichen werden. Im Vimilakirti-Sutra sagt der reiche gläubige Laie Vimilakirti, nach dem dre Sutra benannt ist, zu dem Bodhisattwa Monjushri: »Ich leide, weil andere fühlende Wesen leiden.« Der Mahayana-Geist des Altruismus, der so überzeugend aus dieser Äußerung spricht, ist nicht nur der Punkt, in dem sich Buddhismus und Christentum berühren, sondern er ist auch die Richtschnur, die alle Menschen stets vor Augen haben sollten, um aus ihrem Leben das Beste zu machen, dessen sie fähig sind.

Erziehung

Wissen erster und zweiter Ordnung

Ikeda: Das letzte Ziel der Erziehung ist die Bildung des menschlichen Individuums, nicht nur durch Entfaltung und Schärfung seiner intellektuellen Fähigkeiten und durch Ausstattung mit einem reichen Schatz an Wissen, sondern auch durch Einpflanzung sittlicher Maßstäbe. In diesem Sinn stimme ich der Bemerkung jenes Philosophen zu, der sagte, Bildung bestehe in dem, was zurückbleibe, wenn man all das vergessen habe, was einem in der Schule beigebracht worden sei.
Aber durch die ganze Geschichte hindurch haben die Menschen überall die Neigung verspürt, dem Erwerb von Wissen der moralischen Erziehung gegenüber den Vorzug zu geben. Jedermann kennt die Spitzfindigkeiten, auf die die mittelalterlichen Scholastiker ihre Aufmerksamkeit verschwendeten. In neuerer Zeit konnte Montaigne beklagen, daß Schüler und Lehrer vom Schulsystem seiner Zeit nicht lebenstüchtiger gemacht worden wären, selbst wenn es ihnen noch umfangreichere Kenntnisse vermittelt hätte. Er fügte noch die Bemerkung hinzu, sein Vater habe alle Mühe darauf verwandt, den Kopf seines Sohnes mit Lehrstoff vollzustopfen, ohne sich dabei im geringsten um Urteilsbildung und Tugend zu kümmern.
Auch im Osten war die Lage keineswegs besser: Dort hat das chinesische System einer Stufenleiter von Prüfungen für den öffentlichen Dienst beispielgebend gewirkt. Dieses System erschöpfte sich in der Vermittlung und Beherrschung ungeheurer Wissensmassen über die Klassiker und in subtilen Diskussionen über dieselben Themen.
Stimmen Sie mir zu, daß sittliche Lehre und Einübung den Vorrang in der Erziehung erhalten sollen?

Derbolav: Das Übel, das Sie ansprechen, dürfte wohl überall auf der ganzen Welt verbreitet sein, wo es Schulen gibt. Wir pflegen bei uns von der »Verkopfung des Schulunterrichts« zu sprechen und meinen damit, daß von einem solchen Unterricht nicht der ganze Mensch, sondern nur ein kleiner Teil, nämlich sein Intellekt, angesprochen wird oder, wie Sie dies selbst im Anschluß an Montaigne ausgedrückt haben, daß hier die Hirne der Schüler mit Lehrstoff vollgepfropft werden, ihr Urteilsvermögen oder gar ihre moralischen Anlagen, ihr Gewissen aber völlig unberührt bleiben. Ich könnte leicht den Klagen Montaignes, die Sie zitiert haben, die Kritik des mährischen Erziehungsreformers und Theologen Comenius (1582–1670) hinzufügen, der in seiner »Großen Didaktik« scharf gegen den fruchtlosen Stoff polemisierte, der in den Schulen seiner Zeit gelehrt wurde.

Ikeda: Ich kenne die »Große Didaktik« von Comenius aus ihrer japanischen Übersetzung. Comenius hat viele scharfsinnige Anmerkungen zu machen. So warnt er davor, störrische Schüler zum Lernen zu zwingen und behauptet, daß Lehrer, die so verfahren, nicht das Wohl ihrer Schüler im Auge hätten. Er sagt ferner, daß es zur Verantwortung des Lehrers gehöre, im Herzen des Schülers die Wissens- und Lernbegierde anzufachen und die jungen Menschen nicht so hart anzufassen, daß sie ihren Lernwillen verlieren.

Derbolav: Bei Licht besehen, ist diese »Verkopfung« des Unterrichts nichts anderes als die Fortsetzung jener Verselbständigung der Schule auf ihrem Weg vom pädagogischen Gelegenheitsumgang der Erwachsenen mit den Heranwachsenden zu einer wohlorganisierten Institution, wovon schon die Rede war. Es ist daher nicht verwunderlich, daß uns die Hypertrophie des bloßen Schulwissens nicht erst heute beschwert, sondern daß sie faktisch die Entwicklung der Schule seit Jahrhunderten begleitet hat. Wir in der europäischen Bildungstradition haben die sogenannten »Freien Künste«, die, ähnlich wie die Hinterlassenschaft Ihrer Klassiker, eine Art festen, höchst zeitbeständigen Lehrkanon darstellten, der alles Wissenswerte zu enthalten schien, aber gleichwohl immer erweitert und mit Zusatzwissen überlagert wurde und immer höhere Ansprüche an das Schülergedächtnis stellte.

Daß es zu einem solchen Übergewicht des Wissens und des Denkens gegenüber dem Handeln im pädagogischen Bereich kommen konnte, bedarf einer etwas ausführlicheren Begründung: Die Erziehungs- und Bildungsbedürftigkeit des Mensch hängt mit seinem weltoffenen Status zusammen, dessen positiver Ausdruck seine Reflexivität ist. Über menschliche Reflexivität ließe sich eine ganze Anthropologie schreiben. Ich greife hier nur zwei ihrer Momente heraus, die für unser Problem von Bedeutung sind. Menschliche Reflexivität drückt sich als Sprache und Denken aus oder, anders formuliert, sie ist einerseits für die Versprachlichung unseres Verhaltens verantwortlich und trägt andererseits in der Tendenz zur Aufklärung ein kritisches Element in sich, das zur Wissenschaft hindrängt.

Was zunächst die Versprachlichung unseres Bewußtseins angeht, so führt sie früher oder später zur Verschriftung weiter – Platon hat dazu einen tiefsinnigen Mythos entworfen, der die Ambivalenz dieser Erfindung ins rechte Licht rückt – und eröffnet damit die Möglichkeit einer doppelten Auf-Dauer-Stellung unserer Vorstellungswelt. Beides ist die Voraussetzung dafür, daß sich so etwas wie »Kultur« und »Tradition« bildet und daß zu deren Weitergabe Schulen eingerichtet werden.

Daß dies alles in Primitivkulturen noch weitgehend fehlt, hat uns bereits an früherer Stelle das Beispiel der Hydriotenerziehung im Goetheschen Sinne gezeigt. Auch in schriftlosen Kulturen wären Schulen vermutlich nicht weniger intellektuell orientiert, aber ihre didaktische Reichweite bliebe nur auf den Umfang des Gedächtnisses bei Lehrern und Schülern begrenzt. Zögen wir auch noch die Lautsprache ab und beschränkten die pädagogischen Verständigungskontakte auf die normale Verhaltenskommunikation, dann würde die Welt der zu behandelnden und zu vermittelnden Gegenstände sehr rasch auf das zusammenschrumpfen, was Johann Friedrich Pestalozzi (1746–1827), der große Schweizer Pädagoge, die »nächsten Verhältnisse« genannt hat. Das mühsame »Gespräch« unter Taubstummen bietet dafür ein recht eindrucksvolles Beispiel. Es verrät, wie wichtig für uns die Mitteilungsfunktion der Sprache ist. Aber jede handlungsrelevante Mitteilung kann zum »Geschwätz« entarten und tut es auch, sobald der sprachliche Impuls der Sache gegenüber die Oberhand gewinnt. Damit berühren wir bereits eine wichtige Differenz, die uns bald in zwei weiteren Gestalten begegnen wird.

Um die Gefahr solchen Abgleitens ins Geschwätz zu vermeiden, das heißt die Kommunikation in der Nähe der Sache zu halten, hat sich einer der geistreichsten Schriftsteller des 18. Jahrhunderts, Jonathan Swift, einen tiefsinnigen Scherz erlaubt. Unter den vielen törichten Forschungsprojekten der berühmt-berüchtigten Akademie von Lagado, die sein Romanheld Gulliver besucht, nennt er eines mit philosophischem Hintergrund: Da die Worte ohnehin nur Zeichen für die Dinge seien, sollte jeder – wie hier ironisch begründet wird: um seine Lungen zu schonen – sein »Sprechzeug« bei sich tragen und dort, wo ihn die Lust zum Gespräch ankommt, dem Partner die Dinge statt der Worte vorstellen. Angesichts dieses Sprachverzichts – der zugleich den Vorzug habe, den Eintritt in die Differenzierung der Einzelsprachen überflüssig zu machen – müßte man sich freilich entweder Diener anschaffen, die einem das Sprechzeug mühevoll auf dem Rücken nachtrügen, oder man wäre gezwungen, sich bei solchen Sachkontakten einfach auf das Nächstliegende zu beschränken. Da wir aber weder in einer schrift- noch sprachlosen Welt leben und uns auch kaum – außer fiktiv – in eine solche zurückversetzen können, da wir andererseits in der Reflexivität die Möglichkeit besitzen, jede Sprachebene, das heißt jede Benennung und jeden Satz reflektierend zu überhöhen und damit neue Sinnrelationen zu bilden, sind der Erweiterung und Ausdehnung des Sinnraums der Sprache sowohl der Weite als auch der Abstraktionshöhe nach keine Grenzen gesetzt. Wichtig ist dabei nur, daß der Faden dieser reflexiven Vermittlung irgendwo an der Realität festgemacht bleibt, gleichgültig ob es sich dabei um Phänomene oder um Texte handelt. In beiden Fällen kann sich dann die Reflexion dieser Basis entweder als Geschwätz beziehungsweise Trivialwissen überlagern oder sich auch, ihrem kritischen Impuls folgend, in die Abstraktion der Wissenschaft erheben.

Ikeda: Menschen können Philosophien und Religionen entwikkeln aufgrund ihrer Fähigkeit zum Gebrauch der mündlichen und schriftlichen Sprache, um abstrakte Begriffe auszudrücken. Darüber hinaus befähigt uns die Sprache, Dinge ins Leben zu rufen, die noch gar nicht existieren. Diese Kraft der Kreativität geht verloren, wenn auf Sprache verzichtet wird und Kommunikation sich nur auf die physisch präsenten Dinge beschränkt. So gänzlich abstraktes Denken wie in der Mathematik ist nur möglich, wenn sich die Sprache aus der Gebundenheit an die konkreten Dinge befreit hat. Richtig ist, daß Sprache manchmal zu bloßem Geschwätz herabsinkt, aber man sollte doch nicht vergessen, daß auch Geschwätz wieder zur Kreativität aufsteigen kann.

Derbolav: Wissenschaft war von ihrem Ursprung her stets eine Frucht der Aufklärung, dazu bestimmt, die vorwissenschaftlich anthropomorphistisch-mythologische Vorstellungswelt auf eine Ebene kontrollierten Verstehens und Erklärens zu erheben. Die antik-mittelalterliche Philosophie ist einer solchen Aufklärungswelle zu verdanken, doch was in Europa den spezifischen Namen der »Aufklärung« trägt – Kant hat sie als ein Erwachen aus dem Status selbstverschuldeter Unmündigkeit beschrieben –, ist im wesentlichen auf die Ablösung des europäischen Geistes aus der Tradition der Kirchenlehre gemünzt, die für den neuen kritischen Geist den spezifischen Ausdruck dieser Unmündigkeit darstellte.
Die moderne, von der Philosophie weitgehend abgelöste Einzelwissenschaft ist aus einem weiteren kritischen Schub entstanden, den man gewöhnlich als »zweite wissenschaftliche Aufklärung« bezeichnet. Die kritische Weltdeutung der antik-mittelalterlichen Philosophie war spekulativ-hermeneutischer Art, ihre Konstruktionselemente waren die aristotelischen Prinzipien und Kategorien, vor allem das aus der platonischen Idee entstandene

Eidos als Zweck- und Gestaltprinzip. Ihre Ausdrucksform – trotz des nüchternen Schreibstils der aristotelischen Pragmatien, der später Schule gemacht hat – war die gebundene Rede des Lehrgedichts oder des Dialogs, wofür die vorsokratischen Philosophen und Platon Zeugnis ablegen.
Deshalb verstanden sich auch die spätantiken »artes liberales« als Auszug aus diesem spekulativ-hermeneutischen Weltwissen, in dem Inhalte der mathematisch-naturwissenschaftlichen (der Arithmetik, Geometrie, Astronomie und Musiktheorie) und der sprachlich-geisteswissenschaftlichen Disziplinen (der Grammatik, Rhetorik und Dialektik) vereinigt waren, die – sehr häufig in vielfacher Abwandlung – den Jugendgenerationen vieler Jahrhunderte als Lehrstoff dargeboten wurden.

Ikeda: Bevor die Modernisierung im späten 19. Jahrhundert ihren Einzug hielt, standen im Zentrum der japanischen Schulbildung altehrwürdige chinesische Texte wie die konfuzianischen Analekten, Menzius, die Schriften der Neukonfuzianer und Sima Quians berühmte Berichte des Historikers, die alle von vielen Schülergenerationen gelesen und studiert werden mußten. In neuerer Zeit jedoch muß so viel aus den Naturwissenschaften gelernt werden, daß die genannten Schriften zu Inhalten der Kurse über chinesische Literatur oder Geschichte herabgesunken sind. Ohne Zweifel liegt hier der Fall ähnlich wie in Europa in bezug auf die früher zentrale Stellung der griechischen und römischen Klassiker.

Derbolav: Überhaupt waren die Inhalte der Studien dieser Zeit – auch der sogenannten »Studia humaniora« des Althumanismus – weniger empirisch-wissenschaftlicher Art als Texte klassischer Autoren, deren spezifisch menschliche Substanz, wie an früherer Stelle ausgeführt, für besonders bildungsträchtig gehalten wurde. Und hier bricht die zweite Dimension der Differenz von »Mitteilung« und »Geschwätz« auf, indem sich dem basisartigen »Strukturwissen« der Texte, wie schon erwähnt, wachsende Massen von »Gelehrsamkeit« auflagern können, die – und das ist

das Peinliche – mit gleicher Dringlichkeit wie jenes dem Gedächtnis des Schülers abgefordert werden. Die uferlose Gelehrtenarbeit etwa der Homer- oder Platonphilologie legt hierfür Zeugnis ab.
Die Unterscheidung zwischen primärer und sekundärer Wissensbedeutung hilft hier vielleicht weiter. Dafür ein Beispiel aus der Philosophie Kants, das leicht durch eines aus der platonischen oder aristotelischen Philosophie ersetzt werden könnte: Wer Kants kategorischen Imperativ als die schlichte Forderung, alle moralischen Ansprüche zu prüfen, ob sie sich verallgemeinern lassen, das heißt allen Menschen verbindlich auferlegt werden können, als letzten Maßstab der Sittlichkeit einmal begriffen hat, der verfügt über ein Wissen von primärer Bedeutung. Wer darüber hinaus noch weiß, welche historischen Anregungen Kant in diesem Lehrstück aufgegriffen, was er sich psychologisch bei seinen Formulierungen gedacht, an welchen Beispielen er das Gemeinte demonstriert hat und daß die Goldene Regel unserer Alltagsethik tendenziell diesem Lehrstück Kants nahekommt, der besitzt ein stattliches Sekundärwissen, das er freilich vergessen kann, wenn er die Sache wirklich beherrscht. Genau das hat Comenius unter fruchtloser Gelehrsamkeit verstanden, und das hat auch jener von Ihnen zitierte Philosph gemeint, der behauptete, Bildung sei, was übrig bleibe, wenn man alles Gelernte vergessen habe.

Ikeda: Goethe hat diese Art Lehrbetrieb scharf kritisiert, indem er den Schüler im »Faust« sagen läßt, nur was man schwarz auf weiß besitze, könne man getrost nach Hause tragen. Diese Haltung spiegelt die irregeleitete Auffassung vom Sinn der Schule wider, zu der beide, Studenten wie Lehrer, neigen. Die Studenten machen sich krampfhaft Aufzeichnungen, die Lehrer prüfen sie, um zu sehen, wie viel sie von dem Notierten auswendig gelernt haben. Unmittelbar vor den Prüfungen stopfen sich die Studenten bis tief in die Nacht hinein den Kopf mit Informationen voll, nur um all dies prompt wieder zu vergessen, sobald die Prüfung vorbei ist. Die wachsenden Massen von Informationswissen, die beherrscht werden müssen, verstärken nur diesen unglückseligen pädagogischen Irrtum.

Derbolav: Im Gefolge der zweiten wissenschaftlichen Aufklärung, beim Schritt zur modernen empirischen Einzelwissenschaft, erfährt unsere Differenz eine Neuprägung. Im Gegensatz zur alten »Theoria« spekulativ-hermeneutischen Charakters scheint die moderne »Theorie« konstruktiv-hypothetisch zu sein und auf einer Reihe von methodischen Fortschritten zu beruhen.

Diese Entwicklung beginnt mit der Substituierung der alten Zweckkategorie durch die Kausalität, setzt sich fort in der Quantifizierung aller qualitativen wissenschaftlichen Befunde, die nun mathematisch formalisiert werden, und endet mit der Technisierung der experimentellen Forschungsmittel, zu der auch der Gebrauch von Computern gehört. Was die moderne Einzelwissenschaft unaufhörlich produziert – und zwar nicht nur die naturwissenschaftliche, sondern heute auch immer mehr die geistes- und sozialwissenschaftliche –, ist experimentelles, zumeist statistisch verarbeitetes Datenwissen, das sie mit konstruktiv-hypothetischer Phantasie theoretisch zu unterfahren und systematisch zusammenzubinden sucht.

Die modernste Ausprägung unserer Differenz von Mitteilung und Geschwätz beziehungsweise Strukturwissen und Gelehrsamkeit ist also die zwischen »konstruktiv-hypothetischem Basiswissen« und »Datenwissen«, und es ist klar – womit wir wieder zu unserem Ausgangsthema zurückkommen –, daß die Schule als Stätte der Traditionsvermittlung, zu der naturgemäß auch die Wissenschaft gehört, an diesen Entwicklungen nicht unberührt vorbeigehen konnte.

Da nun die Schulfächer mit Einschluß ihrer erzieherischen Elemente alle drei Herkunftsbereiche des Wissens umfassen, erklärt sich die ungeheuere Stoffvermehrung des Schulwissens auf einfache Weise: Sie entspringt der Unfähigkeit der meisten Lehrer – und ihnen voraus schon der Lehrplankonstrukteure –, Geschwätz, Gelehrsamkeit und Datenwissen in der Unterrichtsplanung und -realisierung in Grenzen zu halten.

Ikeda: Wie gesagt, im gegenwärtigen Zeitalter raschen wissenschaftlichen Fortschritts und elektronisch gesteuerter Kommunikation hat die Tendenz, den Erwerb von Wissen überzubewerten, neue Impulse erhalten. Ich habe mir sagen lassen, daß der Wissensumfang, den japanische Schulkinder in einem bestimmten Zeitraum erwerben und beherrschen sollen, das übersteigt, was in manchen anderen Ländern den Studenten abverlangt wird. Ich weiß, daß viele japanische Lehrer so in Bedrängnis sind, all das im Unterricht abzuhandeln, was in den Lehrplänen festgelegt ist, daß sie kaum Zeit finden, auf die Bedürfnisse weniger begabter Kinder einzugehen, die daher aus Langeweile und Enttäuschung ihre Aufmerksamkeit häufig nicht immer förderlichen außerschulischen Interessen zuwenden.

Darin liegt eine der Ursachen für die Jugendkriminalität. Angesichts des sozialen Drucks in Japan, die Jugend in möglichst guten Schulen unterzubringen, um ihnen bessere zukünftige Berufschancen zu sichern, müssen viele Kinder zusätzliche Vorbereitungsschulen besuchen, um das für die schweren Eintrittsprüfungen nötige Wissen zu erwerben. Solche Vorbereitungsschulen gehören in Japan häufig zu den gewinnbringendsten Geschäftsunternehmungen.

Mir ist bewußt, daß die moderne Lebensweise außerordentlich hohe intellektuelle Ansprüche an den Menschen stellt. Gleichwohl habe ich das Gefühl, daß die Schulen – jedenfalls in Japan – eine große Menge überflüssigen Lehrstoffs vermitteln. Die Jugend sollte ein umfassendes Basiswissen erhalten, und den jeweiligen Wissensverästelungen sollte weniger Aufmerksamkeit gewidmet werden. In unserer Zeit schnellen Wandels und Fortschritts ist ein großer Teil von dem, was heute wichtig erscheint, morgen überholt. Daher müssen die Kinder eine Art Grundlagenwissen erwerben, das sie befähigt, die feineren Details und das aus ihm Abgeleitete sich dann selbst zu erarbeiten, wenn es sachdienlich ist und benötigt wird.

Für das Leben in der Welt von heute wie für alle Zeiten, Kulturräume und Völker sind ethische Maßstäbe respektive das, was Montaigne »Tugend« nennt, wichtiger als alle anderen Inhalte des Lehrplans.

Ich habe früher bemerkt, daß die Einübung, die zur Einpflanzung dieser Maßstäbe in den Geist der jungen Menschen erforderlich ist, zu Hause in der Familie beginnt, daß aber auch die Schule hier einen Teil der Verantwortung tragen muß. Denn in der Schule können die Kinder in einem höheren Maße Moralität am Werke sehen als in der familiären Erfahrung.

Derbolav: Ich glaube Ihnen gerne, daß heute schon den Grundschulkindern in Japan soviel an Stoffwissen abverlangt wird, wie den Studenten in anderen Ländern, und das ist auch bei uns nicht viel anders. Obgleich bei uns das höchst beschwerliche System von Zulassungs- und Aufnahmeprüfungen, das den Durchgang durch das japanische Schulsystem fast zu einer »Hölle« werden läßt, weitgehend dadurch gemildert ist, daß über die Zulassung zur nächsten Stufe bereits auf der vorhergehenden durch entsprechende Abschlußprüfungen und Qualitätsgutachten entschieden wird, so hat sich doch gezeigt, daß fast alle bundesdeutschen Bildungsreformen, die darauf angelegt waren, unsere Schulen moderner und zeitgemäßer zu gestalten – wie etwa die gymnasiale Oberstufenreform von 1972 – indirekt wieder zu einer übersteigerten Wissensbelastung geführt haben. Auch bei uns bleiben deshalb die weniger begabten Kinder auf der Strecke, und das, was in Ihrem System die Vorbereitungsschulen tun, leisten bei uns die sogenannten »Hausnachhilfelehrer« , die den Söhnen und Töchtern »gutbürgerlicher Herkunft« das eintrichtern müssen, was ihnen zu vermitteln die Schule nicht in der Lage ist.

Dieses kritische Bild der Schule und der Hinweis auf die bei uns fehlgelaufenen Bildungsreformen sollen freilich nicht besagen, daß jeder Versuch, unsere Schule durch Reformen zu erneuern, von Haus aus vergeblich wäre. Reformen müssen nur richtig angesetzt werden und dürfen nicht im bloß Organisatorisch-Methodischen versanden.

Sie selbst haben zwei Punkte angeführt, von denen Sie sich einen

Wandel zum Besseren erwarten, und sie scheinen mir beide im höchsten Maße bemerkenswert zu sein: Wenn Sie vorschlagen, den Unterricht auf eine Art Grundlagenwissen zu beschränken, das der Jugend so dargeboten werden müßte, daß sie sich das daraus Abzuleitende selbst erarbeiten könnte, so berühren Sie nicht nur meine Differenzenlehre als Herkunftsnachweis der unterrichtlichen Stoffülle, sondern auch das, was wir heute gegen diese unzulässige Stoffülle des Schulunterrrichtes als Heilmittel einsetzen wollen: nämlich die Konzeption einer »grundlegenden Allgemeinbildung«, die man tendenziell genauso beschreiben könnte, wie Sie es getan haben. Das heißt, es kommt hier auf die Vermittlung des Grundlegenden, der Begründungszusammenhänge für die einzelnen Sachbereiche an, von denen aus sich das Faktische in seinem systematischen Zusammenhalt verstehen und erklären läßt. Was späterhin hinzugewonnen wird, wird dann nicht vereinzelt und wurzellos bleiben, sondern in den verfestigten Grundlagen gleichsam einrasten.

Ikeda: Gerade wie wir als menschliche Wesen »erfolgreich funktionieren«, weil alle Teile unseres Körpers miteinander in funktionaler Beziehung stehen, so kann auch gelerntes Inhaltswissen erst seinen Sinn entfalten, wenn es mit anderem Wissen und anderer Erfahrung sinnvoll verknüpft wird. Dazu kommt noch, daß neues Wissen dann viel leichter behalten wird, wenn es auf anderes bezogen worden ist. Ich würde die Vernetzung, durch die Information mit anderem Wissen integriert und in Beziehung gebracht wird, zur »grundlegenden Allgemeinbildung« zählen.

Derbolav: Ebenso wichtig wie die Vorstellung einer »allgemeinen Grundbildung« aber scheint mir Ihre zweite Forderung zu sein: die Erziehung unserer Jugend auf die Einpflanzung sittlicher Maßstäbe zu gründen, und auch hierin stimme ich Ihnen vollauf zu, wenn ich auch einen anderen Weg zu diesem Ziel wählen möchte.

Richtig ist zunächst, daß sich die Weitergabe von Wissen und die Einpflanzung sittlicher Maßstäbe darin unterscheiden, daß das

erste dem Gedächtnis anvertraut wird, sei es zur bloßen Reproduktion für Prüfungszwecke, sei es auch als Werkzeug für weiteren Wissenserwerb. Die Vermittlung moralischer Grundsätze dagegen sucht das Verhalten des »Educandus« anzusprechen. Sie will sein Handeln in zukünftigen Situationen auf wünschenswerte Ziele und Aufgaben hin orientieren, und das vermag sie nur, wenn sie zugleich von der Einübung in diese Situationen begleitet wird. (Es wurde an früherer Stelle erwähnt, daß Aristoteles sittliche Bildung überhaupt nur als eine Aufklärung solcher konkreter sittlicher Handlungserfahrungen verstanden wissen wollte, und wenn Hegel moralische Belehrung im frühen Kindesalter nicht für nutzlos hält, so deshalb, weil er die begründete Hoffnung besitzt, daß die Kinder beim Heranwachsen das bloß verbal Gelernte geistig aufarbeiten und in ihre Lebenspraxis einbeziehen werden.)
Und nun kommt der Punkt, an dem ich mich von Ihnen unterscheide, beziehungsweise wo ich die beiden von Ihnen unabhängig voneinander geäußerten Gedanken zu einer einzigen fruchtbaren Einsicht verknüpfen möchte: Sie sprechen von der sittlichen Bildung im Elternhaus und in der Schule, wobei Sie der Schule in dieser Hinsicht eine größere Wirksamkeit zubilligen, weil Sie hier »Moralität« in höherem Maße am Werk sehen. Das ist in der Tat richtig und bedarf nur einer eingehenderen Begründung.
Um hier gleich auf den entscheidenden Punkt zu kommen: Ich würde grundlegende Bildung im sogenannten Wissensbereich und Einpflanzung moralischer Maßstäbe im Gewissen nicht als getrennte Aufgabe ansehen wollen, sondern, wie ich das schon an früherer Stelle vermerkt habe, sittliche Bildung als kasuistische Aufklärung von Handlungssituationen interpretieren, wie sie im Sachwissen des Unterrichts – wenn er wahrhaft grundlegende Bedeutung hat – strukturell vorausgesetzt sind. Ich habe dies die »Praxisrelevanz« des Sachunterrichts genannt.

Ikeda: Wie Sie sagen, sind beides nicht getrennte Aufgaben. Das Ungleichgewicht zwischen vermitteltem Wissen und sittlicher

Befähigung ist besonders gefährlich in einer Situation, in der außerordentliche Fortschritte in Physik, Biologie und Nukleartechnologie den Menschen horrende Vernichtungsmittel in die Hand gegeben haben. Die Einpflanzung moralischer Maßstäbe schon von der frühesten Kindheit an und ihre Verknüpfung mit den übrigen Kenntnissen und Erfahrungen des Kindes sind von äußerster Wichtigkeit. Ich denke, wir stimmen in diesem Punkte durchaus überein. Ich habe die Schulsituation nur deshalb gesondert genannt, weil die ethisch-moralische Erziehung die Richtung angibt, in die sich die gesamte intellektuelle Entwicklung hinbewegt.

Derbolav: Natürlich wird es immer Unterrichtssituationen geben, in denen bloßer Wissenserwerb gedrillt wird, oder Umgangsfelder, in denen Tugenden schlicht eingeübt werden. Ohne Zweifel ist etwa die Familie für die Weitergabe von Tugenden wie Wahrhaftigkeit, Ehrlichkeit, Treue, Toleranz, Friedfertigkeit, Kameradschaft und so weiter zuständig, und solche Einübungssituationen sind meist so einfach strukturiert, daß sie keine Sachprobleme stellen.
Viel wichtiger aber erscheint mir jener erheblich komplexere Bereich der beruflichen, der politischen und gesellschaftlichen Tätigkeiten zu sein, die die Schuljugend später erwarten, und diese Tätigkeitsfelder lassen sich nicht einfach erüben. Wer sich in ihnen behaupten und bewähren will, muß sich nicht nur ihrem Sinnanspruch öffnen, sondern kann auch, wie das Hegel formuliert hat, auf die »Anstrengung des Begriffs« nicht verzichten, um diesen Anspruch dann in den Zusammenhang oft höchst divergierender Sachverhältnisse hineinzuübersetzen. Dafür aber liefert ein guter Sachunterricht die unentbehrlichen Voraussetzungen.

Ikeda: Es bedarf genauester Prüfung, welche Art von Mitspracherecht die politischen Gewalten bei der Organisation des nationalen Erziehungssystems ausüben sollen. Wohl ähnlich wie in Deutschland, war die Regierung in Japan in der Zeit vor dem Zweiten Weltkrieg durchaus berechtigt, mit ihren Entscheidungen in die Gestaltung des Erziehungslebens einzugreifen. Indem sie ihre Politik auf die Idee gründete, Japan sei eine göttliche Nation, forderte sie in dieser Zeit unbedingten Einsatz für den Staat und absoluten Gehorsam gegenüber seinen Anordnungen. Die aggressiven Militaristen nutzten diese Situation aus und trieben die Nation in den Krieg. Und es war die Erziehung, die es ermöglicht hat, daß sich die shintoistische Idee von der göttlichen Sendung der Japaner über die ganze Nation verbreitete. Nach dem Krieg wurde alles anders. Wie die Verfassung deutlich machte, ist Japan eine pazifistisch gesinnte Nation geworden. Und wieder war es die Erziehung, die das Bewußtsein der Bevölkerung auf breiter Basis verändern half. Jetzt hingegen, nachdem sich das System der Sicherheitsverträge zwischen Japan und den Vereinigten Staaten verfestigt hat, ist es wieder die Erziehung, die, unter politischer Leitung und Kontrolle, bestrebt ist, die öffentliche Meinung für die Wiederbewaffnung zu gewinnen.

Derbolav: Mit der Frage nach dem Ausmaß und der Legitimität des Einflusses der Politik auf das Erziehungsleben haben Sie sicherlich einen neuralgischen Punkt berührt, der in allen politischen Ordnungen, in denen das Erziehungssystem keine weitgehende Autonomie genießt – wie das früher in England der Fall war –, eine Reihe ernster Probleme aufwirft. Es ist ohne Zweifel empörend zu beobachten, wie leicht die Pädagogik zu einer Erfüllungsgehilfin der Politik werden kann, wenn es diese darauf anlegt, das Erziehungs- und Bildungsleben nicht etwa allen Wandlungen des politischen Bewußtseins nur nachvollziehen, nein vielmehr überhaupt erst herbeiführen zu lassen, indem sie sie im Willen der heranwachsenden Generation verankern hilft.

Wie Sie am Beispiel der letzten fünfzig Jahre in Japan gezeigt haben, wurde Ihrer Jugend zunächst die Idee des nationalen Imperialismus, dann die der Befriedung im pazifistischen Sinn und schließlich die Notwendigkeit einer Wiederintegration in die etablierten Machtverhältnisse über den Weg der Schulbildung gleichsam eingeimpft. Auch in Deutschland hat man nach 1945 versucht, die Demokratisierung des deutschen Volkes der Erziehung als Aufgabe zu übertragen, und dies in zwei Formen des Demokratieverständnisses im Westen und im Osten.
Wenn man solche oftmals nicht sachlich, sondern parteilich motivierten Einflüsse, ja Eingriffe der Politik ins Bildungs- und Erziehungsleben gewiß auch nicht gutheißen kann, so stellt sich das Verhältnis von Pädagogik und Politik doch etwas nüchterner, aber auch komplexer dar, wenn man hier die systematischen Zusammenhänge schärfer durchartikuliert, die beide Bereiche miteinander verbinden. Politik hat in der Tat der Erziehung gegenüber eine Art Sachkompetenz zu erfüllen, ähnlich wie der Wirtschaft, dem Recht, dem Gesundheitswesen oder dem Sicherheitssystem gegenüber.

Ikeda: Wenn Politik in Fragen der Wohlfahrt und der sozialen Unterstützung besonders in Not- oder Katastrophenzeiten eine führende Rolle spielt, trägt sie zweifellos zum Allgemeinwohl bei und ist daher wünschenswert. Darüber hinaus sind gewisse politische Eingriffe vermutlich unvermeidlich, um die Gesellschaft vor den negativen Folgen wissenschaftlicher und industrieller Expansion zu schützen. Aber vergleichbar der Grenzenlosigkeit menschlicher Gewinnsucht strebt politische Autorität wie jede andere Form von Autorität danach, alles unter ihre Kontrolle zu bringen. Nun ist die Erziehung und Bildung der Jugend, die einmal für die Zukunft Verantwortung übernehmen muß, eine Aufgabe, die höchste Achtung verdient. Wenn man gestattet, daß politische Autoritäten sich hier einmischen, dann heißt dies, die menschliche Würde mit Füßen treten.

Derbolav: Das, was Sie hier eine Einmischung der Politik in das Erziehungsleben nennen, kann auch einer besonderen Verantwortung entspringen, die sie ihm gegenüber als Bildungspolitik zu erfüllen hat. Die Sachkompetenz der Bildungspolitik gliedert sich in drei Aufgaben: Die erste hat die »Bildungspolitik« mit der Pädagogik gemeinsam, denn sie teilt mit ihr die pädagogische Verantwortung. In den beiden anderen, der ökonomischen und der politischen, geht sie über das eigentlich Pädagogische hinaus und erschließt dem Handeln weitere Motivationshorizonte.
Wie wir schon an früherer Stelle gehört haben, verfolgt die sogenannte »pädagogische Verantwortung« das Ziel, die heranwachsende Jugend durch entsprechende Maßnahmen (Erziehungsumgang und Unterrichtsveranstaltungen) zur Mündigkeit und Selbständigkeit emporzuführen. Dieses Ziel muß sich die Bildungspolitik primär zu eigen machen, und ihre besondere Aufgabe besteht in der inhaltlichen Ausfüllung des Programmes, und zwar dadurch, daß sie ihm – da es noch relativ formal-abstrakt ist – eine bestimmte, dem Zeitbewußtsein entsprechende Qualifizierung verleiht. Zumeist sind die Wertmaßstäbe hierfür in den Staatsverfassungen selbst angelegt. So versteht sich das Volk der Bundesrepublik Deutschland – ganz ähnlich wie das japanische – als eine friedliebende Nation, die zwar in der West-Ost-Spannung für den Westen Partei ergriffen hat, aber doch gute Beziehungen zu allen Nationen pflegen will.
Das muß keineswegs so sein. Blickt man einige Jahrzehnte zurück, dann sieht man sich mit einer Periode konfrontiert, in der auch die deutsche Bildungspolitik, ähnlich wie die japanische, vom nationalen Imperialismus beherrscht war und dieser ging wieder eine Zeit voraus, in der die Weimarer Republik eine vergebliche Anstrengung machte, ihr demokratisches Grundverständnis in der Öffentlichkeit pädagogisch durchzusetzen.
Hier muß jedoch beachtet werden, daß pädagogische Bemühungen dieser Art nicht nur fehlschlagen können, daß sie vielmehr auch – und das macht die Sache noch viel schlimmer – gegen die pädagogische Verantwortung verstoßen können, wie das die Bildungspolitik der Nazis in Deutschland mit Sicherheit getan

hat, indem sie die heranwachsende Jugend nicht auf ein selbständiges Urteil, sondern auf den Führergehorsam einschwor. Nicht bildungspolitischen Einflüssen auf das Schulwesen überhaupt – die wegen der Verflechtung von Bildungs- und Gesellschaftssystem unvermeidlich sind –, wohl aber solchen Manipulationen sollte man sich, wo es möglich ist, schärfstens widersetzen.

Ikeda: Die deutliche Einschränkung des Analphabetentums, die mit der Etablierung des modernen staatlich betreuten Schulsystems Platz gegriffen hat, ist allerdings ein lobenswerter Erfolg. Wie gesagt, keine Aufgabe ist wichtiger als die Erziehung und Bildung der Jugend, die in zwanzig oder dreißig Jahren für die Gesellschaft verantwortlich sein wird. Und ich kann nicht umhin zu glauben, daß die Versuche der herrschenden politischen Machthaber, das Erziehungsleben zu kontrollieren, um ihre eigenen Positionen zu festigen, unvermeidlich zu schweren Störungen führen müssen.
Wie Sie sicherlich wissen, hat die Überwachung und Kontrolle der Lehrbücher durch die japanische Regierung, das heißt durch das Erziehungsministerium, vor kurzem wütende Proteste hervorgerufen, die sogar internationale Ausmaße annahmen, und zwar wegen der fälschenden Umstilisierung von Darstellungen aus der Geschichte des Zweiten Weltkriegs. Das Ministerium hatte nämlich die Autoren gezwungen, bei der Beschreibung der japanischen Aktionen in Korea, China und Südostasien in den Lehrbüchern den Begriff »Invasion« durch das Wort »Vorrükken« zu ersetzen. Als dies durch die Neuen Medien im Ausland verbreitet wurde, haben etliche Nationen lautstark ihr Mißfallen und ihre Besorgnis zum Ausdruck gebracht.

Derbolav: In die pädagogische Kompetenz der Bildungspolitik fallen aber neben Letztzielgebungen auch die Inhalte von Erziehung und Bildung, das heißt genauer: auch die Lehrpläne und Lehrbücher. Sie werden meist in ministeriellem Auftrag von gemischt pädagogisch-politischen Kommissionen erstellt. Man darf sich daher den Einfluß der Bildungspolitik nicht allzu

personifiziert denken. In Wahrheit sind es weniger Einzelpersönlichkeiten als die politischen Konzeptionen und Doktrinen der Parteien, nach denen hier die allgemeinen Richtlinien festgelegt werden, doch können sich in dieser kommissionellen Lehrplan- und Lehrbucharbeit bisweilen Gruppierungen durchsetzen, die obsolete Motive aus früheren Zeiten wieder zur Geltung bringen wollen. So verstehe ich etwa den von Ihnen erwähnten Versuch Ihres Erziehungsministeriums, jene imperialistischen Ziele semantisch zu verschleiern, die die japanische Armee in Korea und in Südostasien im Zweiten Weltkrieg verfolgte.
In der Tat gibt es Unterrichtsbereiche, die für solche politisch-ideologischen Überformungen besonders empfindlich sind wie etwa die Sprachfächer oder der Geschichtsunterricht. Auch die bundesdeutschen Geschichtsbücher haben übrigens bei ihrer Darstellung der Ereignisse des Zweiten Weltkriegs wiederholt Kritik erfahren und dem Vorwurf der Schönfärberei standhalten müssen, und zwar auch dort, wo keine bewußte Unredlichkeit am Werk war und die deutschen Lehrbuchautoren keineswegs die eigene Schuldfrage verharmlosen wollten. Um solche Peinlichkeiten zu vermeiden, hat man daher bei uns eine deutsch-polnische Lehrbuchkommission eingerichtet, die die einschlägigen Formulierungen der deutschen Geschichtsbücher laufend kontrolliert.

Ikeda: In Japan sind nahezu alle Lehrbuchautoren überzeugte Antimilitaristen und üben schärfste Kritik am Vorgehen der japanischen Regierung während des Zweiten Weltkriegs. Das Erziehungsministerium jedoch prüft ihre Werke und fordert Revisionen, die die Empörung anderer Völker Asiens hervorrufen.

Derbolav: Neben der pädagogischen nannten wir noch die ökonomische und die politische Seite der bildungspolitischen Sachkompetenz. »Ökonomisch« bezieht sich dabei auf das ganze Feld der Mittelbereitstellung (mit Ausnahme der Bildungsinhaltlichkeit, von der eben die Rede war), kurz auf die materiellorganisatorischen Möglichkeitsbedingungen für die Durchführung der geplanten Erziehungs- und Bildungsaufgaben. Dazu gehören nicht nur die Räumlichkeiten und Schulgebäude, sondern auch die Lehrer selbst und deren Rekrutierung und Ausbildung, die ja auch eine ökonomische Aufgabe darstellt. Und selbst dort, wo die Eltern weitgehend selbst die Kosten für die Erziehungsbetreuung ihrer Kinder tragen, bedarf es noch eines Rests bildungsökonomischer Kompetenz, um diese Gelder sachgerecht zu verwalten und sinngemäß einzusetzen.

Da Bildung letztlich ein Gut darstellt, ist, wie bei allen Gütern in der Gesellschaft, auch hier eine gerechte Verteilung erforderlich. Diese Aufgabe erfüllt die Bildungspolitik in ihrer spezifisch politischen Intention. Sie spitzt sich auf die Forderung zu, die Bildungschancen – zu denen hier naturgemäß auch die durch sie zu erreichenden Berufschancen gehören – den Mitgliedern der heranwachsenden Generationen gerecht zuzuteilen. »Gerecht« aber heißt dabei nicht »gleich« im egalitären Sinne, sonst wäre diese Aufgabe furchtbar einfach zu lösen.

Der Bildungschancenverteilung liegt vielmehr eine Proportion zugrunde, die durch unterschiedliche Wertmaßstäbe ausgefüllt werden kann. Diese Maßstäbe richten sich nach den ideologisch auseinanderführenden Vorstellungen von gerechter Gesellschaftsordnung. Folgt man hier zum Beispiel einem liberalen Leitbild, dann wird man bei der Bildungsverteilung die Leistung besonders honorieren, und das heißt in unserem Fall, begabte Kinder, ihrem Bildungshunger entsprechend, in bevorzugter Weise fördern. Ein sozialistisches Ordnungsbild dagegen tendiert eher zur Förderung der Bedürftigen und Schwachen, sie sucht ihnen gleichsam durch menschliche Hilfe das zuteil werden zu lassen, was ihnen die Natur versagt hat. Eine konservative Haltung schließlich wird hierarchische Strukturen innerhalb der Gesellschaft begünstigen.

Ikeda: Jeder wird mit Ihnen übereinstimmen, daß die Verteilung der Bildungschancen gerecht sein muß, obwohl die Auffassungen über die spezifische Natur der Bildungsgerechtigkeit ohne

Zweifel auseinandergehen. Von den drei möglichen Deutungen, die Sie erwähnen, neige ich dem sozialistischen Konzept zu, das sich besonders um die Schwachen und Bedürftigen bemüht, obwohl ich auch der Meinung bin, daß es darüber hinaus noch wesentlich ist, den begabten Kindern jene Entwicklungsmöglichkeiten zu bieten, die ihrem Lernwillen entsprechen.

Derbolav: Ich habe mit dieser differenzierenden Analyse das Geflecht bildungspolitischer Aufgaben und ihrer Akteure durchsichtiger zu machen versucht, nicht um deren große Bedeutung und Verantwortlichkeit irgendwie herunterzuspielen – in der Tat liegt das Schicksal der kommenden zwanzig bis dreißig Jahre in ihren Händen, wie Sie mit Recht betonen –, sondern um das Vorurteil zu zerstreuen, als ob alle Eingriffe der Bildungspolitik auf das Erziehungs- und Bildungswesen gewaltsam, willkürlich oder sogar verderblich wären. Im Gegenteil sind vielmehr die meisten Maßnahmen – von klaren Fehlgriffen abgesehen – durchaus sinnvoll und sachlich zu begründen, doch werden sie häufig so einseitig geplant und durchgeführt, daß sie gegen andere gleichberechtigte Ansprüche verstoßen.
So hat etwa die sozialliberale Koalition in der Bundesrepublik Deutschland Anfang der siebziger Jahre unter dem Motto »bessere Bildungschancen für die Bedürftigen und Schwachen« nicht nur Gesamtschulen eingerichtet, sondern diese Schulform sogar zur Regelschule erheben wollen, wodurch das traditionsreiche Gymnasium, hinter dem ein Großteil unserer Elternschaft steht, eine Zeitlang höchst gefährdet war. Heute hat sich unter den weiterführenden Schulformen ein gewisses Gleichgewicht eingependelt.
Was die Bildungspolitik jedoch darüber hinaus – vielleicht etwas zu Unrecht – in Mißkredit bringt, ist die Tatsache, daß sie ihre Planungen weitgehend auf dem Boden ungesicherter Zukunftsperspektiven entwickeln muß. So hat man bei uns in der Hochkonjunktur und der von ihr gestützten Bildungseuphorie – dies waren eben die siebziger Jahre – eine Reihe neuer Universitäten und Gesamthochschulen ins Leben gerufen, ohne den

durch den Pillenknick verursachten Geburtenrückgang vorauszuahnen, der eben diese Hochschulen zu Beginn der neunziger Jahre entvölkern dürfte, während ihnen im Augenblick noch ein sich steigernder Wellenberg an Abiturienten zufließt.

Ikeda: In den letzten zehn Jahren habe ich immer wieder darauf gedrängt, Erziehung und Bildung von der Kontrolle durch die politische Macht gänzlich zu befreien. Meine Auffassung – und ich würde gerne Ihre Meinung darüber hören – ist, daß Erziehung überhaupt zur Vierten Gewalt des parlamentarisch-demokratischen Systems gemacht werden sollte, mit gleichem Gewicht wie die Legislative, Exekutive und Jurisidiktion. Obwohl mir klar ist, daß dabei noch viele ernste Probleme zu lösen wären – etwa das der Auswahl der Leute, die über die bildungspolitischen Leitlinien zu entscheiden hätten –, möchte ich mich doch nachdrücklich dafür aussprechen, daß ein System dieser Art eingerichtet wird, zumindest im Bereich der industrialisierten Nationen.

In der Vergangenheit hat Erziehung eine zu schwache Stellung gehabt, besonders im Verhältnis zur Exekutive, und ich mache diesen Vorschlag in der Hoffnung, damit die Situation zu berichtigen. Als Vierte Gewalt würde Erziehung auch in das gegenwärtige System hineinpassen, in dem alle Gewalten kooperieren und sich wechselseitig beeinflussen, ohne daß eine von ihnen die Oberhand gewinnt.

Erziehung muß die Veränderung der Zeiten und der Gesellschaft mitmachen. In dem System, das mir vorschwebt, würde sie die Ausbildung der politischen Führer von morgen zu übernehmen haben, ohne von den Meinungen der gegenwärtigen politischen Machthaber beherrscht zu werden – genau wie die legislative Gewalt ohne Einflußnahme von außen jeweils geltende Maßstäbe der Gerechtigkeit bewahren und anwenden muß.

Es darf dem Politiker nicht erlaubt sein, die Erziehung junger Menschen, die im Kriegsfall als erste geopfert würden, so zu beeinflussen, daß sie den Krieg positiv sehen und freudig in den Kampf ziehen, wenn alte Politiker, die selbst nie einer Gefahr ins

Auge sehen müssen, versuchen, die Aufmerksamkeit des Volkes von ihrer innenpolitischen Unfähigkeit abzulenken, indem sie einen Konflikt mit einer auswärtigen Nation herbeiführen.

Derbolav: Ihre Lieblingsidee, Erziehung und Bildung gleichsam als »Vierte Gewalt« im parlamentarisch-demokratischen System zu verankern, ist mir von früher her bekannt. Daraus spricht ein nicht unberechtiger hoher Respekt vor beiden Aufgaben, den man nur begrüßen kann. Ich würde daraus aber nicht etwa auf eine besondere Machtstellung des Kulturbereichs »Erziehung« schließen, die ihr von Natur aus zukommt oder die man ihr einräumen sollte, sondern vielmehr umgekehrt die Forderung herauslesen, mit diesem außerordentlich empfindlichen »geistigen Umschlagplatz« unserer Gesellschaft bedachtsam und sorgsam umzugehen und mit ihm nicht immer etwas »machen« und »herbeiführen« zu wollen, weil sich hier, wie Hegel einmal formuliert hat, alles mehr oder weniger »selber macht«.
Welche Bedeutung Erziehung und Bildung in Wahrheit zukommt, zeigt sich am deutlichsten dort, wo sie intakt gelassen und nicht manipuliert werden. Erziehung, so sagt man, sei die »zweite Natur« des Menschen, hinter der die erste als ein schwer faßbares Element zurückbleibe. Was der Mensch ist und hat, was er schafft und leistet, aber auch was er verfehlt und woran er scheitert, hat er letzten Endes der pädagogischen Betreuung zu verdanken, die ihm zuteil geworden oder versagt geblieben ist. Selbst wenn hier einmal etwas falsch zu laufen scheint – und was überall im menschlichen Leben passiert, läßt sich wohl auch in der Erziehung kaum vermeiden –, sollte man sich hüten, brutal korrigierend einzugreifen, weil die »ungewollten Nebenwirkungen« dabei schädlicher sein können als die erstrebten guten Ziele. Verbesserungen sind in solchen Fällen meist »Verschlimmbesserungen«.
Das soll nicht heißen, daß unser Bildungs- und Erziehungswesen nicht auch Reformen nötig hätte, sonst wäre es ja überhaupt keine menschliche Einrichtung, doch sollten solche Reformen einen langen Atem haben, das heißt in kleinen Schritten sich

langsam zu größeren Wirkungen akkumulieren, deren Erfolge und Nebenwirkungen man beobachten und damit unter Kontrolle halten kann.
Sie werden mir vielleicht entgegenhalten, daß die Erziehungsaufgabe seit Ende des Zweiten Weltkriegs auf internationalem Felde bereits von einer bedeutenden Instanz repräsentiert wird, nämlich der UNESCO, und daß man dieser Instanz eben nur noch ein größeres Gewicht im Spiel der politischen Kräfte zubilligen müßte, um dem von Ihnen entwickelten Ideal nahezukommen. Doch sollten Sie hier eines nicht übersehen: Was Sie auf diesem Wege zur »Vierten Gewalt« erheben wollen, sind nicht mehr Erziehung und Bildung selbst, ist vielmehr bereits deren politische Überformung, das heißt die Instanz der »Bildungspolitik«, die eben als Sprecherin von, ja für Erziehung und Bildung niemals ganz wegzudenken ist.
Nur von dieser Voraussetzung aus können Sie dann auch nach den Qualifikationen fragen, die für diese Aufgaben verantwortliche Menschen heute erfüllen sollen. Ich würde sagen, sie müßten nicht nur die Qualitäten jedes anderen gewissenhaften Politikers besitzen, sondern darüber hinaus auch noch über hohe pädagogische und politische Sachkompetenz verfügen. Deshalb wären Bildungspolitiker, die aus dem Erzieher- und Lehrerstand hervorgegangen sind, Menschen anderer beruflicher Herkunft vorzuziehen. Zwar sind heute die politisch Verantwortlichen leicht in der Lage, sich fachlich gut beraten zu lassen, ja sie können auf eine solche Beratung überhaupt nicht verzichten, doch bleibt das »Fiat« der letzten politischen Entscheidung unabdingbar in ihren Händen zurück, so daß sie zumindest die Fähigkeit besitzen müssen, unterschiedliche Sachperspektiven angemessen zu beurteilen.
Vielleicht wäre die Welt, in der der Erziehung die Rolle einer Vierten Gewalt in der Gesamtpolitik zukäme, in der Tat die »beste aller Welten«. Faktisch leben wir heute aber nur in der zweitbesten Welt, in der jene Stelle der Vierten Gewalt bereits besetzt ist, nämlich durch den Zeitungs- und Medienjournalismus. Wenn man Vorbehalte gegen den Journalismus wegen

seiner Neigung zum Geschwätz, wegen der häufig recht unzuverlässigen Art seines Recherchierens und wegen der verantwortungslosen Jagd nach guten Stories hat, wird man diese Feststellung vielleicht bedauerlich finden. Doch mag es immerhin tröstlich sein, sich klarzumachen, daß die Aufgaben der Information, des Berichtens und Kommentierens, ja auch die der begründeten Kritik – wenn man von dem weiten Spektrum seiner Unterhaltungsziele einmal absieht – letztlich etwas mit Bildung zu tun haben, nämlich mit Erwachsenenbildung – selbst wenn die Medien dazu nur den Stoff liefern und seine Verarbeitung dem einzelnen selbst überlassen müssen.

Ikeda: Die Massenmedien, die unbestreitbar viel verbreiten, was fragwürdig und entstellt ist, wenden sich an Erwachsene, die in der Lage sind oder es wenigstens sein sollten, zu unterscheiden und für sich selbst auszuwählen. Erziehung aber hat es mit Kindern zu tun, denen solche Fähigkeiten des Urteilens noch fehlen. Hinzu kommt, daß Erwachsene das, was ihnen die Medien präsentieren, nicht kritiklos anzunehmen brauchen. Niemand zwingt sie dazu, es überhaupt anzunehmen. Schulkinder hingegen müssen akzeptieren, was ihnen in Lehrbüchern und von ihren Lehrern geboten wird, und das System der Prüfungen zwingt sie dazu, es auch zu behalten. Folglich können verzerrte Darstellungen in Lehrbüchern schlimmste Wirkungen nach sich ziehen. Deshalb muß ich darauf bestehen, daß die größten Anstrengungen unternommen werden sollten, die Quellen, aus denen Vorurteile solcher Art entspringen, möglichst zu verstopfen.

Derbolav: Ich bin ganz Ihrer Meinung, daß die Medien nicht nur Aufklärungsarbeit betreiben, sondern auch viele Vorurteile in die Welt setzen. Wenn ich den Medienjournalismus eher als faktische Vierte Macht im Staate bezeichnet habe, so liegt mir natürlich völlig fern, ihn unkontrolliert in die Bildungswelt einfließen zu lassen und Lehrbücher etwa in seinem Stil abzufassen. Daß er Erwachsenenbildungsaufgaben übernehmen kann, hängt einfach mit der Tatsache zusammen, daß die schulentlassene Jugend für ihre Selbstbildung Orientierungshilfe benötigt oder zumindest Orientierungsinformation.

Schulverweigerung

Ikeda: Unter den jugendbezogenen Problemen, die der japanischen Gesellschaft zu schaffen machen, verdient neben der Gewaltanwendung in Familie und Schule der Absentismus, das heißt das permanente Fernbleiben von der Schule, unser besonderes Interesse, da es etwas Wesentliches über die generelle Einstellung zur Erziehung aussagt.
Seit den sechziger Jahren ist dieses Phänomen im Anwachsen begriffen. Absentismus ist mehr als bloßes Schulschwänzen, das unser Schulleben seit undenklichen Zeiten begleitet hat. In seinen schwereren Formen entwickelt er sich zu einer pathologischen Furcht vor der Schule, die es in der Vergangenheit in dieser Form selten gegeben hat.

Derbolav: Wir haben bereits ein zweifaches Unbehagen an unserem Erziehungs- und Schulleben registriert: Das eine entzündete sich an der Abgrenzung, ja Isolierung des organisierten Schulbetriebs vom gesellschaftlichen Leben, das andere betraf die Verkopfung des Unterrichts, das heißt seine Konzentration auf bloße Wissensvermittlung. Die folgenden Abschnitte bringen als neue Momente den Schüler – und dahinter auch den Lehrer – ins Spiel. Sie zeigen, wie sich im Schülerverhalten dieses zweifache Unbehagen widerspiegelt, nämlich reaktiv in dem Versuch, der Schule beziehungsweise dem Schulleben kürzer oder länger fernzubleiben, und aktiv in der Aggression als Ausdruck des Protestes gegen Schulzucht und Schuldrill. Sie lassen aber auch den Beitrag der Lehrer dazu ins Licht treten.

Absentismus und Gewalt in der Schule freilich sind nur zwei Symptome innerhalb jenes Mängelaufweises, den wir unserem Schulleben heute vorhalten müssen. Eltern und Lehrer sehen sich meist unmittelbar mit solchen Mängeln konfrontiert und wissen sich nicht recht zu helfen. Die Medien greifen sie vereinzelt auf und stellen sie dann meist kraß und unkaschiert der Öffentlichkeit vor Augen, gehen jedoch bald darauf wieder zur Tagesordnung über. Erst wo sich die Aufmerksamkeit ihrer auf Dauer bemächtigt, werden sie schließlich auch zu Gegenständen wissenschaftlicher Forschung erhoben, doch währt es auch hier Jahre, bevor sich aus dem Widerspiel von Meinung und Gegenmeinung einige verläßliche und tragfähige Einsichten herausbilden.

Absentismus und Gewalt in der Schule, und das heißt genauer exzessives Fernbleiben von der Schule und Aggression gegen Mitschüler und Lehrer, haben dieses Stadium bei uns noch nicht erreicht. Nicht daß es sie nicht gäbe, aber sie sind eher Randerscheinungen gegenüber anderen Störungsmomenten unseres Schullebens.

Ikeda: Ich stimme Ihnen zu, daß Absentismus und Schulgewalt nur Symptome eines allgemeineren Unbehagens sind. Auch darin muß ich Ihnen zustimmen, wie Sie die Rolle der Massenmedien in diesem Punkte beurteilen. Sie stürzen sich gleichsam auf solche Geschichten und verzerren sie ins Sensationelle. Das Wichtigste, das wir dabei tun können, ist, uns kühl und entschlossen auf das Bemühen zu konzentrieren, die ganze Krankheit zu behandeln und nicht an den Symptomen herumzukurieren.

Kenner unterscheiden zwei Formen von Absentismus: den akuten und den chronischen. Wenn ein Kind, das bisher immer ein guter und verläßlicher Schüler war, plötzlich mit Einsatz der Pubertät sich weigert, zur Schule zu gehen, dann liegt ein akuter Absentismus vor. Er heißt chronisch, wenn er im frühen Schulalter beginnt und sich über mehrere Jahre hinzieht. Oft werden solche Kinder in übertriebener Weise behütet und suchen daher zu Hause Schutz, wenn sie glauben, die Spannungen des Lebens außerhalb der Familie nicht ertragen zu können. In solchen Fällen liegt die Verantwortung weitgehend bei der Familie und nicht bei der Schule.

Akuter Absentismus hingegen enthüllt einen Mangel im Erziehungssystem, wobei besonders an die Überbetonung des Informationswissens und an den harten Konkurrenzkampf bei den zur Versetzung nötigen Prüfungen zu denken ist, die beide für das Schulleben im gegenwärtigen Japan charakteristisch sind. Die hohen Erwartungen, die Eltern und Verwandte in ein Kind gesetzt haben, das immer gut gewesen ist, können dabei zu schweren Belastungen werden. Und wenn der junge Mensch in der Pubertät die Dinge im Licht seiner zunehmenden körperlichen Reife zu betrachten beginnt, bekommt er leicht Zweifel am Sinn all der Informationen, die er sich aneignen soll. Er fragt sich, warum er eigentlich so nach schulischem Vorwärtskommen streben soll, wie Eltern und Lehrer es verlangen. Manchmal steigern sich seine Zweifel und seine Ungewißheit so sehr, daß er es ablehnt, weiterhin am Unterricht teilzunehmen. Die Eltern bringen ihn dann noch zusätzlich auf, indem sie ihn ständig zum Lernen und zum Schulbesuch ermahnen. Der junge Mensch widersteht all diesem Drängen, weicht seiner Familie aus und schließt sich in sein Zimmer ein.

Das Ergebnis dieses Prozesses muß nicht immer schlecht sein. Mancher Jugendliche mit robuster Konstitution, der sich vorher zu sehr auf Familie und Verwandte verlassen hatte, zieht aus dieser vorübergehenden Periode der Selbstisolierung ein höheres Maß an Unabhängigkeit und mag dabei sogar versuchsweise ein Programm für seine Zukunft entwerfen. Wenn dies der Fall ist, dann nimmt er schließlich wieder die normalen Kontakte zu seiner familiären Umgebung auf und besucht wieder die Schule – nunmehr stärker, besser und rücksichtsvoller, als er vorher war. Manchmal entwickeln sich Kinder, die diese »Feuerprobe« durchlaufen haben, sogar zu differenzierteren Erwachsenen mit größerem Selbstvertrauen als Kinder, die immer gleichmäßig gut sind und die abhängig, selbstbezogen und unreif bleiben, da sie eine solche psychische Härtung niemals erfahren haben.

Unglücklicherweise ist jedoch das Ergebnis bisweilen weit weniger befriedigend. Denn nicht alle Kinder haben Widerstandskraft und Einsicht genug, diese Isolierungsperiode zu

überstehen und sich daraus die Möglichkeit für einen eigenen unabhängigen Lebensweg zu erarbeiten.
Wir sind, denke ich, als Erwachsene verantwortlich für die Schaffung eines Erziehungssystems, das die Kinder befähigt, Unabhängigkeit zu entwickeln und ihre eigene Zukunft zu gestalten, ohne eine solche Feuerprobe der Isolierung auch nur für eine kurze Zeit durchlaufen zu müssen.

Derbolav: Bei uns stehen der Schulstreß im Vordergrund und die offensichtlich ganz ungewöhnliche Belastung unserer Kinder sowie die Bemühungen vieler Eltern, sie mit psychischen Aufputschmitteln bei der Stange zu halten, die mitunter an die Wirkung von Drogen herankommen. Man hört gelegentlich, daß viele Eltern am Schulerfolg ihrer Kinder nicht sonderlich interessiert wären. Das gilt sicher nur in Ausnahmefällen gestörter Familien oder solcher des untersten sozialen Niveaus. Das Gegenteil ist der Fall, was sich immer wieder zeigt, wenn die Kinder viertel- oder halbjährlich ihre Zeugnisse nach Hause bringen – oder nach Hause bringen sollten. Denn Tausende von ihnen wagen sich mit ihren schlechten Zeugnissen gar nicht vor die Augen der Eltern, sondern flüchten oder verdrücken sich irgendwie, um dem gefürchteten Strafgericht zu entgehen. Manche flüchten dabei sogar in den Selbstmord. Finden sie aber doch den Mut zur Heimkehr, dann kommt es in der Regel zu Prügelszenen, in denen die elterliche Gewalt triumphiert.
Diese ungewöhnliche Brutalität der Eltern ist aber – und das ist das Merkwürdige – im Grunde gar kein Ausdruck ihrer Bösartigkeit, sondern eher ein Zeichen ihrer Verlegenheit, ihrer Verständnislosigkeit, ja Verzweiflung einer Situation gegenüber, die sie immer mehr als Verhängnis und Schicksal empfinden. Denn weder den Eltern noch den Kindern fehlt es in der Regel an gutem Willen, doch genügt das offenbar nicht, um den Schulerfolg herbeizuführen und abzusichern. Und das ist sogar bis zu einem gewissen Grad verständlich. Die Schule ist nämlich heute für die Kinder so wenig anziehend, daß hier selbst der beste Wille sehr rasch erlahmt.

Ikeda: In Japan prügeln die Eltern ihre Kinder nur selten, wenn sie schlechte Noten nach Hause bringen. Gleichwohl werden die Kinder häufig grausamem psychischem Druck ausgesetzt. Vor einigen Jahren hat ein solcher Fall die ganze Nation schockiert. Er betraf die Reaktion eines Jungen auf einen solchen psychischen Druck. Sein Vater gehörte der wirtschaftlichen Elite an, der älteste Sohn hatte Aufnahme in einer der besten Universitäten des Landes gefunden. Wie sehr er sich auch immer bemühte, der jüngere Sohn schaffte es nicht, die Universitätsaufnahmeprüfung zu bestehen. Obwohl die unmittelbar auslösende Ursache offenbar die Entdeckung war, daß er seinen Eltern Geld entwendet und leichtsinnig verpulvert hatte, so war es doch letztlich dieser psychische Streß, der den Jungen schließlich dazu trieb, Vater und Mutter mit einem Baseballschiäger zu Tode zu prügeln.

Derbolav: Fragt man die Lehrer, so erhält man wieder eine ganz andere Rechnung präsentiert. Sie klagen über ein stetig wachsendes Leistungsdefizit bei den Schülern, gepaart mit Interesse- und Disziplinlosigkeit, über Mangel an Zucht und Gehorsam sowie über unqualifiziertes Rowdytum. In der Tat sind ihre Aussagen selten übertrieben, denn solches Rowdytum und der von Ihnen berührte Vandalismus machen sich mitunter gerade in jenen Schulformen bemerkbar, die mit dem spezifischen Ziel der Förderung der Schwächsten geschaffen wurden.
»Zerschlagene Stühle auf drei Beinen«, so heißt es etwa in einem Situationsbericht über die pädagogische Atmosphäre an deutschen Gesamtschulen, »zersplitterte Fensterscheiben, zerbrochene Garderoben; Tapeten hängen in Fetzen von den Wänden, elektrische Drähte ragen aus Steckdosen, Kaugummis sind massenweise in die Teppichfliesen der Fußböden getreten, Zigarettenkippen in den Gängen und Fluren; weggeworfenes Papier liegt neben den Papierkörben, unerträglicher Lärm im Unterricht; Schüler, die in den Pausen am Boden hocken, rauchen, Cola trinken, Skat spielen«.
So gesehen ist es gar nicht verwunderlich, wenn die Lehrer über

das kürzere oder längere Fernbleiben der schlimmsten Störenfriede von der Schule gar nicht böse sind.

Ikeda: Obwohl es verständlich ist, daß Lehrer über die Abwesenheit von Störenfrieden, die den anderen noch dazu ein schlechtes Beispiel geben, erleichtert sind, besteht doch die Aufgabe des Erziehers darin, wenigstens den Versuch zu machen, solche Problemschüler wieder auf den rechten Weg zu führen.

Derbolav: Leider aber sind es nicht immer die Rowdies, die einem solchen Absentismus verfallen, auch nicht nur Jugendliche, die eine Reifungskrise durchmachen, sondern vielfach ganz harmlose Schüler aus der bäuerlichen Bevölkerung, die von ihren Eltern vor dem oder auch während des Unterrichts in der Landwirtschaft beschäftigt werden und dann entweder total übermüdet oder überhaupt nicht zur Schule kommen. Natürlich besteht gesetzliche Schulpflicht. Auch gibt es Verfahren der Anwesenheitskontrolle. Aber es gibt eben auch Schleichwege genug, den Lehrer hinters Licht zu führen und Schulversäumnisse zu rechtfertigen. Bei manchen dieser Kinder schmelzen daher die neun bis zehn Pflichtschuljahre faktisch zu vier bis fünf Jahren zusammen, was schlimme Folgen haben kann.
Gelegenheitsschüler dieser Art erlernen dann – von weiterführenden Ansprüchen ganz abgesehen – kaum noch die elementarsten Grundlagen der deutschen Sprache. Sie können nicht lesen und oft nicht einmal ihren Namen schreiben. Man könnte hier von einem »sekundären Analphabetismus« sprechen, und es besteht kaum ein Zweifel, daß diese Erscheinung in den zivilisierten Ländern heute überraschend weit verbreitet ist. In der Bundesrepublik Deutschland gibt es etwa 300 000 solcher Analphabeten, in Holland 500 000, in England zwei Millionen und in den USA sogar 20 bis 30 Millionen, wobei die Dunkelziffern noch weit höher liegen.

Ikeda: Wenn man von einer kleinen Anzahl ganz alter Menschen absieht, die niemals die Chance hatten, eine Schule zu besuchen und deshalb kaum Namen schreiben können, ist der Prozentsatz der Analphabeten in Japan fast Null. Angesichts der Kompliziertheit des japanischen Schriftsystems ist dies wirklich eine bemerkenswerte Tatsache. Doch muß gesagt werden, daß viele junge Leute Fehler im Gebrauch der chinesischen Schriftzeichen machen und sich mündlich nicht immer korrekt ausdrücken.

Derbolav: Man muß also wohl jener Kritik zustimmen, die da vor einem Jahrzehnt die These vertrat, daß unsere ganze Schulzivilisation – noch genauer gesagt die Verschulung unserer Gesellschaft – sich in eine Sackgasse verlaufen habe. Es war der auch in Japan bekannte Publizist Ivan Illich, der vor etwa fünfzehn Jahren laut die Forderung einer totalen »Entschulung« der Gesellschaft erhoben hat, das heißt die Schule in ihrer traditionellen Form als »Krebsgeschwür unserer Gesellschaft« austilgen und durch weniger leidvolle Formen der Heranführung der Kinder und Jugendlichen an die Aufgaben der Erwachsenen ersetzt sehen wollte. Aber die Entwicklung ist bei uns in einer Art Selbstpotenzierung über diese Vorschläge hinweggegangen. Daher konnte nicht einmal geprüft werden, wieweit sie leere Utopie waren und ob sie nicht auch fruchtbare Verbesserungsansätze enthielten.
Auch ein wesentlich gemäßigterer Reformplan der UNESCO, »Permanent Education« genannt, der darauf abzielt, daß sich das ganze Leben lang Phasen des Unterrichts mit solchen der freien Tätigkeit und Bewährung abwechseln, um Kinder, Jugendliche und Heranwachsende vom Dauerstreß der Schule zu entlasten, hat bislang wenig Anklang gefunden.

Ikeda: Tsunesaburō Makiguchi, der erste Präsident der Sōka Gakkai, der, selbst Rektor einer Primarschule, sein ganzes Leben der Jugendbildung gewidmet hat, empfahl ein Halbtagsschulsystem, das manches mit den Vorschlägen von Illich beziehungsweise der UNESCO gemeinsam zu haben scheint. Nach Makiguchi sollten die Kinder während der Hälfte ihres Tages aus praktischer Arbeit in Familie und Gesellschaft lernen und während der anderen Hälfte intellektuelles Wissen im Klassenzimmer erwerben.

Gewalt in der Schule

Ikeda: Wie ich im vorigen Abschnitt erwähnte, stellt Gewalt in der Schule eines der Hauptprobleme der japanischen Gesellschaft von heute dar, ähnlich wie dies schon seit Jahren in den Vereinigten Staaten der Fall ist. Gegenwärtig scheinen die amerikanischen Schulen nicht in der Lage zu sein, den Vandalismus einzudämmen, das heißt der Gewaltanwendung gegen Schuleigentum – nicht gegen andere Menschen – Herr zu werden.

Gewalt unter Schülern ist nichts Neues in Japan. Aber daß Schüler ihre Lehrer attackieren oder Schuleigentum (besonders durch Brandstiftung) vernichten, ist Anzeichen einer neuen Entwicklung.

Hat man in Deutschland gegen ein nach Art und Umfang ähnliches Problem von Gewalt in der Schule anzukämpfen wie in Japan und in den Vereinigten Staaten? Und wie können wir nach Ihrer Meinung am besten damit fertig werden?

Derbolav: Aggression und Gewalt in der Schule können die verschiedensten Ursachen haben. Sie können zum Beispiel auch aus einer Verhaltungsunsicherheit entspringen, die, wie wir aus den Studien Helmut Schelskys der späten fünfziger Jahre gelernt haben, für die Jahre der Adoleszenz charakteristisch ist.

Nimmt man noch eine Erscheinung hinzu, die man bei uns vor etwa zwanzig Jahren erstmalig beobachtete und als Akzeleration bezeichnete – gemeint ist damit die Entwicklungsbeschleunigung der Jugendlichen, die auch zu einem verstärkten Größenwachstum führt –, dann wird verständlich, wenn heute Jugendliche, ja Kinder ihren Lehrern wie Erwachsene gegenübertreten und auf pädagogische Disziplinierungsakte mit brutaler Gewalt antworten, ohne freilich ihre eigene Reaktion richtig einschätzen zu können.

Ikeda: Statistiken zeigen, daß drei Viertel der Täter in solchen Fällen zwischen dreizehn und fünfzehn Jahren alt sind, also Mittelstufenschüler, das restliche Viertel aber aus Fünfzehn- bis Achtzehnjährigen besteht, aus Jugendlichen im Gymnasialalter also.

Für diese Altersverteilung sind mehrere Faktoren verantwortlich. Erstens ist in Japan der Schulbesuch nur bis zum Ende der Mittelschule obligatorisch. Wenn die Zeit herankommt, entweder das Gymnasium zu besuchen oder in die Arbeitswelt abzuwandern, sind junge Leute oft beunruhigt oder verwirrt angesichts der Frage, ob sie die für den Studienfortgang erforderlichen Prüfungen ablegen oder verweigern sollen respektive angesichts der Notwendigkeit, einen Job zu finden. Physisch und psychisch stehen sie in einem Alter, das durch Verhaltensunsicherheit und Neigung zum Widerstand charakterisiert ist, die leicht in Aggressivität ausarten können.

Gleichwohl verarbeiten die meisten Jugendlichen solche Zwangserfahrungen, indem sie neue Zielorientierungen entwikkeln. Es muß also, anders gesagt, einen zweiten Faktor geben, der die jungen Menschen zur Gewalt greifen läßt. Die Erziehungsabteilung der Sōka-Gakkai hat eine Umfrage unter Schülern der öffentlichen Mittelschulen Tokios durchgeführt in der Hoffnung, diesen Faktor zu entdecken, und sie kam dabei zu sehr interessanten Resultaten.

Zur Frage: Haben Sie jemals folgende Dinge zu tun gewünscht, bejahten 60% gewaltsame Aktionen zu Hause, 26% sagten ja zu Gewaltanwendung gegen Lehrer, 20% ja zur Zerstörung von Schuleigentum, 22% ja zum Ladendiebstahl, 5% schließlich ja zum Schnupfen von Farbverdünnern wegen deren Rauschwirkung. Ein Viertel der interviewten Schüler gab also zu, schon mit dem Wunsch gespielt zu haben, einen Lehrer zu schlagen. Nach ihrer Meinung über Schüler befragt, die Lehrer schlugen, erklärten 40% der interviewten Kinder, solche Handlungen seien wahrscheinlich unvermeidlich. Wenn man sie nach den Gründen fragte, sagten 55%, dies komme daher, weil ihre Lehrer sie nicht verständen, 32% meinten, die Schüler hätten so gehandelt, weil sie Verhalten oder Ausdrucksweise der Lehrer nicht leiden konnten.

Derbolav: Deshalb muß uns um so mehr interessieren, was die von Ihnen zitierte Sōka-Gakkai-Untersuchung in diesem Zusammenhang wahrscheinlich gemacht hat: daß nämlich bei den Aggressionszenen in Japan die Lehrer selbst als Mitverursacher in Erscheinung treten. Es muß uns weiter interessieren, in welcher Funktion und Eigenschaft sie solches Unheil im Schulleben anrichten. Zunächst ist klar, daß der Unterricht auch Routinearbeit ist und all den Mechanismen unterliegt, die jede Routine mit sich bringt.
Ein leicht durchschau-, aber schwer überwindbarer psychischer Mechanismus liegt darin, daß der Lehrer für schnelle und gute Lerner mehr Sympathie aufbringt als für schwache und seine Zielsetzung nur hemmende Schüler, die er daher auch gern – und dies ist ein Teil des vorliegenden psychischen Mechanismus –, als faul abqualifiziert. Man nennt ein solches Verhalten »Stigmatisierung«, und es ist klar, daß solche Stigmatisierungen einen Teufelskreis beschreiben, der den Betroffenen immer stärker in die ›Tiefe‹ der Erfolglosigkeit und Depression absinken läßt.

Ikeda: Sie haben ganz recht. Wenn einmal ein Schüler wegen eines einzigen Versäumnisses als nachlässig gebrandmarkt wurde, dann ist es außerordentlich schwierig, ihn von diesem Stigma wieder zu befreien. Da darüber hinaus nur wenige Lehrer sich die Mühe machen, ihre Meinung zu ändern, indem sie die unterschiedlichen Anlagen und Wesenszüge jedes einzelnen Individuums in Betracht ziehen, dann ist es verständlich, wenn die Schüler gegen diesen, wie sie meinen, Mangel an Verständnis aufbegehren.

Derbolav: Dazu kommt noch das, was man die gute oder schlechte »pädagogische Atmosphäre« nennen kann. Das Prestige einer Schulform wirkt sich auch auf die Qualität des Lernens in ihr aus. In Gesellschaft gleich schlechter Schüler wird der einzelne nicht dazu motiviert, den anderen gegenüber Ehrgeiz zu entwikkeln, sondern läßt sich hier einfach in Gleichgültigkeit und Untätigkeit zurückfallen. Das gilt bei uns besonders für die nicht sehr renommierte Hauptschule, und es gilt natürlich erst recht für viele wenig angesehene Schulen verschiedensten Niveaus in Japan.

Daß durch solche Erfahrungen nicht nur der Lehrer, sondern ganz allgemein die Pädagogik selbst in Mißkredit kommt, braucht nicht zu verwundern. So hat Illichs oben erwähnte Forderung nach einer »Entschulung« der Gesellschaft in den letzten Jahren bei uns gleichsam eine doppelte Überspitzung erfahren: in der sogenannten »antiautoritären Erziehung« und in der »Antipädagogik« jüngsten Datums. Die eine Richtung sieht in der Lehrerautorität oder, besser, in der »angemaßten« autoritären Haltung des Lehrers den eigentlichen Krebsschaden unserer Unterrichtsmisere und plädiert daher für ein partnerschaftliches Verhältnis zwischen Lehrern und Schülern.

Noch weiter geht die »Antipädagogik«, die jede pädagogische Maßnahme Heranwachsenden gegenüber, und zwar vom Säugling bis zum Jugendlichen, überhaupt für verfehlt, das heißt für bloße Manipulation hält. An die Stelle der Partnerschaft setzt sie die »Freundschaft mit Kindern« und fügt dem Niveauausgleich zwischen Erzieher und Kind noch den »sentimentalen« Zug der Liebe hinzu, die mehr als »pädagogischer Eros« sein will.

Aus beiden Programmen kann man leicht ersehen, welch traurige Blüten eine Kritik an der Schule und an der pädagogischen Intention der Erwachsenen zeitigen kann, die ihren Mängelaufweis überspitzt. Denn es ist klar: Wie eine von der »Sache« her bestimmte Autorität in der Erziehung nicht entbehrt werden kann, so kann auch die Freigabe der kindlichen Selbständigkeit nicht schon im Säuglingsalter beginnen.

Ikeda: Selbstverständlich ist eine totale Gleichstellung von Lehrer und Schüler unzulässig. Man sollte aber nicht vergessen, daß das Verhalten der Lehrer eine der Ursachen für Gewalt in der Schule ist. Es leuchtet ein, daß die Mitglieder eines Lehrerkollegiums bemüht sein müssen, das Verhältnis zu ihren Schülern zu vertiefen und jeden einzelnen von ihnen als individuelles menschliches Wesen zu respektieren. Die Tendenz zur Überbewertung des Wissenserwerbs, wie sie in der Erziehung von heute vorherrscht, verleitet die Lehrer dazu, Schüler zu bevorzugen, die schnell und gut lernen, und erschwert es ihnen, eine ausgewogene und unparteiische Haltung zu bewahren. Aus diesem Grund bedarf ohne Zweifel das ganze Erziehungssystem einer Reform. Aber unabhängig vom Erziehungssystem, muß der Lehrer ein Mensch mit vernünftigen Idealen und gesundem Selbstvertrauen sein, stolz auf seine Aufgabe, verantwortungsbewußt und damit auch der Achtung seiner Schüler würdig. Meiner Meinung nach sind dies genau die Eigenschaften, die allzu vielen Lehrern heute fehlen.

Derbolav: Wenn Sie nun mit Recht die Frage stellen, wie dieser Schule und Pädagogik geholfen werden kann, über ihre Schwierigkeiten hinwegzugelangen und endlich einmal aufzuhören, den Kindern als eine fremde, wenig attraktive Macht entgegenzutreten, sondern die Distanz zu ihnen zu verringern und sie für eine positive Mitarbeit zu gewinnen, dann ist es im Grunde nur natürlich, daß damit primär der Lehrer angesprochen ist. Wichtiger als die Verbesserung der hier aufgezeigten Mängel scheint Ihnen daher ganz folgerichtig das zu sein, was man die Sanierung der Lehrerrolle in Schule und Erziehung nennen könnte.

Ikeda: Natürlich ist die Beseitigung der Mängel in den Schulen selbst sehr wichtig. Aber das Kernproblem ist der menschliche Kontakt zwischen Lehrer und Schüler. Wenn die Beziehung zwischen beiden auf irgendeine Weise gestört ist, dann sind alle Schulreformen im Grunde sinnlos.

Derbolav: Nun hat sich natürlich auch die deutsche Pädagogik in ihrer Tradition mit dem Lehrerproblem ausführlich beschäftigt und ist dabei von einer mehr idealisierenden Leitbildforschung zu einer kritischen Analyse der Lehrerrolle fortgeschritten. Georg Kerschensteiner meinte noch in den zwanziger Jahren, die Typologie Eduard Sprangers auf den Lehrer anwenden und ihn als den »sozialen Typ« kennzeichnen zu können, ohne Rücksicht darauf, daß das Verhältnis zwischen Lehrer und Schüler eben eine ganz spezifische Sozialform darstellt.
Schülerbefragungen haben wieder ergeben, daß nichts den Lehrer in den Augen der von ihm betreuten Schüler stärker diffamiert als ungerechtes Verhalten. (Die Lehrerqualifikation wird hier also ein wenig ins Politische verschoben, denn Gerechtigkeit ist ja vornehmlich eine politische Tugend.) Aber solche Kennzeichnungen erweisen sich als obsolet, wenn man die vielen Aufgaben analysiert, die heute notgedrungen dem Lehrer in der Schule zugemutet werden. Er ist nicht nur »Unterrichtender« und »Erzieher« – womit nicht so sehr die in den Schulalltag eingestreuten Enklaven des Erziehungsumgangs wie etwa die Schülerkontakte in den Unterrichtspausen gemeint sind, als die Tatsache, daß das Unterrichten selbst ein Erziehungshandeln ist, das einen bestimmten Stil ausstrahlt. Er hat darüber hinaus noch eine Reihe bürokratischer Aufgaben zu erfüllen und übt in der Notengebung zugleich eine politische Funktion aus. Wie soll er diese recht unterschiedlichen Segmente seiner Lehrerrolle in gleicher Weise beherrschen beziehungsweise ihnen in sachkompetenter Weise entsprechen?

Ikeda: Infolge strenger Beaufsichtigung durch Beamte des Erziehungsministeriums müssen in Japan die Lehrer viel zu häufig Berichte in Verwaltungsangelegenheiten anfertigen. Das legt ihnen eine schwere Bürde von Schreibtischarbeit auf, die sie neben ihrer Hauptaufgabe, dem Schulunterricht, bewältigen müssen. Ärgerliche Erfahrungen dieser Art macht man ja allgemein in bürokratischen Organisationen.

Derbolav: Wir haben schon im vorigen Abschnitt vom »mißratenen Fortschritt« der deutschen Bildungsreform gesprochen, und es ist gewiß nicht falsch zu behaupten, daß von ihm auch, und zwar in ganz besonderem Maße, die deutsche Lehrerbildung betroffen worden ist. Es besteht kein Zweifel, daß wir heute in einer potenziert verwissenschaftlichten Welt leben und daß Schule und Bildung berufen sind, der heranwachsenden Generation den Schlüssel hierfür zu bieten. Man hat daher versucht, den Unterricht »wissenschaftsorientiert« zu gestalten, und dies nicht nur im Gymnasium, sondern auch in allen seinen Vorstufen bis zur Vorschule hinunter. Das bedeutet, daß auch die Lehrer aller unteren Stufen ihr Leitmodell in der Wissenschaft sehen und daher geneigt sind, die Ansprüche des natürlichen Bewußtseins, das heißt der vorwissenschaftlichen Alltagspraxis, bei der Jugend einfach zu überspringen und sie ohne besondere Übergangshilfen in die Abstraktion der Wissenschaften hineinzuführen.

Dazu kommt, daß nicht nur die Theorie der Lehrerbildung, sondern auch ihre praktischen Einübungsformen einem permanenten Wandel unterliegen und daß zugleich die unterschiedlichen Organisationsbilder, sei es der Gesamtschule, sei es der differenzierten Leistungsschule, also des Gymnasiums, auf die jeweiligen Gestaltungen des Lehrerstudiums und des damit verbundenen Prüfungswesens Einfluß nehmen.

Der Student also, der mit Mühe und Not alle Studienvoraussetzungen erfüllt, alle Scheine gesammelt und alle Prüfungen absolviert hat, der Hochschulabgänger, der dann auf mehr oder weniger dilettantische Weise – das heißt durch einen zweiten »Aufguß« von Wissenschaftlichkeit – im sogenannten »Studienseminar« zur Unterrichtspraxis hingeführt wird, ist und kann natürlich nicht schon ein guter Lehrer sein, weil er all dies in angemessener Weise hinter sich gebracht hat. Wie in allen anderen Berufen hat auch im Lehrberuf bei uns die Professionalisierung längst durchgeschlagen, und von der pädagogischen »Berufung« des Lehrers ist letztlich nur ein formell-akademisch ausgewiesener Beruf zurückgeblieben.

Was ist diesem Bericht über die negativen Seiten von Schule und Bildungsleben in der Bundesrepublik Deutschland noch hinzuzufügen, um ihn nicht zu pessimistisch erscheinen zu lassen? Auch Sie selbst vermissen ja die in Ihren Augen vom Lehrer zu erwartenden Eigenschaften, die ihm den Respekt seiner Schüler einbringen sollen, bei der heutigen Lehrergeneration. Was mir hier aber noch zu fehlen scheint, ist einfach das Vertrauen in den Menschen, daß er seine pädagogische Aufgabe – wie mangelhaft und zweideutig sie ihm immer nahegebracht worden sein mag – nicht als bloße Funktion versteht, die er unterrichtstechnologisch zu erfüllen hat, sondern daß er den tiefmenschlichen Sinn seiner Tätigkeit begreift und daß er sich im anderen, den er auszubilden und zu erziehen hat, zugleich selber wiederfindet. Vielleicht gelangt er auf diesem Wege dazu, ein Stück von jenem Berufungscharakter wieder zum Leben zu erwecken, der dem Lehrberuf in der europäischen, aber auch in der asiatischen Tradition stets zu eigen war.

Ikeda: Die Frage, ob Lehren nur ein Job unter vielen oder aber eine echte Berufung ist, ist entscheidend. Nach dem Zweiten Weltkrieg haben sich auch die Lehrer Gewerkschaftsbewegungen angeschlossen, um ihre Arbeitsbedingungen zu verbessern. Dadurch kamen sie allmählich dazu, sich selbst als mehr oder weniger normale Arbeitnehmer anzusehen. Natürlich kann man ihnen nicht verübeln, daß sie um Verbesserung ihrer Arbeitsverhältnisse kämpfen. Aber wenn sie dabei das Bewußtsein, daß Erziehung so etwas wie eine Berufung ist, preisgeben, verlieren sie damit auch einen guten Teil ihrer Würde und Selbstachtung. Ich will damit nicht sagen, daß Lehrer dürftige Arbeitsbedingungen hinnehmen sollten, weil sie eine Berufung und keinen bloßen Job haben. Aber jeder, der eine Arbeit tut, die der Gesellschaft zugute kommt, sollte darauf auch stolz sein und sie als eine Art Berufung betrachten. Wir können keine fruchtbaren Ergebnisse von Erziehungshandlungen erwarten, die von Menschen durchgeführt werden, die ihre Begeisterung und das Bewußtsein von der außerordentlichen Bedeutung ihrer Aufgabe als Persönlichkeitsformer der kommenden Generation verloren haben. Erziehung muß heute einen neuen Ansatz finden, um die Lehrer zur Entfaltung eines Selbstbewußtseins – nicht zu zwingen, sondern zu ermutigen, das der hohen Qualität ihrer Berufung entspricht.

Jugendkriminalität

Ikeda: Obwohl Jugendkriminalität schon seit langem in Japan ein Problem darstellt, ist der soziale Status der Straffälligen heute in der Regel höher als der vergleichbarer Täter in der Vergangenheit. Früher kamen die meisten jugendlichen Rechtsbrecher aus verarmten, ungebildeten oder gar gestörten Familien. Heute sind es die wohlsituierten Familien, in denen beide Eltern noch am Leben sind, aus welchen sich die Mehrzahl der straffälligen Jugendlichen rekrutiert. Die Straftaten reichen vom Diebstahl, dem häufigsten Delikt, bis zu Erpressung, Gewaltanwendung und sexuellen Delikten. Die meisten Diebstähle werden dabei nicht aus Not oder Bedürftigkeit, sondern aus Sensationslust begangen. Ähnliches gilt für die Motive der anderen erwähnten Straftaten. Soziologen nennen dieses Phänomen »vergnügungsorientierte Kriminalität«.
Die Hauptursache dafür scheint ein generelles Absinken der Verbindlichkeitsschwelle moralischer Vorschriften und Regeln zu sein, das im Familienleben, in der Schule, ja in der ganzen Gesellschaft zu beobachten ist. Darüber hinaus beeinflussen der in der modernen Gesellschaft vorherrschende Hedonismus und das Überangebot an vergnügungsbezogener Werbung und anderen Informationen das empfängliche Gemüt junger Menschen, so daß sie im Streben nach flüchtigem Genuß leicht ihre sozialen Verpflichtungen vergessen.

Derbolav: Es paßt zu dem häufig zu beobachtenden Trend, die Jugendlichen vorwiegend in ihren negativen Aspekten als aufmüpfige, unruhige oder verhaltensgestörte Zeitgenossen zu

sehen, wenn heute auch der »Jugendkriminalität« besondere Aufmerksamkeit zugewandt wird.
Was in der Antike für die Frauen galt, daß es dann um sie am besten bestellt sei, wenn von ihnen nicht gesprochen werde, setzt man im Grunde heute bei unserer Jugend voraus. Die Übergangszeit vom Kindes- zum Erwachsenenalter als Periode der »Disziplinierung«, der »Kultivierung« und »Zivilisierung« – der Zuchtmaßnahmen am Menschengeschlecht, aber auch am einzelnen auf dem Weg zu seiner Reife im Sinne Kants – sollte nach diesen Erwartungen möglichst ereignislos, möglichst unspektakulär verlaufen, so daß die einzig angemessene Antwort auf die Frage »Wie gehts, wie stehts eigentlich mit Ihren Kindern?« wäre: »Bestens!«
Wo aber Jugendliche aus dem Schatten solcher Normalität mit abweichenden Verhaltenssymptomen hervortreten, ist man demzufolge immer gleich geneigt, Übles dahinter zu wittern, und die Presse greift die Symptome dieser Jugendauffälligkeiten mit besonderer Vorliebe auf und malt sie dann entsprechend sensationslüstern aus. Die Erwachsenen entwickeln in diesem Punkt eine merkwürdige Katastrophenriecherei und sind geneigt, wenn sie einmal Kritisches über die Jugend hören, Schlimmes zu vermuten und noch Schlimmeres zu erwarten oder gar allgemeinen Sittenverfall zu wittern.

Ikeda: Junge Leute kommen oft nur auf die schiefe Bahn, weil sie sich wegen eines in irgendeiner Weise von der Norm abweichenden Verhaltens gegen die Kritik und die Herumnörgelei der Erwachsenen wehren und sich dadurch Schritt für Schritt der Straffälligkeitsgrenze nähern. Der Journalismus verschlimmert noch die Situation, indem er, wie Sie sagen, alle Verstöße von Jugendlichen begierig aufgreift und sensationslüstern ausschlachtet. Eigentlich sollte man unsere Kinder vor einem solchen Mangel an Einfühlungsvermögen beschützen. Unglücklicherweise aber bringen nur überraschend wenig Erwachsene genügend Problembewußtsein und Verständnis auf, um der Jugend den nötigen Schutz zuteil werden zu lassen.

Derbolav: Objektiviert man die Einstellung der Öffentlichkeit zu diesem Thema auf bestimmte Trenderwartungen hin, dann scheinen sie nach drei Richtungen zu verlaufen: (1) auf eine quantitative Zunahme der Jugendkriminalität bei (2) qualitativer Steigerung der Verworfenheit ihrer Delikte und (3) auf den wachsenden Einbezug immer jüngerer Altersstufen in die kritische Zone der Straffälligkeit. Ich kenne eine japanische Untersuchung zu Problemen der Jugenddelinquenz von heute, die ein fast doppelt so starkes Wachstum in der Jugendkriminalität im Vergleich zur Erwachsenenkriminalität beobachtet haben will. Ich wage kein Urteil über die japanischen Verhältnisse abzugeben, entnehme dieser Untersuchung aber als interessantes Detail, daß die japanische Kriminalitätsrate, ganz allgemein gesehen, erheblich unter der europäischen liegt.
Um prüfen zu können, wie weit solche oder ähnliche Trends auch für die deutschen Verhältnisse typisch sind, muß zunächst das Raster jener Variablen entwickelt werden, innerhalb dessen das Problem der Jugendkriminalität qualifiziert und vielleicht auch ein wenig quantifiziert werden kann. Zunächst bedarf es einer Systematik der Straftaten ihrer Zahl und Schwere nach, wobei vorauszusetzen ist, daß beide Momente nur in lockerer Korrelation zueinander stehen. Dann muß die Frage nach der Altersstufe der Tatverdächtigen beziehungsweise der überführten Täter, nach ihrer sozialen Herkunft und auch nach der Motivation ihrer Straftaten gestellt werden.
Die häufigsten Jugenddelikte sind Sachbeschädigungen und Eigentumsverletzungen, die man in leichteren Fällen als »Bagatellvergehen« bezeichnen kann. Dann folgen die schwereren Diebstähle, Raubüberfälle, Veruntreuungs- und Fälschungsdelikte, wobei die Raubüberfälle bereits den Übergang zu den Roheitsdelikten darstellen, die meist mit Körperverletzungen enden. Relativ selten sind sexuelle Delikte oder gar Verstöße gegen das Leben. Daneben gibt es natürlich eine Fülle von Straftaten, die sich in der Tabelle nicht eingliedern lassen.

Ikeda: Die Ihren Worten nach häufigsten Straftaten Jugendlicher – Sachbeschädigung und Eigentumsverletzungen – mögen häufig aus einer Einstellung heraus begangen werden, vergleichbar der, die Kinder dazu verleitet, Zimmerwände zu beschmieren oder sich Dinge anzueignen, die der ganzen Familie gehören, also einer Einstellung, die aus Unwissenheit oder Unkenntnis sozialer Regeln entspringt. Vergehen dieser Art müßten sich durch Erziehung verhüten lassen. Erwachsene urteilen hier viel zu streng, wenn sie von ihren eigenen Kriterien ausgehend und in der verfehlten Annahme, daß den Kindern die sozialen Regeln vertraut sein müßten, solche Verstöße als Verbrechen brandmarken.

Derbolav: Was die soziale Herkunft der Tatverdächtigen betrifft, so können auch wir die sonst beobachtete Tatsache bestätigen, daß Hunger und unmittelbare materielle Not in unserer Wohlstandsgesellschaft kaum als Tatmotive in Erscheinung treten. Auch unsere Jugendkriminalität ist weitgehend »vergnügungsorientiert«, und die häufigsten Tatmotive sind dabei Spielleidenschaft und Abenteuerlust. Vergleicht man die jugendlichen mit den erwachsenen Tätern, dann dominieren bei den einen Bagatelldelikte, während die anderen eher Straftaten mit erhöhter Rechtsgefährdung begehen. Bei schweren Delikten wie Raub oder Einbruchsdiebstählen scheinen Jugendliche mit weiterführender Schulbildung kaum vertreten zu sein, während die Zahl der beteiligten Sonderschüler etwa zehn Prozent ausmacht. Bei Ladendiebstählen, Vermögensvergehen und Fälschungsdelikten dagegen sind Jugendliche mit höherer Schulbildung, also etwa Gymnasiasten, überrepräsentiert.
Zu den naheliegenden, aber keineswegs voll bestätigten Vermutungen gehört auch die, daß vorübergehende Deklassierung wie etwa Jugendarbeitslosigkeit bzw. übermäßiger Alkoholgenuß und Drogensucht in der Jugendkriminalität eine wesentliche Rolle spielen. Gewiß waren 1977 im Umkreis von München arbeitslose Jugendliche an Straftaten zu etwa fünfzig Prozent beteiligt, bei schweren Diebstählen und Raubüberfällen stieg

diese Quote sogar auf 66 Prozent. Doch kommt dem Alkohol und den Drogen in bezug auf die kriminelle Motivation der Jugendlichen lediglich geringe Bedeutung zu. Nur zehn Prozent der jugendlichen Tatverdächtigen standen unter Alkoholeinfluß, und nur bei 0,3 Prozent war Drogengenuß im Spiel. Bei den alkoholbedingten Vergehen handelt es sich in der Regel um Roheitsdelikte, die, wie erwähnt, meist in Körperverletzungen ausmünden.

Ikeda: Dies ist verständlich, da Straftaten ohne Gewaltanwendung noch ein gewisses Maß von Selbstkontrolle voraussetzen, das bei Alkohol- und Drogengenuß herabgemindert wird.

Derbolav: Auch daß die heute rapide anwachsende Arbeitslosigkeit die Jugendkriminalitätsrate weiter in die Höhe treibt, ist so gut wie eine Legende. Eine kürzlich erfolgte diesbezügliche Anfrage beim Europäischen Gerichtshof im Haag hat ein negatives Resultat gezeitigt. Für den für mich überschaubaren Beobachtungsspielraum – München und Umgebung in den späten siebziger Jahren – fallen auch die Steigerungsraten von Jugend- und Erwachsenendelikten kaum auseinander. Es gibt daher Untersuchungen, die die These von der weiter steigenden Jugendkriminalität als einen Mythos bezeichnen, der statistisch erzeugt sei. Folgt man ihnen, dann muß man schon bei qualitativen Trendanalysen, aber vor allem bei quantitativen Angaben große Vorsicht walten lassen und Zurückhaltung üben. Daß die Tatverdächtigen immer jünger werden, kann kaum als gesicherter Trend angesehen werden.
Einigermaßen verläßlich ist die Einsicht, daß die Mehrzahl der Jugenddelikte – dazu gehören vor allem die vergnügungsorientierten Vergehen – dazu episodenhafter Natur und ihrer Herkunft nach entwicklungsbedingt sind und daß solche Straftaten erst dort, wo pathologische Anlagen und eine Kombination von ungünstigen Sozialbedingungen hinzutreten, den Einstieg zu einer kriminellen Karriere bilden können. Zu unterstreichen ist hier, daß bei der Jugendkriminalität die Bagatelldelikte dominie-

ren, deren Sachschaden daher auch meist sehr gering ist. Bei fünfzig Prozent der in München beobachteten Fälle liegt er unter der 10,- DM-Grenze. Auch der These von der zunehmenden Brutalisierung der jugendlichen Straftäter, wie sie die Medien manchmal kolportieren, ist mit Vorsicht zu widersprechen. Sie hängt wohl mit der besonderen Art der Durchführung statistischer Erhebungen zusammen.

Ikeda: Wir stehen also ohne Zweifel vor der Aufgabe, insgesamt eine soziale Atmosphäre zu schaffen, in der die moralischen Maßstäbe und Regeln in der Familie und in der Schule respektiert werden, und zugleich die Jugend so zu erziehen, daß sich diese Maßstäbe und Regeln tief in ihr Bewußtsein einprägen. Ich habe schon früher darauf hingewiesen, daß sittliche Erziehung und Bildung bereits im Vorschulalter in der Familie beginnen muß und daß auch die Schule sich nicht auf Vermittlung von Wissen beschränken darf, sondern ihre Zöglinge in die praktische Anwendung dieser sozialen Maßstäbe einüben muß.
Manche Leute meinen, der Staat sollte auf gesetzgeberischem Wege intervenieren, um die laxe öffentliche Moral zu verbessern. Sicherlich sind die aufreizenden sexuellen Darstellungen in manchen Büchern, auf Photos und Filmankündigungen, wie sie heute unserer Jugend überall angeboten werden, nicht wünschenswert. Dasselbe gilt auch für die exzessive Gewalt, wie sie in manchen Fernsehprogrammen gezeigt wird. In gleicher Weise sind aber auch Eingriffe der Gesetzgebung unerwünscht, da sie die Freiheit des künstlerischen Ausdrucks beschneiden.
Die Erwachsenen sollten weniger versuchen, alle anstößigen Elemente aus der Umgebung der Jugend zu entfernen – ohnehin eine undurchführbare Aufgabe – als vielmehr bei den Kindern selbst Urteilsfähigkeit und Selbstbeherrschung zu fördern, damit sie in ihrer seelischen Verfassung solchen Einwirkungen gegenüber immun bleiben. Der Widerstand gegen die Ansteckung ist es, der gefördert werden muß. Denn Kinder, die in einer Glashausatmosphäre übertriebener Fürsorge aufwachsen, sind wahrscheinlich in dieser Hinsicht gerade besonders anfällig.

Derbolav: Was man bei der Beurteilung des ganzen Problems nicht vergessen darf, ist, daß es bei allen diesen namhaft gemachten Jugenddelikten gar nicht darum geht, was wirklich geschieht und geschehen ist. Nicht jeder von solchen Jugendvergehen betroffene Erwachsene läuft gleich zur Polizei. Viele regeln die Angelegenheit mit dem ertappten jugendlichen Sünder selbst, weil sie sich Scherereien ersparen wollen, und lassen sich diese Erfahrung zum Motiv werden, ihr Eigentum besser abzusichern. Im allgemeinen gilt die Regel, daß sich die statistischen Angaben mehr der Wahrheitsgrenze nähern, je schwerer die Vergehen ausfallen.
Daß die Jugendkriminalität ein bedauerliches Übel ist, das möglichst gering zu halten in die Verantwortung der Erwachsenen fällt, steht außer Frage. Ebenso gilt als zugestanden, daß das Gefängnis für die Entwicklung der Kinder und Jugendlichen der am wenigsten förderliche Ort ist. Wenn man beim Erwachsenen dem Gefängnisaufenthalt noch andragogische Einflüsse oder Wirkungen zuschreiben könnte – bei Kindern und Jugendlichen sind pädagogische Wirkungen von der Gefängnisbetreuung ganz sicher nicht zu erwarten, auch wenn ihnen während der »Knastzeit« noch so viele berufliche Aus- und Weiterbildungsmöglichkeiten geboten werden. Was sie sich dort holen, sind meistens nur Motive für neuerliche Straftaten und Tricks, sie erfolgreich auszuführen. In diesem Sinn ist das Jugendgefängnis in der Regel die erste Stufe zur professionellen Verbrecherkarriere.

Ikeda: In Jugendgefängnissen werden die Methoden gefährlicher Krimineller, die dort als Helden gelten, allgemein bekannt, und so erhalten Jugendliche häufig eine Erziehung zum Verbrechertum. Was könnte man sonst gegen Jugendkriminalität tun?

Derbolav: Daß eine Sanierung der Umwelt in unserer hedonistisch orientierten Vergnügungszivilisation, in der Genuß und Unterhaltung aller Spielarten vom pornographischen Anreiz bis zur exzessiven Gewalt längst kommerzialisiert worden sind, kaum Erfolg verspricht, darin stimmen wir beide überein.

Schlimmer aber ist, daß diese so verführerische Umwelt noch in anderer Weise die tradierten sittlichen Maßstäbe der Familie und der »nächsten Verhältnisse« vergiftet. Einerseits zeigen die Medien, wie rasch man heute mit Verbrechen und Korruption zu Geld, Besitz, Wohlstand und Ansehen kommen kann, andererseits untergraben die vom Marxismus angeregten sozialkritischen Ideologien die überkommene Achtung vor dem persönlichen Eigentum, das dort als »legalisierter Diebstahl« diffamiert wird. Kinder und Jugendliche gegen diese ungewollten und unerwünschten Einflüsse zu immunisieren, mag unter diesen Umständen als ein »frommer Wunsch« erscheinen. Doch könnte die Abhilfe eben schon früher beginnen, nämlich in der Familie, die Sie ja wiederholt als Keimzelle und Mutterboden der sittlichen Erziehung angesprochen haben.
Ich selbst schreibe ihr, wie ich schon früher ausführte, dabei eine doppelte Aufgabe zu: Das Kind bedarf der liebenden Zuwendung, wenn es die Lebensmaßstäbe der Eltern unangezweifelt übernehmen soll. Es bedarf aber später auch der Hilfe bei der Ablösung von der Familie und des Anstoßes zur Selbstverwirklichung, wenn es sich der Jugendgeselligkeit integriert. Welche Bedeutung dieser Jugendgeselligkeit im Guten wie im Bösen zukommt, das zeigen zum Beispiel die seriellen Straftaten jugendlicher Banden, zeigen die jugendlichen Aussteigergruppen, das zeigen die Jugendsekten, die es verstehen, führungs- und heimatlos gewordene Heranwachsende unter Vorspielung eines echten Gruppenlebens an sich zu ziehen, zeigen aber schließlich auch jene Jugendorganisationen, die fruchtbare Sozialarbeit leisten und dabei oft in recht opferbereiter Weise aktuelle Notstände zu beheben suchen.
So gesehen muß heute alles, was von politischer, gesellschaftlicher und privater Seite zur Förderung und Erhaltung der Integrität der Familie einerseits, zur Kontrolle und Sanierung der Jugendgeselligkeit bzw. zur Unterstützung ihrer produktiven Aktivitäten andererseits getan werden kann, begrüßt und gutgeheißen werden. Die Jugendkriminalität als besorgniserregendes Randphänomen unser Gesellschaft wird dadurch sicher-

lich nicht ausgetilgt, wohl aber vielleicht doch in Grenzen gehalten werden können.

Kind und Märchen

Ikeda: Es ist eine sehr interessante Frage, welchen erzieherischen Wert man der Volkssage und dem Märchen zubilligt. In letzter Zeit scheinen sich die Eltern, jedenfalls in Japan, von den Kindergeschichten altmodischen Typs abzuwenden und sanfteren den Vorzug zu geben, die besser zur Entwicklung ausgeglichener, gegen Menschen und andere Lebewesen rücksichtsvoller Persönlichkeiten beitragen sollen.
Die älteren Kindergeschichten im Osten wie im Westen waren in der Tat ziemlich grausam und furchterregend. So sind etwa die Märchen der Brüder Grimm voll von schrecklichen Dingen. Nehmen wir beispielsweise »Hänsel und Gretel«: Die Eltern, wie arm sie auch sein mögen, begehen, gemessen an den normalen Maßstäben, ein furchtbares Verbrechen, indem sie die Kinder allein im Wald zurücklassen, um sie als lästige Esser loszuwerden. Die Hexe in ihrem Knusperhäuschen kann einem schon Angst machen in der Art, wie sie Kinder füttert, um sie dann zu verspeisen. Aber auch Hänsel und Gretel selbst zeigen kaum die edelsten Seiten der menschlichen Natur, wenn sie die alte Hexe fröhlich in den glühenden Ofen schieben.
So gräßlich und blutrünstig solche Märchen auch sind, so werden sie den Kindern gewöhnlich von freundlichen und liebevollen Müttern und Großmüttern erzählt. Deshalb frage ich mich wirklich, was ihr Zweck sein soll. Ich weiß, daß man die Märchen von psychologischer und anderer Seite ausgiebig untersucht und interpretiert hat, doch hätte ich gerne Ihre persönliche Meinung über sie und ihre Erziehungswirkungen gehört.

Derbolav: Sicherlich haben Sie recht. Denn was in diesem literarischen Bereich von der Phantasie ihrer Schöpfer erdacht worden ist, scheint im Hinblick auf die Häufung an Grausamkeiten, angstvollen und schreckenerregenden Erlebnissen ganz und gar nicht geeignet zu sein, jenes »Urvertrauen« im Kind zu erwecken, das Psychologen wie Eric Erikson für die entscheidende Voraussetzung eines gesunden, möglichst störungsfreien Lebenswandels halten.

Freilich gilt dieser Vorbehalt nur für einige Volksmärchen, wie sie etwa die Brüder Grimm zu ihrer Zeit gesammelt und wofür Sie selbst »Hänsel und Gretel« als Beispiel angeführt haben. Auch manche allzu pädagogisch gemeinten Kindergeschichten wie der berüchtigte »Struwwelpeter« des Irrenarztes Heinrich Hoffmann fallen in diese Kategorie.

In den Kunstmärchen hat sich demgegenüber eine verfeinerte, von diesen Schreckenserfahrungen gesäuberte literarische Gattung entwickelt, die stets nicht nur Kinder, sondern auch Erwachsene, also Eltern und Lehrer angesprochen hat.

Die sogenannten Volksmärchen dagegen tragen durchaus die Züge ihrer Entstehungszeit an sich: Sie spiegeln die bittere soziale Not der bäuerlichen und handwerklichen Bevölkerung wider und sind bis zum Rand voll mit Aberglauben erfüllt, den das Christentum kaum übertünchen konnte. Ein schönes Indiz für diese Zeitbezogenheit ist zum Beispiel die bösartige, ja hexenhafte Rolle, die der Stiefmutter in den meisten dieser Märchen zugeteilt wird. Die unschuldigen Kinder haben unter ihr oft Arges zu erleiden, das über sie wie ein Schicksal verhängt erscheint. In Wahrheit drückt sich darin nur die hohe Müttersterblichkeit dieser Zeit aus, die ja vor der Entdeckung des Kindbettfiebererregers liegt. Die verwitweten Väter mußten sich in solchen Fällen sehr rasch nach einer Ersatzmutter für ihre zahlreiche Kinderschar umsehen, die dann natürlich nicht immer den Erwartungen entsprach.

Es besteht kein Zweifel daran, daß diese Potenz des Bösen, des Schreckenerregenden und Grauenvoll-Unerwarteten in die sentimental gereinigte Erlebniswelt unserer Kinder, wie wir sie uns wünschen, nicht recht hineinpaßt, und deshalb hat die Diskussion über diesen merkwürdig unkindlichen Charakter der Volksmärchen schon bei ihren Vätern, bei den Brüdern Grimm selbst

begonnen, die sich darüber zu ihren Zeitgenossen rechtfertigend beziehungsweise einschränkend ausgesprochen haben.
Auch die großen Pädagogen – wie könnte es anders sein – haben dazu nicht geschwiegen, und es gibt Meinungsäußerungen über Märchen, die von Platon über Rousseau, Kant, Jean Paul, Schleiermacher bis zu Ellen Key und zu Psychologen und Psychoanalytikern wie Charlotte Bühler, Anna Freud, Bruno Bettelheim und Erich Fromm reichen. Die Puristen unter ihnen, die die Kinder nur nach dem »Tabula-rasa-Modell« beurteilen, das sie daher von schädlichen Einflüssen möglichst freihalten wollen – merkwürdigerweise findet sich unter diesen neben Platon und Kant auch der sogenannte Kindesentdecker Rousseau – halten Märchen und phantasievolle Kindergeschichten für Elemente der Täuschung und Lüge, die von den Heranwachsenden auf jeden Fall ferngehalten werden sollten.
Die mit einem tieferen Verständnis für das Kind Begabten, die dessen Andersartigkeit dem Erwachsenen gegenüber akzeptieren – ich nenne hier Jean Paul, Friedrich Schleiermacher, Ellen Key und die meisten Jugendpsychologen – halten Märchen dagegen für die »Wirklichkeit in kindgemäßer Form« und ihre reiche Inhaltlichkeit für eine große Entwicklungshilfe.
Sie sprechen von einer »magischen Phase« im Kindesalter, die besonders strukturiert sei und noch vor der Trennung von Phantasiewelt und realer Erfahrung liege. Egozentrisch geprägt, biete sie der anthropomorphen Denkweise größten Raum. Sie lebe noch von Extremen, kenne nur groß und klein, schön und häßlich, gut und böse, noch nicht aber die reichen Zwischentöne und setze, wie das einmal formuliert wurde, das Erbe von Phantasie und Mythos, das jedes Kind in sich trage, in erlösender Weise frei.

Ikeda: Märchen belehren die Kinder über die Existenz von Gut und Böse in der Welt und pflanzen ihnen Furcht vor dem Bösen ein. Wie Sie sagen, spiegeln die bösen Stiefmütter in dem Märchen die Bedingungen der Zeit wider, in der diese Geschichten entstanden. Darüber hinaus meine ich, daß sie in den

Kindern indirekt Dankbarkeit für die Liebe der Mutter und des Vaters erwecken sollen, die sie sich um ihren Schutz und ihr Glück bemühen.

Derbolav: Die modernen psychoanalytischen Märchendeuter verhalten sich heute freilich meist viel rigider als die klassischen Märchenfreunde und -rechtfertiger beziehungsweise die Jugendpsychologen und spielen die Grausamkeiten mancher Märchen nicht einfach herunter, sondern beziehen sie auf die sadistische Anlage der Menschennatur zurück. Sie betrachten etwas, um hier ein Beispiel zu geben, das Rotkäppchen schon vom Namen her als ein Symbol der Menstruation, also als einen Hinweis auf die erste Konfrontation des Mädchens mit der Sexualität, wobei der Wolf den Mann verkörpert, der die Zeremonie des Geschlechtsaktes gleichsam kannibalisch vollzieht (Erich Fromm). Es ist klar, daß solche Deutungen die Märchen als Erzähl- und Lesestoff für Kinder über das Gesagte hinaus noch weiter diffamieren müssen.

Ikeda: Fromms Deutung scheint mir doch etwas weit hergeholt. Die Moral, die der Franzose Charles Perrault dieser Geschichte beigelegt hat, finde ich treffender. Perrault sagt, es sei ein schwerer Fehler, wenn Kinder, speziell hübsche, liebe kleine Mädchen, auf fremde Männer hören, denn dann müssen sie darauf gefaßt sein, vom Wolf verschlungen zu werden. Wobei, so fährt er fort, nicht alle Wölfe gleich sind, und die Art, vor der man besonders auf der Hut sein muß, ist der gewitzte, ruhige, sanfte, glatte, freundliche Wolf mit gütiger Stimme und einschmeichelnder Sprache, der den Mädchen nach Hause und direkt bis an die Bettkante folgt. Wie jedermann weiß, fügt er hinzu, ist der liebenswürdige Wolf zugleich der gefährlichste. Mit anderen Worten, Perrault spricht von sexueller Erfahrung als von einem Wolf, vor dem sich kleine Mädchen in acht nehmen müssen.

Derbolav: Nimmt man die marxistisch-ideologiekritische Note der Märchenauslegung hinzu, wonach die Volks- und Hausmärchen im Grunde nur die feudale oder kleinbürgerliche Sozialstruktur ihrer Entstehungszeit reproduzieren und daher die Rollenbilder der unterwürfigen Frau, der streng in Zucht zu haltenden Kinder und des, sei es gewalttätigen, sei es auch gutmütigen Vaters Generationen von lauschenden Kindern unkritisch weitervermitteln, dann verliert das Märchen als Kinderlektüre noch seinen letzten Kredit.

Ikeda: Man darf dabei freilich nicht vergessen, daß – wie Hänsel und Gretel zeigen, wenn sie die Hexe in den Ofen schieben – nicht alle Kinder im Märchen autoritätshörig sind und daß einige von ihnen jungen marxistischen Lesern glänzende Beispiele für revolutionäres Verhalten liefern könnten.

Derbolav: Jedenfalls scheint mir die gemäßigte Interpretation der Tiefenpsychologie, wie sie etwa Bettelheim in seinem Buch »Kinder brauchen Märchen« vertritt, eine wirklich überzeugende Märchendeutung geliefert zu haben, die in der Diskussion des Für und Wider der Märchen einen Schlußpunkt setzen könnte.

In seinen Augen muß nur in die verbreitete entwicklungspsychologische Deutung des Kindesalters noch ein Moment hineingenommen werden, das wir bereits an früherer Stelle bei der Behandlung Fromms berührt haben: Das Menschenkind wird gleichsam mit einer tödlichen Angst im Herzen geboren, mit der es schon in der frühen Kindheit irgendwie fertig werden muß, gleichgültig, worin diese Angst auch ihren Ursprung haben mag: im Geburtstrauma, in traumatischen Erlebnissen der frühen Säuglingszeit oder auch in der Erfahrung der Ich-Isolierung beziehungsweise des grundsätzlichen Getrenntseins von den andern, das den Kindern das Alleinsein so schrecklich machen kann. Die Märchen sind dann in den Augen ihrer psychoanalytischen Interpreten gerade in ihren grausamen Zügen und Schrecklichkeiten Kathartika der Angstbefreiung. Oder wie das Bettelheim genau in Anknüpfung an das von Ihnen als Beispiel herangezogene Märchen »Hänsel und Gretel« formuliert:

»Wenn unsere Furcht, gefressen zu werden, die greifbare Gestalt der Hexe annimmt, können wir uns befreien, indem wir die Hexe im Backofen verbrennen.«

Das Kind stößt das Schreckliche und Grauenvolle, das ihm im Märchen begegnet, also nicht einfach von sich ab oder geht mit seinem naiven, des Bösen noch ungewohnten Gemüt ohne Verständnis darüber hinweg, nein, es bezieht all dies durchaus auf sich selbst und durchläuft es mit aller Intensität als ein Ferment seiner eigenen Läuterung. Vorausgesetzt bleibt jedoch, daß letztlich alles wieder zurechtgebogen wird und der Eindruck einer heilen, kindlichen Welt nicht ganz in die Brüche geht. Denn Kinder gleichen nicht einfach Krimilesern, die erwarten, daß das Gute triumphiert und die Verbrecher zur Strecke gebracht werden. Sie haben durchaus Sinn für Trauer und können auch Tragik und Tod, in poetischer Form dargeboten, verkraften, wofür der »Kleine Prinz« Antoine de Saint-Exupérys, von dem sogleich noch die Rede sein wird, Zeugnis ablegen kann.

Von Ihnen gefragt, was ich über das Märchen denke, möchte ich mich ganz entschieden für seine Erhaltung als Kinderlektüre aussprechen, und zwar mit den Argumenten aller positiven Verfechter der pädagogischen Fruchtbarkeit der kindlichen Märchenwelt. Diese Welt von ihren schrecklichen, angsterregenden und grauenhaften Elementen reinigen zu wollen, halte ich für verfehlt. Doch mag es durchaus erwünscht sein, wenn hier moderne Märchenerzähler mildere Töne anschlagen und sich dabei dem Zeitwandel etwas anpassen.

Ikeda: In Japan sind die Hexen und Kobolde ersetzt worden durch rote und grüne Dämonen, meist, wenn auch nicht immer, männlichen Geschlechts. Sie verfügen über horrende Kräfte, tragen ein oder zwei Hörner auf dem Kopf, ein Tigerfell um die Hüften und lange, schwere Eisenstange in der Hand. Der Volksglaube sieht manchmal in den Artefakten der Steinzeit oder auch in Naturgebilden, die so aussehen, als wären sie auf künstliche Weise hergestellt worden, das Werk von Dämonen. Solche Wesen haben fast überall in der Welt die Volkssprache

beeinflußt. So verwendet man im Japanischen das Wort »oni« oder Dämon, um grausame, skrupellose Menschen zu bezeichnen, ähnlich wie man sie im Deutschen Teufel oder Unholde nennt.
Die Dämonen und Kobolde könnten als Verkörperungen der bösen Seiten der menschlichen Natur gedeutet werden und mögen daher ihren pädagogischen Sinn als abschreckende Beispiele erfüllen.

Derbolav: Die Ersetzung der alten Hexen und Kobolde durch rote und grüne Dämonen scheint mir in gewisser Weise Ausdruck des Einflusses unserer technischen Phantasie auf die kindliche Lebenswelt zu sein. Es wäre auch verwunderlich, wenn unsere technische Welt hier keine solche Wirkung ausüben und keinen derartigen Niederschlag hinterlassen sollte. Im Westen hat sich die technische Phantasie mit den Muppets verbunden und auf Figuren wie Mickymaus und Donald Duck konzentriert, der kürzlich seinen fünfzigsten Geburtstag feiern konnte. Es gibt in der Tat kaum literarische Produktionen, die im Bewußtsein der Generationen ein längeres Leben zu bewahren vermögen und auf die Phantasiebedürfnisse des Menschen eine stärkere Anziehungskraft ausüben als gelungene Märchenerzählungen oder Kindergeschichten.
Ich will hier nur den vielumstrittenen Struwwelpeter Dr. Hoffmanns mit seiner Folge von Droh- und Warngeschichten als Beispiel nennen, wenn mir auch der kleine Konrad für sein Fingerlutschen durch den Verlust beider Daumen doch etwas zu hart bestraft scheint. Deshalb hatten wir ihn eingangs in die Nähe der Greuelmärchen der Brüder Grimm gerückt.
Man vergesse aber nicht, daß es die Brüder Grimm und ihre Zeitgenossen aus der deutschen Romantik waren, die einen unverlierbaren Schatz an Hausmärchen und Kindererzählungen entweder sammelten oder selbst schufen, und daß die europäischen Nationen, jede für sich, seit dem 19. Jahrhundert diesen Schatz auf internationaler Basis außerordentlich bereichert haben. Zum Zeichen dafür sei hier an drei im Kinderbe-

wußtsein kaum zerstörbare Märchengestalten erinnert, deren Erfinder französischer, englischer und deutscher Herkunft sind. Ich denke an den »Kleinen Prinzen« des französischen Fliegers Antoine de Saint-Exupéry, an »Alice' Abenteuer im Wunderland« des Oxforder Mathematikers Ch. L. Dodgson, der sich das Pseudonym Lewis Carrol zulegte, schließlich an die beiden jüngsten Bestseller des deutschen Märchenerzählers Michael Ende »Die unendliche Geschichte« und »Momo«.

Selten haben sich Schriftsteller in die Vorstellungswelt der Mädchen und Jungen so produktiv hineinzudenken vermocht wie diese, und was ihre Erzählungen dabei so anziehend macht, ist, daß sie überall gegen die vorhandenen und überlieferten Maßstäbe anecken und neue phantastische Elemente ins Spiel bringen. Den »Kleinen Prinzen«, der, von seinem winzigen Planeten zur Erde gefallen, sich vom Erzähler Tiere und Ställe zeichnen läßt, auf seinen Planetenbesuchen die merkwürdigsten Erfahrungen macht und schließlich, nach einem traurig-tragischen Abschied, zu seinem alten Planeten zurückkehrt, kann man wirklich nicht anders als lieb gewinnen. In bezug auf die abenteuerlichen Begegnungen mit einer personifizierten Tierwelt, die sich der kleinen Alice nach ihrem Gestaltwandel eröffnen, bleibt Lewis Carroll unerreicht, und Michael Endes Kunst, das Märchenland Phantasien immer wieder neu und mit bis ins Konkrete durchdachten figuralen Überraschungen zu bevölkern, findet nicht so leicht ihresgleichen.

Der Einfall, den kleinen Leser der »Unendlichen Geschichte« Bastian Baltasar Bux, in den Gang der Erzählung selbst miteinzuflechten, ihm die Zügel in die Hand zu geben und ihn nur mit knapper Not aus dieser verfänglichen Welt entfliehen zu lassen – obgleich in der Märchenpoesie der deutschen Romantik bereits vorweggenommen – erscheint mir viel zu unerwartet und originell, um nicht beim abgebrühtesten Leser Staunen wachzurufen. Und das Mädchen Momo besticht wieder die Leser durch ihr schlichtes Zuhörenkönnen, mit dem sie nicht nur Freunde gewinnt und Streithähne versöhnt, sondern auch den »Zeitsparverein« dcr grauen Männlein besiegt, der – wenn ich nicht irre –

den Verblendungszusammenhang des modernen Kommerzialismus symbolisiert.
Irgendwie ziehen diese Kunstmärchen aber nicht nur Kinder, sondern fast noch viel mehr die Erwachsenen an, weil in ihnen so etwas wie eine Sehnsucht angesprochen ist, den »Weg ins Kinderland« zurückzufinden, wenn auch nur für eine kurze und bemessene Frist. Brahms hat in seinem gleichbenannten Lied diese Sehnsucht sehr überzeugend in Töne gesetzt.

Ikeda: Die Dinge, die die Kindheit in Erinnerung rufen, sind von Individuum zu Individuum verschieden. Der Geschmack der »Petite Madeleine«, in Tee eingetunkt, ruft für den Helden in Marcel Prousts »Auf der Suche nach der verlorenen Zeit« die Vergangenheit wach. Aber die Veränderungen, die sich aus dem Fluß der Zeit ergeben, machen die Welt, die wir erlebt haben, sehr verschieden von der, die unsere Kinder jetzt erleben. Mit denselben Märchengeschichten aufgewachsen zu sein, sichert ein gemeinsames Fundament auf jenen Persönlichkeitsebenen, auf denen die geistigen Bande geknüpft werden, die die Generationen überdauern. Gerade heute, wo Gesellschaft und Lebensformen einem rasanteren Wandel ausgesetzt sind als je zuvor, ist es ungeheuer wichtig, an der verehrungswürdigen Tradition des Märchenerzählens festzuhalten, um diese gemeinsame Basis zu sichern.

Unsere Zukunft

Die Ausbeutung der Erde

Ikeda: Obgleich die Erde noch viele künftige Generationen beherbergen soll, besteht die Gefahr, daß wir in der Gegenwart Lebenden aus Gier oder Torheit unseren Globus unbewohnbar machen für die, die nach uns kommen. Als die Menschen zum erstenmal vor mehreren hunderttausend Jahren auf der Erde erschienen, waren es ihre vergleichsweise begrenzte Zahl und ihr relativer Mangel an technischem Können, der sie daran hinderte, der natürlichen Umwelt, ihrem Kräftepotential und ihrem Rhythmus großen Schaden zuzufügen. Die Menschen haben seither eine so optimistische Haltung gegenüber den unerschöpflichen Reichtümern der Natur entwickelt, daß selbst in unserer modernen Zeit außerordentlicher technischer Perfektion manche noch glauben, die Zerstörung eines Teils unserer Umwelt könne der umfassenden Ordnung der Dinge kaum etwas anhaben.

Aber obgleich unbestreitbar kraftvoll, ist unsere natürliche Welt auch zart und empfindlich. Die komplexen Funktionen aller ihrer Teile sind dicht und innig miteinander verwoben und voneinander abhängig. Jede Zerstörung oder Veränderung eines kleinen Teilbereichs strahlt auf die benachbarten Regionen aus und wirkt schließlich auf den ganzen Erdball ein, wie ein Stein, den man in einen ruhigen Teich wirft, kräuselnde Wellen schlägt, die bald die ganze Wasseroberfläche in Unruhe bringen. Da menschliches Wirken von ihrer fein abgestimmten Harmonie abhängt, könnte jede Veränderung in der natürlichen Welt das zukünftige Weiterbestehen unserer Gattung unmöglich machen. Unsere Situation gleicht der eines zerbrechlichen und empfindlichen Gegenstands am Ufer eines Sees. Der Stein, den man selbst aus großer Entfernung ins Wasser wirft, kann Wellen erzeugen, die jene Substanz einfach wegwaschen, wenn sie bis zum Ufer schwappen.

Wir sind lebensfähig, weil sich auf unserem Planeten über Jahrmilliarden hinweg langsam und mühevoll ein ökologisches System entwickelt hat und weil in diesem System die für uns wesentlichen Elemente gespeichert sind. Der Sauerstoff in der Atmosphäre ist lediglich eines von ihnen. Aber menschliche Einwirkung zerstört häufig gerade die Elemente, von denen wir abhängen. Wir vermindern die in der Atmosphäre vorhandene Menge an Sauerstoff, indem wir zu große Mengen Holz, Kohle und Öl als Brennstoff verwenden, und wir verschlimmern die Situation noch durch die Verschmutzung unserer Meere, die pflanzliches Plankton enthalten, das den Sauerstoff wieder ersetzt, und indem wir die Walddecke der Erde abholzen, die ähnlichen Zwecken dient.

Derbolav: Unser Dialog würde seiner Aufgabe gewiß nicht gerecht, wenn er nicht auch die Frage nach der Zukunft der Menschheit stellte. Doch geht es dabei nicht allein um die Zukunft der Menschheit, sondern um die des Lebens schlechthin, und, falls das Leben auf unseren Planeten allein beschränkt sein sollte, um den Planeten Erde. Sie haben zunächst die Zerstörung unserer Wälder und die Verseuchung unserer Umwelt genannt. Das ist der Anfang eines Katastrophenberichtes, dessen Hintergrund ich gern etwas ausleuchten möchte.

Ikeda: Das angesprochene Problem verzweigt sich nach vielen Richtungen hin, aber es entspringt im wesentlichen aus einer Quelle, aus dem sogenannten Fortschritt der menschlichen Zivilisation. Ich halte es daher für richtig, auf den Hintergrund dieses Problemzusammenhangs näher einzugehen.

Derbolav: Unter den neuen Wissenschaften, die sich aus der Kombination naturwissenschaftlicher Aspekte gebildet haben, hat sich die Strato- bzw. Exobiologie etabliert, die seit rund sechzig Jahren den Versuch macht, der Frage nach Leben und Intelligenz auf anderen Planeten oder in anderen Sternensystemen forschend nachzugehen. Zwei Meinungen stehen sich hier gegenüber: Die eine hält es für einen spezifisch menschlichen Hochmut, die irdische Existenz der eigenen Gattung als einmalig, ja einzigartig anzusehen, und meint, daß die für die Entstehung des Lebens (sogar des höheren Lebens mit Einschluß der Intelligenz) erforderlichen astrophysikalischen Voraussetzungen angesichts der fast unendlichen Weite und Fülle der galaktischen Sternensysteme mehrfach gegeben sein müßten. Die andere hält die Entstehung der Menschheit und damit auch der Intelligenz angesichts der außerordentlich hohen Komplexität der hierzu erforderlichen Bedingungen für höchst unwahrscheinlich oder gar für praktisch unmöglich. Die Menschheit auf unserer Erde sei etwas ganz Untypisches, ein historisch einmaliger Fall.

Obgleich sich beide Auffassungen völlig ausschließen und eine Entscheidung für die eine oder die andere wenigstens heute noch unmöglich ist, haben sie doch eines gemeinsam: Sie sehen das Spezifische der menschlichen Zivilisation in ihrer technischen Effizienz, nicht etwa in ihrer kulturellen Produktivität, ob nun dabei an Philosophie oder Geisteswissenschaften oder an Kunst und Religion usw. gedacht werden mag. In der Tat ist das, was die Lebenssituation des Menschen im Vergleich zu seinen animalischen Verwandten zu seinem Vorteil – aber auch, wie wir heute sehen, zu seiner eigenen tödlichen Gefährdung – verändert hat, nicht die schriftlich verfaßte Literatur, sind es auch nicht die Denkfiguren der Philosophie und die daraus erwachsenen Motive vernünftiger Selbstorientierung in dieser Welt, ja nicht einmal die Kunstwerke der Architektur und der Plastik, sondern es ist dies nur und ausschließlich die technische Veränderung der Natur und das, was der Mensch aus ihrem produktiven Reichtum dank seiner konstruktiven Erfindungsgabe gemacht hat.

Interessant ist dabei auch, daß diese Exobiologen, die nach der Möglichkeit solcher technischen Zivilisationen auf anderen Planeten oder in anderen Sternensystemen fragen und forschen, die beiden wesentlichen Antriebskräfte der technischen Produktivität der Menschheit vergessen oder unterschlagen, nämlich die von Kapital- und Gewinninteressen gespeiste industrielle

Produktivkraft und die von Machtinteressen gesteuerte Hochrüstungspolitik. Nun ist es aber genau diese technisch-industrielle Zivilisation, die uns Menschen zu Herren über die Natur gemacht hat, die uns zunächst mit Nahrung, dann mit Wohnung, dann mit jeder Art Lebensqualität ausgestattet hat, wie wir sie nur wünschen können, und die damit die Christen in der Welt genau das erreichen ließ, was ihnen als Auftrag Gottes in die Wiege gelegt worden ist, nämlich sich die Erde untertan zu machen.

Ikeda: Viele Mythologien der Völker enthalten Elemente der Rechtfertigung und erklären technologische Fähigkeiten als göttliche Gaben. Beispielsweise heißt es in der chinesischen Tradition, daß ein legendärer Monarch namens Bu-xi ursprünglich das chinesische Volk im Jagen und Fischen, eine andere ähnliche Gestalt, Schen-nung genannt, in der Landwirtschaft und Medizin, und schließlich der sagenhafte gelbe Kaiser (Hu ang-ti) in der Metallurgie unterwiesen hätten. Ähnlich heißt es in der griechischen Mythologie, daß der Titan Prometheus, der zum Besten der Menschen vom Himmel das Feuer herabgestohlen habe, von Zeus, dem Göttervater, streng bestraft worden sei. In der Überzeugung, sie seien von Gott mit der Fürsorge für alle anderen Kreaturen beauftragt, haben auch die Christen technische Kenntnisse und Fähigkeiten nie als böse betrachtet.

Derbolav: Während aber aus der verhältnismäßig begrenzten Inanspruchnahme der Natur in vorindustrieller Zeit, in der die noch ziemlich primitiven bürgerlich-gewerblichen Techniken im Grunde nur dazu ausreichten, der Natur das abzuringen, was sie ohnehin zu geben bereit war, ist aus der industriell-technischen Naturverarbeitung genau das geworden, was Marx noch kurzsichtig nur auf den arbeitenden Menschen allein bezogen hat (und wogegen sich dieser in der Zwischenzeit auch kräftig zu wehren verstand): eine sich ständig steigernde, fast unkontrollierte Naturausbeutung. Die von Marx vergessene Natur kann sich dagegen nicht wehren. Sie muß hinnehmen, was ihr der tausendfältig überlegene Mensch antut und was er aus ihr macht.

Ikeda: Marx hat wohl deshalb die Natur übersehen, weil er unfähig war, aus der jüdisch-christlichen Tradition auszusteigen, derzufolge die Natur dazu bestimmt ist, vom Menschen ausgebeutet zu werden.

Derbolav: Bei einer innerplanetarischen Betrachtung dieses Problemzusammenhanges aber treten beide Antriebsmotive des technischen Fortschritts, das ökonomische und das strategische, nicht nur deutlicher ans Licht, vielmehr wird von ihnen her überhaupt erst das Zerstörungswerk des Menschen an seiner natürlichen Umwelt in seinem vollen Ausmaß erkennbar. Daß sich bei dieser technisch-industriellen Einwirkung auf die Weltzivilisation, die alle diese Katastrophensymptome wenn schon nicht verursacht, so doch ermöglicht hat, von denen eingangs die Rede war, Negatives und Positives in merkwürdiger Weise vermischt, zeigt die von ihr, wie wir noch sehen werden, wesentlich beeinflußte rasante Vermehrung der Weltbevölkerung, die sich heute zu einer ernsten Gefahr auszuwachsen beginnt.
Wenn man annimmt, daß die Menschheit zu Christi Geburt etwa 250 Millionen betrug, hat sie sich in sechzehnhundert Jahren auf 500 Millionen vermehrt. Zweihundert weitere Jahre genügten, um die Weltbevölkerung auf eine Milliarde ansteigen zu lassen, hundert Jahre zur nächsten Verdoppelung. 1930 haben zwei Milliarden Menschen die Erde bevölkert, inzwischen sind es mehr als fünf Milliarden geworden, und bis zum Jahr 2000 ist mit einem Anstieg auf etwa sechs Milliarden Menschen zu rechnen.

Ikeda: Anders gesagt: in den etwas mehr als fünfzig Jahren seit 1930 hat sich die Weltbevölkerung mehr als verdoppelt. Graphisch dargestellt kann man das Bevölkerungswachstum etwa im letzten Jahrhundert nur als explosiv bezeichnen.

Derbolav: Und dies natürlich vornehmlich wegen der hohen Zuwachsraten in den Entwicklungsländern, also in Indien und Südostasien, in den afrikanischen Ländern und in Südamerika. Folgt man den Angaben der Weltbevölkerungskonferenz 1984 von Mexico-City, dann werden heute weltweit jede Minute 234 Babys geboren, 136 in Asien, 41 in Afrika, 23 in Lateinamerika und 34 in den Industriestaaten. Die Weltbevölkerung nimmt heute jährlich also um achtzig Millionen zu.

Parallel dazu kommt es zu einer – schon in früherem Zusammenhang erwähnten – fortschreitenden Verstädterung, die naturgemäß auch zu erhöhter Umweltbelastung führen muß. Großstädte mit industriellen Riesenunternehmungen wachsen ins Gigantische. So gibt es, um nur ein Beispiel zu nennen, zwischen Washington und Boston praktisch nur eine Stadtlandschaft mit vierzig Millionen Einwohnern. Das sind fast soviel Menschen, wie in Spanien und Portugal leben. Anfang des 19. Jahrhunderts betrug die Stadtbevölkerung in Städten mit zwanzigtausend und mehr Einwohnern nur 2,4% der Weltbevölkerung. Bis 1950 hatte sie sich verzehnfacht, sie betrug 21%. Bis zum Jahr 2000 müssen wir mit einer sechsfachen Vermehrung der Stadtbevölkerung rechnen, wofür besonders die Hauptstädte der meisten Länder Zeugnis ablegen, die längst aus den Nähten platzen. Mehr als die gesamte heutige Weltbevölkerung würde dann in Städten leben, die in der Regel fünfmal so schnell wachsen wie die ländlichen Lebensbereiche, wobei sich ein Großteil dieses Zuwachses aus der Landflucht rekrutiert.

Daß die Menschheit in dieser Weise progressiv wächst, ist zunächst naturgemäß Ausdruck der biologischen Lebenskraft dieser Gattung. Was sie in vergangenen Jahrhunderten daran gehindert hat, eine ähnliche Produktivität zu entfalten, waren einfach die schon von Malthus aufgezeigten Gesetze der Selbstregulation. Hunger, Kindersterblichkeit, früher Tod der Erwachsenen, Epidemien und Seuchen haben hier für einen relativ ausgeglichenen Haushalt gesorgt.

Die Fortschritte der Medizin – man denke an das Penizillin, an neue Impfstoffe, die Krankheiten wie die Pocken gänzlich ausrotteten –, und die wie auch immer lückenhafte medizinische Betreuung der Bevölkerung in den Entwicklungsländern haben, vornehmlich durch Senkung der Sterberate bei Erwachsenen, bei Kindern und Säuglingen, diese Kräfte der Selbstregulierung weitgehend ausgeschaltet, und die Entdeckung ihrer Reichtümer an Bodenschätzen und an sonstigen Produktionskräften zogen diese Entwicklungsländer nicht nur in den Sog der expandierenden Industriewirtschaft des alten Europa hinein, sondern ließen daselbst Industrien, aber auch neue landwirtschaftliche Produktionsgebiete entstehen, die den Menschen Arbeit und Brot verschafften. Doch waren dies offenbar nur kurzlebige positive Perspektiven.

Ikeda: Alle Voraussagen gehen natürlich von der Annahme aus, daß die gegenwärtige Wachstumsrate der Bevölkerung sich unvermindert fortsetzt. In Gegenden Asiens und Afrikas, wo breite Teile der Bevölkerung unmittelbar vor dem Hungertod stehen, steigen die Geburtsraten dauernd an. Das heißt, Hunger könnte die Krankheit als Wachstumsregulator ersetzen. Selbst wenn die Welt also einem nuklearen Krieg entgehen könnte, müßte sie sich doch mit dem Problem des Hungers auseinandersetzen.

Derbolav: Denn da die Weltbevölkerung, namentlich in der Dritten Welt, jährlich drei bis vier Prozent zunimmt, die Nahrungsproduktion aber nur um 1,3% steigt, tut sich hier eine Schere des Schreckens auf, für die kein Ende abzusehen ist. Für die Zeit von 2025 bis 2050 stehen Hungerkatastrophen von unvorstellbaren Ausmaßen in den Entwicklungsländern bevor. Und parallel dazu wird auch die Massenarbeitslosigkeit immer mehr zunehmen.
Wenn sich dies alles auch nicht in exakten Zahlen ausdrücken läßt – denn die Befunde und Trends, von denen die Forscher bei solchen Zukunftsberechnungen ausgehen, sind nicht überall die gleichen –, sehen wir doch, folgt man nur einigen dieser Indizien, apokalyptischen Zeiten entgegen.

Ikeda: Ich stimme Ihnen zu. Im Namen des sogenannten Fortschritts werden die großen sibirischen und kanadischen Nadelwälder ebenso vernichtet, wie die tropischen Regenwälder im Amazonasbecken. Amerikanische Truppen sprühten Entlaubungsmittel auf die vietnamesischen Mangroven-Wälder, die sich davon vielleicht nie wieder erholen werden.
Gewiß können scheinbar lebenswichtige Ziele wie etwa die Unabdingbarkeit von Holzexporten zur Erholung der finanziellen Stabilität oder die Notwendigkeit von Waldrodungen zur Gewinnung von bebaubarem Land, um zur Ernährung der Weltbevölkerung beizutragen, als fortschrittlich gelten. Da es aber ebenso gewiß ist, daß eine fortschreitende Abholzung der Welt schließlich zu einem völligen Mangel an Sauerstoff führen kann, sind diese Ziele bestenfalls von zweitrangiger Bedeutung. Stimmen Sie mir zu, daß allen Völkern auf der ganzen Welt bewußt gemacht werden muß, welche Gefahr im Verlust unserer Wälder liegt und daß sie alle Anstrengungen darauf verwenden müssen, dieses unschätzbare Gut zu erhalten und wenn möglich noch zu vermehren?

Derbolav: Sie haben mit Recht auf die Bedeutung der Wälder hingewiesen und zu ihrer Rettung aufgerufen. Wälder fungieren nicht nur als Energie- und Nutzholzlieferanten, sie sind auch Wasserspeicher und -erneuerer, Klimaschöpfer und Luftreiniger, Erosionshemmer und Bodenanreicherer. Sie schützen uns vor Verkehrslärm und sind als Freizeiträume von wachsender Bedeutung. Schließlich sollte nicht vergessen werden, daß sie auch den Lebensraum einer Flora und Fauna darstellen, die unabhängig von solchen Nützlichkeitserwägungen ihr eigenes Lebensrecht besitzen.
Folgt man Eugen Drewermann (»Der tödliche Fortschritt«, Regensburg 1983), dann gab es 1974 weltweit noch schätzungsweise 41 Millionen Quadratkilometer Wald, das sind 32 Prozent der gesamten Erdoberfläche. Dieser Bestand ist in der Zwischenzeit stark dezimiert worden. Nach den Philippinen wurden nun auch Indien, Malaysia und Indonesien für den Export nach

Japan, den USA und Europa durch rücksichtslose Abholzung ausgebeutet. In der Bundesrepublik Deutschland wird nur ein Kubikmeter Holz pro Kopf und Jahr aus eigenem Bestand genutzt. Der gesamte übrige Holzbedarf wird importiert. Der fünf Millionen Quadratkilometer große Amazonasurwald, von dem jährlich hundert Millionen Hektar gerodet werden, dürfte bis zum Jahr 2000 vollständig vernichtet sein. Auf die indianische Bevölkerung oder die tropische Tier- und Pflanzenwelt wird dabei keine Rücksicht genommen.
In Nepal ist zwischen 1964 und 1975 die Waldfläche von 63 000 auf 32 500 Quadratkilometer reduziert worden. Die Folge davon sind katastrophale Erosionen durch Monsunregenwasser. Möglicherweise stehen auch die extremen Gangesüberschwemmungen von 1978 und 1980 in Indien und Bangladesch damit in Zusammenhang.

Ikeda: Einige Gelehrte behaupten, daß die bewaldete Fläche der Erde als Reservoir dient, um die Wassermassen heftiger Regenfälle zurückzuhalten und erst allmählich in die Flüsse einmünden zu lassen. Wenn die Walddecke vernichtet ist, dann stürzen sich die Wassermassen sintflutartig in die Ströme und erzeugen damit jene Art von tödlicher Erosion, die bereits, wie Sie sagen, in Indien und Bangladesch wirksam geworden ist und dort zu schweren Ernteschäden und zahlreichen Todesopfern unter den Bewohnern der Flußufer geführt hat. Indem es den Bedarf an Holz als Brenn- und Baumaterial erhöht und zugleich dazu zwingt, immer mehr Land unter den Pflug zu nehmen, trägt das Wachstum der Weltbevölkerung entscheidend zum raschen Fortschreiten der Entwaldung bei.

Derbolav: Die Industrialisierung hat die Nachfrage nach dem Rohstoff Holz allein zwischen 1950 und 1975 um das Doppelte ansteigen lassen. Nach 1945 büßten Lateinamerika 37%, Afrika 50%, Asien 40% ihres Waldbestandes ein, und immer noch geht in den Entwicklungsländern die Brandrodung weiter.
Industrialisierung und Bevölkerungswachstum haben den Was-

serverbrauch enorm erhöht und unterstützen die Tendenz zu immer größerer Versteppung der gerodeten Landschaften. In einer Zeit ständig wachsenden Raumbedarfs wächst also nicht etwa die bebaubare Fläche der Erde, es wachsen vielmehr die Wüsten, und zwar wiederum in den Ländern am stärksten, in denen der Bevölkerungsdruck am größten ist. Daraus wird ersichtlich, daß das Argument, Urwaldrodung eröffne der Agrarwirtschaft neuen bebaubaren Raum, irreführend, ja einfach falsch ist. Tatsächlich führt die Abholzung zu einer baldigen Versandung der Böden und zu einer noch schwer abschätzbaren, jedenfalls aber weitreichenden Klimaveränderung.

Dazu kommt in den industrialisierten Ländern das seit vielen Jahren bekannte, aber in seinen Ursachen noch nicht vollständig geklärte Waldsterben. In der Bundesrepublik Deutschland nimmt zwar der Waldbestand quantitativ zu, aber eben nicht in den Gegenden, die ihn am nötigsten hätten, nämlich in den städtischen Ballungszentren. Die Rentabilität der Forstwirtschaft bestimmt bei uns die Waldpflege. Die rentablen Fichtenwälder erhalten dabei gegenüber den Laubwäldern den Vorzug und nehmen daher auch entsprechend zu. Gerade Fichten erweisen sich aber als vom Waldsterben besonders betroffen und gefährdet.

Es wäre dringend nötig, daß die noch vorhandenen Waldbestände Naturschutzbestimmungen oder zumindest vernünftigen Nutzungsbedingungen unterstellt und daß die geschädigten Wälder, zu denen auch der schon im früheren Zusammenhang genannte Schwarzwald und der Wienerwald gehören, einer angemessenen Pflege unterzogen werden. Solange freilich nicht die kommerziellen Gewinninteressen der großen Industrieunternehmen eingedämmt und den Quellen der Luftverschmutzung auf internationaler Ebene ein Riegel vorgeschoben wird – und wie schwer dies zu erreichen ist, zeigt bei uns die Diskussion um die verbindliche Einführung abgasarmer Autos im Rahmen der EG –, bleiben solche Zielsetzungen vermutlich leere Hoffnungen.

Ikeda: In der Vergangenheit hat man auch in Japan Mischwald oft gerodet, um Raum zu erhalten für die Kultivierung gewinnbringenderer Hölzer wie etwa der japanischen Zeder (Sugi) oder der Zypresse (Hinoki). Als sich jedoch später herausstellte, daß die flachwurzelnden Zedern und Zypressen bei Taifunen und schweren Regenfällen zum Abrutschen von Erdmassen beitragen können und daß sie zugleich für alle möglichen Krankheiten und Insektenbefall anfällig sind, begannen Stimmen laut zu werden, die nach kritischer Überprüfung dieses Wiederaufforstungskonzepts riefen.
Die menschliche Gesellschaft kann nur existieren, weil es wechselseitige Kooperation und Unterstützung auf individueller Basis gibt. Ganz ähnlich hängen der Wald und die ganze natürliche Umwelt von der organischen Verflechtung vieler unterschiedlicher Elemente ab. Es ist daher äußerst wünschenswert, daß der gesunde, alles umfassende Wirkungszusammenhang der natürlichen Welt bedacht wird, wenn Konservierungsstrategien entwickelt werden müssen.

Die Verseuchung der Umwelt

Ikeda: Im vorigen Abschnitt haben wir kurz die Bedeutung der Walderhaltung erörtert als eine der Voraussetzungen, von denen das Leben auf dieser Erde abhängt. In diesem Abschnitt möchte ich unsere Aufmerksamkeit auf die Schadstoffe lenken, die ihrer lebensgefährdenden Wirkung wegen eliminiert werden müssen. In den sechziger und siebziger Jahren wurde das Problem der Umweltverschmutzung in den Industriestaaten akut und führte zu erregten Diskussionen. Wir Japaner wurden durch zwei weithin bekanntgewordene Fälle besonders schmerzlich daran erinnert, was Umweltverschmutzung für den Menschen bedeuten kann. Eine Fabrik verunreinigte das Wasser in einer der Buchten der Insel Kiushu, in die sie quecksilberhaltige Abfallprodukte pumpen ließ. Fischerfamilien, die mit diesen Schadstoffen verseuchte Fische aßen, wurden von schweren, oft sogar

tödlichen psychosomatischen Krankheiten heimgesucht. Ein anderer Betrieb am japanischen Meer verschmutzte die Umwelt mit Kadmium und verursachte damit bei vielen Menschen in dieser Gegend schwere und qualvolle Knochenerkrankungen. Während der Jahre, die mit Untersuchungen und Debatten über die ursächlichen Zusammenhänge zwischen den Praktiken der Betriebe und den durch Umweltverseuchung bewirkten Krankheiten beziehungsweise mit Schadensersatzprozessen für die Opfer dahingingen, wurde die Öffentlichkeit auf dieses Problem aufmerksam. Die Regierung revidierte daraufhin ihre Umweltgesetzgebung, und die Industrieunternehmen verbesserten ihre Abfallbeseitigungsmethoden.
Mit anderen Worten, die gesamte Lage nahm eine Wendung zum Besseren, aber eine vollständige Lösung des Problems wurde damit noch nicht erreicht. Die Umweltverschmutzung geht weiter, wenn auch in etwas verlangsamtem Tempo. Die Regierung hat Gesetze über die erlaubten Grenzen der Schadstoffkonzentration im Abfall erlassen. Wenn sich die Betriebe auch an diese Grenze halten, so belasten sie doch weiterhin die Umwelt mit Unrat, und auf lange Sicht wird sich an den Mengen, die sie ausstoßen, und am Schaden, den sie bewirken, kaum viel verändern.

Derbolav: Es ist in diesem Zusammenhang vielleicht interessant, daß der deutsche Parlamentarier Herbert Gruhl in seinem Buch »Ein Planet wird geplündert« die Meinung vertreten hat, daß die einzige Möglichkeit zur Rettung unserer Erde ein sofortiger Stop des ökonomischen Wachstums sei. Er hat mit dieser Idee im Deutschen Bundestag keine Lorbeeren geerntet, da die meisten Fraktionen einen solchen Ausweg strikt ablehnten.
Sicherlich würden wirtschaftshemmende Eingriffe, wie er sie sich vorstellt, weltweit das ohnehin schon bedrohliche Ausmaß der Arbeitslosigkeit gewaltig erhöhen, und im Rahmen einer weltweiten Güterabwägung scheint bis heute das Wirtschaftswachstum hinsichtlich seiner sozialen Perspektiven der sauberen Umwelt gegenüber als der höhere Wert zu gelten. Wie auch immer man

darüber denken mag, was die Hauptursache unseres Umweltdesasters betrifft, so hat der genannte Buchautor sicherlich recht: Die primäre Quelle der gegenwärtigen Umweltverseuchung und -zerstörung liegt ohne Zweifel auf ökonomischem Gebiet, nämlich in der expansiven Konkurrenzwirtschaft und ihrem Gewinnstreben. Gegenüber diesem Kommerzialismus fallen andere Ursachen (wie Jagdfieber und Sportleidenschaft) weniger ins Gewicht, obwohl sie genannt zu werden verdienen.

Fehlen darf hier vor allem nicht der Hinweis, daß auch die schon behandelte Explosion der Weltbevölkerung durch deren wachsende Wohnungs-, Ernährungs- und Konsumbedürfnisse die Umwelt nicht unangetastet läßt. Größere Menschenmassen benötigen mehr Nutz- und Brennholz, rufen nach einer intensiveren Bearbeitung und Ausnützung des Bodens, zeigen einen höheren Bedarf an Konsumgütern, der dem Expansionsdrang der Weltwirtschaft (und seinen üblen Nebenfolgen) fördernd entgegenkommt und haben dadurch naturgemäß auch einen größeren Ausstoß an umweltschädigendem Abfall und Müll.

Damit stoßen wir auf die Entsorgungsfrage. Daß nicht nur der atomare, sondern auch schon der industrielle und der Hausmüll ein Problem darstellen, läßt ein Vergleich deutlich werden. In der Bundesrepublik wurden 1970 mehr als 200 Millionen Kubikmeter Abfall und Abwässer ausgestoßen. Bis 1972 wuchs dieser Müll und Abfall auf 260 Millionen Kubikmeter an. Diese Menge würde genügen, um den gesamten Großraum München einen Meter hoch in Müll versinken zu lassen.

In der Landwirtschaft akkumulieren sich beide Tendenzen: die auf Wettbewerb und internationale Konkurrenz abzielende Intention und der Zwang, immer mehr und mehr Menschen zu ernähren und satt zu machen. Daß gleichwohl auch hier das Gewinnmotiv der Bedarfsdeckung gegenüber die Oberhand besitzt, zeigen immer wieder die beschämenden Erfahrungen mit der kommerziell bedingten Vernichtung von Agrarüberschüssen, etwa im Raum der Europäischen Gemeinschaft, die dazu beitragen könnten, in den Ländern der Dritten Welt Hungerkatastrophen zu vermeiden.

Ikeda: Dasselbe Problem gibt es häufig auch in Japan. Die Bauern produzieren Überschüsse bei jenen Feldfrüchten, die hohen Gewinn versprechen, und wenn dann die Transportkosten den Marktwert der Ernte übersteigen, pflügen sie, wenn auch weinenden Auges, ihre Erträge wieder unter. In solchen Fällen sind Schulden alles, was ihnen ihre Investitionen einbringen.

Derbolav: Die Produktionssteigerung der Landwirtschaft geht dabei nicht nur auf Kosten der Bodenqualität, sondern auch der Tier- und Pflanzenwelt. Zwischen 1938 und 1966 wurde im Bereich der Bundesrepublik Deutschland die Agrarproduktion verdoppelt, von 1960 bis 1969 dann nochmals um fünfzig Prozent erhöht, und zwar durch gesteigerten Einsatz von Düngemitteln und Pestiziden.

Damit öffnet sich ein ökologischer Teufelskreis: Aus Wirtschaftlichkeitsgründen wird zunächst die Fruchtfolge stark erhöht und der Boden somit rasch ausgelaugt. Er braucht also mehr künstliche Düngemittel, wodurch die Fauna und Flora mit ihren wichtigen Stoffwechselvorgängen verarmt. Pflanzen werden anfälliger gegen die vermehrte Insektenplage. Daher bedarf es eines gesteigerten Einsatzes von Bioziden, die den Boden noch mehr belasten und die natürliche Mineraldüngung in ihrer Wirksamkeit einschränken. Die humose Bodenstruktur wird dadurch zerstört und der Erosion preisgegeben. Neue Gebiete müssen gerodet werden.

Und damit greift die Landwirtschaft auf die Domäne der Forstwirtschaft zurück. In einem Hektar Laubwaldboden aber leben etwa 250 000 Regenwürmer, deren Gewicht das aller auf diesem Boden lebenden Säugetiere übersteigt. Die Zahl der Mikroorganismen geht dabei pro Quadratmeter in die Milliarden. Daraus wird ersichtlich, welche biologische Verarmung die Preisgabe von Waldboden zugunsten der Landwirtschaft mit sich bringt, aber auch, was es bedeutet, wenn anstelle eines Laub- oder Mischwaldes durch Kahlschlag und Wiederaufforstung die unterholzarmen, äußerst insektenanfälligen, vogelleeren Stangenwälder treten.

Nimmt man hier noch dazu, daß bei uns täglich hundert Hektar freie Landwirtschaft durch Verbauung verlorengehen, weil nicht nur die Städte, sondern auch die Betonanlagen der Autobahnen, der Flughäfen usw. ins Bedrohliche wachsen, denkt man ferner noch an die Schadstoffe, etwa die Stickoxyde, die von Seiten der Industrie unserem Boden zugeführt werden, dann hat man erst eine Dimension der Umweltverschmutzung genannt, der die Verseuchung unserer Flüsse, Seen und Meere und schließlich die Verpestung der Luft als weitere, nicht geringere Beeinträchtigungen der Natur und unserer Lebensqualität hinzugerechnet werden müssen.
Daß die Industrie der europäischen Länder ihren Müll und Abfall nicht nur in den Boden, sondern auch in die Flüsse und von da aus (oder unmittelbar) ins Meer emittiert, liegt auf der Hand. Unsere Flüsse sind bereits vielfach zu Transporteuren giftiger Schadstoffe geworden, und die Ozeane gehören heute zu den größten Müllhalden unseres Planeten.

Ikeda: Die Wiege der Menschheit und zugleich die Quelle ihres Fortbestandes ist eine natürliche Umwelt, in der zahllose Lebewesen gleichzeitig existieren und ein harmonisches Ganzes bilden. In einem Wald wandelt die Tätigkeit von Insekten, Würmern und Mikroorganismen abgefallene Blätter in Dünger um, der den Boden bereichert. Die Insekten gedeihen auf diese Weise und dienen ihrerseits den Vögeln des Waldes als Nahrung, Ein vergleichbares Verhältnis gegenseitiger Abhängigkeit besteht im Wasser, dem Ursprung allen Lebens. Aber heute schleust die menschliche Zivilisation in diese Kette des Lebens giftige Substanzen ein, die schließlich ihren Weg zurück in den menschlichen Körper finden. Auf diese Weise zerstören wir nicht nur die Selbsterhaltungskräfte der Natur, sondern auch die Grundlagen unserer eigenen Existenz.

Derbolav: Aber nicht nur unzulässige Entsorgungspraktiken unserer Industrie, auch Öltankerkatastrophen oder die sittsam bekannte Tatsache, daß manche Transportschiffe vor allem der

Billigflotten einfach ihre Ölabfälle unkontrolliert ins Wasser pumpen, erhöhen die Verschmutzung unserer Meere und haben längst deren Selbstreinigungskraft überfordert. Sechzig Prozent aller Badestrände Italiens gelten derzeit schon als stark verschmutzt. An den Stränden der Nordseebäder traten bereits 1961 während der halben Badesaison beträchtliche Ölverschmutzungen auf, und durch die Ölpest sterben jährlich allein in den nördlichen Küstenländern 300 000 Seevögel.
Unsere Tierwelt wird aber von der Umweltverschmutzung nicht etwa nur mitbetroffen. Die Tierausrottung erfolgt vielmehr ganz planmäßig und wie sich versteht, auf kommerzieller Basis. So ist die Bundesrepublik einer der großen westlichen Umschlagplätze für den Pelztier- und Lederhandel, der Millionen von Ohrenrobben, Fischottern, Nutrias, Bibern, aber auch Wildkatzen das Leben kostet.
Auch mit dem begrenzten Fischbestand der Weltmeere wird Schindluder getrieben. Als die einst so reichen Heringsbestände der Nordsee bereits in den fünfziger Jahren im Ärmelkanal erschöpft schienen, verbesserte man nur die Fangmethoden und kam in der Tat 1965 auf einen Höchstertrag von 1,5 Millionen Tonnen Heringen, doch fiel die Ausbeute dann sehr rasch und beträgt statt jährlich 200 000 heute nur mehr 3 000 Tonnen. Ein ähnliches Schicksal erlitten die Heringsschwärme zwischen Grönland und Norwegen durch rücksichtsloses Überfischen. Und ein analoger Raubbau wurde an der Küste Perus, im fischreichen Humboldtstrom, betrieben; die noch 1968 erzielte jährliche Ausbeute von 15 Millionen Tonnen Sardellen ist bis 1973 auf 1,4 Millionen gesunken. Heute ist die von diesen Fängen lebende Fischmehlindustrie vollständig lahmgelegt.
Auch der Wal droht in ähnlicher Weise auszusterben, denn die Sowjets und die Japaner waren wenigstens bis vor kurzem kaum dazu zu bewegen, den Walfang einzuschränken, da er, wie immer wieder versichert wird, Tausenden von Menschen Arbeit und Brot gibt.

Ikeda: Wie ich in dem Dialog mit dem verstorbenen Aurelio Peccei gesagt habe, müssen sofort wissenschaftliche Untersuchungen über den Bestand der Wale und darüber hinaus wirksame Maßnahmen zum Schutz gefährdeter Arten unternommen werden. Das mag für die Leute, die vom Walfang leben, hart sein, aber wenn die Wale einmal ausgerottet sind, dann ist die Situation nicht mehr zu ändern. Walfänger führen zwar an, daß die Gefahr der Ausrottung lange nicht so groß ist, wie behauptet wird, aber wenn diese Leute endlich so weit kommen, die wirkliche Gefahr zu begreifen, dann mag es bereits zu spät sein.
Vielleicht wird der Wal das Schicksal des einst verbreiteten japanischen Ibis (Toki) teilen. Heute gibt es wegen des Einsatzes von Chemikalien in der Landwirtschaft nur mehr wenige Exemplare dieser Gattung, und es besteht wenig Hoffnung für ihr Überleben, da die Vögel trotz aller menschlichen Hilfe inzwischen nicht mehr in der Lage zu sein scheinen, erfolgreich zu brüten.

Derbolav: Aber nicht nur der Lebensbedarf bestimmter Erwerbszweige, auch Jagd- und Sportleidenschaft tragen weiter zur Dezimierung unseres Tierbestandes bei. So ist etwa die Hasen-, aber vor allem die Vogeljagd in Italien, aber auch in Belgien, Frankreich, Spanien und Griechenland sehr verbreitet. 500 Millionen Vögel werden während ihrer Züge nach dem Süden und zurück allein in Italien von den Jägern getötet, 200 Millionen in den übrigen genannten Ländern. Neuntöter, Rotschwänzchen, Rohrsänger und Singdrossel sind diesen Nimrods heute mehr oder weniger vollständig zum Opfer gefallen.
Auch das zweitausend Kilometer lange »Große Barriere-Riff« im Nordosten Australiens – ein wahres Naturwunder – ist durch menschlichen Zugriff gefährdet oder zumindest stark beeinträchtigt worden. Hier waren Sporttaucher die Übeltäter: Sie machten auf die Kugelfische Jagd, die ihre Gegenspieler, die ziemlich seltenen Dornenkronen-Seesterne, bis dahin unter Kontrolle hielten. Als diese Dezimierungsquelle wegfiel, haben

sich die Seesterne so vermehrt, daß sie ein Viertel des »Großen Barriere-Riffs« wegfraßen.
Kettenwirkungen ungeplanter menschlicher Eingriffe können mitunter auch das Umweltgleichgewicht auf andere Weise gefährden. Als Beispiel dafür kann die Entstehung der Kaninchenplage in Australien dienen. Die Tiere wurden 1788 ins Land geholt und vom Dingo, dem einzigen einheimischen Raubtier, zahlenmäßig in Schach gehalten. Da sich der Dingo, nachdem er zunächst von den straußartigen Emus gelebt hatte, über die neu eingeführten Schafe hermachte und die Emus sich dementsprechend vermehrten, wurde auf beide von Farmern und Schafzüchtern Jagd gemacht, so daß die Kaninchen, nachdem sie ihren einzigen Feind verloren hatten, sich unbegrenzt vermehren konnten und es bis heute natürlich auch getan haben.
Aber auch Pflanzenarten können bei Versetzung in eine fremde Umwelt merkwürdige Veränderungen erfahren. So erreicht die bei uns völlig harmlose Brunnenkresse in Neuseeland vier Meter Länge und verstopft mehr und mehr die Flußläufe.
Doch zurück zu den Schäden, die die verschiedenen Formen verschmutzter Umwelt dem Menschen selbst zufügen. Sie haben zwei spektakuläre Beispiele japanischer Meeresverseuchung genannt, die Itai-Itai-Katastrophe in der Kadmium-, und die Minamata-Epidemie, in der Quecksilberausstoß die Verursacher von Knochen- und psychosomatischen Erkrankungen waren.
Ähnliche Sorgen haben wir mit der chemischen Verschmutzung des Rheins, die zwar nicht Menschen unmittelbar gefährdete, aber seine reichen Fischbestände ausrottete. Wie die jüngste Vergangenheit lehrt, gibt es darüber hinaus noch viel Schlimmeres, nämlich Strahlungsschäden durch Unfälle in Atomkraftwerken, wie sie bereits in kleinerem Umfang in den USA zu beobachten waren und wie sie uns in Europa die Tschernobyl-Atomkatastrophe beschert hat. Die Verseuchung des Bodens und der Erdatmosphäre durch atomare Isotope wie Jod 131, Cäsium 137, Strontium 90 und sofort haben uns nicht nur einen Anschauungsunterricht über die Gefahren freigesetzter radioaktiver Strahlung für den Menschen und das animalische Leben in

seiner nächsten und weiteren Umgebung geboten, sondern auch die ganze westliche Welt in einen Schockzustand versetzt, der einen weitverbreiteten Trend – der Friedensbewegung ähnlich – wachrief, aus der Atomwirtschaft gänzlich auszusteigen.
Natürlich leuchtet es jedermann ein, daß ein solcher Schritt nur dann die erwünschte Sicherheit garantieren kann, wenn er nicht nur auf begrenzter nationaler, sondern auch auf internationaler Ebene vollzogen wird, wozu gegenwärtig kaum Aussicht besteht. Denn viele europäische Nationen sind heute bereits so sehr vom Atomstrom abhängig, daß sie eine Abschaltung der Atomwerke ihrer Wirtschaft nicht zumuten könnten. In der Tat dürften den Verfechtern des Atomausstiegs die nachteiligen wirtschaftlichen Folgen eines solchen Schrittes (erhöhte Arbeitslosigkeit, Energieeinbuße usw.) nicht entgehen, aber sie zeigen hier eine große Verzichtsbereitschaft, die freilich von der Mehrheit der Bevölkerung kaum geteilt wird.
Auch die Anhänger der Atomwirtschaft wissen natürlich, daß alle Bemühungen um eine Perfektionierung der Sicherheitsmaßnahmen innerhalb der Atomindustrie ein »Restrisiko« nicht ausschalten können, schon wegen der Fehlbarkeit der in der Atomindustrie tätigen Menschen und wegen der Unvollkommenheit der Konstruktionsmethoden. Die Ursachenanalyse der Tschernobyl-Katastrophe durch die Sowjets hat zutage gebracht, daß sich sechs menschliche Fehlleistungen akkumulieren mußten, um diese atomare Großverseuchung auszulösen, und die Wiener Experten-Konferenz zu Tschernobyl hat ergeben, daß im August 1986 darüber hinaus noch Sicherheitsmängel am für den Unfall verantwortlichen Atommeiler in Tschernobyl bestanden.
Man müßte entweder die Entdeckung der Kernspaltung vom Jahre 1939 zurücknehmen oder die heute bereits hart umrungene Kernfusion, die Energie zu liefern verspricht ohne die Gefahren radioaktiver Strahlung, technisch beherrschen können, um aus diesem Dilemma erfolgreich auszusteigen. Doch lassen sich Entdeckungen weder annullieren noch im Vorgriff antizipieren. Sie benötigen eine angemessene Zeit, um entweder in ihrer

schädlichen Wirksamkeit ausgeschaltet oder zur vollen Entwicklung gebracht und in die Methoden der Nutzung übersetzt zu werden.
Wenn man von den Strahlungsschäden dieses Supergaus (des größten angenommenen Unfalls) einmal absieht, dann ist die Luftverunreinigung eine weitere kaum vermeidbare Krankheitsquelle. Hierzu tragen speziell die Kraftfahrzeuge bei. Ihre Abgase sind nicht nur für viele menschliche Erkrankungen verantwortlich, sie sind auch indirekt die Ursache mancher Umweltschäden. So bewirken sie zum Beispiel einen Temperaturanstieg durch den »Treibhauseffekt«, bedrohen Großstädte durch Smogbildung, führen zu einer weiteren Klimaerwärmung durch Ausstoß von Kohlendioxyd, gefährden die lebenswichtige Ozonschicht, tragen zur Zerstörung und Wertminderung von Kunstwerken bei und so weiter.
Nicht minder gefährlich für die menschliche und tierische Gesundheit sind die Schadstoffablagerungen im Boden und im Wasser, die naturgemäß die Lebensmittelversorgung ernsthaft bedrohen können und die daher auch – eine Marktlücke – eine Fülle von Bioläden und – im Sinne eines öffentlichen Bedürfnisses – »Biobewegungen« ins Leben gerufen haben, die meist von umweltbewußten Frauen angeführt werden.

Ikeda: Selbst wenn die Industriestaaten Gesetze zur Eindämmung der Umweltverschmutzung erlassen oder verbessern, so werden keine ähnlichen Schritte in den neuerrichteten Industrieanlagen der Entwicklungsländer unternommen. Und die Schadstoffe bedrohen nicht nur die Generationen, die zu dem Zeitpunkt leben, wo sie in die Umwelt gelangen. So haben zum Beispiel Entlaubungsmittel, die die Amerikaner während des Krieges auf die Wälder Vietnams versprühten, offenbar schreckliche Mißbildungen auch noch bei ungeborenen Kindern hervorgerufen. Darunter gab es Fälle von Anencephalus und Hydrocephalus, die meist tot auf die Welt kamen, und einen Fall von siamesischen Zwillingen, die noch am Leben sind, wenn einer davon auch krank ist.

Auch radioaktive Verseuchung hat natürlich ihre Langzeitwirkung. Zehntausende von Menschen starben beim Atombombenabwurf auf Hiroshima und Nagasaki. Wer überlebte, litt noch jahrzehntelang an der Strahlenkrankheit. Und Kinder, die sich während des Bombardements noch im Mutterleib befanden, zeigten später eine Reihe von ähnlichen Krankheitsbildern. Die Inseln im Südpazifik, auf denen die Vereinigten Staaten und Frankreich Nuklearexperimente vorgenommen haben, sind heute noch für Menschen unbewohnbar. Der Aufenthalt im Mittleren Westen der Vereinigten Staaten, wo Atombombenversuche durchgeführt wurden, ist anscheinend noch immer todbringend. Schauspieler und Kameraleute, die dort einen Film drehten, starben an Krebserkrankungen.
Wir haben noch keine Möglichkeit herauszufinden, welche Langzeitwirkungen der Genuß von schadstoffhaltigen Speisen und Getränken auf das menschliche Leben haben wird. Aber in einer Sache können wir sicher sein: Die Umweltverschmutzung hat nicht aufgehört. Da mehr und mehr Regionen dazu übergehen, ihren Elektrizitätsbedarf mit Kernenergie zu decken, wird auch die Entsorgung von nuklearem Müll ein immer ernsteres Problem, ein Problem, das erschreckende Perspektiven eröffnet und das wir in den Griff bekommen müssen im Interesse unserer Kinder, Enkel und der Generationen, die nach ihnen kommen.

Derbolav: Monströs wird dieses Umweltverseuchungsproblem jedoch, wenn man seine Auswirkungen auf die Nachgeborenen in bezug auf deren Erbsubstanz in Betracht zieht. Sie haben die Mißbildungen erwähnt, die das amerikanische Entlaubungsmittel »Agent Orange« in Vietnam bei noch ungeborenen Kindern hervorgerufen hat. Der gefährliche Schadstoff war hier freilich nicht das Entlaubungsmittel selbst, sondern das in ihm enthaltene Dioxin, dessen verhängnisvolle Wirkung uns Europäern durch die Seveso-Katastrophe 1976 schmerzlich vertraut ist. Sie paßt gut in die »Chronique scandaleuse« menschlicher Selbstgefährdung, von der wir hier berichten. Offensichtlich durch menschliches Versagen entwichen aus einer italienischen

Fabrikanlage des Schweizer Konzerns Hoffmann-La Roche zwei Kilogramm Dioxin – eine ungeheure Menge, wenn man bedenkt, daß ein stecknadelgroßes Dioxinquantum ein Tier von der Größe eines Elefanten töten könnte.

Unter den von Dioxin hervorgerufenen Mißbildungen nehmen die sonst äußerst seltene Holopros-Enzephalie und Wirbelsäulenveränderungen, bei denen das Rückenmark offen zutage tritt, einen bevorzugten Platz ein. Holopros-Geborene haben beispielsweise ein Zyklopenauge, keine Nase, ein rüsselförmiges Gewächs auf der Stirn, Lippen, Kiefern- und Gaumenspalten. Glücklicherweise sterben die meisten dieser Kinder kurz nach der Geburt.

Verständlicherweise hat die genannte Dioxinemission Seveso und seine Umgebung für lange Zeit total entvölkert, da die Anwohner, soweit nicht evakuiert, von panischer Angst getrieben, fluchtartig ihre Heimat verließen. Der Tragödie von Seveso folgte dann noch das Satyrspiel einer hektischen und zunächst erfolglosen Dioxinmülljagd, denn der erwähnte Schweizer Konzern hatte die restlichen Dioxinmüllfässer auf eine der großen europäischen Mülldeponien ausgelagert und war nicht bereit, den Ort preiszugeben. Schließlich wurden die Fässer in Frankreich entdeckt und unschädlich gemacht.

Ikeda: Vielleicht ist der übelste Aspekt dieser Situation die Art, wie manche Unternehmer oder Wirtschaftsführer gewissenlos bestrebt sind, sich der Verantwortung für ihre Taten (oder besser: Unterlassungen) zu entziehen. Es ist verbrecherisch, wenn Menschen Taten verheimlichen, die das Leben einer großen Anzahl anderer Menschen gefährden. Gewiß, irren ist menschlich. Doch müssen wir die Verantwortung dafür übernehmen, unsere Irrtümer offen darlegen und versuchen, den angerichteten Schaden möglichst klein zu halten. Irrtümer aus Furcht vor Repressalien zu verheimlichen, ist unverzeihlich. Angesichts der vielen gefährlichen Krisen, denen wir uns gegenübersehen, ist es wichtig, ethische Grundsätze durchzusetzen, die solche Verschleierungstaktiken wirksam unterbinden.

Derbolav: Damit war das Dioxin-Übel freilich noch nicht ausgestanden, denn auch in Hamburg glaubte man kürzlich in den Müllverbrennungsanlagen der Firma Boehringer Dioxinemissionen und parallel dazu das Ansteigen der Holopros-Geburten beobachten zu können. Freilich ist es schwer – und darin liegt das eigentliche Problem –, mit allem Nachdruck gegen solche Gefährdungen anzugehen, da es nicht einfach ist, nachweislich einen eindeutigen naturwissenschaftlichen Zusammenhang zwischen Ursache und Wirkung, zwischen Dioxinemission und Erbschäden, herzustellen. Im Grunde muß man sich hier mit dem Hinweis auf die Häufung bestimmter Krankheitssymptome und mit dem Aufweis vermuteter Ursachen, also mit Wahrscheinlichkeitsargumenten begnügen – die freilich, wie ich kürzlich las, bei japanischen Gerichten bereits als ausreichende Grundlage zur Einleitung von Schadensersatzprozessen angesehen werden.
Leichter und durchsichtiger ist die Prozeßlage bei Katastrophenfällen wie bei dem Unglück, das sich vor einiger Zeit im indischen Bhopal ereignete, wo durch den ungehinderten Austritt eines für die Herstellung von Schädlingsvernichtungsmitteln verwendeten Giftgases aus lecken Behältern Zehntausende von Indern vergiftet wurden, von denen rund 2500 starben.

Ikeda: Wie Sie mit Recht unterstreichen, ist es immer ein großes Problem, eindeutig verifizierbare Wirkungszusammenhänge nachzuweisen, wenn Gerichtsverfahren gegen Umweltschädlinge durchgeführt werden sollen. Es braucht Zeit, bis jeweils eindeutig festgestellt werden kann, ob neue Chemikalien negative Wirkungen auf die Gesundheit und die genetische Ausstattung des Menschen haben. Das kann nicht auf experimentellem Weg geschehen, da das Experimentiermaterial ja Menschen sein müßten. Außerdem verbietet die Rechtstradition, Strafen zu verhängen, solange noch nicht alle begründeten Zweifel behoben sind. All dies bedeutet, daß nichts gegen giftige Substanzen unternommen werden kann, solange sie nicht effektiv in die Umwelt eingedrungen sind, und also erst gehandelt werden kann, wenn es bereits zu spät ist. Obgleich die Bewahrung der Rechtstradition, so lange nicht zu strafen, als Zweifel bestehen, unter normalen Bedingungen wesentlich für den Schutz der Menschenrechte ist, so wäre es doch zumindest ratsam, Maßnahmen zu ergreifen, um zweifelhafte Unternehmungen zu stoppen, wenn sie menschliches Leben ernsthaft bedrohen können.

Derbolav: Da Überbevölkerung zu den entscheidenden Ursachen von Umweltverschmutzung gehört, ist es wesentlich für den Umgang mit diesem Problem, zugleich Wege einer Geburtenkontrolle zu finden. Europa im allgemeinen und Westdeutschland im besonderen beweisen, daß die Erhöhung des Lebensstandards zugleich die Geburtenrate senkt. Die Bundesrepublik hat dabei die niedrigste Geburtenrate der Welt. Deshalb hat die erste Weltbevölkerungskonferenz in Bukarest 1974 auch empfohlen, in den Entwicklungsländern den Wohlstand zu fördern und damit indirekt auch die Kinderzahl zu drosseln. Angesichts der rasanten Bevölkerungsentwicklung ins Gigantische käme freilich eine solche Maßnahme – selbst wenn sie in einer schwer abzuschätzenden Zeit wirklich zur erwünschten Prosperität führte – längst zu spät.
In der Tat hängen Armut und Überbevölkerung irgendwie zusammen, was Sprichwörter wie »Kinder sind das Brot der Armen« oder »Die Betten des Elends sind fruchtbar« mit aller Deutlichkeit zum Ausdruck bringen. Deshalb sind sich heute alle Fachleute einig, daß Entwicklungshilfe unabdingbar mit Familienplanung und Bevölkerungspolitik gekoppelt werden muß, – nicht im Sinn einer Förderung der Abtreibung, wohl aber der Empfängnisverhütung.
Was konsequente Bevölkerungspolitik vermag, zeigt die Volksrepublik China, die ihre beängstigende Bevölkerungszunahme stoppen konnte, freilich mit so radikalen Mitteln, daß sie für demokratische Länder kaum zu empfehlen und in ihnen wohl auch schwer durchsetzbar wären. Immerhin hat Chinas bevölkerungspolitische Rigorosität, die 1974 vorausgesagte weltweite

Wachstumsrate von zwei Prozent auf 1,7 Prozent herabdrücken können – ein erstaunlicher Erfolg. Es müßte sich allerdings erst zeigen, ob die »sanfte Gewalt« des Entzugs von Entwicklungshilfe die in bezug auf ihre Bevölkerung so produktiven Länder zum Einlenken veranlassen kann oder nicht. Die Wahrscheinlichkeit hierfür ist infolge des erwähnten Zusammenhangs von Armut und Fruchtbarkeit nicht sehr groß.

Ikeda: Es besteht kein Zweifel, daß ein Ursachenzusammenhang zwischen Bevölkerungsexplosion und Verschmutzung und Zerstörung der Umwelt vorliegt. Doch ist es eine Tatsache, daß sich die Regulierung der Bevölkerungszunahme in den Entwicklungsländern, wo die Bevölkerungsexplosion am größten ist, äußerst schwierig gestaltet. Die einzigen Wege, die ich sehe, sind die Aufklärung bei jedem einzelnen Bürger und Familienplanung als dauerndes Element des Lebensstils. Wir müssen jedoch darauf gefaßt sein, daß die Erreichung dieser Ziele lange Zeit kosten wird. Eine Revolution des Denkens – im Sinne eines kritischeren Bewußtseins der Öffentlichkeit und einer verantwortlicheren Moral der großen Wirtschaftsführer – würde wahrscheinlich in den industrialisierten Nationen weniger Zeit in Anspruch nehmen.

Derbolav: Was die Umweltverseuchung selbst betrifft, so tun neben den meist wirkungslos bleibenden Appellen vor allem handfeste Umweltschutzgesetze not, die den Konzentrationen der Schadstoffe im Boden, in den Gewässern und in der Luft Höchstgrenzen setzen müßten. Tierschutzgesetze müßten ihnen – soweit noch nicht vorhanden – folgen, und gegen die Jagdwillkür – was noch schwieriger sein dürfte – auch durchgesetzt werden.
Wir Deutschen haben es in diesem Punkt, obgleich sicherlich besten Willens, nicht so einfach wie die Japaner, da wir in einem politisch zweigeteilten Raum mit vielen Nationen zusammenleben, deren wirtschaftliche Interessen – trotz Europäischer Gemeinschaft – sich keineswegs decken und die daher in bezug auf

umweltschützende Vorschriften nicht leicht unter einen Hut zu bringen sind. Den Rhein, um hier nur ein simples Beispiel zu geben, umwohnen von der Quelle bis zur Mündung vier Nationen, die ihn je nach dem Maß ihrer Umweltverantwortung verschmutzen oder auch reinhalten können.
Ähnliche Schwierigkeiten, uns mit unseren Nachbarn auf eine gemeinsame Linie zu verständigen, haben wir bei vielen anderen Umweltproblemen, unter anderem auch bei der schon erwähnten Einführung abgasarmer Autos, die in Japan und den USA längst zur Selbstverständlichkeit geworden sind. Doch ist klar, daß Umweltschutzgesetze allein nicht genügen und daß hier wohl ein Mentalitätswandel nötig wäre. Die ökologische Bewegung, die auch bei uns immer mehr Anhänger gewinnt, arbeitet auf ein solches Fernziel hin, indem sie Vorstellungen einer neuen Lebensgestaltung entwickelt, in denen sich freilich zumeist realistische Ansätze mit utopischen Hoffnungen paaren. (In unserer Lage mag dies allerdings verständlich und verzeihlich sein.)
Vorgeschlagen wird hier – ich denke vor allem an die Anregungen, die der profunde Kenner des Problems, Eugen Drewermann, in seinem schon genannten Buch gibt – unter anderem, von den fossilen Stoffen Holz und Kohle (und schließlich sogar vom Öl) abzurücken, und da auch die Kernenergie wegen der letztlich begrenzten Uranvorräte keinen Dauerausweg bieten kann, bei der solaren Energie Zuflucht zu suchen, die freilich niemals den ganzen Energiebedarf abdecken könnte.

Ikeda: Um die Atmosphäre, die Quelle des Sauerstoffs, von dem alles Leben abhängt, zu retten, werden wir allmählich lernen müssen, auf Holz und fossile Brennstoffe zu verzichten. Probleme wie die Speicherung großer Uranmengen, die Unfallgefahr, aber auch die Beseitigung radioaktiven Mülls bei ganz normalem Betrieb belasten unser Vertrauen in die Atomenergie. Am besten wäre es, Energiequellen zu suchen, deren Abfallprodukte harmlos wären und Wiederverwendung finden können im natürlichen Rhythmus unseres Planeten.

Derbolav: Halb utopisch sind auch die beiden weiteren Vorschläge, durch Züchtung von Algen mit einem Eiweißgehalt von fünfzig Prozent in Aquakulturen unseren Küchenzettel ausschließlich vegetarisch aufzubauen, die Autobahnen möglichst durch Schienen zu ersetzen und die Städte durch eine bessere Raumordnung vom Berufsverkehr stärker zu entlasten beziehungsweise durch Ausstattung mit Elektrofahrzeugen, rollenden Gehsteigen und elektronischen Kommunikationssystemen angenehmer, gesünder und menschlicher zu gestalten. Auch den enormen Papierbedarf, der die Abholzung unserer Wälder mitverursacht, könnte man auf elektronischem Wege, etwa durch Bildschirmzeitungen und Computerabspeicherung auch durch Erfassung des Buchbestandes ganzer Bibliotheken auf Mikrofilm, aufs allernötigste beschränken.
Einige dieser Vorschläge sind heute noch Phantasiegebilde, andere werden wohl früher oder später aufgegriffen, diskutiert und dann vielleicht wieder beiseitegelegt werden, und nur wenige haben die Chance, wirklich ernstgenommen und mit Nachdruck durchgesetzt zu werden. Man mache sich dabei nichts vor: Es sind hier stets die kommerziellen Interessen, die solche Prozesse in Bewegung bringen, wenn sie eine Marktlücke entdecken. Nur eine dem Gemeinwohl wirklich verpflichtete demokratische Politik könnte hier ernsthaften Wandel schaffen, aber auch sie bedarf oft erst eines massiven Drucks der öffentlichen Meinung, um aktiv zu werden. Hier sind Bürgerinitiativen durchaus am Platz. Auch Mißerfolge dürfen nicht entmutigen. Was unbedingt erhalten bleiben muß, ist die schöpferische Phantasie, nach Auswegen aus einer total verfahrenen Situation zu suchen, die wir uns selbst eingebrockt haben.

Ikeda: Die Menschheit heute gleicht einem Kind, das neben einem Munitionslager mit dem Feuer spielt. Wir besitzen genügend Vernichtungspotential, um die gesamte menschliche Gattung auszurotten, und neben den Vereinigten Staaten und der Sowjetunion mit ihrem ungeheuren nuklearen Arsenal wächst die Zahl der Nationen von Jahr zu Jahr, die nukleare Waffen speichern oder die mindestens in der Lage sind, solche herzustellen.

Wenn wir uns klarmachen, daß bei den gegenwärtigen Vernichtungskapazitäten umgerechnet auf jede einzelne Person der mehr als vier Milliarden umfassenden Bevölkerung unseres Erdballs die Sprengkraft einiger Tonnen TNT kommt, dann tritt unverkennbar zutage, daß wir alles vermeiden müssen, was zu einem Konflikt größeren Ausmaßes führen könnte. Unsere Zivilisation heute zu vernichten, heißt der Menschheit jede Zukunft nehmen. Selbst wenn ein paar Menschen im Innern Afrikas oder auf einigen isolierten Inseln im Ozean überleben sollten, so würde sie die Strahlenverseuchung des Atomkrieges wahrscheinlich doch bald erreichen. Und es ist sicher, daß die ruhmreiche Kultur, die die Menschheit in Jahrtausenden geschaffen hat, nie wieder auferstehen würde.

Da ich glaube, daß ein offenes Gespräch der einzige Weg ist, um Friedensbemühungen zu intensivieren, Spannungen abzubauen und damit auch den Atomkrieg zu vermeiden, habe ich mit politischen Führern und Intellektuellen der Vereinigten Staaten, der Sowjetunion, Chinas, Frankreichs, Indiens, der Nationen Süd- und Zentralamerikas und vieler anderer Länder über ein weites Feld von Problemen engagiert und freimütig diskutiert und beabsichtige, diese Dialoge auch in Zukunft fortzusetzen.

Alle Menschen mit gesundem Urteilsvermögen wünschen den Frieden. Es sind ideologische Differenzen, wirtschaftliche Konflikte und rassische Vorurteile, die Haß und wechselseitiges Mißtrauen schüren und die Völker dazu veranlassen, sich zu bewaffnen, eines aus Furcht vor dem anderen. Wenn auch natürlich ideologische Unterschiede und wirtschaftliche Spannungen niemals ganz aus der Welt geschafft werden können, ist es dennoch lebenswichtig, daß wir alle offen miteinander sprechen und dabei vollkommen klarstellen, daß Meinungsverschiedenheiten nie in Krieg ausarten dürfen. Alle beteiligten Parteien müssen erklären, daß sie nur friedliche Ziele verfolgen, und diese ihre Erklärungen durch tatsächliche Waffenreduzierung oder, im Idealfall, totale Abrüstung untermauern.

Derbolav: Die schlimmste Form von Umweltzerstörung, die die Vernichtung der Menschheit miteinschließt, wäre ohne Zweifel ein atomarer Weltkrieg, der heute nicht mehr ganz ausgeschlossen erscheint. Die derzeitige politische Welt ist in zwei Machtblöcke gespalten, zwischen denen eine Fülle ernster Konfliktherde schwelt, die sich leicht zu einem Weltbrand entzünden können. Nimmt man noch hinzu, daß in der Hektik wechselseitiger Hochrüstung Fehlgriffe am Schalthebel oder eine falsche Alarminformation den unwiderruflichen Abschuß atombestückter Raketen zur Folge haben könnten – der eine Kettenreaktion von Schlag und Gegenschlag auslösen würde –, dann hat man unsere gegenwärtige Lage angemessen beschrieben. Die Menschheit heute gleicht in der Tat einem Kind, das von Explosivstoffen umgeben ist und sie als Spielzeug betrachtet.
Sie haben offensichtlich das Problem früh erkannt und, überzeugt von der Friedensgesinnung aller Menschen guten Willens, in Gesprächen mit den verantwortlichen Politikern der großen Nationen und vieler anderer Länder für den Frieden geworben. Das hat Ihnen verdientermaßen auch den Friedenspreis der UNO eingebracht. Denn die Repräsentanten dieser Institution, die sich die Entgiftung der internationalen Konflikte zur Aufgabe gemacht und schon Beachtliches auf diesem Gebiet geleistet hat, sind wie Sie der Überzeugung, daß der Weltfriede in erster Linie eine Frage von Vernunft und Moral ist. Auch die Religion wäre hier zu nennen, denn ein wahrhaft religiöser Mensch, der im Sinne seines Glaubensgründers dem Gebot der Menschenliebe folgt, wird den Krieg

niemals als Form politischer Auseinandersetzung anerkennen können.

Ikeda: Ich stimme Ihnen ohne Einschränkung zu. Beide Religionen, Buddhismus wie Christentum, verurteilen es, anderen das Leben zu nehmen. »Du sollst nicht töten« ist das erste buddhistische Gebot und nimmt auch einen wichtigen Platz unter den Zehn Geboten des jüdischen Glaubens ein. Obgleich Krieg an sich nicht notwendigerweise gegenseitiges Töten ist, gehört die Vernichtung von Leben selbstverständlich zu seinen unerläßlichen Mitteln. Wenn praktizierende Buddhisten oder Christen den Krieg billigen, dann wenden sie sich in Wirklichkeit gegen Shakyamuni Buddha, gegen Christus und gegen Gott.

Derbolav: Krieg und Frieden sind aber leider nicht allein eine Frage von Moral und Glauben, sondern in ihrer Entstehung, in ihrem Verlauf und ihren Ergebnissen darüber hinaus noch Ausdruck einer ökonomisch-sicherheitspolitischen Dynamik, deren sachgesetzlichen Zusammenhang niemand ignorieren darf, der ernsthaft um die Erhaltung des Friedens besorgt ist. Das hat Carl von Clausewitz gemeint, als er den Krieg eine »Fortsetzung der Politik mit anderen Mitteln« nannte und damit in begrenztem Rahmen gleichsam legitimiert hat. Er schob dabei Moral und Religion der Privatsphäre zu und erklärte die Politik, die friedliche wie die kriegerische, zu einer Frage der Staatsraison.
Sicherlich ist sie das heute noch geblieben, doch haben sich die Bedingungen staatspolitischen Räsonnements infolge der unterschiedlichen Interessenlagen und Divergenzen der ideologischen Standpunkte der Mächte und Machtblöcke außerordentlich verschärft. Die heute auf der ganzen Welt verbreitete Friedensbewegung, die es in ähnlicher Form früher niemals gegeben hat, kann uns deutlich machen, wie sehr sich die Welt seit Clausewitz' Zeiten verändert hat und wodurch sich ein moderner Krieg von den traditionellen kriegerischen Konflikten unterscheidet.

Ikeda: Einmal hat sich die Art der Bewaffnung völlig verändert. Obwohl sie schwer verletzen und töten konnten, richtete sich die Wirkung von Schwert, Lanze, Pfeil und selbst Gewehr immer nur gegen einzelne. Dies kann man von den nuklearen, biologischen und chemischen Waffen, die heute im Besitz aller mächtigen Nationen der Welt sind, nicht mehr sagen. Wenn früher eine kriegführende Partei ihre Unterlegenheit erkannte, dann ergab sie sich und konnte mit einiger Sicherheit erwarten, daß ihr Leben verschont würde. Gegner, die heute im Kampf miteinander liegen, dürfen sich solchen tröstlichen Hoffnungen nicht mehr hingeben. Unter diesen Umständen ist Clausewitz' Definition des Krieges nicht mehr anwendbar.

Derbolav: Vom philosophischen Standpunkt aus gesehen, gibt es zwei augenfällige Differenzen zwischen den Einstellungen, die in der Vergangenheit und die in unseren Tagen herrschen. Von den Zeiten des Aristoteles bis in die neuere Zeit wurde das menschliche Handeln als Umgang mit den Mitteln zur Erreichung vorgegebener Ziele angesehen. Mittel und Ziele standen dabei in einer natürlichen Proportion. In der Vergangenheit waren die Ziele der Kriegführung Sicherung oder Erweiterung der politischen Grenzen, Selbstverteidigung, Widerstand gegen Aggressoren und so weiter. Allgemein gesprochen, verfolgte in der Regel keine kriegführende Partei den Plan, den Gegner völlig zu vernichten, sondern hielt sich stets die Möglichkeit offen, mit ihm in Friedensverhandlungen einzutreten oder später vielleicht sogar zu kooperieren. In einzelnen Fällen waren die Konflikte damals sicherlich erbittert und grausam. Aber trotzdem wurde dem besiegten Teil die Chance der Verständigung mit dem Sieger geboten. Hier galt eben noch das Schillerwort, daß nicht schon der niedergeworfene, sondern erst der versöhnte Gegner wahrhaft überwunden sei.

Wo die kriegführenden Parteien früher gegen dieses Schillerwort verstießen – und das war natürlich häufig genug der Fall –, haben sie damit nur den Keim für weitere Konflikte und kämpferische Auseinandersetzungen gelegt. Als Beispiele aus jüngster Zeit sollen hierfür einerseits das schon erwähnte, dem besiegten Deutschland von 1919 auferlegte Versailler Diktat, andererseits McArthurs Friedensvertrag mit Japan von 1945 genannt werden. Das eine hat bekanntlich Hitler zum Aufstieg verholfen, der andere dagegen verkörpert den Typus jenes Versöhnungsfriedens, der das Verhältnis zwischen den USA und Japan bis heute kooperativ gestaltet.

Ikeda: In einem Atomkrieg kann es keinen Sieger geben. Beide Seiten wären die Verlierer. Daher wäre ein solcher Konflikt nicht Krieg, sondern Selbstmord. Selbst in einer begrenzten konventionellen kriegerischen Auseinandersetzung wie der Falkland-Kampagne ist der Sieg entsetzlich kostspielig in bezug auf Geld und Menschenleben.
Die UNO ist die eigentliche Bühne für den friedenssichernden Dialog. Da sie stets nach dem Prinzip der Kriegsvermeidung handelt, müssen alle der UNO angehörenden Nationen bestrebt sein, anderen Nationen bei der Lösung ihrer Probleme zu helfen, welch hartnäckige Differenzen auch immer ihr Verhältnis belasten mögen. Die Vereinten Nationen sind der eigentliche Ort für Vermittlung, da sie diese Aufgabe leichter erfüllen können als jede andere gegenwärtig existierende Organisation.

Derbolav: In der modernen Kriegführung haben die exzessiven Möglichkeiten der Mittel eine spürbare Tendenz hervorgebracht, auch die Ziele zu radikalisieren. Seit Erscheinen der nuklearen Waffen, die den Gegner völlig vernichten können, scheint mir aber, daß in internationalen Konflikten, die die politische Sicherheit betreffen, eine Rückkehr zu den konventionellen Formen des Krieges wieder in Betracht gezogen wird. Obwohl Atomwaffen zur Verfügung standen, hat man von ihnen zum Beispiel im Falkland-Krieg keinen Gebrauch gemacht, sondern den Konflikt auf traditionelle Weise ausgefochten. In dieselbe Richtung einer Rückkehr zur traditionellen Kriegführung weisen Forderungen, die bei Friedenskundgebungen erhoben und auch von Kirchen und anderen Organisationen vertreten werden. Dabei wird festgestellt, daß auch die Selbstverteidigungsbedürfnisse des Gegners respektiert und Maßnahmen der Vertrauensbildung ergriffen werden sollten, um dessen Friedensbereitschaft zu ermutigen. Unternehmungen dieser Art, die eher auf der Linie Schillers liegen, führen in meinen Augen näher an eine Politik gegenseitiger Abrüstung heran.

Ikeda: Mit anderen Worten: nukleare, biologische und chemische Kriegführung verfehlt den eigentlichen Zweck des Krieges. Ein Sieg, bei dem nur völlig unbewohnte Städte mit intakten, aber atomverseuchten Gebäuden zurückblieben, die auf Generationen kein lebendes Wesen mehr betreten könnte, wäre sinnlos. Wenn auf dieser Weise auch ein gefährlicher Gegner ausgeschaltet werden könnte, wäre dies nur durch Verbreitung radioaktiver Niederschläge und furchtbarer, umweltverseuchender Gifte oder Bakterien möglich, die nach und nach auch das Leben der Sieger zerstören würden. Weil die Besitzer nuklearer Waffen das durchschaut haben, fühlen sie sich bewogen, zu den konventionellen Waffen zurückzukehren.

Derbolav: Nun gehört zur erwähnten ökonomisch-sicherheitspolitischen Dynamik, die unser internationales Handlungsfeld beherrscht, als eine der primären Kriegsursachen das Vormachtstreben früher der Nationalstaaten, heute eher der Machtblöcke, zugleich aber auch das kompensatorische Instrument des Gleichgewichts der Kräfte, das in der internationalen Friedenspolitik Europas früher häufig von klugen Staatsmännern in meisterhafter Weise gehandhabt worden ist. Angesichts der veränderten Bedingungen moderner Kriegführung ist dieses noch heute gültige Kompensationsinstrument freilich längst in Gefahr geraten, zu einem Gleichgewicht des Rüstungswettlaufes beziehungsweise der Abschreckung zu entarten. Das Paradoxe einer solchen Strategie wechselseitiger Abschreckung liegt in dem Dilemma, daß sie genau das androht, was sie unter keinen Umständen realisieren darf, weil sie es nur unter Preisgabe der eigenen Existenz riskieren könnte, nämlich das Wagnis des

atomaren Erstschlages mit der Begründung, daß der erwidernde Zweitschlag bereits zu spät käme.
Warum dieser Tendenz politisch-strategischen Vormachtstrebens gegenüber heute eine Gleichgewichtspolitik so wenig Effizienz zeigt, läßt sich leicht begreifen. Gleichgewichtspolitik setzt nämlich ihrer Konzeption nach eine wie immer geartete heimliche Supermacht voraus, die aus Verantwortung für den politischen Weltfrieden auf steten Ausgleich bedacht ist. England hat – sicherlich nicht ohne imperialistische Nebengedanken – in der Geschichte Europas in den letzten Jahrhunderten häufig diese Rolle gespielt. In unserer heutigen Machtkonstellation fehlt eine solche die Friedensordnung des Weltganzen diplomatisch absichernde oder vielleicht auch militärisch erzwingende Supermacht – eine Lücke, die sich leicht an einem Gedankenexperiment verdeutlichen läßt.
Ein kluger Friedenspolitiker hat einmal gesagt, er sehe nur eine Möglichkeit, die gegnerischen Großmächte von heute nicht nur unter einen Hut zu bringen, sondern vielleicht sogar politisch-strategisch zu verbünden, nämlich einen Angriff von seiten einer extraterrestrischen Macht auf unseren Planeten Erde. In diesem Fall nämlich würden die heutigen Gegner sehr rasch zu Partnern im gemeinsamen Abwehrkampf dieser Macht gegenüber werden.

Ikeda: Während ich durchaus an die Möglichkeit glaube, daß höherentwickeltes Leben ähnlich dem des Menschen auch anderswo im Universum existieren könnte, so scheint mir doch die Vorstellung, daß solche Wesen die Erde angreifen könnten, ins Reich der Phantasie zu gehören. Selbst wenn man einräumte, daß es Leben in irgendeiner Form auf anderen Himmelskörpern gäbe, so sind intelligente Lebensformen sicher selten. Und es gibt auch keinen Grund anzunehmen, daß sie unserem Planeten nahe genug angesiedelt wären, um ihn erreichen zu können. In den dreieinhalb Milliarden Jahren, in denen sich das Leben auf der Erde entwickelt hat, hat die Menschheit sich erst seit wenigen Jahrzehnten in den Besitz einer wahrhaft raffinierten wissenschaftlichen Technologie versetzt. Die Entfernung zwischen uns und einer anderen Lebensform auf vergleichbarem Entwicklungsstand in unserem Universum muß schwindelerregend sein. Außerdem halte ich es, da der Besitz hochentwickelter Intelligenz gewöhnlich mit Machtstreben gekoppelt ist, für wahrscheinlicher, daß solche Wesen erst einmal untereinander Krieg führen und sich gegenseitig umbringen würden, ehe sie auf die Idee kämen, die Erde zu überfallen.

Derbolav: Alle diese Spekulationen sind fruchtlos, und die beiden feindlichen Blöcke, die sich gegenwärtig gegenüberstehen, werden wahrscheinlich noch lange in ihrer gegenwärtigen Form erhalten bleiben. Dies ist um so wahrscheinlicher angesichts der beiden einander gegenüberstehenden exklusiven und unversöhnbaren politischen Ideologien.
Doch sind politische Konzeptionen, wie wir gerade heute immer wieder sehen – man vergleiche das Beispiel Chinas – wandlungsfähig und Machtverhältnisse veränderlich, so daß die Hoffnung nicht ganz unbegründet erscheint, daß die Menschheit durch ein dauerndes und genügend einfallsreiches Krisenmanagement immer wieder über akut werdende Gegensätze hinwegkommen kann. Welche Rolle darin die Elemente der Moral und Religion spielen können, haben wir bereits aufgezeigt.

Ikeda: Obgleich oft fälschlich als überholt angesehen, sind es doch Religion und Moralität, die die Denk- und Lebensweise der Menschen bestimmen. Es ist die Aufgabe von Religion und Moralität zu zeigen, daß Zerstören und Töten böse, Aufbauen und zum Glück anderer beitragen gut ist, und sie sollen die Menschen dazu bringen, so zu denken und zu glauben. Angesichts der Gefahr totaler Vernichtung, die der menschlichen Gattung durch Krieg in seiner modernen Form droht, ist die Bedeutung von Religion und Moralität heute größer als jemals zuvor in der Geschichte.

Derbolav: Daß die atomare Kriegsgefahr alle anderen bisher genannten Weltprobleme überschattet, läßt sich daran erkennen, daß ein vernichteter Planet keine Chance mehr böte, üble Praktiken der Umweltverschmutzung zu kurieren. Wo der Bestand der Menschheit überhaupt bedroht erscheint, können Umwelt- und Wachstumsfragen niemanden mehr beunruhigen. Denkt man aber nicht gleich an diese schlimmste Lösung, dann muß man wohl in der Bevölkerungsexplosion auf unserem Erdball eine weitere Kriegsgefahr sehen, weil die durch Armut, Hunger und Raumnot bedrängten Völker der Dritten Welt, die Erste und Zweite Welt, also die hochentwickelten Staaten Europas und Asiens, früher oder später angreifen könnten, um sich gewaltsam in den Besitz deren Reichtümer zu setzen – unter der Voraussetzung freilich, daß sie über ein entsprechendes Waffenarsenal verfügten. Eine solche Möglichkeit ist schon deshalb nicht ausgeschlossen, weil manche selbst der ärmsten Staaten offenbar ihr Geld lieber in Waffen als in Konsumgütern anlegen und weil es immer Verräter geben dürfte, die sich bereit fänden, waffentechnisches Know-How an unterentwickelte Länder und Völker zu verschachern. Dies zu verhindern, würde vermutlich die schärfste Wachsamkeit und Kontrolle von seiten der hochentwickelten Staaten nicht ausreichen.

Ikeda: Es würde unglaublich zum Weltfrieden und zum Glück der Menschheit beitragen, wenn die Entwicklungsländer das Geld, das sie für Waffen ausgeben, dem industriellen Aufbau und der Wohlfahrt ihrer Bürger zukommen ließen, und wenn die Industriestaaten ihre Militärhilfe einstellen und alle Kraft darauf verwenden würden, Erziehung und Wohlstand zu fördern. In den Entwicklungsländern führt Armut in der Regel zu revolutionären Bewegungen. Aus Furcht vor Revolutionen sind die Nationen der freien Welt bestrebt, antirevolutionäre Kräfte mit Waffen zu unterstützen. Dies hat aber nur die Wirkung, die Armen noch stärker auf die Revolution hinzutreiben. Politische und soziale Stabilität sind unerläßlich, wenn Armut und Leiden, die Quellen revolutionärer Leidenschaft, überwunden werden sollen.

Derbolav: Lassen sie mich dieses leidige Thema mit einem Hinweis beschließen, der neuere strategische Entwicklungen mit konstruktiven Plänen der Weltraumtechnologie verknüpft. Ohne Zweifel eröffnet die gegenwärtige Diskussion in den USA und der Sowjetunion über die Möglichkeiten und Planungen, die Kriegführung in den Weltraum zu verlegen, schreckenerregende Perspektiven.
Statt solchen Fragen nachzugehen, sollte man lieber überlegen, ob der Weltraum – von seiner Rolle als Forschungsgegenstand einmal abgesehen – nicht Möglichkeiten böte, dem Bevölkerungswachstum auf unserer Erde ein Ventil zu bieten. Man liest gelegentlich davon, daß in den USA Konstruktionspläne für Weltraumstationen entwickelt werden, auf denen sich große Zahlen von Menschen unterbringen ließen. Mögen solche Pläne heute noch phantastisch erscheinen, so zeigen sie doch Perspektiven einer viel sinnvolleren Nutzung des Weltraums auf als Pläne, die darauf hinauslaufen, die kriegerischen Auseinandersetzungen zwischen den Machtblöcken von dieser Erde dorthin zu verlagern.

Unsere Verantwortung dem kulturellen Erbe gegenüber

Ikeda: Die menschliche Zivilisation gleicht einem Baum, der sich gegen den Himmel erhebt. Er streckt seine Äste empor, die Blüten und Früchte tragen, aber er ist unvermeidlich auf seine tiefen Wurzeln in der Vergangenheit angewiesen, wenn er Stütze und Nahrung haben will. In Europa wird die Vergangenheit respektiert und bewahrt in Gestalt von Häusern, Kirchen, Palästen, Plätzen, Straßen und anderen historischen Baudenkmälern, die dem Leben Inhalt und Fülle geben.
Sieht man von den berühmten Tempeln und Schlössern ab, so sind die Überreste aus der Vergangenheit in Japan der Zahl nach gering und dem Alltag des einfachen Volkes vergleichsweise weit entrückt. Vieles ist durch Feuer und Krieg vernichtet worden. Und das wenige, das bis zur jüngsten Zeit noch erhalten blieb,

wurde in den letzten Jahrzehnten im Namen der Modernisierung und der Zweckmäßigkeit rücksichtslos zerstört. Der Vorrang, den man heute modernem Komfort gegenüber traditioneller Schönheit einräumt, wird besonders deutlich, wenn man sieht, wie häufig die ländliche Bevölkerung ihre schönen alten Bauernhäuser abreißen läßt, um sie durch nichtssagende, aber gutausgestattete neue Wohnhäuser zu ersetzen. Trotz des öffentlichen Aufsehens, das jüngst durch Ausgrabungen alter Tempel und Dörfer primitiver Kulturepochen erregt worden ist, fällt der Großteil von Japans greifbarem kulturellem Erbe der Welle der Verstädterung und Modernisierung zum Opfer.
Stimmen Sie mir zu, daß die reichen und hochentwickelten Nationen die Initiative bei Projekten ergreifen sollten, die auf Rettung und Erhaltung der kulturellen Schätze überall auf der Welt abzielen?

Derbolav: Das Verhältnis des Menschen zu seiner Geschichte und Tradition eröffnet erfreulichere Ausblicke als die bisherigen Katastrophenberichte. Würde sich die Leistung der Menschheit nur auf ihre technische Zivilisation allein beschränken, wie das etwa einem extraterrestrischen Beobachter erscheinen mag, dann gäbe es so gut wie keine Geschichte oder, besser gesagt, man würde sich um sie nicht weiter kümmern. Das naturwissenschaftlich-technologische Denken suspendiert nämlich die historische Dimension. Es geht ihm lediglich um quantifizierbare Strukturen und Sachzusammenhänge, nicht aber um das, was ihnen vorausgegangen ist und woraus sie sich entwickelt haben, nicht also um deren historische Genese. Dank seiner Reflexivität aber kann sich der Mensch zu dem, was vor ihm gewesen ist, zurückwenden und zur Hinterlassenschaft seiner Vergangenheit ein besonderes Verhältnis entwickeln, das die naturwissenschaftliche Zweck-Mittel-Kategorie transzendiert.

Ikeda: Zusätzlich zum naturwissenschaftlichen ist es auch das ökonomische Denken, das den Menschen die historische Dimension vergessen läßt. Dinge, die wirtschaftlich unbrauchbar oder nutzlos erscheinen, werden aufgegeben und durch gewinnbringendere ersetzt. So werden etwa schöne alte Häuser zerstört, um für Geschäftshäuser Platz zu machen, die natürlich mehr Miete einbringen.

Derbolav: Historische Relikte können unterschiedlicher Art sein. Meistens handelt es sich, wie Sie sagen, um architektonische Zeugnisse vergangener Epochen, um Paläste, Kirchen, Plätze oder ganze Stadtbezirke, deren Bausubstanz mehr oder weniger in ihrer ursprünglichen Gestalt erhalten ist. Zu dieser kulturellen Überlieferung gehören auch Skulpturen und Gemälde, Graphiken und Zeichnungen, wie sie in den Museen gezeigt oder in Privatsammlungen aufbewahrt werden. Es gehören dazu schließlich überhaupt die Schöpfungen des objektivierten Geistes, Werke der Dichtung, Musik und der Wissenschaft. Diese unterscheiden sich von den bisher genannten Zeugnissen dadurch, daß sie nicht schon durch ihre bloße Präsenz im Anblick, sondern erst im geistigen oder sinnlichen Nachvollzug zu neuem Leben erweckt werden.
Wie die Erziehung die »zweite Natur« des Menschen ist, so könnte man diese überkommene Kultursubstanz als seine »zweite Heimat« bezeichnen. Wer etwa nach langen Jahren wieder in seine Vaterstadt zurückkehrt, mag zunächst freilich über deren bauliche Veränderungen befremdet sein, doch findet er sicherlich auch vieles wieder, das ihn an seine frühen Kindheitstage erinnert und für ihn zugleich die Qualität der Schönheit annimmt. Wie die gewohnten Speisen am besten schmecken, so findet man an vertrauten Orten, Straßen, Häusern und Plätzen am meisten Gefallen, mögen sie auch nach objektiven Maßstäben der Ästhetik keinen sonderlich hohen Rang einnehmen.

Ikeda: Ich bin ganz Ihrer Meinung, daß wir an alten, vertrauten Plätzen besonders hängen. Nur bleibt manchmal eben nur wenig erhalten, was uns an unsere Kindheit erinnern kann. Der Süden von Tokio zum Beispiel, wo ich aufwuchs, war damals eine ruhige, ländliche Gegend mit einigen Fischerdörfern. Heute ist er vollständig urbanisiert. Das angrenzende Meer ist so verschmutzt und verseucht, daß heute niemand mehr vom Fischfang oder von anderen Meeresprodukten wie einst leben könnte. Praktisch ist dort also nichts geblieben, das an den Ort erinnern könnte, an dem ich meine Kindheit verbrachte. Vielleicht ist es der Verlust von solchen Orten, die an die Vergangenheit erinnern, der bei den Menschen von heute den Wunsch erweckt, Gegenstände aus der Vergangenheit, also Antiquitäten zu sammeln.

Derbolav: Einen sekundären Ausdruck dieser Bindung an die Vergangenheit mag man in jener von Ihnen eben erwähnten Tendenz sehen, die heute immer mehr bei den Bürgern unseres hochreflektierten Zeitalters zu beobachten ist: das Sammeln von Antiquitäten. In meiner Jugend waren Antiquitätensammler Einzelgänger, die Antiquitätenläden daher auch wenig bevölkert. Heute gehört es bereits zum guten Ton und ist Zeichen eines gehobenen Lebensstandards, wenn man in der Lage ist, seine Wohnung mit barocken Möbeln auszustatten, mit gotischen Skulpturen zu schmücken und die Wände mit alten Stichen und Gemälden früherer Stilepochen zu behängen. Das mag in manchen Fällen purer Snobismus oder rein kommerzielle Kalkulation sein, verrät aber in wachsendem Maße auch eine neue Einstellung der Überlieferung gegenüber, die man am besten als historisches Bewußtsein bezeichnen könnte, zumal das, was zunächst eine Modewelle zu sein schien, heute bereits Dauercharakter angenommen hat.
Jedenfalls haben die Antiquitätengeschäfte echte Stücke meist nur noch zu ganz unerschwinglichen Preisen zu bieten und die Herstellung von Falsifikaten ist zu einem lukrativen Gewerbe, wenn nicht sogar zu einer Industrie geworden.
Die nicht unmittelbar materialisierten, sondern nur aufführbaren Werke der Musik sind insofern gewissermaßen der Zeit enthoben, als sie zu jedem Zeitpunkt wieder reaktiviert werden können. Was sich dabei verändert, ist lediglich der Stil der

Wiedervergegenwärtigung. Werke der Architektur und natürlich auch Skulpturen, Gemälde und Graphiken bleiben dem Zahn der Zeit ausgesetzt. Sie können durch Kriege und Naturkatastrophen zerstört oder zumindest beschädigt werden, Nutzung kann sie verschleißen, Klimaschwankungen, aber auch durch Abgase oder andere Emissionen verunreinigte Luft an ihnen zehren.
Sie bedürfen der planmäßigen Erhaltung, der Pflege, ja von Zeit zu Zeit der Restauration. Es mag vielleicht heute bei uns nicht genug Fachleute für dieses Gewerbe geben, weshalb wir Anleihen bei anderen Völkern, so etwa bei den Polen, nötig haben. Was aber diese »Meister der Wiederherstellung« seit 1945 an den im Zweiten Weltkrieg zerbombten Kulturdenkmälern in unserem Land Positives geleistet haben, das läßt sich wirklich sehen. Manche zerstörten Bauwerke, Plätze oder ganze Stadtteile sind auf diese Weise nicht nur technisch-architektonisch, sondern auch ästhetisch in einer Weise saniert worden, die die ursprüngliche Baustruktur sogar übertrifft. Man denke hier an die zwölf aufs beste restaurierten romanischen Kirchen in Köln, die im Zweiten Weltkrieg fast gänzlich zerstört worden waren.

Ikeda: Auch anderen asiatischen Ländern gehen Teile ihres großen kulturellen Erbes verloren, jedoch aus anderen Gründen. Angkor Wat und Angkor Thom in Kambodscha und Mohenjo Daro und Harappa in Pakistan sollen vom Verfall bedroht und auf unverzügliche Instandsetzung und Restaurierung angewiesen sein. Aber Projekte dieser Art sind außerordentlich teuer und langwierig und gehen deshalb über die Kräfte der Entwicklungsländer, die dringendere Probleme zu lösen haben.
Kulturelle Zeugnisse der Vergangenheit sind dazu bestimmt, die Kreativität zukünftiger Generationen anzuregen, und es ist daher unsere Pflicht, soviel vom kulturellen Erbe der Menschheit als irgend möglich der Nachwelt zu überliefern. Aus diesem Grund ist es wünschenswert, daß diejenigen Nationen, die über die nötigen Mittel und Kenntnisse verfügen, sich zusammenschließen, um in gemeinsamem Einsatz gefährdete Kulturdenk-

mäler vor dem Untergang zu bewahren, gleichgültig, wo sie sich auch befinden. Dies käme nicht dem Ruhm eines einzelnen Nationalstaates, sondern der Ehre der ganzen Menschheit zugute.

Die internationalen Bemühungen, die Abu Simbel am Nil vor dem Verfall retteten, lassen einen der Wege erkennen, auf dem kulturelle Überreste von historischer Bedeutung vor der Welle des Modernismus geschützt werden können. Vereinigte Bemühungen um solche Projekte erzeugen aber darüber hinaus noch eine Art Gemeinschaftsgeist unter den kooperierenden Partnern, und dieser Gemeinschaftsgeist hilft zugleich, die Gefahr des Krieges zu vermindern. Außerdem ist diese Aufgabe besonders wichtig, da der Baum der Zivilisation verdorren und zusammenbrechen muß, ohne die Nahrung und die Stütze, die er von seinen tiefen Wurzeln in der Vergangenheit erhält.

Derbolav: All dies zeigt aber, daß es – wenn Überkommenes erhalten und wiederhergestellt werden soll – einer öffentlichen Verantwortung bedarf, die nicht nur die enormen Kosten solcher Maßnahmen trägt, sondern auch entsprechende Bauvorschriften entwickelt, welche die Qualität der baulichen Sanierung sicherstellen.

Was die Bundesrepublik Deutschland betrifft, so verfügt der Bund, verfügen die Länder und die Gemeinden über Etatposten zur Denkmalpflege und sind an Vorschriften gebunden, die in Denkmalschutzgesetzen niedergelegt sind. Das Denkmalschutzjahr 1975 hat so etwas wie ein europäisches Verantwortungsbewußtsein für das gemeinsame Kulturerbe erkennen lassen. (Ich nehme mit Sicherheit an, daß es ähnliche Denkmalschutzbestimmungen auch in Japan gibt.)

Klar ist dabei, daß nicht nur ästhetische Schönheit und künstlerische Qualität Relikte der Vergangenheit schutzwürdig machen. Dazu treten vielmehr noch historische und lokale Gesichtspunkte: Seltenheit, besonders Ausgeprägtheit oder Sondercharakter des Bauobjektes. Was auf diese Weise auf der Liste des Erhaltungswürdigen steht, ist damit dem planerischen Zugriff der öffentlichen Hand wie auch der privaten Unternehmer entzogen, eine Tatsache, die oft genug Streit und Ärger heraufbeschwört.

Ikeda: Genau das meine ich auch, und aus diesem Grund sollten nicht nur Kunstkenner, sondern auch ein weites Spektrum von Spezialisten auf historischem und auf anderen wissenschaftlichen Gebieten, herausgezogen werden, um darüber zu beratschlagen und diejenigen Werke zu bestimmen, die als Kulturbesitz besonderen Schutz verdienen.

Derbolav: Um das Gesagte einmal in Zahlen auszudrücken: In unserem Land stehen zwei Millionen Bauwerke unter Denkmalschutz, und zwar 500 000 Einzeldenkmäler und 1,5 Millionen Gebäude und Gesamtanlagen, also rund fünfzehn Prozent der gesamten Bausubstanz.
Es leuchtet ein, daß zur Erhaltung dieser ungeheuren Baumasse die Finanzierungsmittel der öffentlichen Hand nicht ausreichen. Daher begnügen sich die Denkmalschutzämter über die Betreuung der in ihre unmittelbare Zuständigkeit fallenden öffentlichen Bauten hinaus mit der Überwachung dessen, was sich in Privatbesitz befindet und somit auch privater Baupflege unterliegt. Im übrigen suchen sie die Spendenfreudigkeit der Bevölkerung anzusprechen, was in der Regel durchaus Widerhall findet. Auch einschlägige Stiftungen helfen bei der Lösung der Finanzprobleme.
Aber nicht nur der Staat zieht der Willkür und Geschmacklosigkeit privater Baulust in wachsendem Maße Grenzen – peinlicher Ausdruck hierfür ist wohl der Gigantismus der Konzernbauten aus Beton und Glas, die heute das Weichbild der Städte bis ins Zentrum hinein verstellen – auch er selbst wird von einer inzwischen wachsamer gewordenen Bevölkerung in Gestalt von Bürgerinitiativen, Bürgerforen, Demonstrationsumzügen und so weiter in die Schranken gewiesen, falls er mit seinen eigenen Bauabsichten an wertvolle bauliche Traditionsgüter rührt, die noch nicht als schutzwürdig anerkannt sind.

Ikeda: Unglücklicherweise ist in einer nicht geringen Anzahl von Fällen der Staat selbst verantwortlich für die Zerstörung von Kulturbesitz. Das erste und wichtigste Beispiel dafür ist der Krieg. Aber auch in Friedenszeiten haben Staaten wenig Skrupel, ökonomischen Gesichtspunkten den Vorrang zu geben und Kulturbesitz anderen Einrichtungen zu opfern, die finanziell lukrativer sind. Das gilt besonders für Japan, wo die Regierenden zu autoritärem Vorgehen neigen und weder der Stimme der Experten noch der Allgemeinheit Gehör zu schenken pflegen.

Derbolav: Bauwerke sind nichtsdestoweniger in den Industriestaaten besser geschützt als in den Entwicklungsländern der Dritten Welt. Hier gibt es immerhin einen »Denkmalschutz«, der, von willkürlichen Übergriffen politisch übergeordeneter Instanzen abgesehen, durchaus sachkundig und verantwortungsbewußt gehandhabt wird. Doch wirkt sich, im Ganzen gesehen, das Gefälle zwischen den reichen Industriestaaten und den Ländern der Dritten Welt hemmend aus. Ich bin ganz Ihrer Meinung, daß hier eine allgemein-menschliche Weltverantwortung wachgerufen werden müßte, was den qualifizierten Traditions- und Baubestand der Länder betrifft, die für seine Erhaltung nicht selbst sorgen können. Daß eine solche Verantwortung schon lebendig ist, zeigt unter anderen Ihr ägyptisches Beispiel, die bauliche Sanierung von Abu Simbel am Nil.
Ohne Zweifel benötigen aber auch europäische Staaten angesichts des Umfangs des Restaurationsbedarfs gelegentlich internationale Finanzierungshilfe. Ich denke etwa an die Erosionserscheinungen, die sich an der Akropolis Athens bemerkbar machen und dringender Abhilfe bedürfen, ich denke an das langsam versinkende Venedig, das die riesenhafte Bodensanierung, die es allein retten könnte, selbst finanziell nicht verkraften kann. Was hierbei bereits von internationaler, einzelstaatlicher und privater Initiative geleistet wird, ist beachtlich, doch sollte man versuchen, das potentielle Mäzenatentum der Welt noch viel gezielter anzusprechen, sein kulturelles Gewissen noch viel eindringlicher zu mobilisieren.

Ikeda: Gewiß sind Bemühungen in beiden Richtungen nötig. Aber zunächst müssen wir hier zum Beispiel der atmosphärischen Verseuchung durch Abgase, die die Erosion der Mauern des Parthenons verursacht, Einhalt gebieten und ebenso der Absenkung des Grundwassers für industrielle Zwecke, die Venedig versinken läßt. Wenn man nicht diese eigentlichen Ursachen ausschaltet, dann werden Symptome wie etwa die Erosion des Marmors oder das Absinken des Landes immer wieder von neuem auftreten. Man kann es nicht oft genug betonen, daß nur Kooperation auf breitester Basis zum Ziel führen kann.

Derbolav: Ich weiß aus meinen Erfahrungen in den USA, daß dort ganze Etagen der großen Museen von reichen Sammlern bestückt und ausgestattet worden sind, die ihre oft beispiellosen Schätze der Öffentlichkeit zum Geschenk machen für die bescheidene Gegenleistung, daß der die Schenkung enthaltende Saal ihren Namen trägt. Und sie folgen damit nur der Praxis der alten Feudalherren, der Kaiser, Könige, Prinzen, Adeligen oder Industriellen, die ihre oft außerordentlich wertvollen Sammlungen von Kunstwerken nach ihrem Tod der Öffentlichkeit zur Verfügung stellen.
Überhaupt hängen Reichtum oder Beschränktheit des kulturellen Erbes, hängt die relativ vollständige oder lückenhafte Repräsentation der diversen Stilepochen etwa in den Museen vom Zusammenspiel zwischen öffentlichem Interesse und privater Gründer- und Stifterfreudigkeit wesentlich ab, und bisweilen wird die Kapazität des Staates sogar überfordert, wenn, wie zum Ende der Feudalzeit – 1789 in Frankreich und 1918 in Deutschland und Österreich – die reichen architektonischen Besitztümer des Adels, seine Paläste und Schlösser, durch Schenkung, Veräußerung oder Enteignung den neuen Republiken zufallen.
Am sinnvollsten ist es dabei, wenn das alles nicht irgendwie stillgelegt wird, sondern seinem ursprünglichen angestammten Gebrauch erhalten bleibt, wie das bei Kirchen und Tempeln ohnehin der Fall ist. Aber auch Paläste und Schlösser können partiell bewohnt werden, können politischen oder diplomati-

schen Zwecken dienen oder auch Museen beherbergen. Als bloße Attraktionen für den Tourismus sind solche historischen Relikte eigentlich zu schade, obgleich unter den Touristen auch viele Fachleute und Sachkenner sind, die, was sie besuchen, längst von ihren Buchstudien her kennen und dadurch ihre Vorstellungen mit realem Leben erfüllen können.

Wenn Sie mich daher fragen, was unser Verhältnis zu diesem künstlerischen Erbe der Vergangenheit innerhalb der einzelnen Länder und weltweit überhaupt noch inniger gestalten könnte, dann würde ich Sie auf das schon eingangs genannte historische Bewußtsein und seine Pflege verweisen.

Damit berühre ich eine bei der Behandlung von Erziehung und Bildung vielleicht etwas zu kurz gekommene Perspektive: die historisch-literarische Dimension des Schulwissens. Ich sprach von der Praxisrelevanz des schulischen Sachwissens und habe von hier aus den Bezug zur sittlichen Bildung aufgezeigt. Aber auch das historisch-literarische Schulwissen muß nicht immer ein Gedächtnisballast sein. Seiner Intention nach soll es vielmehr Verständnis für das erwecken, was Sie den Stammbaum unserer Kultur genannt haben, der sie mit den Wurzeln des Lebens verknüpft. Die Beschäftigung mit Literatur und Musik eröffnet darüber hinaus den Zugang zum objektiveren Geist in Gestalt der poetischen und musikalischen Überlieferung, die ja zentral zu unserem Kulturerbe gehört. Diese Form von Bildung scheint mir besonders geeignet zu sein, nicht nur die Geschichtslosigkeit der technisch-naturwissenschaftlichen Schulfächer zu kompensieren, sondern – positiv in Ihrem Sinn formuliert – die Kreativität der Jugend zu fördern, sie sensibel für echte kulturelle Ansprüche zu machen.

Ikeda: Zum Schluß unseres Dialoges möchte ich als ein weiteres unserer gegenwärtigen Probleme mit bedeutsamen Folgen für die Zukunft die Problematik des rasanten Fortschritts der wissenschaftlichen Technologie ansprechen, speziell die Problematik der Gentechnologie mit ihren Detailproblemen der Zellfusion, der embryonischen Fusion und der Verpflanzung von Embryonen; alles Leistungen, die Grundvoraussetzungen des Lebens berühren und in direktem Bezug zum Überleben der Menschheit stehen.
Die Gentechnologie, die auf der Lebenswissenschaft gründet, hat in der letzten Hälfte des 20. Jahrhunderts eine überwältigende Bedeutung erlangt. In der Tat hat sie revolutionäre Prozesse auf weiten Gebieten ausgelöst, darunter denen der Medizin und der Biologie, der Landwirtschaft, Pharmakologie, Ökologie und Energiewirtschaft. Da sie direkt in die Erbmasse eingreift, um Leben zu verbessern oder gar zu erzeugen, kommt sie an Bedeutung der Atomspaltung gleich. Zu zweckentfremdender Manipulierung natürlicher Vorgänge oder zur Herbeiführung genetischer Strukturdefekte mißbraucht, könnte sie aber unmenschliche Monstrositäten produzieren und in der Selbstzerstörung der Menschheit enden. Um dies zu verhindern, muß ein System der Bioethik erstellt werden, an dessen Entwicklung Philosophen und Religionswissenschaftler ebenso beteiligt werden müssen wie Naturwissenschaftler und Juristen.

Derbolav: Wir sind zugleich an dem Punkt angelangt, wo es angezeigt sein mag, die Frage zu stellen, inwieweit unsere Überlegungen ihrem Titel gerecht werden, das heißt der »Suche nach einer neuen Humanität« Wege eröffnen. Die Perspektiven des letzten, »Unsere Zukunft« überschriebenen Kapitels waren kaum dazu angetan, produktive Umrisse einer solchen Humanität erkennen zu lassen. Selbst der heute erreichte Stand unserer Kultur, deren Erbe wir dank unserer historischen Reflektiertheit intensiver und universeller zu genießen vermögen als alle früheren Generationen, ist, wie wir sahen, nicht nur durch die Umweltverseuchung wenigstens teilweise unmittelbar bedroht, sondern wäre auch im Falle eines atomaren Weltkrieges mit Sicherheit der totalen Vernichtung preisgegeben.

Nun ist es aber genau unsere wegen ihrer ökonomisch-kommerzialistischen und strategischen Folgen so übel beleumdete technologische Leistungsfähigkeit, die uns seit einigen Jahrzehnten eine neue Art von Genugtuung und Stolz vermittelt, als sie uns eine weitere, bisher ungeahnte Dimension von Wirksamkeit eröffnet. Wenn sich der Mensch, wie wir sahen, von seinen animalischen Verwandten unter anderem durch sein historisches Bewußtsein unterscheidet, dann gehört dazu eigentlich auch die Einsicht in seine Naturgeschichte, das heißt in jenen Evolutionsprozeß, der ihn, folgt man Darwin und seinen geistigen Jüngern, an die Spitze der Lebensformen emporgeführt und ihm schließlich die Möglichkeit erschlossen hat, die Evolutionsgeschichte aller lebendigen Arten und damit auch der eigenen, des Menschengeschlechts selbst, nicht nur in ihrem Werden zu überblicken, sondern auch zu beeinflussen und in die von ihm gewünschte Richtung zu lenken.

Nimmt man hier noch die Erfolge der medizinischen und chirurgischen Technologie hinzu, dann kann man sich über jene euphorische Vision nicht verwundern, die das sogenannte Ciba-Symposion »Man and His Future« 1962 in London entwickelte und in der der sonst längst obsolet gewordene Sozialdarwinismus der Angelsachsen späte Triumphe feierte. Alle denkbaren Fortschrittsperspektiven waren in dieser Vision gebündelt: die Idee einer (durch Überwindung aller Infektionskrankheiten) keimfreien Welt, eines schmerzfreien und (infolge der totalen Auswechselbarkeit der Organe auf dem Wege der Transplantation) auch endlosen Lebens; die Idee schließlich, durch eine auf dem Wege der Eugenik gesteuerte und beschleunigte Evolution der Menschheit zu einer stufenweise verbesserten Erbqualität zu verhelfen.

Ikeda: In der Tat glaubten die meisten Wissenschaftler und ein großer Teil der Bevölkerung 1962, als diese optimistische Voraussage des Ciba-Symposions gemacht wurde, blind an den wissenschaftlichen Fortschritt.

Derbolav: Bei allen unbezweifelbaren gentechnologischen Fortschritten darf man nicht vergessen, daß es inzwischen auch Rückschläge gegeben hat. Ein solcher Rückschlag ist zum Beispiel die Tatsache, daß sich bisher alle Versuche, künstliche Herzen zu transplantieren, als erfolglos erwiesen haben. Tatsächlich sind zwar viele Infektionskrankheiten wirksam bekämpft oder zum Teil sogar ausgerottet worden wie etwa die Pocken. Doch ist mit der Ansteckung durch das AIDS-Virus, das, angeblich aus Afrika eingeschleppt, in den letzten Jahren bereits weite Verbreitung in den europäischen Ländern und auf dem amerikanischen Kontinent gefunden hat, dem Menschen eine neue, höchst gefährliche Infektionsgeißel erwachsen. Vornehmliche Träger dieser Infektion, die zu einer Immunschwäche führt, sind Homosexuelle, Drogensüchtige und Bluter, also eine relativ begrenzte Population, und auch hier ist es anscheinend so, daß nicht jede Ansteckung zum Ausbruch der Krankheit und damit zum Tod führt. Doch haben eine falsche Publizität und unzureichende Informationen in der breiten Öffentlichkeit zu einem Anti-AIDS-Affekt geführt, der um die AIDS-Kranken – ähnlich wie bisweilen um Fremdrassige oder Ausländer – Zäune der Kontaktsperre zieht. Ich versage es mir, hier Zahlen zu nennen, da die Erfahrungsbasis noch zu schmal ist, um eine verläßliche Übersicht zu erlauben, und da die Befunde sich natürlich laufend verändern. Prinzipiell aber wird daraus erkennbar, daß eine Sicherheit in der medizinischen Überwindung von Infektionskrankheiten keineswegs besteht und daß auch alle anderen Perspektiven des früher genannten Ciba-Symposions auf schwankendem Boden stehen.
Es leuchtet ein, daß sich das damals entwickelte euphorische Zukunftsbild selbst in seinen positiven Seiten nicht auf das hin auslegen läßt, was wir in unserer Diskussion als »neue Humani-

tät« stets mitgedacht haben. Sie, sehr verehrter Herr Präsident, haben in Ihren Vorträgen, Gesprächen und Dialogen keinen Zweifel daran gelassen, daß Sie eine Annäherung an dieses Ziel von einem geistig und seelisch revolutionierenden Mentalitätswechsel erwarten, der letztlich nur philosophisch-religiös initiiert werden kann.

Ikeda: Gewiß, naturwissenschaftliche Technologie ist zwar ein wichtiges Mittel, muß aber den Ansprüchen des menschlichen Geistes untergeordnet bleiben.

Derbolav: Ihre Betrachtungsweise hat durchaus Anhänger. Gleichwohl wurden in den siebziger und achtziger Jahren die Hoffnungen des Sozialdarwinismus, die noch am Anfang der sechziger Jahre so hohe Wellen geschlagen hatten, erheblich gedämpft, und zwar von seinen Vertretern selbst, was eine erstaunliche Reflektiertheit dieser Entwicklung gegenüber verrät, die unter anderen Voraussetzungen natürlich nur Triumphgefühle erweckt hätte.

Ikeda: Diese Reflektiertheit deutet auf die Fähigkeit der Spezialisten hin, aus ihren technischen Arbeitsfeldern einmal auszusteigen und die Probleme aus der Perspektive der ganzen Menschheit zu betrachten. Ich habe jedoch den Verdacht, daß sich bei ihnen jene innere Stimme geregt hat, die zur Selbstprüfung mahnt angesichts der Schwierigkeit, die Außenstehende haben, die gewaltigen Fortschritte auf diesen Spezialgebieten nachzuvollziehen.

Derbolav: In der Tat stellt man häufig die modernen gentechnologischen Errungenschaften, von denen sogleich die Rede sein wird, ihrem revolutionären Gewicht und ihrer Zukunftsbedeutung nach der Kernspaltung gleich. Doch besteht hier im Hinblick auf das soeben Gesagte eine beachtliche Differenz: Während dort die unmittelbaren strategischen Erfordernisse des Zweiten Weltkriegs die Gewissensskrupel der Väter der Atom-

bombe vom Tisch wischten, haben sich im Fall der Gentechnologie bereits 1974 elf führende Molekularbiologen mit einem Brief an die Öffentlichkeit gewandt, in dem sie auf die Gefahren einer Neukombination von Erbsubstanz (DNS) verwiesen, und schon dreiviertel Jahre später haben sich dann 140 Lebenswissenschaftler – ein seltenes Beispiel für eine funktionierende Selbstregulation – auf Sicherheitsrichtlinien geeinigt, denen sie ihre Forschung freiwillig unterwarfen.
Diese 1976 in den USA, 1978 in der Bundesrepublik Deutschland und dann auch in mehreren anderen Staaten in Kraft gesetzten Richtlinien sind freilich sehr weit gefaßt und mehrfach noch ins Unverbindliche revidiert worden, und sie gelten überdies nur für die von staatlichen Geldern geförderten Forschungsprojekte. Auf die Schwierigkeit, sie in Gesetzen zu verankern, komme ich noch zurück.

Ikeda: Gut. Zunächst aber möchte ich die folgenden Punkte zur Diskussion stellen, die mir wichtig im Zusammenhang mit der Lebenswissenschaft zu sein scheinen.

A) Biologische Probleme:
Die genetische Technologie hat besonders bemerkenswerte Ergebnisse erzielt im Bereich der Pharmazeutik. Es ist möglich geworden, Hormone, Interferon, und selbst Dickdarmbazillen in großen Mengen herzustellen. Auf dem Gebiet der Landwirtschaft vermögen genetische Eingriffe Leistungsfähigkeit und Nutzen von Pflanzen und Tieren zu verbessern. Um die Umweltverschmutzung zu reduzieren, züchtet man Mikroorganismen, die fähig sein sollen, Erdöl und Quecksilber abzubauen. Die Erforschung pflanzlicher Stoffe hat darüber hinaus eine Möglichkeit erkennen lassen, Methangas zu erzeugen.
Die negative Seite dieser Entwicklung liegt in der Gefahr, daß genetische Manipulationen schädliche Organismen hervorbringen. Die von Ihnen erwähnten Sicherheitslinien werden heute fast gänzlich außer acht gelassen.
Als zweite Gefahr möchte ich hier die Möglichkeiten einer

Einflußnahme auf die Evolution nennen. Gegenwärtig läßt sich nicht voraussehen, welcher Art solche Einflüsse sein könnten, obwohl die jüngste Behauptung, daß die Einpflanzung menschlicher Gene (DNS einer Nuklearform des Lebens) in Darmbazillen (als pronukleare Lebensform) die Schranken der Evolution nicht aufhebt, optimistisch erscheint. Eine letzte Gefahr wäre die schreckliche Möglichkeit einer biologischen Kriegführung.

B) Probleme, die sich auf den Menschen beziehen:
Hier müssen zunächst genetische Analyse und genetische Therapie genannt werden, die als Behandlungsverfahren bei verschiedenen Formen von Erbschäden unentbehrlich sind. Die dabei angewandte DNS Diagnose aber enthüllt zugleich, daß es kein genetisch vollkommenes Wesen gibt. Dieser Umstand läßt Zweifel darüber aufkommen, inwieweit es erlaubt ist, die genetische Ausstattung des Menschen in therapeutischer Absicht zu manipulieren. Darüber hinaus könnte genetische Therapie auch im Zusammenhang mit eugenischen Zielsetzungen zu Versuchen mißbraucht werden, die biologische Substanz des Menschen zu verbessern.
Was den nächsten Punkt betrifft: künstliche Besamung und die sogenannten Retortenbabys, so ist es sehr aufschlußreich, einen Blick auf die folgenden acht Techniken der Besamung zu werfen, die mit ärztlicher Hilfe durchgeführt werden können.

a) künstliche Besamung mit dem Sperma des Ehemannes der voraussichtlichen Mutter,
b) künstliche Besamung mit dem Sperma eines anderen Mannes,
c) Transplantation eines Eierstocks oder eines Eis aus dem Schoß einer anderen Frau in den der voraussichtlichen Mutter, dann künstliche Besamung mit dem Sperma des Ehemannes oder eines anderen Mannes,
d) Besamung außerhalb des Mutterleibs (in der Retorte) und dann Einpflanzung in den Schoß der Mutter,
e) Heranreifenlassen des Embryos außerhalb des Mutterleibs (eigentliches Retortenbaby),

f) Jungfrauengeburt,
g) ungeschlechtliche Fortpflanzung (Klonierung),
h) Fusion der Embryozellen.

Die unter b) genannte Methode – die Vorstellungen des verstorbenen Eugenikers Hermann Müller zu verwirklichen scheint – hat großes Interesse erweckt angesichts der Möglichkeit, bei der Besamung Sperma von herausragenden Persönlichkeiten, beispielsweise Nobelpreisträgern zu verwenden. Bei den zahlreichen Fällen der unter d) genannten Technik der Retortenbesamung steht das Hauptproblem im Zusammenhang mit der Ersatzmutter und hat in den Vereinigten Staaten bereits Rechtskonflikte hervorgerufen. Wenn man zum Beispiel entdeckt, daß das Kind einen Erbschaden hat, so steht man vor der Frage, wer die Verantwortung dafür übernehmen muß: die wirklichen oder die Ersatzeltern.

Die Klonierung von Mäusen, also von Säugetieren, eröffnet, zumindest in der Theorie, eine Möglichkeit, dieses Verfahren auch auf menschliche Wesen zu übertragen. Auch die Methode der Jungfrauengeburt ist bereits mit Erfolg an Mäusen erprobt worden. Die Fusion von Embryonen schließlich führt zu Kindern mit vier oder mehr Eltern, die alle die Verantwortung für die Aufzucht übernehmen oder zurückweisen können.

Derbolav: Sie haben die Reichweite und Effizienz der Lebenstechnologie in ihren zahlreichen Aspekten treffend charakterisiert. Ich darf sie hier in veränderter Reihenfolge und etwas ergänzt wiedergeben: bakterielle Produktion unterschiedlicher Eiweißarten als Arzneimittel, Impfseren und Drogen; Einsatz genetisch veränderter Mikroorganismen für industrielle Produktionsverfahren (zum Pflanzenschutz oder zum Abbau von Umweltgiften); Konstruktion neuer stickstoffixierender Pflanzensorten mit besserer Energieausnutzung und höherwertigem Nahrungsanteil; Verfahren zur genetischen Vervielfältigung besonders leistungsfähiger Nutztiere; Beiträge zur Lösung des Energieproblems durch genetische Umkonstruktion von Algenarten, die Wasserstoff erzeugen; Gentherapien zur Heilung von Erbkrankheiten und genetischen Defekten beim Menschen; Eingriffe in die menschliche Reproduktionsbiologie zu familienpolitischen bzw. eugenischen Zwecken.

Ikeda: Sicherlich gibt es verschiedene Möglichkeiten einer solchen Klassifizierung. Aber auf jeden Fall muß man die größte Vorsicht walten lassen im Falle der Anwendung dieser Techniken auf den Menschen.
Seit kurzem haben auch japanische Forscher begonnen, mit menschlichen Genen zu experimentieren. Gegenwärtig haben sie sie zwar erst mit genetischen Elementen von Mäusen kombiniert, aber eines Tages mag es möglich sein, Affen zu züchten, die genetisches Material vom Menschen besitzen.
Biotechnologie berührt schon in schnell fortschreitendem Maße die menschliche Lebenssphäre, und genetische Technologie scheint den Weg zur Verbesserung der biologischen Substanz des Menschen zu eröffnen. Werden wir fähig sein, diese Art von Manipulation unter Kontrolle zu halten, um ihr nötigen Einhalt zu gebieten? Können wir verhindern, daß genetische Einflußnahme weiter geht als nur bis zur Heilung von Erbschäden?
Ein biologischer Krieg ist eine grauenvolle Zukunftsperspektive. Sollten aber eugenische Maßnahmen jeweils wieder politische Unterstützung finden, könnte die Biotechnologie in eine unabsehbare menschliche Tragödie hineinführen. Die Bemühungen von Kirchenmännern und Philosophen, eine Bioethik zu begründen, um damit Biotechnologie und Lebenswissenschaft moralischen Standards zu unterwerfen, machen aber wieder nur den doppelten Charakter, die gute und die böse Seite, der Naturwissenschaft und der Technologie sichtbar. Welcher Maßstäbe sollen wir uns bedienen, wenn wir mit diesen Problemen umgehen, die alle für die künftige Menschheit die größte Bedeutung haben? Ich wäre Ihnen dankbar, wenn Sie diese Fragen vom Standpunkt des Christentums und der westlichen Philosophie her kommentieren würden.

Derbolav: Nachdem Mendel und andere in den organischen Zellen die Chromosome und auf ihnen die Gene als Erbträger identifizieren konnten, hat man neuerdings den Code dieser »genetischen Information« gleichsam aufgebrochen, indem man Gene und Genkombinationen in ihren Auswirkungen bestimmten Eigenschaften des lebenden Organismus zuordnete. Mit der Möglichkeit, Erbmaterial neu zu kombinieren aber wurde, so scheint mir, die bisher unübersteigbare Grenze zwischen den unterschiedlichen Arten durchbrochen. Das ist das Neue und zugleich Beängstigende dieser Entwicklung. Denn innerhalb der natürlichen Arten selbst ist das Wunder der Genkombinationen immer schon vollzogen worden, nämlich in der Zeugung der Individuen der nächsten Generation, in der Vereinigung von Samen und Eizelle. Hier ist also gleichsam die Umverteilung von genetischem Material auf natürlichem Wege bereits vorweggenommen, und man kann sich daher auch nicht darüber wundern, daß die Auslagerung dieses Prozesses aus dem mütterlichen Organismus ins Reagenzglas und in die »Retorte« auch mit zum Programm der Lebenstechnologie gehört.
Bevorzugtes Material solcher genetischen Manipulationen waren indessen zunächst Bakterien und Viren, die sich in rascher ungeschlechtlicher Vermehrung (Klonierung) für solche genetischen Experimente besonders eignen. Auf diesem Felde wurden in der Tat auch die ersten medizinischen und pharmazeutischen Erfolge verzeichnet: die Herstellung von Humaninsulin, das bisher nur tierischen Organen entnommen werden konnte, vom Wachstumshormon Somatostasin, von Impfstoffen gegen Viruserkrankungen bei Tieren und Menschen. Komplexere Verfahren haben dann zur Züchtung neuartiger Pflanzen und Tiere geführt, wobei die neukonstruierten Pflanzensorten höhere Erträge einbringen und klimaunabhängiger sein sollen. Auch genetische Anomalien bei Mensch, Tier und Pflanze ließen sich auf diesem Wege korrigieren.
Ohne Frage steht der lebenswissenschaftlichen Technologie noch ein weites Spektrum an Möglichkeiten und Errungenschaften offen, die sich heute kaum erahnen lassen. Die dabei

angewandten Verfahren sind zwar im Prinzip durchschaubar, ihre praktische Durchführung ist aber so komplex, daß sie dem Laien weitgehend unverständlich bleibt.

Ikeda: Wie Sie erwähnen, haben komplizierte Prozeduren zu einer Verbesserung der Ernteerträge geführt. So ist zum Beispiel Reis, das traditionelle Hauptnahrungsmittel der Japaner, ursprünglich eine tropische Pflanze, die daher auch früher im Norden Japans oder in anderen kalten, bergigen Regionen nicht gedeihen wollte. Kühles Sommerwetter beschwor regelmäßig die Gefahr sehr dürftiger Ernte herauf. Veredelungsverfahren jedoch haben Sorten hervorgebracht, die selbst unter äußerst schlechten klimatischen Bedingungen durchschnittlich gute Erträge liefern.
Ähnliche Sortenveredelungen hat beispielsweise süßere Äpfel und Orangen hervorgebracht und eine Hybridzüchtung, die man »Pomato« nennt, weil sie sowohl Kartoffeln als auch Tomaten liefert. Und um Futterkosten einzusparen, hat man kleinere Hühnerrassen gezüchtet.

Derbolav: Ich sagte bereits, daß hier, wie selten anderswo, in den Leistungen und Errungenschaften zugleich die Risiken und Gefahren beheimatet sind und daß es die Molekularbiologen selbst waren, die darauf verwiesen und für Sicherheitsmaßnahmen votierten. Aber Wissenschaftler sind auch nur Menschen, und, obgleich auf den obersten Wert der Wahrheit eingeschworen, stehen auch Forscher nicht an, ihre Erkenntnisse und Entdeckungen kommerziell zu vermarkten. Und damit kommen wir wieder auf die Sicherheitsvorschriften für die gentechnologische Praxis zurück.
Als sie in den USA in Bundesgesetze übersetzt werden sollten, witterte die Wissenschaft darin sogleich eine unzulässige Freiheitseinschränkung und hat nichts unterlassen, ihre Bestimmungen zu entschärfen und damit zu entwerten. Gleichzeitig begann in den Vereinigten Staaten eine intensive Kommerzialisierung der molekularbiologischen Erkenntnisse, bei der auch die Wis-

senschaft und ihre Vertreter die Hand mit im Spiel hatten. Forscher selbst erwarben Patente oder ließen sich bei Firmen als Berater und Konstrukteure anwerben. All dies bot den europäischen Ländern, die den USA in bezug auf die gesetzliche Absicherung der gentechnologischen Praxis folgten, kein sehr glückliches Beispiel.

Ikeda: Dasselbe ist leider in Japan der Fall, wo alle diese Dinge auf kommerzieller Basis unter dem Primat des ökonomischen Standpunkts geschehen. In extremen Fällen wartet man nicht einmal Langzeitergebnisse ab, wenn unmittelbarer Profit zu erzielen ist. Die Wissenschaft verfährt hier ähnlich rücksichtslos wie in bezug auf die industrielle Umweltverschmutzung.

Derbolav: Von hier aus gesehen ist es klar, daß die Gentechnologie, gerade weil sie so weittragende ökonomisch-gesellschaftliche und sicherheitspolitische Konsequenzen nach sich zieht, nicht nur juristischer Rahmengebung, sondern auch moralischer Beurteilung und Normierung bedarf. Sie selbst riefen mit Recht nach einer Bioethik, die das, was an früherer Stelle zur medizinischen Ethik gesagt wurde, enthalten, aber in ihrem Horizont auch noch alle jene Probleme einschließen müßte, die wir hier nur andeutungsweise behandeln konnten.
Daß wir damit nicht eigentlich Neuland betreten, daß diese Form einer regionalen Ethik vielmehr in den hochentwickelten Ländern längst in Ausbildung begriffen ist, zeigen die zahlreichen Institutionen, die sich diesem Ziel verschrieben haben. Ich nenne das »Bioethic Center« innerhalb des »Institute of Society, Ethics and Life Sciences« in Hastings (daher auch »Hastings Center« genannt), das von den katholischen Philosophen Daniel Ghallaghan und Willard Gaylin gegründet wurde und zwölf bis fünfzehn Fachleute: Philosphen, Juristen, Mediziner und Theologen zu seinen Mitgliedern zählt.
Weitere ähnlich organisierte Forschungsstätten sind »The Joseph and Rose Kennedy Institute for the Study of Human Reproduction and Bioethics« an der katholischen Georgetown-

University in Washington DC, das ähnlich wie das Hastings Center eine eigene Zeitschrift betreut und darüber hinaus noch eine vierbändige »Encyclopedia of Bioethics« veröffentlicht hat, ferner das »North-West Institute of Ethics and the Life-Science« und das »Institute on Human Values in Medicine« der »Society for Health and Human Values« in Philadelphia, die beide gleichfalls einschlägige Zeitschriften herausgeben. Ähnliche Forschungsstätten mit zum Teil philosophisch-religiöser Orientierung finden sich in San Francisco, Los Angeles, St. Louis, Charlottesville, Chicago und Houston.
Auch Europa ist in diesem Bereich nicht untätig geblieben: 1972 hat sich die »Society for the Study of Medical Ethics« in London konstituiert, die das »Journal of Medical Ethics« herausgibt. Wichtige Arbeitsimpulse gingen auch vom »Deutschen Institut für ärztliche Mission« in Tübingen aus, das eng mit der »Christian Medical Commission« des Weltkirchenrates zusammenarbeitet. Diskussionspunkte dieser Organisationen, die, wie erwähnt, meist auch eine Zeitschrift betreuen, sind zum Beispiel Humanexperimente, Genmanipulationen, künstliche Befruchtung, Organverpflanzung, Schwangerschaftsabbruch und Euthanasie. Dazu gehört auch die Verteilungsgerechtigkeit medizinischer Ressourcen.

Ikeda: Dies sind außerordentlich wichtige Probleme. Wenn man bedenkt, daß alle diese Dinge getan werden, um menschliches Leiden zu lindern, dann haben sie durchaus positive Seiten. Leider haben sie auch andere Aspekte, die die menschliche Würde verletzen, und zwischen beiden gibt es nur eine sehr feine Trennungslinie. Hier nur ein Beispiel: Dem Menschen, dem man ein Herz einpflanzt, gewährt man damit eine Lebensverlängerung, während diese Herzübertragung andererseits nur durch den Tod des Spenders möglich war. Die Gefahr bei der Sache ist, daß man so weit kommen kann, den menschlichen Körper als eine Art Maschine zu betrachten. Wenn man sich daher ernsthaft mit diesen Problemen auseinandersetzen will, muß man Einsicht in die Wesensnatur des Menschen zu gewinnen suchen.

Derbolav: Da es sich hier im Rahmen unserer »Suche nach einer neuen Humanität« um ganz entscheidende Fragen handelt, die die Rolle betreffen, die wir als Menschen und Bewohner dieser Erde in Zukunft erfüllen können und sollen, wage ich abschließend den Versuch, das genannte Problemfeld in den Rahmen eigener bioethischer Überlegungen zu stellen.

Obgleich ich, nach meiner Meinung befragt, meinem persönlichen Gewissen folge, kann ich doch nicht daran vorbeigehen, daß nicht nur die Verrechtlichung dieses hochdiffizilen Problembereiches heute bereits in Angriff genommen wird – so gibt es in der Bundesrepublik Deutschland bereits den Entwurf eines Embryonenschutzgesetzes –, sondern daß sich auch die katholische Kirche in ihrer Instruktion über die Achtung vor dem beginnenden Leben und der Würde der Fortpflanzung am 22. Februar 1987 darüber verbindlich geäußert hat. Da sich die Autoren dieser Instruktion, die Kongregation für die Glaubenslehre, am Schluß ihrer Ausführungen mehr ratend als fordernd an die staatlichen Instanzen richten, ist zu erwarten, daß ihre Weisungen auch im politischen Raum nicht ohne Wirkung bleiben werden. Im folgenden gehe ich auf diese kirchlichen Entscheidungen und juristischen Tendenzen des Embryonenschutzgesetzentwurfes nur dort ein, wo sie für die Problemlage wichtig sind beziehungsweise, wo ich in Dissens mit ihnen stehe.

1) Da der Mensch die Grenzen des Machbaren immer mehr erweitert, muß man ihn fragen, ob er das, was er tun kann, auch tun darf, oder ob es hier nicht gewisse Spielregeln gibt, die seine Willkür und Freizügigkeit einschränken und ihm darüber hinaus vielleicht noch sagen können, wie er sein Handeln orientieren soll. Wenn man die Frage bejaht, dann räumt man ein, daß technisches Handeln moralischen Grundsätzen unterliegt, kurz, daß die Ethik für die Beurteilung dieses Handelns zuständig ist. Sofern es sich dabei um gentechnologische Aktionen handelt, hat auch die hierfür zuständige Ethik Partialcharakter. Man hat sich gewöhnt, sie als »Bioethik« zu bezeichnen.

2) »Bioethik« ist keine Spezial- oder Sonderethik, sondern eine Regionalethik, die aus der Anwendung allgemeiner ethischer

Grundsätze auf ein bestimmtes Handlungsfeld, eben das der Lebenstechnologie, erwächst. Als Ethik folgt sie allgemeinen Grundsätzen, als Bioethik versteht sie sich, wie wir das ja schon wiederholt im Bereich der pädagogischen Ethik gezeigt haben, im wesentlichen als Methode kasuistischer Aufklärung konkreter in ihrem Handlungsbereich auftretender Problemsituationen.
3) Ein erster geradezu naturrechtlicher Grundsatz einer solchen Bioethik liegt in der Einsicht, daß es wichtiger ist, Schaden zu vermeiden als zu helfen und Gutes zu tun, wenn das Gute, die Hilfe, keine allzugroßen Risiken einschließt. Kurz, auf einem so brisant gefährlichen Handlungsfeld wie dem der Gentechnologie gilt die Forderung »primum non nocere«. Deshalb stehen auch im Zentrum der gentechnologischen Gesetzgebungen aller Länder Sicherheitsvorschriften.

Ikeda: Für Sicherheit zu sorgen, bedeutet das Leben hochschätzen, und das Leben hochschätzen heißt zugleich, größtes Gewicht auf seine natürlichen Rhythmen und Funktionen zu legen.

Derbolav: Die Ethik also ist nicht die einzige Regulierungsinstanz unseres Handelns. Sie wird vielmehr vom Recht noch übergriffen. Gentechnologische Maßnahmen fallen stets unter moralische und juristische Maßstäbe. Zwischen beiden gibt es eine unhintergehbare Relation. Nichts kann moralisch gefordert werden, das rechtswidrig ist, da das Recht ja grundsätzlich auf einem Mindestkonsens moralischer Art beruht. (Das schließt nicht aus, daß gegen ungerechtes, das heißt dem Mehrheitswillen strikt widersprechendes Recht moralisch angekämpft werden darf.)

Ikeda: Das Gesetz wird erst angewandt, wenn der Schaden bereits gestiftet ist. Moralische Fragen dagegen erheben sich bereits, wenn deutlich wird, daß etwas Schaden verursachen wird, wenn man nichts dagegen tut. Ist der Schaden einmal da, dann kann er, zumindest vom Standpunkt des Opfers aus, nicht mehr ungeschehen gemacht werden. Und deshalb muß der Moralität in solchen Fällen der Vorrang gegeben werden.

Derbolav: Dafür ein aktuelles Beispiel aus der Praxis der australischen Gentechnologie: Ob die extrauterin befruchtete und dann in Nährflüssigkeit von -200 Grad eingefrorene Eizelle vermögender südamerikanischer »Eltern«, die bei einem Flugzeugunfall ums Leben kamen, nunmehr einer anderen Frau eingepflanzt oder »getötet« werden sollte – das war hier der Diskussionspunkt –, ist eine moralische Entscheidung, die unabhängig von der Frage getroffen werden muß, wem das große Vermögen der verunglückten »Eltern« zufallen soll. Es wäre sittenwidrig, wenn diese Rechtsfrage motivierend in jene moralische Grundsatzentscheidung mit einflösse.

4) Wenn irgendwo, dann zählt auf dem Feld der Lebenstechnologie weder nur der Erfolg noch ausschließlich die Gesinnung. Bioethik ist daher von Haus aus Verantwortungsethik im Verständnis Max Webers und hat mit den beabsichtigten Zielen, Wirkungen beziehungsweise dem erreichten Erfolg auch die Nebenwirkungen und Folgen mitzubedenken.

Hierfür nur einige Beispiele: Mit Recht wird immer wieder auf die Irreversibilität gentechnologischer Maßnahmen hingewiesen, was die folgenden unmittelbar betroffenen Generationen angeht. Wird das in der gentechnologischen Praxis immer mitbedacht?

Und weiter: Im Anfangsstadium des gentechnologischen Experimentierens glaubte man vor der Möglichkeit warnen zu müssen, daß manipulierte und dadurch unter Umständen gesundheitsschädlich gewordene Bakterien und Viren dem Laboratorium entweichen und sich in der normalen Umwelt eine ökologische Nische suchen, sich dort unkontrolliert vermehren und damit zu einer ernsthaften Gefahr für den Menschen auswachsen könnten. Selbst wenn man uns glaubhaft versichert, daß eine Fülle höchst unwahrscheinlicher Bedingungen zusammenkommen müßte, damit ein solcher Unglücksfall Realität würde, selbst wenn man darauf hinweist, daß die Forscher sich ohnehin darauf beschränken, Bakterien und Viren zu züchten, die nur im Laboratorium lebensfähig sind und in der normalen Umwelt zugrundegehen - zwei Argumente, die die anfängliche Gefahren-

diskussion der Gentechnologie merklich dämpft –, wäre dies angesichts der Möglichkeit auch des Unwahrscheinlichen nur ein schwacher Trost.
Ferner: Wer bedenkt gleichzeitig mit, daß etwa öl- und quecksilberverzehrende Bakterien, wenn sie massenhaft ins Meer geschüttet würden, durch ihre Stoffwechselprodukte mit fast vorausberechenbarer Notwendigkeit die Ökologie des Meeres schwerstens belasten würden?

Ikeda: Nichts ist gefährlicher, als auf der Basis optimistischer Prognosen zu operieren. Im Umgang mit dem Leben braucht man sehr viel genauere Vorhersagen, denn der Schaden, der durch Maßnahmen wie das Einschleusen von Bakterien in die Meere – selbst in der optimistischen Absicht, damit das Problem der Verschmutzung durch Öl und Quecksilber zu lösen – angerichtet werden kann, ist möglicherweise irreversibel. Ebenso können genetische Fehler, wenn sie erst einmal – selbst aus edelsten Motiven – in einen Stamm hineingebracht worden sind, über Generationen darin fortbestehen.

Derbolav: Und schließlich: Müßte man nicht, wenn man nur ein wenig ökologische Gesinnung entwickelt, fragen, ob die Neuproduktion von Insulin, von Vitaminen und Hormonen, von Antibiotika und von Interferon wirklich eine zwingende Notwendigkeit darstellt, oder ob wir nicht mit den vorhandenen Wirkstoffen unser Auskommen finden könnten? Ein vor kurzem von der Weltgesundheitsorganisation veröffentlichter Bericht kam zu dem Ergebnis, daß 210 Medikamente den Weltbedarf völlig abdecken würden. In den reichen Ländern wie den USA aber sind 20 000 Arzneispezialitäten auf dem Markt, die auf 2000 bis 3000 Wirkstoffen basieren. Wenn das zutrifft, wäre dann nicht ernsthaft zu fragen, ob die Gentechnologie nicht die ohnehin schon drohende Übermedikalisierung des Menschen fördert, respektive ihr in unerwünschter Weise Vorschub leistet?

Ikeda: Zur Überfüllung der Märkte mit Drogen in den Vereinigten Staaten und in Japan mit Arzneimitteln tragen auch andere Faktoren bei. Pharmazeutische Unternehmen machen sich den allgemeinen menschlichen Wunsch nach Gesundheit, Vitalität und langem Leben zunutze und produzieren eine praktisch unendliche Zahl von Medikamenten, von denen sich viele in Wirkung und Zusammensetzung auf geradezu lächerliche Weise mit denen ihrer Konkurrenten decken. Raffinierte Reklame wird dann eingesetzt, um regen Verbrauch anzureizen. In Japan werfen solche Konzerne trotz gesetzlicher Einschränkungen jedes Jahr ungeheure Mengen verschiedenartigster Medikamente und sogenannte Gesundheitsnahrungsmittel auf den Markt. Das Stimulans der freien Marktwirtschaft heizt die Konkurrenz unter den produzierenden Firmen an, die die Konsumenten dazu verleiten, mehr Arzneimittel sowohl zu kaufen als auch einzunehmen, als ihnen guttut. Denn, wie Sie sagen, die Überdosierung von Medikamenten wirkt sich schädlich auf die menschliche Gesundheit aus.

Derbolav: Und das Schlimme daran ist, daß der Höhenflug der gentechnologischen Leistungen und Errungenschaften nicht allein vom Forschungs- und Förderungswillen inspiriert erscheint, sondern daß sich gleich in seine Anfänge das Gewinninteresse der Industrie progressiv miteingeblendet und damit zugleich die Einsicht verschleiert hat, wo echte und wo künstlich geweckte und durch Werbung geförderte Bedürfnisse nach gentechnologischen Produkten vorliegen. Dieser Umstand eröffnet zugleich politische Perspektiven, nämlich die Frage nach der gerechten Verteilung jener Güter, die wir wirklich oder vermeintlich der Gentechnologie verdanken oder einmal werden zu verdanken haben. Leistungen oder Errungenschaften, die so zentral die menschliche Zukunft betreffen, sollten auch der ganzen Menschheit zugutekommen.

5) Bei der kasuistischen Aufklärung der Probleme, die sich aus der Anwendung der Gentechnologie auf die menschliche Fortpflanzung ergeben, wird man sich erst mit mancherlei Unge-

wöhnlichkeiten vertraut machen müssen, um ein nicht allzu rigides Urteil zu fällen.
Die Auslagerung der Befruchtung der Eizelle aus dem Mutterschoß ins Reagenzglas und die spätere Wiedereinpflanzung des Embryos in die Mutter oder (falls diese nicht in der Lage ist, das Kind auszutragen) in eine Ersatzmutter, stellt für die überkommene Auffassung von der menschlichen Geschlechtlichkeit und Fortpflanzung eine so radikale Verfremdung dar, daß man versteht, wenn einer der führenden katholischen Theologen, nämlich Karl Rahner, der die Genmanipulation keineswegs von vornherein als unsittlich verdächtigt, sondern geneigt ist, dem Menschen gerade in diesem Bereich einen »moralischen Glaubensinstinkt« zuzubilligen, in der Abtrennung des biologischen Zeugungsvorgangs von der personalen Liebe als geistiger Keimzelle der Menschwerdung einen Verstoß gegen die Moral, ja sogar eine Sünde sieht, was er auch naturrechtlich zu begründen sucht. Genau diese Vorbehalte hat sich die Kongregation für die Glaubenslehre in ihrer Instruktion von 1987 zu eigen gemacht. Die Folgen sind schwerwiegender Natur. Unter das Verdikt der Kirche fallen nicht nur die Invitro-Fertilisation und der Embryonentransfer in heterologen Verhältnissen, das heißt bei Eltern, die nicht als Spender fungieren. Davon bleibt auch die sogenannte Ersatz- oder Leihmutterschaft nicht unberührt, die heute bereits weitgehend in aller Welt verbreitet ist.
Für die Ablehnung der Invitro-Fertilisation in heterologen, ja selbst in homologen Verhältnissen hat die katholische Kirche zwei Gründe. Der erste: Da für sie das menschliche Leben bereits mit der Nidation des Samens in der Eizelle beginnt, ist es fast unvermeidlich, daß bei der Invitro-Fertilisation einige befruchtete Eizellen absterben. Das aber kommt ihrer Auffassung nach – ähnlich wie die spätere Abtreibung – einer Tötung, einem Mord an Menschen gleich. Die zweite Begründung kennen wir bereits von Rahner. Sie besagt, daß die Zeugung des Kindes nicht von der geschlechtlichen Vereinigung der Ehepartner getrennt werden darf.
Ferner erläutert die Kirche diagnostische und therapeutische

Eingriffe in das werdende Leben nur zu Heilzwecken. Diagnostische Akte dürfen nicht dazu führen, daß im Fall von erkannten Erbkrankheiten die betroffenen Embryonen abgetrieben werden.

In analoger Weise verbietet das Embryonenschutzgesetz jede Art von Verletzung embryonalen Lebens. Dem gemeinsamen Verdikt verfallen ebenfalls Experimente mit lebendigen, aber auch mit abgestorbenen Embryonen, es sei denn, so das Gesetz, daß damit medizinisch wertvolle Erkenntnisse gewonnen werden könnten. Interessanterweise erlaubt die Kirche nur therapeutische Eingriffe, die Störungen bei der Vereinigung zum Zweck der Zeugung beheben. Was darunter genau gemeint ist, wird freilich nicht gesagt. Das Verbot der Zwillingsspaltung, der Klonierung, Parthenogenese, der Chimären- und Hybridbildung sowie der Manipulation mit genetischem Material zu eugenetischen Zwecken wird im Vergleich zum Gesetz nur ganz kurz erwähnt, weil die Integrität des menschlichen Zeugungsaktes das Zentrum der Instruktion bildet.

In den Begründungen ihrer Verdikte kommen die Glaubenskongregation und die Autorenschaft des Embryonenschutzgesetzes einander ziemlich nahe. Es geht im wesentlichen um den Schutz des ungeborenen Lebens und die personale Würde des Menschen, die durch diese Manipulation gefährdet erscheint.

Der entscheidende Unterschied zwischen beiden Konzepten liegt in der entscheidenden kirchlichen Verdammung auch der Invitro-Fertilisation unter homologen Verhältnissen, deren theologische Begründung kaum von den säkularen Rechtsinstanzen selbst der vorwiegend katholischen Länder übernommen werden dürfte. Die Glaubenskongregation hat großes Verständnis für das Problem der Sterilität aller sich ein Kind wünschenden Frauen und bittet sie, dieses Schicksal als Teilnahme am Kreuz des Herrn, als eine Art Martyrium zu tragen. Es fragt sich nur, ob glaubensneutrale, ja selbst gläubige Frauen die Möglichkeit, durch eine Invitro-Fertilisation zu ihrem gewünschten Kind zu gelangen, aufgrund einer solchen Empfehlung ausschlagen werden.

In der Tat wäre es wohl die angemessenste Art, die sogenannte »genetische Lotterie« angeborener Zeugungs- oder Empfängnismängel dadurch zu korrigieren, daß man fremde Kinder adoptiert, was freilich – zumindest in unserem Lande – eine Vereinfachung der juristisch und bürokratisch höchst komplizierten Adoptionspraxis zur Voraussetzung hätte. Eigentlich ist ja die Leihmutterschaft – wenn die Embryonenspende von zwei fremden Menschen stammt – für die späteren Eltern nur eine verschleierte Art von Adoption, da sie biologisch mit ihrem Kind gar nichts gemein haben.

Ein besonders wichtiger Fall reproduktionsbiologischer Manipulation ist dort gegeben, wo man die Erbinformationen der Embryonen zu verändern sucht, und zwar durch gezieltes Einschleusen von Genen gesunder Zellen in erbkranke Körperzellen oder gar in Keimbahnzellen fremder Embryonen. Von der Kirche werden diese beiden Möglichkeiten nicht scharf getrennt. Dem vorliegenden Rechtsentwurf nach soll die erste Möglichkeit geduldet, die zweite – ähnlich wie die Fötenexperimente – so lange verboten bleiben, bis die Risiken durchschaubar werden, die mit einem solchen Verfahren verbunden sind.

Wie erwähnt, werden von beiden Instanzen Chimären- und Hybridbildung verboten. Unter Chimärenbildung ist die Fusion von embryonalen Zellen oder genauer gesagt die Vereinigung von Embryonen mit unterschiedlichen Erbinformationen mit dem Ziel mindestens eines menschlichen Embryos als einem entwicklungsfähigen Zellverband gemeint – eine Maßnahme, die Kinder mit einer Mehrzahl von Vätern und Müttern ausstatten würde. Damit wäre die Individualität der Reproduktionsgemeinschaft, Familie genannt, aufgehoben und auch die elterliche Verantwortung in Frage gestellt. Einen Schritt weiter führt die Vorstellung, daß sich das Einfrieren befruchteter Eizellen über Jahrhunderte hinweg ausdehnen ließe, so daß man als Nachfahre auf Eltern zurückblicken könnte, die Jahrzehnte oder gar Jahrhunderte früher gelebt haben. Es ist verständlich, daß solche Möglichkeiten weder von der Kirche noch vom Gesetzgeber einfach zugelassen werden können.

Noch grauenhafter freilich ist das mit Hybridbildung Gemeinte, nämlich die Befruchtung einer menschlichen Eizelle mit dem Samen eines Menschen unter der Voraussetzung, daß daraus mehrere entwicklungsfähige Embryos hervorgehen.
Was schließlich die von Ihnen erwähnten eugenischen Maßnahmen am Menschen und der menschlichen Nachkommenschaft betrifft, so wie sie der Nobelpreisträger Hermann Johann Müller ernsthaft ins Auge faßte, um die menschliche Erbsubstanz zu verbessern, so haben sich beide Instanzen – die Glaubenskongregation und die Autoren des Embryonenschutzgesetzes – entschieden dagegen ausgesprochen.
Ich selbst bin mit vielen Kritikern der Gentechnologie, soweit ich sehe, gehören auch Sie zu ihnen, der Meinung, daß sie durch keinen noch so hochgestochenen sozialdarwinistischen Zukunftsglauben zu rechtfertigen ist.
Ganz abgesehen von der Frage, ob der humanistische Anspruch des Menschen auf Selbstvervollkommnung überhaupt ins Biologische weitergeführt werden kann und darf, fehlen uns hier einfach die Maßstäbe für das, was auf diesem Felde »besser« genannt zu werden verdient. Alle Maßstäbe ändern sich im geschichtlichen Ablauf. Sie erhalten vom sich wandelnden Geist und Anspruch der Jahrhunderte einen jeweils anderen Inhalt und veränderte Gestalt. Das heißt nichts anderes, als daß die Menschheit ihrer historischen Substanz nach plastisch und formbar ist. Biologische Wandlungen im Sinn sogenannter Verbesserungen aber würden irreversibel und unkorrigierbar sein und auch die Entwicklung eindeutig verengen bzw. festlegen. Überall, wo wir dem »Besseren der Zukunft« eine bestimmte Definition abringen wollen, tappen wir also im Dunkeln.
Gewiß können wir versuchen, auf gentechnologischem Wege gegen krankhafte Erbanlagen und auf diesen beruhende Organschäden oder Erkrankungen anzukämpfen. Wir kämen aber sofort in Verlegenheit, wenn wir den optimalen Status von Gesundheit definieren müßten, an dem wir unsere technologische Gesundheitspolitik zu orientieren hätten.
Was die Züchtung höherer und anspruchsvollerer geistiger

Qualitäten betrifft, gerieten wir in ein noch größeres Dilemma. Sollten wir angesichts der Verkopfung unseres Erziehungswesens der Steigerung theoretischer Intelligenz den Vorrang geben oder eher die Begabungsvielfalt fördern, wobei wir uns im zweiten Fall unweigerlich vor die Frage gestellt sähen, welche Begabungsformen diese Förderung im besonderen Maße verdienten. Oder sollten wir den »neuen Menschen« überhaupt produktiver, schöpferischer und einfallsreicher anlegen als den bisherigen und ihm damit die Chance eröffnen, über sich selbst bis zur Möglichkeit der totalen Selbstvernichtung absolute Verfügungsgewalt zu gewinnen?

Ikeda: Wenn man Science-Fiction-Autoren glauben darf, dann wird die theoretische Intelligenz in Zukunft wahrscheinlich von Computern monopolisiert werden, und nur vielfältige Begabungen – etwa auf den Gebieten der Kunst und Literatur – werden den Menschen selbst erhalten bleiben. Da aber niemand voraussagen kann, welches dieser Gebiete besonders bevorzugt werden sollte, halte ich künstliche Förderung für fragwürdig. Die Menschen sollten sich lieber bemühen, ihre angeborenen, natürlichen Kräfte auf die Entwicklung ihrer Fähigkeiten anzuwenden. Selbst wenn sie nur auf natürliche Weise gefördert werden, sind Begabungen oft mit bestimmten Fehlern und Schwächen gekoppelt. Eugenische Förderung könnte mit den Talenten zugleich die Fehler vergrößern, und dies könnte zum Untergang der menschlichen Art führen.

Derbolav: Man könnte schließlich versucht sein, den Menschen auch moralisch verbessern, seinen Charakter ändern zu wollen. Der Charakter des Menschen ist ja bekanntlich sein habitualisiertes sittliches Motivationssystem. Aber hier stünden wir vor keiner geringeren Schwierigkeit. Denn welche Eigenschaften sollten wir ihm anzüchten, wo doch deren Wertprofil nachweislich nicht nur von Land zu Land, sondern auch von Kulturepoche zu Kulturepoche beträchtlich variiert und sich überzeitliche und überregionale Maßstäbe für Charakterqualität kaum finden lassen.

Eine solche biologisch gesteuerte Evolution, wie sie hier gemeint ist, würde der historischen Entwicklung unzulässig vorgreifen wollen und ins Handwerk pfuschen. Was dabei möglicherweise herauskäme, wären in der Tat inhumane Monster nach der Art, wie sie in den zwanziger Jahren bereits von Aldous Huxley ahnungsvoll beschrieben wurden. Vom reichen gentechnologischen Inventar unserer Tage waren damals freilich nur das Klonen (das heißt die ungeschlechtliche Vermehrung ja Vervielfältigung befruchteter Eizellen), noch nicht aber die genetische Manipulation, also die Neukombination von genetischem Erbmaterial, bekannt, so daß sich Huxleys Romanhelden mit der biochemischen Manipulation der geklonten Embryonen in ihrer Retortenentwicklung begnügen, um die neuen Menschengenerationen qualitativ zu typisieren.
Und doch ist das Ergebnis grauenvoll genug. In dieser künftigen »Brave New World« gibt es keine Kinder mehr, die auf natürlichem Wege gezeugt und ausgetragen worden sind (eine solche Herkunft wird ausdrücklich als Schande empfunden), dafür aber stereotype geno- und phänotypisch identische Raster für die neue Gesellschaft, die bestimmten beruflichen oder politischen Aufgaben zugeordnet sind.
Daß eine solche unkorrigierbar hierarchisch strukturierte Gesellschaft auch ein Höchstmaß an sozialem Konfliktstoff enthalten könnte, hat der Autor zwar gesehen, aber dadurch heruntergespielt, daß er in die genetische Programmierung der einzelnen Sozial- und Funktionsgruppen jeweils auch das Gefühl der Selbstzufriedenheit mit dem eigenen Los einplante. Hier könnte ein Stück Ironie liegen, denn die Vorstellung, daß die auf den Menschen angewandte Eugenik eine in allen Punkten glückliche Menschheit produzieren könnte, scheint nicht einmal dem Zoologen Müller gekommen zu sein. Er hätte sich sonst wohl hoffnungslos in Fragestellungen der Philosophie verstrickt, die ja bis dato noch keine endgültige, von allen anerkannte Definition von »Glück« hat entwickeln können.

Ikeda: Diese bei Huxley den einzelnen sozialen Gruppen genetisch einprogrammierte Zufriedenheit mit dem eigenen Los ist ein beunruhigendes Konzept, das den Verlust des eigentlich Menschlichen voraussetzt. Der Wunsch nach Verbesserung und die Stärke und Klugheit, die zu dessen Verwirklichung nötig sind, machen doch gerade die Würde des Menschen aus. Ich schaudere bei der Vorstellung, daß unsere Erbmasse so manipuliert werden könnte, daß uns diese Wesensmerkmale verlorengehen.

Derbolav: Wir scheinen heute in die Nähe solcher Allmachtsvisionen zu rücken, wenn wir von Versuchen hören, die menschliche Erbsubstanz mit Erbmaterial seiner nächsten animalischen Verwandten, der Affen, zu kombinieren. Was auf der Ebene der Einzeller, Viren und Bakterien bereits übliche Praxis ist, nämlich die Neukonstruktion von Arten und Stämmen, nimmt sich bei der Übertragung auf die Gestalten höheren Lebens doch erheblich anders aus. Die Natur hat zwischen den von ihr geschaffenen Arten konstitutive Barrieren errichtet und damit deren Kreuzung weitgehend verhindert. Der Maulesel – als Kreuzung von Esel und Pferd – scheint hier die geläufigste Ausnahme darzustellen, doch büßt er diese Ausnahmestellung mit der ihm eigenen Unfruchtbarkeit.
Wie aber würden wir uns fühlen, wenn uns plötzlich ein Affe mit teilweise menschlichen Eigenschaften entgegenträte, aufrechten Gangs, mit Ansätzen von Reflexivität und Sprache ausgestattet? Wären wir damit nicht auch in die Evolution eingebrochen und hätten neue Zwischenarten geschaffen, die unsere kulturelle und politische Gesamtlage mit einem Schlage verändern könnten? Denn wie sollten wir uns ihnen gegenüber verhalten, welche Art von Distanz sollten wir ihnen gegenüber einnehmen?
Dank der hohen Komplexheit der dabei vorausgesetzten Bedingungen scheint die Wahrscheinlichkeit für die Erfolge solcher Kombinationen von genetischem Material auf höchster Ebene gegenwärtig noch gering, doch erwarten uns hier angesichts der sprunghaften Fortschritte, die die Gentechnologie auf diesem

Sektor macht, eher grauenerregende als glückliche Zukunftsperspektiven.

Ikeda: Die Gentechnologie könnte auch Arten hervorbringen, die uns in manchen Punkten überlegen wären und die dann ihre Überlegenheit dazu benutzen könnten, die Macht zu ergreifen: Das ist eine weitere schreckenerregende Vorstellung. Es gibt viele Beispiele dafür, wie Machthaber für ihre Zwecke manipuliert haben. Man denke etwa an die zu allem entschlossenen Assassinen der arabischen Welt, die durch Narkotika gesteuert wurden. Und die westlichen Nationen und Japan erinnern sich nur allzu lebhaft an die tragischen Konsequenzen politischer Indoktrination von Jugendlichen, die dann ihr Leben für die Nation oder für eine politische Partei opferten. Würde eine solche Manipulation auf dem Wege der Gentechnologie erfolgen, so wären die Ergebnisse irreversibel und würden mit Sicherheit zur totalen Vernichtung der Menschheit führen. Dies ist um so gewisser angesichts des ungeheuren Zerstörungspotentials unserer modernen Waffen.

Derbolav: Sie weisen auf die Möglichkeit biologischer Kriegführung hin und sehen darin den schlimmsten Mißbrauch der Gentechnologie. Wenn man an die Strahlungsschäden als Nebenfolgen eines potentiellen Atomkriegs denkt, dann ist die Einwirkung auf Erbmasse und Gesundheit der von ihnen Betroffenen, falls sie dem Atomschlag selbst entgehen, ohnehin bereits miteingeplant.
Macht man sich indessen klar, daß künftige kriegerische Auseinandersetzungen, wie die bisherige Erfahrung lehrt, nicht atomar ausgefochten, das heißt unterhalb der Grenze des Atomeinsatzes liegen und vorwiegend mit konventionellen Waffen geführt werden dürften, könnte ein biologischer Krieg durchaus in den Bereich planbarer Realität rücken. Die Gelbkreuzvergiftungen des Ersten Weltkrieges, die erbbiologischen Wirkungen des Entlaubungsgiftes Agent Orange in Vietnam oder die chemischen Kampfstoffe, dic die Iraker angeblich gegen die Iraner

eingesetzt haben, zeigen mit aller Deutlichkeit, was uns hier drohen könnte.

Selbst wenn das, was man früher einen »gerechten Krieg« nannte, heute weitgehend seinen Sinn verloren hat, so muß doch wohl mit Nachdruck gesagt werden, daß biologischer Waffeneinsatz in einem konventionell geführten Krieg keinen Platz haben dürfte. (Es paßt dazu, daß gerade heute bei uns, sogar über die Grenzen des Eisernen Vorhangs hinweg, über das Verbot chemischer Waffen beziehungsweise über eine solche Verbotszone im mitteleuropäischen Raum verhandelt wird.)

Lassen Sie mich am Schluß dieser Ausführungen nochmals die Frage wiederholen, welchen Sinn es haben kann, im Rahmen dieser ihre Zukunft beschattenden Selbstgefährdung der Menschheit über die »Chancen einer neuen Humanität« zu reden. Eine solche Humanität wird ganz sicher nicht in Horizonten einer »Brave New World« gemäß der Vision Huxleys gesucht werden können. Sie ist gewiß auch nicht auf dem Wege einer Korrektur der »genetischen Lotterie« zu erreichen, der zufolge die Zuteilung der Qualitäten und Güter in der natürlichen Ausstattung der Menschen dem Zufall überlassen geblieben ist. Sie kann auch nicht darin bestehen, daß die Menschheit von heute sich in ihren, sei es technologischen, sei es kulturellen Errungenschaften selbst bespiegelt und in ihnen bereits die entscheidenden Stufen auf dem Weg zur Selbstvervollkommnung sieht.

Die neue Qualität des modernen Menschen – wenn man von einer solchen überhaupt sprechen kann – liegt nicht in seinem Selbstbewußtsein, seiner Fähigkeit, im »Bewußtsein der Freiheit« fortzuschreiten, wie noch die idealistische Philosophie meinte, oder in der Bereitschaft, sich selbst zu perfektionieren, wozu ihn die europäische, aber auch die asiatische Ethik immer wieder verpflichten will (obgleich beides nicht gering eingeschätzt werden und in seiner Ausstattung auch nicht fehlen darf). Sie liegt vielmehr in der doppelten Aufgabe, sein Verantwortungsbewußtsein der Welt gegenüber so zu erweitern, daß auch die Natur in ihrem animalischen, vegetabilisch und vielleicht sogar geologischen Grundbestand darin mit eingeschlossen wird, und sich selbst in einer ganz neuen Weise kritisch zu überwachen und zu kontrollieren. Das wäre eine echte Form von Humanitätserneuerung, die den tradierten Humanitätsverständnissen deutliche Schranken zieht.

Ikeda: Ich stimme Ihnen voll zu. Als Menschen sind wir heute dringendst aufgefordert, unsere Verantwortung der ganzen Welt einschließlich der Tiere, Pflanzen und der anorganischen Natur gegenüber wahrzunehmen. Wenn wir dieses Bewußtsein auf alle Menschen übertragen wollen, dann müssen wir zunächst für ein richtiges Verständnis der Beziehung zwischen den Menschen – uns selbst – und der übrigen Welt sorgen. Die Objektivität wissenschaftlicher Erkenntnis ist dabei von äußerster Wichtigkeit für die Vermittlung eines solchen Verständnisses. Es genügt nicht, unserer Welt einfach Maßstäbe aufzuerlegen, da Maßstäbe erst dann wirksam funktionieren, wenn sie auf der Einsicht in ihre Notwendigkeit begründet sind.
Die moralischen und ethischen Richtlinien, die der Buddhismus gegen Vergehen wie Töten, Lügen, Täuschen gesetzt hat, sind sinnvoll, weil sie auf eine Philosophie gegründet sind, die das universal gültige Gesetz von Ursache und Wirkung zu ihrem wesentlichen Inhalt hat und die ferner die Beziehung zwischen Mensch und Umwelt als Einheit und Verflochtenheit begreift – eine Lehre, die im Japanischen Eshō-Funi heißt.
Das Bewußtsein unserer Verantwortung für die übrige Welt erlegt uns die Forderung nach Selbstkontrolle auf. In allen unseren Handlungen müssen wir zugleich die Ansprüche und Bedürfnisse aller Lebewesen um uns herum berücksichtigen. Ein Auto, das auf einer Autobahn mit, sagen wir, hundert Kilometer in der Stunde fährt, muß seine Geschwindigkeit auf zehn Kilometer herabsetzen, wenn es in eine normale, enge Straße mit vielen Fußgängern einbiegt. Außerdem muß der Fahrer natürlich die Verkehrssignale beachten. Darüber hinaus aber muß er selbst bei grünem Licht anhalten, wenn ein Fußgänger die Straße überquert.

Wir Menschen müssen der belebten und unbelebten Schöpfung gegenüber – natürliche Ressourcen wie Wasser und Luft eingeschlossen – eine ähnliche rücksichtsvolle Haltung an den Tag legen. Wir sind nicht allein auf unserem Planeten und könnten nicht überleben ohne die tätige Mitwirkung all der anderen Lebewesen, die uns umgeben. Sie sind die Grundlage unserer Existenz. Sie zu zerstören, hieße den Ast absägen, auf dem wir sitzen.

Wir müssen bemüht sein, Harmonie mit allen Phänomenen unserer Umwelt zu bewahren, und in unserem gegenwärtigen Handeln stets auch die Zukunft mit in Betracht ziehen. Wenn wir die natürlichen Ressourcen der Welt um der Befriedigung unserer selbstsüchtigen Bedürfnisse willen erschöpfen und die Umwelt mit giftigem Müll verschmutzen, bedrohen wir die Existenz unserer Kinder und Kindeskinder. Gewiß wird niemand gern die Vorstellung hegen, daß er die Nachwelt ihrer Nahrung beraubt und vergiftet.

Darüber hinaus werden wir, wenn wir der buddhistischen Lehre von der Reinkarnation folgen, in unseren zukünftigen Daseinsformen gezwungen sein, die Folgen der Erschöpfung der Ressourcen und der Umweltverseuchung, die wir in diesem Leben verursachen, zu tragen.

Ich bin überzeugt, daß jeder, der den wahren Charakter der Beziehungen zwischen Mensch und Umwelt richtig begriffen hat, bereit sein wird, seine eigenen Handlungen kritisch zu prüfen und Selbstkontrolle zu üben.

Wir haben dieses letzte Kapitel unseres Dialogs »Unsere Zukunft« genannt. Bei der Bestimmung dessen, was Zukunft ist, müssen wir all die Generationen, die nach uns kommen werden, berücksichtigen. Dazu kommt noch, daß wir selbst in Übereinstimmung mit den buddhistischen Lehren der Reinkarnation oder des Karmas in späteren Existenzen an der Zukunft teilhaben werden, genau wie alle anderen Dinge, beseelt oder unbelebt. Bei allem, was wir tun, müssen wir uns daher erinnern, daß das Schicksal jedes einzelnen Teils des universellen Ganzen unlösbar mit dem Schicksal aller anderen Teile verbunden ist.

Derbolav: Keine Generation war, wie ich glaube, jemals mehr auf eine solche Selbstkontrolle angewiesen wie die gegenwärtige, und wenn es gälte, dem heutigen Erdenbürger ein spezielles Kennzeichen aufzuprägen, dann müßte man ihn den »selbstkontrollierten Menschen« nennen.

Aus dieser kritischen Selbstzuwendung kann der Mensch heute nicht mehr entlassen werden, und eine ihrer Voraussetzungen ist die, daß er die hierfür nötige systematische Bildung erhält. Erst eine differenzierte Einsicht in seine Gesamtlage, die zu vermitteln Elternhaus, Schule, Medien und Erwachsenenbildung zusammenwirken müßten, kann ihn in die Lage setzen, diese Aufgabe einer Überwachung und Kontrolle sich selbst gegenüber sachgerecht und verantwortlich auszuüben.

Es wäre dabei ebenso verkehrt, sich die Analyse der Nachtseite unserer gegenwärtigen Existenz ersparen zu wollen, wie bei ihrem Anblick gleich dem Kaninchen, das einer Schlange ansichtig wird, angstvoll zu erstarren und sich in allen Formen der Schwarzmalerei und apokalyptischer Visionen eines bevorstehenden Weltuntergangs zu ergehen. Ich kann hier nur wiederholen, was ich an früherer Stelle bereits angedeutet habe: Der Mensch würde sich in der Tat völlig preis- und aufgeben, wenn er nicht auch an sich selbst glaubte, wenn er nicht, mit Karl Rahner gesprochen, auf seinen »moralischen Glaubensinstinkt« vertraute und das Pflänzchen Hoffnung, das in ihm wurzelt, verkümmern und absterben ließe.

Die Bürgschaft dafür, daß eine solche Hoffnung nicht unbegründet ist, daß ihre Quellen aber über die Grenze unserer praktischen Lebenswelt hinausweisen, liegt in der Religion, unbeschadet ihrer Gestalt und ihrer Inhalte. Das Christentum kann hier ebenso hilfreich sein wie der Buddhismus. Sie verstehen mich sicher recht, wenn ich unterstreiche, daß ich damit nicht für einen Sprung vom bankrotten menschlichen Verstand in den gnadenvollen Bereich des religiösen Glaubens plädiere, sondern nur den Weg empfehle, den wir beide in unserem Dialog von Anfang an eingeschlagen haben: den Weg einer unerbittlichen Analyse unserer gegenwärtigen Lebens- und Glaubenssituation und einer Prüfung und Würdigung aller Probleme, die sich damit für uns als Menschen stellen, die nicht nur ihre technologischen Möglichkeiten kritisch reflektieren, ihre Kulturschöpfungen und geistigen Errungenschaften angemessen einzuschätzen wissen, sondern die sich einen Blick bewahrt haben für die Ganzheit der Schöpfung, der auch unser menschliches Verhalten verpflichtet ist.